国家哲学社会科学成果文库

NATIONAL ACHIEVEMENTS LIBRARY OF PHILOSOPHY AND SOCIAL SCIENCES

经济增长质量的逻辑

（修订本）

任保平 著

人民出版社

作者简介

任保平 1968年生于陕西凤县，西北大学经济管理学院院长、教授、博士生导师，教育部人文社会科学重点研究基地——中国西部经济发展研究中心主任，全国综合大学《资本论》研究会理事，当代中国马克思主义政治经济学创新智库学术委员，教育部“长江学者”特聘教授、教育部新世纪优秀人才、教育部经济学教学指导委员会委员，享受国务院政府特殊津贴专家，入选“百千万人才工程”国家级人选，国家有突出贡献中青年专家，2017年入选“四个一批”人才和“万人计划”哲学社会科学领军人才。

近年来围绕中国经济转型与发展问题，先后在《经济研究》《管理世界》《经济学动态》等期刊发表论文200余篇，被《新华文摘》《人大复印报刊资料》《中国社会科学文摘》转载、转摘40余篇。获得教育部第六届人文社会科学优秀成果二等奖、教育部第五届人文社会科学优秀成果三等奖等省部级奖励10余项。主持国家社科基金重大项目《新常态下地方经济增长质量和效益的监测预警系统和政策支撑体系构建研究》(2015)，主持教育部重大课题攻关项目“城乡统筹视角下城乡商贸流通体系建设研究”(2009)、教育部哲学社会科学发展报告项目“中国经济增长质量发展报告”(2013)等10余项。

《国家哲学社会科学成果文库》出版说明

为充分发挥哲学社会科学研究优秀成果和优秀人才的示范带动作用，促进我国哲学社会科学繁荣发展，全国哲学社会科学规划领导小组决定自2010年始，设立《国家哲学社会科学成果文库》，每年评审一次。入选成果经过了同行专家严格评审，代表当前相关领域学术研究的前沿水平，体现我国哲学社会科学界的学术创造力，按照“统一标识、统一封面、统一版式、统一标准”的总体要求组织出版。

全国哲学社会科学规划办公室

2011年3月

目　录

上篇　理论逻辑

下篇　实践逻辑

CONTENTS

Part Two: Practical Logics

修订本前言

《经济增长质量的逻辑》一书是在我多年从事经济增长质量研究基础上总结提炼而形成的一本专著，入选2014年国家社会科学成果文库，2015年由人民出版社出版以后，正值党的十八大以后，以习近平同志为核心的党中央提出并贯彻落实提高经济增长的质量和效益的时期，使得本书出版恰逢其时。这本书出版以后，著名经济学家，西北大学经济管理学院名誉院长何炼成教授在《社会科学研究》上，西北大学校长郭立宏教授在《西北大学学报》上，厦门大学胡培兆教授在《东南学术》上，陕西省社科院院长任宗哲教授在《社会科学报》上，西安财经学院胡健教授在《西安财经学院学报》上，西北大学经济管理学院何爱平教授在《陕西社会科学》上发表书评。人民出版社经济编辑室负责人、本书的责任编辑郑海燕编审在《经济参考报》上发表了《专家评说〈经济增长质量的逻辑〉》，本书的出版得到了学术界的好评。

与此同时，本书出版以后获得了多项奖励，2016年获得刘诗白经济学奖著作奖，2017年获得中国出版政府奖提名奖、陕西省高校人文社会科学优秀成果一等奖、陕西省第十五届哲学社会科学一等奖。本书出版以后我在经济增长质量研究上又取得了一些新的进展，而且党的十九大召开提出了高质量的发展，2018年中央经济工作会议又进一步强调了高质量的发展，2018年冬季达沃斯论坛上中财办主任刘鹤把高质量的发展作为未来中国经济发展的目标，在这样一些背景下我萌发了修订这本书的打算。

本书的修订主要体现在：一是增加了“第十八章　提高中国经济增长

质量的微观机制”，在原来只有宏观机制的基础上，弥补了微观机制。增加了“第二十一章　新时代中国经济从高速增长向高质量发展的转变”，依据党的十九大报告研究了高质量的发展。二是对原书中的一些思想观点按照研究的新进展进行了修订，增加了一些新的内容。三是对数据进行了更新。

在本书的修订过程中，西北大学社科处、经济管理学院、教育部人文社会科学重点研究基地——中国西部经济社会发展研究中心提供了支持。我指导的博士生王竹君帮我更新了第十三章的数据，李梦欣帮我更新了第十四章、第十七章的数据，院长助理康蓉帮我翻译了新增加章节的目录。特别要感谢人民出版社经济编辑室的郑海燕主任，本书的第一版和修订本的出版，她都给予了积极的帮助和支持。对上述为本书修订提供帮助的老师和学生一并表示感谢。

任保平

西北大学经济管理学院

2018 年 2 月于西北大学

序 一

经济增长是经济学永恒的主题，经济增长理论是宏观经济学的重要理论分支，经济增长理论在其发展的二百多年历史中经历了古典、新古典和新增长三个发展阶段。在古典经济学时期，经济学家就特别关注对经济增长的分析，古典经济学强调资本积累对于经济增长的作用，认为经济增长的源泉在于资本积累。19世纪后半叶，以“边际分析”为特征的新古典经济学兴起。新古典经济学在对经济增长动力的探源上扩张了古典经济学的资本积累说，把经济增长的源泉从资本积累扩展到了人口数量和资本增加、智力水平提高和分工协作等微观要素上。古典经济学、新古典经济学是从供给方面来研究经济增长，而进入现代经济学阶段，则主要从需求方面来研究经济增长。哈罗德—多马模型致力于将凯恩斯的短期分析动态化，从需求角度研究短期增长问题。索洛和斯旺建立的新古典增长模型推动了一个持久的增长浪潮，形成了经济增长分析的基准模型。罗默和卢卡斯的内生增长理论把知识、技术等内生于增长模型，从资源配置效率提升角度来探讨经济增长的源泉。这些增长理论都是研究经济增长的来源和数量问题，而忽视了经济增长的质量标准。亚诺什·科尔奈指出：“翻阅一下关于经济增长理论的浩瀚文献，我们发现，到处都在用宽泛的数量指标来描述增长过程，而发展过程的质量方面几乎完全被忽略了。”①

---

① ［匈］亚诺什·科尔奈：《突进与和谐的增长》，张晓光等译，经济科学出版社1988年版，第2页。

进入20世纪以来，技术、社会和经济的变革大大地推动了全球商品和服务生产，促进了经济前所未有的增长。但是，与高速经济增长同时出现的是自然环境各方面的退化，引起环境负荷加重、生态平衡失调、环境状况恶化。而且由于人们追求经济增长的速度，忽视经济增长质量，经济增长中的收入分配不平等问题、营养健康问题、城市拥挤、道德滑坡也进一步出现。

面对20世纪后半期以来世界经济增长面临的各类经济问题和社会问题，人们开始反思经济增长理论，20世纪六七十年代产生了反增长理论。苏联经济学家卡马耶夫于1977年出版《经济增长的速度和质量》一书，开始研究经济增长的质量。世界银行的托马斯2000年在剑桥大学出版社出版了《增长的质量》，世界银行的《世界发展报告2006：公平与发展》集中对包容性增长进行了研究，世界银行增长与发展委员会2008年发表的《增长报告：可持续增长与包容性发展的战略》明确提出了要重视增长方式的转型及增长的长期性和持续性。经济增长数量与经济增长质量是同一问题的两个方面，迄今为止的增长经济学着重研究了数量增长的一方面，现代经济增长实践经验表明必须重视研究经济增长的另一方面——经济增长质量。

西北大学经济管理学院院长任保平是我的学生，当年在南京大学做博士后时，在我的指导下研究新型工业化问题时就开始研究经济增长质量。近年来他对这一方向的研究越来越深入，成果在学术界产生的影响也越来越大。出版了《以质量看待增长：对新中国经济增长质量的评价与反思》（中国经济出版社2010年版），主持翻译了米香的《经济增长的代价》（机械工业出版社2011年版）。同时在《经济研究》《数量经济与技术经济》《中国工业经济》《经济科学》《经济学家》《当代经济科学》《学术月刊》等核心期刊上发表论文50余篇，其中《新华文摘》转载3篇，人大报刊复印资料全文转载多篇，《光明日报》转载2篇，《中国社会科学文摘》转载1篇。相继出版了《中国经济增长质量报告2010》《中国经济增长质量报告2011——中国经济增长包容性》《中国经济增长质量报告2012》，形成了关于经济增长质量研究的系列丛书。《以质量看待增长：对新中国经济增长质量的评价与反思》获得了陕西高校人文社会科学一等奖、陕西省第十届哲学社会科学优秀成果二等奖。《中国经济增长质量报告2010》获得了西安市第七届哲学社会科学优秀成果一等奖。最近《以质量看待增长：对新中国经济增长质量的评价与反思》又获得了第六届教育部高校人文社会科学二等奖。

这本《经济增长质量的逻辑》是对经济增长质量研究的一个系统总结，从基础理论和中国的实践观察两个方面对经济增长质量进行了探索。在理论逻辑方面通过对数量型增长与质量型增长的比较研究了经济增长质量的内涵与特征、经济增长质量对经济增长理论框架的扩展、质量型经济增长模型的构建、质量型经济增长度量的指数构建、质量型经济增长的价值判断体系的构建、质量型经济增长中的主体行为、质量型经济增长的道德基础与文化基础，形成了系统的质量型经济增长的理论体系。在实践逻辑上，通过对中国经济增长中数量和质量的比较以及对中国经济增长质量的观察与判断，研究了中国经济从数量型增长向质量型增长的转型以及实现中国经济增长的数量、质量和效益统一的路径。

2011 年 9 月世界经济论坛夏季达沃斯年会将主题确定为“关注增长质量，掌控经济格局”，关注增长质量，谋求经济可持续发展，成为千余位参会的经济学家、企业界人士热议的话题。党的十八大召开以来，加快转变经济发展方式、提高经济增长质量与效益再次成为学术界讨论的热点问题，在 2012 年 12 月中旬中央经济工作会议报告中，也明确指出 2013 年政府经济工作要以“提高经济增长质量和效益”为中心，通过调整经济结构加快经济发展方式转变。提高经济增长质量和效益不仅是经济学理论研究的热点，也是未来中国经济发展的实践需要。希望该方向的研究能够不断地深入下去。

是以为序。

洪银兴

南京大学原党委书记、教授、博士生导师

序　二

数量和质量是一个问题的两个方面，但长期以来人们在经济增长理论的研究中，只重视数量增长问题的研究，而忽视经济增长质量的研究。20 世纪 80 年代以来，经济增长中的质量问题逐渐凸显，引起了经济学界的日益重视。国内对经济增长问题的研究始于 20 世纪 90 年代，进入 21 世纪之后开始得到了经济学界的广泛重视。但是从国内对经济增长质量问题的研究来看，对具体问题研究得多，而进行系统性研究得少；对实践问题研究得多，对基本理论问题研究不够。对经济增长质量基本理论问题的研究是一个亟待深入研究的问题。

西北大学任保平教授是我早年的学生，2006 年他入选教育部新世纪优秀人才支持计划，支持课题为“经济转型时期中国经济增长质量与和谐发展”。他在完成支持计划研究任务的基础上，不断深化研究，使经济增长质量研究成为西北大学研究团队近年来主打的一个研究方向。每年围绕一个主题出版一本经济增长质量报告。2013 年报告入选教育部发展报告资助项目。近年来，他在这些研究的基础上，不断地进行经济增长质量基础理论问题的研究，形成了《经济增长质量的逻辑》一书，对质量型经济增长的基本原理、内在机制以及实现路径进行了理论思考。

该书从“理论逻辑—实践逻辑”的思路出发，主要研究两个层次的问题：第一层次，理论逻辑。主要研究经济增长的基本理论，探讨经济增长质量的理论逻辑机理。以国内外对经济增长质量的研究为依据，结合当前世界各国尤其是中国经济发展的现状，在学术界已有研究的基础上，本书依据经济增长质量的特征，对经济增长质量的内涵进行了界定。从经济增长质量的含义与特征出发，比较了数量型经济增长与质量型经济增长，提出并建立经济增长质量分析的假设、基本命题，提出了经济增长质量分析的价值判断。分析了经济增长质量对经济增长理论框架的扩展，研究了质量型经济增长模型的构建、质量型经济增长分析的理论维度、经济增长质量指数的构建、经济增长质量的主体行为、经济增长质量的价值判断、道德基础与文化基础。第二层次，实践逻辑。主要研究中国经济增长质量提高实现机制。在经济增长质量国际比较的基础上，通过对中国经济增长质量的观察与反思，对中国经济增长中数量与质量的不一致性进行分析，研究了实现中国经济增长数量、质量和效益的统一，以及中国新增长红利时代提高中国经济增长质量的路径转型。

《经济增长质量的逻辑》一书的学术创新价值体现在对已有的经济增长理论进行了扩展：一是对经济增长理论原理的扩展。经济增长质量把经济增长研究的视野从研究经济增长的最优路径选择扩展到了经济增长最佳社会效应的实现和经济增长系统耦合机制的建立方面。二是对经济增长理论概念性框架进行了扩展。对建立在线性系统、稳定状态和均衡基础上的新古典经济增长理论扩展到了经济增长具有非线性、非稳定性和非均衡性特征。把经济增长的系统从经济系统扩展到了自然生态系统和社会系统。三是方法论的扩展。质量型经济增长理论把经济增长的研究从没有价值判断的逻辑实证主义方法论扩展到了以具有价值判断的规范方法方面来，这一扩展使得经济增长理论从没有价值判断的经济学扩展到了具有价值判断的规范分析上来。四是对宏观经济政策的扩展。质量型经济增长理论把政策的着眼点从短期的货币政策、财政政策扩展到了扩大生产可能性边界的产业政策、人力资本政策和技术进步政策方面，从国富政策转型为民富政策，从单一经济政策领域扩展到了经济、社会政策等多个方面。

同时该书提出了一些重要的观点：第一，界定了经济增长质量的内涵。认为经济增长质量是经济的数量增长到一定阶段的背景下，经济增长的效率提高、结构优化、稳定性提高、福利分配改善、创新能力提高，从而使经济增长能够长期得以提高的结果。第二，提出了经济增长质量理论的十个基本命题和六大伦理原则。第三，构建了经济增长质量的价值判断体系。从现实价值判断与终极价值判断两方面构建了经济增长质量的价值判断体系。第四，对中国经济增长质量的实践逻辑进行了研究。在对中国经济增长中数量和质量不一致进行解释的基础上，研究了实现中国经济增长数量与质量一致性的路径。在对中国经济增长质量进行观察与判断的基础上，研究了中国经济从数量型增长向质量型增长的转型，提高中国经济增长质量的机制，实现中国经济增长数量、质量和效益统一的路径。

2011 年世界夏季达沃斯论坛提出要关注经济增长质量，党的十八届三中全会决议提出未来要努力提高经济增长的质量和效益，因此提高经济增长质量成为未来经济增长的主题，希望该书能对提高中国经济增长质量有所借鉴。

白永秀

西北大学经济管理学院教授

导　言

传统经济增长理论主要研究的是经济增长的数量以及数量增长的源泉和动力问题，而质量型经济增长主要涉及经济增长的前景、质量和后果问题。传统的经济发展理论认为知识可以不断地产生，经济便可以不断地增长。因此，经济学家将经济增长的路径设计为：发达国家通过赤字财政政策促进经济增长，发展中国家通过工业化来加速经济增长。[①] 然而，从 20 世纪六七十年代经济增长的实践来看，赤字财政政策并没有进一步推动发达国家的经济增长，而工业化也没有使发展中国家完全摆脱贫穷落后的局面。对此，战后国际学术界通过对近代文明和工业化道路的反思，否定了以浪费资源、牺牲环境为代价的经济发展观，形成了为人们普遍接受的可持续发展理论，在可持续发展理论的指导下，人们在对传统经济增长进行反思的基础上来寻求质量型的经济增长。

一、经济增长质量研究的背景和意义

（一）研究的背景

1. 理论背景

经济增长与经济发展是现代经济学中最引人注目的领域。传统经济增长理论将研究的重点放在对经济增长的机制、源泉与动力的讨论上。经济增长

① 任保平、史耀疆：《制度安排与可持续发展》,《陕西师范大学学报（哲学社会科学版）》2000 年第 3 期，第 86—91 页。

理论从古典理论发展到今天的内生增长理论，已经经历了两百多年的历史，始终围绕这些问题而展开。古典经济学家亚当·斯密（1776）、大卫·李嘉图（1817）、托马斯·马尔萨斯（1798）发展了很多呈现于经济增长理论中的基本成分。而现代经济增长理论始于弗兰克·拉姆齐 1928 年在《经济学期刊》上发表的一篇经典论文——《储蓄的一个数理理论》，之后哈罗德（1939、1948）、多马（1947）、索洛（1956）、斯旺（1956）、罗默（1986）、卢卡斯（1988）等人推进了经济增长在理论方面的进展，并有大量的实证研究对经济增长理论进行了定量分析和检验。经济增长理论主要是通过要素分析来阐释一定时期内国民收入水平或人均国民收入水平的决定问题，即经济增长的来源问题。在经济增长理论发展的两百多年里，大多对于经济增长的研究都集中于狭义经济变量的决定上，也就是经济增长的数量问题，而忽视了经济增长的质量问题。片面追求经济增长数量带来了结构失衡、分配不均、贫富差距扩大、资源短缺及环境污染等问题，出现了有增长而无发展的局面，于是一些经济学者开始反思增长是否有意义的命题，并逐渐成为主流观点，当代已经没有人赞成单纯的经济增长。经济增长的稳定性、分配不平等、资源环境代价等经济增长质量问题成为当前世界研究经济增长的主要课题。

2. 现实背景

当前，经济增长质量在中国乃至世界各国的经济增长中都是一个非常突出的问题，许多国家正在积极通过转变经济增长方式、提高资源利用效率、减少环境污染等途径来达到提高经济增长质量的目的，提高经济增长质量已经成为世界各国经济发展中的一项重要课题，也是中国未来经济增长中需要进一步解决的突出问题。

新中国成立以来，尤其是 1978 年改革开放以来，中国经济持续高速增长，取得了举世瞩目的成就，形成了中国经济增长的奇迹。中国经济增长的奇迹主要表现在数量上，形成了“高数量、低质量、低效益”的特征。但是，影响经济增长结局的不仅仅是经济增长的速度，还有经济增长的质量。中国经济高速增长的同时，一些矛盾和问题也逐渐暴露出来，经济增长的结构性矛盾比较突出、经济增长的不稳定因素仍然存在、经济增长的成果分配不和谐、经济增长的模式尚未根本改变、经济增长的代价依然比较高，国民经济素质和经济竞争力有待提高。这些突出的矛盾和问题背后反映的就是经济增长的质量问题。

在中国国民经济的快速增长过程中，积累了不少结构性矛盾，不仅投资消费关系不协调、一二三产业比例不协调，城乡间和地区间的发展也不协调；固定资产投资总规模偏大等影响经济增长稳定性的因素仍然存在，如果经济快速增长中出现大的波动，将会损害到整个经济发展；全体人民并没有共享到经济增长的成果，收入差距扩大、收入不平等程度上升将通过资本市场、政治体制、社会环境、市场规模等各种渠道对经济增长产生制约作用；粗放的经济增长方式尚未根本改变，经济增长所付出的代价相当大，经济发展与资源环境的矛盾越来越突出。

2010 年中国 GDP 超过日本，成为世界第二大经济体。经济发展的目标开始从追求大开始转向追求强，由追求数量开始转向追求质量，党的十八大以来，提高经济增长质量和效益成为中国经济增长中的核心问题。2012 年 11 月 30 日中共中央召开党外人士座谈会，中共中央总书记习近平表示，做好 2013 年经济社会发展工作，要以提高经济增长质量和效益为中心，增长须是实实在在和没有水分的增长。2013 年国家主席习近平在对特立尼达和多巴哥、哥斯达黎加、墨西哥进行国事访问前夕，接受特立尼达和多巴哥《快报》、哥斯达黎加《共和国报》、墨西哥《至上报》的联合书面采访时，提出我们不一味追求经济增长速度，而是更加注重经济增长质量和效益。因此，追求质量成为未来中国经济增长的主题。

（二）研究的意义

1. 理论意义

从理论发展的角度讲，研究经济增长质量是对经济增长理论的发展和完善。它是国际经济学界需要攻关的一个新课题，是经济理论中需要创新的领域，在理论上具有重要的创新意义。经济增长包括经济增长数量与经济增长质量两方面内容，经济增长本身并不是目的，而只是为人类谋福利的一种手段，只有经济增长质量才是发展的根本。在经济增长理论发展的历史长河中，学者们主要以经济增长数量为研究对象，通过不断采用标准化、主流化的研究方法，形成了系统的理论和模型化的研究成果（哈罗德，1939、1948；多马，1947；罗伯特·索洛，1956；斯旺，1956；凯斯，1965；库普曼斯，1965；阿罗，1962；谢辛斯基，1967；保罗·罗默，1986；罗伯特·卢卡斯，1988；雷贝多，1991），而对于经济增长质量的研究却不足，不仅没有建立完善的理论体系，而且也没有系统的实证支撑。如今，西方一些著名经济学家，如巴罗、诺贝尔经济学奖获得者阿罗等已经开始积极探索这一问题。因此，研究经济增长质量是对经济增长理论的发展，也是在新的视角下对经济增长理论的扩展。

2. 现实意义

从工业革命开始，随着科学技术的进步和市场经济的发展，人类生产力水平的巨大进步推动了经济的快速增长，特别是第二次世界大战以来，发达国家在凯恩斯主义经济学的推动之下，以国民生产总值作为衡量经济增长的指标，各国努力追求经济的高速增长，出现了前所未有的经济增长热。与此同时，片面追求经济增长所导致的负面效应也显示了出来，资源的大量消耗、严重的环境污染，使许多发达国家出现了“有增长而无发展”的状况。同时，第二次世界大战以来独立的民族国家为了改变自身的落后局面，也形成了追求经济快速增长的局面。伴随着这种经济的高速增长，发展中国家的经济发展也出现了一些问题，人口包袱沉重、失业严重、环境污染、生态失衡，经济发展的成本日益增大。《1996 年人类发展报告》在讨论经济增长与经济发展的联系时列举了五种“有增长而无发展”的现象：“无工作的增长（Jobless Growth，出现严重失业的经济增长）、无声的增长（Voiceless Growth，失去民主和自由的经济增长）、无情的增长（Ruthless Growth，贫困和收入分配严重不公的经济增长）、无根的增长（Rootless Growth，毁灭文化，降低了人们生活质量的经济增长）、无未来的增长（Futureless Growth，造成资源耗竭、环境污染和生态破坏的经济增长）”[①]。其中，“有增长而无发展”中无未来的增长是经济增长和经济发展中的一种特殊现象，由于片面追求经济增长的速度和规模，虽然经济增长的速度快，产出率比较高，但是这种高速度和高产出率是通过高代价而获得的，在高成本的经济发展下，虽然国民生产总值增长了，但是却造成了经济结构的严重失衡、失业严重、环境污染、资源耗竭、生态被破坏，使人类的生存环境遭到破坏，社会福利水平下降。

① 郭熙保：《论发展观的演变》，《学术月刊》2001 年第 9 期，第 47—52 页。

从经济现实的角度讲，研究经济增长质量对国民经济发展具有应用性。经济增长质量是世界范围内经济增长面对的一个突出问题，为此世界银行2000年研究报告《增长的质量》提出了这一问题研究的重要性，2011年夏季达沃斯论坛也提出要关注经济增长质量。

从中国现实来看，改革开放40年以来，中国经济总量保持了持续高速增长的态势，但与此同时经济增长的结构、经济增长的稳定性、福利分配不平等以及资源环境代价等经济增长质量问题成为中国经济增长面对的主要矛盾，提高经济增长质量、转变经济增长方式成为中国经济增长迫切需要解决的问题。特别是2008年国际金融危机使中国经济遭受了巨大的冲击，针对金融危机的冲击，人们更加清楚地认识到提高经济增长质量的重要性，认识到要更加重视提高经济增长质量和效益。全国人大常委会前副委员长、中科院虚拟经济与数据科学研究中心主任成思危认为，在实现“保八”目标的同时，要注意经济增长的质量，保证当前的增长是扎实的、高质量的，要重视经济由数量型增长向质量型增长的转变。党的十八大报告指出：“坚持科学发展观要以加快转变经济发展方式为主线，把推动发展的立足点转到提高质量和效益上来。”党的十八大以后第一次召开的中央经济工作会议上，习近平总书记提出要加大经济结构调整力度，提高经济增长质量和效益。要实现从数量型经济增长向质量型经济增长的转变，需要有理论的支撑，而本书的研究将充分结合中国当前和未来发展的实际需要，对实践党的十八大所提出的“提高经济增长的质量和效益”具有重要的指导意义。

二、研究的思路

本书从“理论逻辑　实践逻辑”的思路出发，主要研究以下两个层次的问题。

（一）理论逻辑

主要研究经济增长质量的基本理论，探讨经济增长质量的逻辑机理。以国内外对经济增长质量的研究为依据，结合当前世界各国尤其是中国经济发展的现状，在学术界已有研究的基础上，本书依据经济增长质量的特征，对经济增长质量的内涵进行了界定。从经济增长质量的含义与特征出发，比较了数量型经济增长与质量型经济增长，提出并建立经济增长质量分析的假设、基本命题，提出了经济增长质量分析的价值判断。分析了经济增长质量对经济增长理论框架的扩展，研究了质量型经济增长模型的构建、质量型经济增长分析的理论维度、经济增长质量指数的构建、经济增长质量的主体行为、经济增长质量的价值判断、道德基础与文化基础。

（二）实践逻辑

主要研究中国经济增长质量提高实现机制。在经济增长质量国际比较的基础上，通过对中国经济增长质量的观察与反思，对中国经济增长中数量与质量的不一致性进行分析，研究了提高中国经济增长质量的机制，实现中国经济增长数量、质量和效益的统一，以及中国新增长红利时代提高中国经济增长质量的路径转型。

三、研究的内容

经济增长质量的研究任务具有双重性，一方面要从哲学高度上来探讨经济增长质量的规律、实现的逻辑机理，另一方面又要研究中国提高经济增长质量的实现机制与路径。而前一方面是研究的重点。本书试图在继承和发展前人研究成果的基础上，从理论逻辑和实践逻辑两个方面研究经济增长质量问题。

（一）理论逻辑方面

主要研究了：（1）经济增长质量研究的理论渊源。主要包括国外研究的理论渊源、国内研究的理论渊源，通过国内外研究提出本书的视角和思路。（2）对数量型经济增长理论的反思。主要对早期的经济增长思想、新古典增长理论、内生增长理论进行反思，通过反思来研究数量型经济增长的逻辑。（3）数量型经济增长与质量型经济增长的比较。主要分析经济增长数量与质量的关系、数量型经济增长与质量型经济增长的区别、数量型经济增长与质量型经济增长的联系，并研究从数量型经济增长向质量型经济增长的转型。（4）质量型经济增长的逻辑界定。主要包括：经济增长质量分析的视角、经济增长质量的理论基础、经济增长质量的界定、经济增长质量的特征、质量型经济增长的逻辑、质量型经济增长中的变量关系。（5）经济增长质量对经济增长理论框架的扩展。主要研究质量型经济增长理论对经济增长理论原理的拓展、对经济增长理论概念性框架的扩展、对经济增长理论方法论的扩展、对经济增长理论政策框架的扩展。（6）质量型经济增长模型的构建。通过对质量型经济增长模型构建的理论基础与实践缘由的分析，提出经济增长质量模型中的基本概念框架，并建立经济增长质量基本模型，分析经济增长质量模型的结论与意义。（7）质量型经济增长理论的基本假设与基本命题。主要研究经济增长质量分析的基本假设、经济增长质量分析的基本命题。（8）质量型经济增长分析的理论维度。主要研究经济增长质量分析的理论框架，构建经济增长质量分析的理论维度。（9）质量型经济增长的度量。主要研究经济增长质量的度量维度、经济增长质量的度量方法、经济增长质量指数的构建。（10）质量型经济增长的价值判断。在基本逻辑上研究经济增长质量价值判断体系，并从经济增长质量的终极价值判断、现实性价值判断两个方面研究经济增长质量价值判断体系的构建。（11）质量型经济增长中的主体行为。主要研究质量型经济增长中的政府行为、企业行为、消费者行为。（12）质量型经济增长的道德基础与文化基础。在研究道德基础对提高经济增长质量作用的基础上，分析经济增长质量道德基础构建的目标、内容。在研究文化对于经济增长质量提高的理论机理的基础上，分析发挥先进文化在提高经济增长质量作用中的政策原则，以及文化推动经济增长质量提高的措施。

（二）实践逻辑方面

主要研究了：（1）世界各国经济增长质量的比较。在经济增长质量国际比较维度构建的基础上，对不同类型代表性的国家的经济增长质量进行了国际比较，总结了对中国经济增长质量提升的启示。（2）中国经济增长质量的观察与判断。通过对学术界关于中国经济增长质量的不同认识的归纳，总结中国经济增长质量的问题，提出提高中国经济增长质量需要解决的重点问题。（3）中国经济增长中数量和质量的比较。在中国经济增长数量和质量不一致的态势描述基础上，对中国经济增长中数量和质量不一致进行了解释，并提出了实现中国经济增长数量与质量一致性的路径。（4）中国经济从数量型增长向质量型增长的转型。从经济增长战略的转型、经济增长的路径转型与经济增长政策的转型，来研究中国经济从数量型增长向质量型增长的转型。（5）提高中国经济增长质量的机制化。依据提高中国经济增长的结构问题、动力问题研究提高中国经济增长质量的创新驱动机制、结构转化机制和利益协调机制。（6）实现中国经济增长数量、质量和效益的统一。

通过对经济增长数量、质量和效益关系的分析，来研究中国经济增长中数量、质量和效益的不一致性及其影响，研究实现中国经济增长的数量、质量和效益统一的路径转型。（7）新增长红利时代提高中国经济增长质量的路径转型。主要研究中国经济增长红利的变化，新红利时代的中国经济增长红利的创造，新增长红利时代提高中国经济增长质量的路径转型。

四、研究的方法

对经济增长质量的研究既要遵循经济增长理论的一般研究方法，又要从一定的思想高度来提升与总结经济增长质量的基本原理，因此在研究中重点采用了以下研究方法。

（一）逻辑演绎和归纳的方法

本书是基础理论研究的范式，基本采取的是以逻辑演绎为主的方法，通过逻辑演绎，归纳出了经济增长质量分析的基本假设、基本命题、理论框架、理论维度，以及经济增长质量理论对经济增长理论在经济学原理、概念性框架、方法论和政策框架方面的拓展。

（二）哲学分析法

由于经济增长质量是一种规范分析，所以本书大量采取了哲学分析法，研究了经济增长质量价值判断体系的构建、质量型经济增长的道德基础和文化基础。特别是运用哲学的方法研究了经济增长的逻辑机制。从哲学意义上来讲，逻辑就是思维的规律性或者客观的规律性。经济增长质量的逻辑就是对质量型经济增长的规律的探讨或者是质量型经济增长的基本原理、内在机制以及实现路径的哲学思考。任何一门科学都有其内在的规律、逻辑和机理。社会科学的逻辑由其基本的概念框架、基本范畴及其关系所构成，并用这些概念框架明确社会经济运作的基本原理。经济增长质量的逻辑就是依据社会科学认识论的基本原理对质量型经济增长的基本原理与内在规律的研究和探讨，为研究中国经济增长质量提升路径提供依据。

（三）指数分析法

在经济增长质量理论分析的基础上，从经济增长质量的理论内涵出发构建出由 37 个基础指标构成的经济增长质量指数，选择主成分分析法来确定各指标的权重，并将主成分分析法在原始数据处理、输入矩阵确定和基础指标权重计算三个方面进行改进。

（四）比较分析法

在理论方面，运用比较分析法分析经济增长数量和质量的关系、数量型经济增长与质量型经济增长的区别、数量型经济增长与质量型经济增长的联系，并研究从数量型经济增长向质量型经济增长的转型。在实践方面，比较了世界各国的经济增长质量，为提高中国经济增长质量提供了现实依据。比较了中国经济增长的数量与质量，分析了中国经济增长中数量和质量不一致的原因。

五、本书的思想贡献

帕斯卡说，我们的全部尊严就在于思想，因而学术研究的核心问题在于思想创新。本书在写作中努力致力于思想与理论上的创新。总结来看，本书的思想创新体现在以下几个方面。

（一）明确界定了经济增长质量的内涵

本书在对传统经济增长理论、国内外对经济增长研究进行评价的基础上，明确界定了经济增长质量的内涵。我们认为，经济增长质量是经济的数量增长到一定阶段的背景下，经济增长的效率提高、结构优化、稳定性提高、福利分配改善、创新能力提高，从而使经济增长能够长期得以提高的结果。数量型经济增长反映的是经济增长的速度，而质量型经济增长反映的是经济增长的优劣程度。

（二）研究了经济增长质量理论和已有增长理论的关系

数量型经济增长和质量型经济增长是经济增长理论同一问题的两个方面，一个完整的经济增长理论应该包括数量增长和质量提升两个方面。数量型经济增长理论与质量型经济增长理论存在着差异性：一是已有的经济增长理论关注经济系统本身的运行，运用实证主义方法论对经济进行客观描述，不涉及价值判断问题。质量型经济增长理论基于规范主义方法论，以一定的价值判断作为出发点和基础，提出行为标准，并以此作为处理经济问题和制定经济政策的依据，探讨如何才能符合这些标准。二是已有的经济增长理论与质量型经济增长理论的逻辑也是不同的，已有的经济增长理论是依据生产要素的性质，沿着线性思路来研究经济增长的。质量型经济增长理论是依据多部门系统复杂性来研究经济增长的，认为经济增长是一个复杂系统构成的非线性过程，具有不确定性。降低不确定性的过程就是提高经济增长质量的过程。

（三）经济增长质量理论与现有增长理论的对接

经济增长质量理论不是对现有主流经济学的增长理论的否定，而是其扩展和补充，是在经济增长数量基础上数量与质量的协调统一。具体体现在：一是对经济增长理论原理的拓展。经济增长质量把经济增长研究的视野从研究经济增长的最优路径选择扩展到了经济增长最佳社会效应的实现和经济增长系统耦合机制的建立方面。最优增长路径的选择意味着经济增长的净收益要最大化，经济增长的成本要最小化。最佳社会效应就是要实现成果分配的合理化，使大多数人分享经济增长的成果。二是对经济增长理论概念性框架进行了扩展。对建立在线性系统、稳定状态和均衡基础上的新古典经济增长理论扩展到了经济增长具有非线性、非稳定性和非均衡性特征。把经济增长的系统从经济系统扩展到了自然生态系统和社会系统。三是方法论的扩展。质量型经济增长理论把经济增长的研究从没有价值判断的逻辑实证主义方法论扩展到了以具有价值判断的规范方法方面来，从而使经济增长理论从过去的逻辑实证主义方法论扩展到了在实证基础上的规范分析，这一扩展使得经济增长理论从没有价值判断的经济学扩展到了具有价值判断的规范分析上来。四是对宏观经济政策的扩展。质量型经济增长理论把政策的着眼点从短期的货币政策、财政政策扩展到了扩大生产可能性边界的产业政策、人力资本政策和技术进步政策方面，从国富政策转型为民富政策，从经济政策领域扩展到了社会政策方面。

（四）提出了经济增长质量理论的基本命题和伦理原则

本书提出的经济增长质量分析的基本命题有：较高的生产率是经济增长质量的根本保证；稳定性可以实现经济增长中资源有效配置和有效利用的结合；降低资源环境和生态成本可以提高经济增长的净收益；经济结构的转化可以改变经济增长的动力机制；福利分配可以实现经济增长成果的共享；高质量的经济增长必然要求高素质的国民经济；经济增长质量提高的关键是“使制度正确”。经济增长质量是经济文明的体现。本书提出的经济增长质量分析的伦理原则有：经济增长质量内在地包含了经济增长与伦理建设的和谐统一；经济增长的结果必须惠及全体劳动者；经济增长质量追求最大多数人的最大幸福的道德原则；经济增长使人的发展条件得到改善；质量型经济增长中经济发展与社会发展必须协调；质量型经济增长的终极关怀是人文关怀。

（五）建立了经济增长质量理论的模型

目前国内外经济增长质量理论研究中的缺陷是：与主流增长理论相比较，数理模型化是一个缺陷，没有建立其基准模型。我们的研究也在努力，目前形成了一个初步的模型。基本思路是：经济增长成本分析是经济增长质量的基本概念范畴。从这一概念范畴出发，经济增长质量就是要实现经济增长净收益的最大化，净收益的最大化就是要实现经济增长成本的最小化，即要使经济增长的经济成本、社会成本和资源环境成本达到最小状态。净收益等于经济增长产出减去经济增长的成本。依据这个思路形成了一个简单的经济增长质量的模型。

（六）提出了经济增长质量的价值判断

经济增长质量的价值判断体系由终极价值判断和实践性价值判断两部分构成。经济增长质量的终极价值判断的核心是人的发展，是基于人本主义经济发展观的判断标准；经济增长质量的现实价值判断则是以功利主义为核心，是实现经济有效增长的判断标准。终极价值判断成为主要价值判断标准，现实价值判断是终极价值判断的实现手段，是终极价值判断的过渡标准。质量型经济增长的价值判断标准是现实价值判断与终极价值判断相统一的价值判断标准体系。经济增长质量的终极价值判断是人的发展，具体表现为：经济增长要实现人的幸福最大化，经济增长要以社会文化发展为前提，经济增长最终要促进人的发展。现实性价值判断的具体要求是经济增长实现增长代价的最小化，社会福利的最大化，经济运行的平稳化，产出效率的最大化，经济结构的高级化。

（七）构建了经济增长质量指数

对经济增长质量高低的判断是从条件、过程和结果三个层次来讨论的。归纳起来经济增长质量主要包含三个层次六个维度的内容：从经济增长的条件层次来看，经济增长质量主要包含国民经济素质维度；从经济增长过程的层次来看，经济增长质量主要包含经济增长的效率、经济增长的结构以及经济增长的稳定性三个维度；从经济增长结果的层次来看，经济增长质量主要包含福利水平分配状况和生态环境代价两个维度。用六个维度 37 个基础指标构建了中国经济增长质量指数。

（八）对中国经济增长质量的实践逻辑进行了研究

在对世界各国经济增长进行比较以及中国经济增长中数量和质量不一致进行解释的基础上，研究了实现中国经济增长数量与质量一致性的路径。在对中国经济增长质量进行观察与判断的基础上，研究了中国经济从数量型增长向质量型增长的转型，提高中国经济增长质量的机制，实现中国经济增长数量、质量和效益统一的路径，并进一步探讨在提高经济增长质量的基础上来开发未来经济增长的潜力。

上　篇

理论逻辑

数量型经济增长和质量型经济增长是经济增长理论同一问题的两个方面，一个完整的经济增长理论应该包括数量增长和质量提升两个方面。经济增长质量理论对经济增长研究提出了新的挑战：经济增长质量对经济增长的关注点由关注经济增长的源泉和动力扩展到了关注经济增长的前景和结果。从理论逻辑上来看，质量型经济增长理论的基本观点如下：第一，经济增长质量是在经济增长数量基础上数量与质量的协调统一。经济增长质量是经济的数量增长到一定阶段的产物。发展中国家在发动经济增长的初期一般都追求以“快”为特征的数量型增长。随着工业化的全面推进，经济增长整体水平的提高，不仅要追求数量，而且更加追求质量，不仅追求快，同时追求好。第二，经济增长质量在关注数量的同时更加关注经济增长的后果和前景，重点研究经济增长的优劣判断。第三，经济增长质量是效率提高、结构优化、稳定性提高、福利分配改善、生态环境代价低、创新能力提高的综合体现。第四，经济增长质量关注的是经济增长的短期性和长期性结合。第五，质量型经济增长理论以经济系统、自然环境系统和社会政治系统的耦合为前提。

第　一　章

经济增长质量研究的理论渊源

自从古典经济学时期的亚当·斯密以来，在经济增长理论发展的两百多年历史里，各种不同的经济增长理论及其经济学家一直把经济增长的数量问题（动力和源泉问题）当作是经济增长的关键内容，但是却很少讨论经济增长质量（后果和前景）的提高。尽管一些增长经济学家呼吁重视质量，但是这些基本思想还没有形成主流的认识。在实践上，世界各国都把 GDP 作为衡量经济增长的唯一指标，漠视经济增长质量。

第一节　国外经济增长质量研究的理论渊源

对经济增长质量问题研究的理论渊源可以追溯到古典经济学时代，一些经济学家在关注经济总量增长的同时，就已经注意到了分配问题对经济增长的影响。英国经济学家约翰·穆勒在 1848 年出版的《政治经济学原理》中指出："总产量达到一定水平后，立法者和慈善家就无须再那么关心绝对产量的增加与否，此时最为重要的事情是，分享总产量的人数相对来说应该有所增加。""如果人民大众从人口或任何其他东西的增长中得不到丝毫好处的话，则这种增长也就没有什么重要意义。"穆勒认为，如果经济增长的成果不能被更多的人分享，就违背了追求"最大多数人的最大幸福"的道德原则，因而这种增长是毫无意义的，同时也是反伦理的。尽管那时的经济学家已经注意到了经济增长质量的重要性，但是系统而且明确地研究经济增长质量却是20世纪60年代以来的事。从国际上现有研究经济增长的文献来看，直接讨论经济增长质量问题的外文文献并不多见，代表性的研究有以下几种。

一、苏联经济学家卡马耶夫对经济增长质量的研究

20世纪60—70年代苏联经济增长中的质量问题开始出现。苏联经济学家卡马耶夫于1977年出版了《经济增长的速度和质量》一书。他对经济增长的理解是："物质生产资源变化过程的总和，以及由此而增加了产品的数量和提高了产品的质量，通常被称为这一社会经济结构的经济增长"，并强调"在经济增长这个概念中，不仅应该包括生产资源的增加，生产量的增长，而且也应该包括产品质量的提高，生产资料效率的提高，消费品的消费效果的增长"。①

二、匈牙利经济学家科尔奈对经济增长质量的研究

20世纪70—80年代初匈牙利经济学家亚诺什·科尔奈在《突进与和谐的增长》（1971）、《短缺经济学》（1980）、《增长、短缺与效率》（1982）等著作中，针对社会主义经济中的问题，提出了"只有和谐的增长才是健康的增长"的协调发展思想，从和谐增长角度研究了经济增长质量。科尔奈指出，"翻阅一下关于经济增长理论的浩瀚文献，我们发现，到处都在用宽泛的数量指标来描述增长过程，而发展过程的质量方面几乎完全被忽略了"。② 他认为"突进"是与和谐相对立的一种理想类型的增长模式，它以牺牲、延期和忽视为代价，达到强制增长的目的。在突进中，质量落后于数量。与突进相比，和谐增长则强调促使经济在平衡和协调中发展。"和谐的灵魂对经济中的比例失调和不平衡感到忧虑和不安。"③ 科尔奈教授认为，和谐是经济增长的一种可能具有的特征，它是增长的各个局部过程之间的一

---

① ［苏］卡马耶夫：《经济增长的速度和质量》，陈华山等译，湖北人民出版社1983年版，第35页。

② ［匈］亚诺什·科尔奈：《突进与和谐的增长》，张晓光等译，经济科学出版社1988年版，第3页。

③ ［匈］亚诺什·科尔奈：《突进与和谐的增长》，张晓光等译，经济科学出版社1988年版，第12页。

种能动的相互关系，这些关系满足了和谐的某种要求。也就是说，“和谐”是与经济增长的内部要求和人类社会的消费需要联系在一起的。

三、世界银行的托马斯对经济增长质量的研究

2000年托马斯等在剑桥大学出版社出版了《增长的质量》，该书由中国财政经济出版社于2001年引进。在书中，托马斯等认为经济增长的质量，“作为发展的步伐补充，构成了经济增长过程中的关键内容，如：分配的机会，环境的可持续性的全球风险管理和治理结构”。他们指出：“发达国家和发展中国家的经济领袖们往往依赖产值（GDP）的增长速度作为进步的标准。但许多有力的例子表明，一定的增长率可以对贫困和福利产生极为不同的影响。一定的增长速度在不同的国家之间（从中国到墨西哥）导致了在教育进步和环境保护方面截然不同的结果。一定的增长速度对同一国家内部（比如中国和巴西国内）不同地区的贫困状况的改变起到了截然不同的影响。这些例子显然表明经济增长速度这一个数量指标不能反映它的质量。”① 在对增长质量重要性的解释中，他们认为，“正像人们纳入食物的质量而不是数量，影响人们的健康一样，是增长的方式和分布而不是它的速度，对减低贫困和提高生活质量有根本的影响。数量并不一定代表质量。美国的人均医疗卫生消费是世界第一，但它的医疗卫生体系的总体业绩水平仅在191个国家中占第37位。按人均卫生消费所占人均国民生产总值的比例来计算，法国只相当于美国的60%，但法国的医疗卫生体系的总体业绩水平是世界第一。中国作为发展中国家，人均医疗卫生消费是世界第139位，医疗卫生体系的总体业绩水平占到第144位”。“稳健的宏观经济政策和以市场为导向的微观经济原则仍然是必要的。但有三个非常关键的因素常常被忽视：教育机会的均等化、环境保护和国家治理的质量。”《增长的质量》得出的结论是：水平相近的经济增长率却对人民的福利带来截然不同的结果，这说明，过去的经济政策往往偏重于考虑增加实物资本的投资规模。这仅仅是构成高质量增长的众多重要因素中的一项。同样重要的因素还包括对人力资本和社会资本的投资，以及对自然资源和环境资本的投资。

① ［印］托马斯等：《增长的质量》，张绘等译，中国财政经济出版社2001年版，第29页。

四、多恩布什和费希尔对经济增长质量的研究

多恩布什与费希尔的《宏观经济学》中提出了经济增长的新定义，认为经济增长“是生产要素积累和资源利用的改进或要素生产率增加的结果”。[①] 定义中提出的生产要素积累指的是资本和劳动力在数量上的不断增加，强调了生产要素积累是经济增长实现数量扩张的主要源泉。定义中提出的资源利用的改进或要素生产率增加，指的是资本和劳动力的更加有效使用和科学技术在生产中的应用。资源利用的改进或要素生产率增加是经济增长质量的主要源泉。这个定义把经济增长的数量和质量结合在了一起，并从资源利用的改进或要素生产率增加的角度提出了提高经济增长质量的途径。多恩布什与费希尔对经济增长质量的研究主要关注的是经济增长的过程，缺点是没有涉及经济增长的结果。

五、罗伯特·巴罗对经济增长质量的研究

罗伯特·巴罗从现代经济增长理论的角度研究了经济增长质量。巴罗（2002）给予增长质量一种很宽泛的概念，他把经济增长质量理解为与经济增长紧密相关的社会、政治及宗教等方面的因素，具体包括受教育水平、预期寿命、健康状况、法律和秩序发展的程度以及收入不平等等。巴罗认为影响经济增长质量的因素是多方面的，他利用跨国数据对经济增长质量的决定因素进行了研究，“认为健康水平、生产力、收入分配、政治体制、犯罪行为以及宗教信仰等因素与经济增长质量存在密切关系”。[②] 他通过经验验证得出结论：经济增长总会伴随生活水平的提高，而生活水平的提高又往往伴随着民主政治的扩大、法律规则维护的增加以及官员腐败的减少。虽然有库兹涅茨曲线的存在，但是收入不公平略微的改善可以被整体经济发展水平所解释。用谋杀率来代替的犯罪率与发展水平相关性不大，但是与收入不公平却有着非常密切的联系。在经济增长的同时明显伴随着去教堂人数的减少和

---

① ［美］鲁迪格·多恩布什、斯坦利·费希尔：《宏观经济学》，张帆等译，中国人民大学出版社1997年版，第239页。

② Robert J. Barro，“Quantity and Quality of Economic Growth”，*Working Papers of Central Bank of Chile*，2002.

宗教信仰程度的降低，但是在经济增长其他指标固定不变的情况下，宗教信仰一定与教育有关。

第二节　国内经济增长质量研究的理论渊源

在新中国经济建设的初期，我们一方面强调经济增长的速度，同时也重视经济增长的质量。1956 年以后提出的“多快好省地建设社会主义”，其中，“多快”就是强调经济增长的数量，“好”就是强调经济增长的质量，“省”就是强调经济增长的效益。改革开放以后，党的十四届五中全会强调：实现今后 15 年奋斗目标，关键是实现两个具有全局意义的根本性转变：一是从传统计划经济体制向社会主义市场经济体制转变，二是经济增长方式从粗放型向集约型转变。其中经济增长方式的转变就是对经济增长质量的强调。党的十六届五中全会提出“国民经济又好又快地发展”，进一步把提高经济增长的质量和效益放在了突出的位置。党的十八大又进一步强调了提高经济增长的质量和效益，追求实实在在的经济增长。

与国家大政方针相适应，国内经济学界对经济增长质量问题的研究经历了以下阶段：第一阶段：从扩大再生产角度研究经济增长质量。国内对于经济增长质量问题研究的渊源在于 20 世纪 60 年代关于内涵扩大再生产和外延扩大再生产的讨论，在这次讨论中著名经济学家刘国光教授仔细考证马克思关于简单再生产与扩大再生产的论断，对外延扩大再生产与内涵扩大再生产的关系问题进行了深入研究，提出了“社会主义社会生产的发展，更应该经常以内涵的扩大再生产为特征”、“社会主义生产内涵的扩大，是同它在外延上的扩大结合在一起的”等重要论点，认为“生产规模的扩大若是由于生产资金的扩大所引起的，就是外延的扩大再生产；若是由于每一单位资金的平均产品产量的提高而引起的，则是内涵的扩大再生产”。[①] 这是最早对经济增长质量的研究。第二阶段：从经济增长方式转变角度对经济增长质量的研究。改革开放初期，依据马克思主义经济理论研究中国经济增长方式从粗放向集约的转变。这一时期以刘国光主编的《论经济改革与经济调整》

① 刘国光：《略论外延的扩大再生产和内涵的扩大再生产的关系》,《光明日报》1962 年 7 月 2 日。

和《中国经济发展战略问题》两书为代表。他指出：今后决不可再搞追求数量指标，光靠上新项目、铺新摊子、增加能源和原材料消耗等外延扩大再生产的方式来发展生产，而要重视质量和效果，主要依靠现有企业挖潜革新改造，充分发挥他们的作用，用提高劳动生产率、节约能源原材料等内涵扩大再生产方式来发展生产。[①] 他还明确指出："不同的经济发展战略，要求有不同的经济体制。""需要有一个与新战略相适应的新体制，应当对原来不适应现代化建设要求的经济体制进行有领导、有步骤、全面、系统的改革，建立有中国特色的社会主义经济体制"。[②] 同时一大批经济学家提出了转变经济增长方式的途径。厉以宁认为，只有深化改革，才能实现经济增长方式的转变。必须建立新的发展观与政绩观，力求将经济增长、环境保护、资源节约使用三者结合起来。[③] 吴敬琏认为，经济增长方式长期难以转变的关键，在于政府拥有过多的资源配置权，从而使一些计划经济体制的遗存仍然被保留下来。因此转变经济增长方式的唯一出路在于政府转型。[④] 他还指出，要实现中国经济增长模式的转变，走出一条新型工业化道路，就必须通过改革攻坚，消除向新的增长模式转变的体制障碍，完善社会主义市场经济体制，建立起内涵增长的体制基础。[⑤] 张卓元从保持经济平稳较快发展的角度探讨了经济增长方式转变，强调转变经济增长方式必须提高自主创新能力，提高经济增长的质量和效益。[⑥] 第三阶段：从"国民经济又好又快地发展"角度研究经济增长质量。党的十六届五中全会提出了"国民经济又好又快地发展"，其中"快"是速度，"好"就是强调质量。围绕"国民经济又好又快地发展"经济学界对中国经济增长质量进行了研究，吴敬琏、厉以宁、卫兴华、刘树成、洪银兴、刘伟等一大批经济学家呼吁提高经济增长质量，转变经济增长方式，促进国民经济又好又快地发展。20 世纪 90 年代以来，伴随着国内对经济增长方式的讨论，对经济增长质量的研究开始兴

① 刘国光：《论经济改革与经济调整》，江苏人民出版社 1983 年版，第 228—242 页。

② 刘国光：《中国经济发展战略问题》，上海人民出版社 1984 年版，第 1—62 页。

③ 厉以宁：《转变经济增长方式的关键》，《人民日报（海外版）》2005 年 3 月 12 日。

④ 吴敬琏：《政府转型：经济增长方式转变的唯一出路》，《江南论坛》2004 年第 12 期，第 7 页。

⑤ 吴敬琏：《中国增长模式抉择》，上海远东出版社 2006 年版，第 172 页。

⑥ 张卓元：《深化改革，推进粗放型经济增长方式转变》，《经济研究》2005 年第 11 期，第 4—9 页。

起。国内学者对这一问题的研究主要集中于对经济增长质量内涵的界定、评价指标体系的建立以及影响因素的分析。第四阶段：从经济发展方式转变的角度来研究经济增长质量。党的十七大明确提出了加快经济发展方式转变的思路。在经济发展方式转变研究中，经济增长质量日益成为学术界研究的一个热点问题，特别是党的十八大明确提出提高经济增长质量和效益以来，提高经济增长质量和效益成为亟待深入研究的问题。

一、对经济增长质量内涵的研究

对经济增长质量问题的研究建立在对其内涵的不同理解基础之上，如何对经济增长质量内涵进行界定直接决定了对这一问题的研究视角、研究范围以及研究内容。经济增长质量属于一种规范性的价值判断，而且由于人类社会一直处于不断变化发展之中，这一范畴成为一个动态概念。因此，经济增长质量的内涵非常难以准确界定，现有文献对它的定义比较模糊，而且往往具有很大的随意性，主要形成两类观点：一种观点从狭义上来定义经济增长质量，将其理解为效率的同义语；另一种观点从广义上来定义经济增长质量，认为它是一个社会经济范畴的综合理论概念，有着丰富的内涵。

狭义的经济增长质量是指资源要素投入比例、经济增长效果及经济增长的效率，体现的是经济增长方式的转变问题。武义青认为，“一个国家或地区经济的增长，既包括数量（速度、规模）的扩大也包括经济系统素质的改善。后者被称为经济增长的质量，并以投入要素的产出效率（生产率）来衡量。质量较高的经济增长，表现为以相同的投入量（消耗或占用）取得较多的产出量，或以较少的投入量（消耗或占用）取得相同的产出量”。[①]林兆木认为，从宏观上看，高质量的经济增长应当包括以下六个方面：第一，低通货膨胀的经济增长。只有实现低通货膨胀的经济增长，才能避免经济增长的大起大落，实现持续的快速增长。第二，投入减少、产出增加的经济增长。在经济增长中，要加快科技现代化步伐，在各个部门、领域采用先进技术，发展高新技术产业，不断提高国民经济的技术装备水平，提高科学技术进步对经济增长的贡献率。只有这样，在经济增长中才能不断降低成

① 武义青：《经济增长质量的度量及其应用》，《管理现代化》1995 年第 5 期，第 32—34 页。

本，提高企业和整个社会的经济效益。第三，结构趋向合理、优化和升级的经济增长。既要在现有技术基础上使产业结构趋向合理，又要适应世界上新的技术革命和发达国家产业重组、结构升级的形势，使中国产业结构朝着现代化、高级化方向发展。第四，商品和服务质量不断提高的经济增长。这样的经济增长，不仅是有效益的增长，而且是合乎目的的、有社会效益的增长。第五，保持经济主体活力、创造性和制度效率的经济增长。在体制转轨时期，改革是经济增长的基本动力，经济增长一方面要靠改革开放激发经济主体的活力、创造性和效率，另一方面也要为改革创造比较宽松的宏观经济环境。第六，保护资源与环境的经济增长。高质量的经济增长是资源得到合理利用，并使环境得到保护的经济增长，是坚持可持续发展战略的经济增长。[①] 郭克莎认为经济增长的质量主要表现在以下几个方面："一是经济增长的效率，主要表现为综合要素生产率（TFP）的增长率及其贡献率的高低；二是国际竞争力的高低，主要表现为产品和服务的质量水平和相对成本水平；三是通货膨胀的状况，也就是相对于经济增长率的通货膨胀率；四是环境污染的程度，即经济增长过程的环境污染面和污染率。"[②] 经济增长质量是与经济发展水平相联系的，但经济增长质量的提高却很大程度上取决于经济增长目标和增长方式的选择。单晓娅、陈森良（2001）认为经济增长质量是一个综合性、具有十分丰富内涵的社会经济范畴，应该包括经济效益提高、经济结构优化、科学技术进步、环境资源保护、竞争能力增强、人民生活改善、经济运行稳定七个方面的内容。[③] 赵英才、张纯洪、刘海英（2006）从均衡和可持续发展理论出发，认为经济增长质量的理论内涵应该从三个层次界定：首先，经济增长质量内涵体现了经济系统的投入产出效率；其次，经济增长质量内涵体现了最终产品或服务的质量；再次，经济增长质量内涵体现了环境和生存质量。[④] 陈海良把经济增长质量界定为"一定

① 林兆木：《提高经济增长质量的六条标准》,《卫生经济研究》1995 年第 8 期，第 90—93 页。

② 郭克莎：《论经济增长的速度和质量》,《经济研究》1996 年第 1 期，第 36—42 页。

③ 单晓娅、陈森良：《经济增长质量综合评价指标体系设计》,《贵州财经学院学报》2001 年第 6 期，第 39—41 页。

④ 赵英才、张纯洪、刘海英：《转轨以来中国经济增长质量的综合评价研究》,《吉林大学社会科学学报》2006 年第 3 期，第 29—37 页。

时期内同一国或一个地区在实现产品质量和服务总量增长的活动的优劣程度”。[①] 吴敬琏（2010）从政府垄断、政绩考核机制和财税制度三个方面分析了制约经济增长质量提高的因素。各级政府对重要资源的配置权力、以GDP的增长作为考核各级政府政绩的主要标志、税收以增值税为主共同形成了提高经济增长质量的体制性障碍。[②] 洪银兴（2010）从投入产出角度来分析经济增长质量。从产出角度看，经济增长质量的高低表现为单位经济增长率所含有的剩余产品的多少；从投入角度看，经济增长质量的高低表现为单位经济增长率中投入资金、物质的多少，提高生产要素的组合质量，提高生产要素的效率质量，提高生产要素再配置的质量。[③]

从广义的经济增长质量来看，不同学者从不同的角度出发，对经济增长质量的内涵存在不同看法。胡钧教授认为，“一个国家经济增长和发展有质与量两个方面。一般地说，人们容易从量的方面即从产值增长速度方面来看经济的发展和增长。量的增长当然很重要，但更重要的是应当从质的方面来评价。经济增长的质的规定包括很多方面，主要有两个：一是重大经济结构，一是企业的经济效益”。[④] 王玉梅认为对经济增长质量应该从多个角度来解释，具体包括六个方面的内涵：经济增长的持续稳定性、经济增长效率、经济结构的优化、产品质量、资源环境状况、人民生活水平。[⑤] 彭德芬认为经济增长质量是指一个国家伴随着经济的数量增长，在经济、社会和环境诸多品质方面表现出来的优劣程度。经济增长质量相应包括经济运行质量、居民生活质量及生存环境质量。[⑥] 李变花认为经济增长质量是相对于经济增长的数量而言的，是从社会再生产的角度对一定时期内国民经济总体状况及其发展特性所作的综合评价，并综合反映经济增长的优劣程度。其内涵

---

① 陈海良：《论经济增长质量的内涵》，《中国统计》2006年第8期，第29—58页。

② 吴敬琏：《转变经济发展方式遇到了许多体制性的障碍》，《中国改革》2010年第12期，第18页。

③ 洪银兴：《对新中国经济增长质量的系统评价》，《福建论坛（人文社会科学版）》2010年第7期，第164页。

④ 胡钧：《着力提高经济增长的质量和效益》，《高校理论战线》1995年第2期，第30—32页。

⑤ 王玉梅：《论经济增长质量之内涵》，《市场论坛》2004年第2期，第24—25页。

⑥ 彭德芬：《经济增长质量研究》，华中师范大学出版社2002年版，第3页。

包括：要素生产率的提高、依靠技术进步和人力资本、经济结构不断优化等。[①] 钟学义认为，经济增长质量不仅应该从要素生产率考察，还应从经济结构、经济波动等诸多方面进行考察。[②] 马建新认为经济增长质量的内涵可以界定为“一个经济体在经济效益、经济潜力、经济增长方式、社会效益、环境等诸多品质方面表现出的与经济数量扩张路径的一致性、协调性。经济增长质量的内涵体现了经济系统的发展水平、经济效益、增长潜能、稳定性、环境质量成本、竞争能力、人民生活等多个方面”。[③] 姜琛（2012）认为经济增长质量就是经济增长状况的好坏，而提高经济增长质量的目标就是满足人们的物质文化需求，手段则是通过技术进步，改善制约经济增长诸要素的素质情况，使得资源有效配置、产业结构合理化等，进而促进国民经济整体素质的提高。因此，可以从以人为本、有效增长、持续稳定、协调合理、节能环保、不断创新六个方面定义经济增长质量。[④] 叶初升主张以发展经济学的视野来研究经济增长质量。他认为在哲学语境中，“量”与“质”都是事物的内在属性，“量变”和“质变”是客观事物运动的两种形式。量变积累到一定程度会产生质变，量变过程中包含着部分质变。在发展经济学的视野中，经济增长只是一种量变，经济发展才是在增长基础上从贫穷走向富裕发达的质变。在这个意义上，真正能称得上经济增长质量的东西，应该是增长过程中所蕴含的“质”及其“部分质变”。[⑤] 任保平（2012）认为经济增长质量是经济的数量增长到一定阶段的背景下，经济增长的效率提高、结构优化、稳定性提高、福利分配改善、创新能力提高，从而使经济增长能够长期得以提高的结果。[⑥]

现有文献对经济增长质量内涵的界定，归纳起来主要包含以下几个方面的内容：从经济增长的过程来看，经济增长质量是指经济增长结构的优化以

---

① 李变花：《中国经济增长质量研究》，中国财政经济出版社 2008 年版，第 14 页。

② 钟学义：《增长方式转变和增长质量提高》，经济管理出版社 2001 年版，第 3 页。

③ 马建新：《中国经济增长质量问题的初步研究》，《财经问题研究》2007 年第 3 期，第 18—23 页。

④ 姜琛：《科技投入对区域经济增长质量的影响研究》，太原理工大学 2012 年博士学位论文。

⑤ 叶初升：《发展经济学视野中的经济增长质量》，《天津社会科学》2014 年第 2 期，第 98—103 页。

⑥ 任保平：《经济增长质量的内涵、特征及其度量》，《黑龙江社会科学》2012 年第 3 期，第 56—59 页。

及经济运行的稳定性。从经济增长的结果来看，经济增长质量是指经济增长带来的收入分配的变化状况以及资源和生态环境代价。除此之外，科技进步、竞争能力、机会的分配、健康及民主等问题也被视为经济增长质量的内容。

二、经济增长数量与经济增长质量关系的研究

关于经济增长数量与经济增长质量之间的关系，目前国内理论界的研究并不多见，代表性的观点有以下几种：刘海英、张纯洪（2006）在对转轨以来中国经济增长质量提高和规模扩张的非一致性进行实证研究后，从资本成本、技术进步和资源环境代价三个方面分析了这种局面的形成机理。① 钞小静（2009）认为经济增长数量分析与经济增长质量分析是两种截然不同的分析范式，它们在判断标准、研究方法、研究对象方面都存在很大的区别。② 任保平、魏婕（2012）在先后从总量视角与省区视角对经济增长数量与质量的不一致性态势进行描述之后，从投入与产出、资源环境、稳定性、收入分配与福利状况方面给出了理论解释，并进一步提出了纠正这种偏差的条件，包括普惠的社会制度、权责明晰的产权制度以及规模报酬递增的制度与技术创新。③ 任保平、郭晗（2012）认为经过三十多年的改革和转轨，目前中国经济步入了传统红利消退、新的红利空间尚未完全形成的阶段。在这种背景下，经济发展方式的目标应该从追求数量向追求质量转变。④

三、对影响经济增长质量因素的研究

影响经济增长质量的因素是多方面的。刘亚建（2002）认为科技竞争力对于经济增长质量至关重要，而促使科技竞争力增长的基础则在教育。目前中国的教育投入太低，影响了经济增长质量的提高。刘海英等（2004）分析了中国的人力资本对经济增长质量的影响，认为以技术进步为依托的经济增

---

① 刘海英、张纯洪：《中国经济增长质量提高和规模扩张的非一致性实证研究》，《经济科学》2006年第2期，第14—23页。

② 钞小静：《经济增长质量：一种理论解释及中国的实证分析》，西北大学2009年博士学位论文。

③ 任保平、魏婕：《中国经济增长中数量和质量的不一致性及其理论解释》，《社会科学研究》2012年第3期，第12—16页。

④ 任保平、郭晗：《红利变化背景下中国经济发展方式转变的路径转型》，《西北大学学报（哲学社会科学版）》2012年第4期，第5页。

长不仅是高质量的，而且是可持续的，人力资本积累是经济增长的最重要的因素之一，是高质量经济增长循环的基点。[①] 人力资本由知识、技能的累积构成，知识、技能在经济系统内的分配状态体现了人力资本的“均化”水平。并借鉴基尼系数理论量化了人力资本“均化”指标，对人力资本与经济增长质量的关系进行了实证研究。肖红叶认为经济增长是一个高度综合的统计指标，它的影响因素很多，“既有经济因素，也有社会因素和制度因素，同时还受自然环境和经济政策的影响”。[②] 杜方利认为，实现向质量型经济增长方式的转变不仅取决于与科技进步和教育等直接相关的因素，而且取决于经济体制是否灵活有效，是否具有充分的市场竞争机制；总和要素生产率与宏观经济政策（特别是产业政策）具有密切关系。因此，即使生产的技术水平较高，如果经济政策失当，经济增长也可能是低效益的；相反，在生产技术水平较低的阶段，如果经济政策有利于发挥生产要素的优势，经济增长也可具有较高效益；鉴于向质量型经济增长方式转变受多方因素制约，因而它是一个渐进前行，而且往往是波动起伏的过程。在这里，人们的主观努力在于积极创造条件，加速这一转变进程，并避免因政策失误而导致反复或倒退。[③] 程虹、李丹丹认为微观产品质量是影响经济增长质量的主要因素，现有的经济增长质量理论主要是结构调整的宏观思路，其在理论上的局限性是忽视了支撑经济增长质量的微观基础。宏观经济增长质量是经济中具体的微观产品质量的加总，因此必须以微观产品质量为基础进行经济增长质量研究。而且认为微观产品质量促进宏观经济增长质量的理论假设，可以在区域层面得到初步的检验。政策建议是，宏观经济增长质量的提高必须以微观的产品质量为核心。[④]

四、对经济增长质量评价体系的研究

国内学者依据对经济增长质量内涵的界定，各自提出了不尽相同的关于

---

① 刘海英、赵英才、张纯洪：《人力资本“均化”与中国经济增长质量关系研究》，《管理世界》2004 年第 11 期，第 17—23 页。

② 肖红叶、罗建朋、李腊生：《经济增长质量的显示性判断》，《南开经济研究》1998 年第 3 期，第 36—42 页。

③ 杜方利：《质量型经济增长的因素分析》，《经济学动态》1997 年第 1 期，第 73 页。

④ 程虹、李丹丹：《一个关于宏观经济增长质量的一般理论——基于微观产品质量的解释》，《武汉大学学报（哲学社会科学版）》2014 年第 3 期，第 79—86 页。

经济增长质量的综合评价指标体系。梁亚民（2002）从理论与实践相结合的需要出发，将经济增长质量评价指标体系归纳为反映经济增长方式转变情况的指标、反映经济增长过程健康状况的指标、反映经济增长产出结果情况的指标、反映经济增长潜能增强情况的指标四类。[①] 戴武堂（2003）认为影响经济增长质量的因素有劳动生产率、经济效益、就业率、居民消费水平和消费质量以及收入差距合理程度。[②] 单薇（2003）从经济增长的稳定性、协调性、持续性、潜力四个方面，确立经济增长质量的评价指标体系，采用熵的评价理论，综合评价我国经济增长质量。[③] 李俊霖（2007）就经济增长质量的有效性、充分性、稳定性、创新性、协调性、持续性、共享性七个维度分别构建具体的衡量指标，将这些量纲不同的指标进行无量纲化，再根据加权综合原理对这些评价价值进行综合测度，以此评估经济增长质量。[④] 王君磊等（2007）在利用层次分析法的基础上构建经济增长质量的评价模型，认为高质量的经济增长应该具备四个基本特性：增长方式属于集约型，增长过程是稳定、协调和持续的，增长结果带来经济与社会效益的显著提高，经济增长潜能不断得以增强。[⑤] 冷崇总（2008）认为经济增长质量是一个综合性的社会经济范畴，要对其做准确而全面的评价，就应该根据科学发展观的要求，从经济发展的有效性、充分性、协调性、持续性、创新性、稳定性和分享性这七个方面构建经济发展质量评价指标体系，这样才能客观反映经济发展质量的优劣，对经济发展质量进行有效的监控。[⑥] 程春霞（2009）从可持续发展角度，分别从经济、社会、资源环境三方面建立了经济增长质量统计评价指标体系。[⑦] 任

① 梁亚民：《经济增长质量评价指标体系研究》，《西北师范大学学报（社会科学版）》2002 年第 3 期，第 115—118 页。

② 戴武堂：《论经济增长质量及其改善》，《中南财经政法大学学报》2003 年第 1 期，第 35—39 页。

③ 单薇：《基于熵的经济增长质量综合评价》，《数学的实践与认识》2003 年第 10 期，第 50—55 页。

④ 李俊霖：《经济增长质量的内涵与评价》，《生产力研究》2007 年第 15 期，第 13—14 页。

⑤ 王君磊等：《基于层次分析法的经济增长质量评价模型》，《统计与决策》2007 年第 12 期，第 51—53 页。

⑥ 冷崇总：《关于构建经济发展质量评价指标体系的思考》，《价格月刊》2008 年第 4 期，第 23—28 页。

⑦ 程春霞：《可持续发展的经济增长质量统计指标体系的研究》，《统计教育》2009 年第 7 期，第 53—56 页。

保平（2010）从经济增长与经济发展的角度，对经济增长质量的内容进行了较为全面的阐述，认为经济增长质量应从经济效率、经济稳定性、环境代价、创新能力、收入分配等角度进行衡量。[①] 向书坚、郑瑞坤（2012）从经济增长模式转型角度出发，将经济增长质量评价指标体系划分为经济运行质量指数、物质资源运行质量指数、人民生活质量指数和生态环境质量指数[②]。

五、对经济增长质量测度方法的研究

在界定经济增长质量内涵的基础上，与现有研究中两种观点相对应，形成了两种测度思路和方法：全要素生产率与综合评价指标体系（肖红叶、李腊生，1998；彭德芬，2002；郭庆旺、贾俊雪，2005；赵英才、张纯洪、刘海英，2006）。从狭义效率视角来理解经济增长质量的学者大多采用全要素生产率的变化来度量经济增长质量，而全要素生产率的提高又常常被归因于技术进步。现有研究基本表明：改革开放以来，中国的全要素生产率曾经存在一个基本上升的时期，20 世纪 90 年代中期以后呈下降的趋势（Gary Jefferson 等，2000；胡鞍钢、郑京海，2004）。但郑玉歆（2007）却认为用全要素生产率来测度经济增长质量存在着若干局限。用全要素生产率评价经济增长质量时，由于没有考虑要素的长期影响，以及数据的局限性，可能会产生较大的偏差；而且提高经济增长质量的一个核心问题是实现资源的有效配置，而 TFP 的增长并不能保证资源的有效配置。如果从广义视角来理解经济增长质量，则对经济增长质量的测度是通过一个综合的评价指标体系来实现的。这主要涉及两个问题：其一是构成指标体系的各维度的选择与确定，这取决于对经济增长质量内涵的界定；其二是各分类指标的合成，国内相关研究文献主要采用相对指数法（赵英才、张纯洪、刘海英，2006）、因子分析法（彭德芬，2002；刘海英、张纯洪，2006）和熵值法。近年来随着经济增长质量研究的深入，又形成了一些新的测度认识。肖欢明认为经济增长质量的提高应该体现资源配置效率的提高，而资源配置效率不仅要考虑劳动力和资本的投入产出

① 任保平：《经济增长质量的内涵、特征及其度量》，《黑龙江社会科学》2012 年第 3 期，第 56—59 页。

② 向书坚、郑瑞坤：《增长质量、阶段特征与经济转型的关联度》，《改革》2012 年第 1 期，第 35—42 页。

效率，还应考虑经济系统对自然资源的消耗以及对环境的破坏。他主张将自然资源和环境作为一种投入要素纳入柯布—道格拉斯生产函数，来测度我国的经济增长质量。[①] 李荣富运用改进的 AHP—FCE 集成模型对经济增长质量进行了动态模糊综合评价。从构建的描述经济增长质量五个维度的指标体系中选取了八个代表性指标，建立模糊关系矩阵并优化生成客观权重，由模糊合成运算得到动态综合评价结果。通过经济增长质量动态综合评价值、最大序差和影响因素分析，来研究经济增长质量的动态变化轨迹和区域性差异。[②] 茹少峰认为判断经济增长质量的内容上应该是多投入多产出的指标体系，克服全要素生产率测算中的多投入单产出情形，同时在指标体系中考虑投资结构。在经济增长质量的具体测度方法上采用非参数的考虑非合意产出的包络分析方法。选用的归一处理方法上采用 Global Malmquist-Luenberger（GML）指数，对中国 30 个省区市 2000—2012 年间的经济增长质量进行了测度。[③]

六、对提高中国经济增长质量路径的研究

近年来，随着中国经济增长中质量问题的不断显现，经济学界开始研究中国经济增长质量的提高问题。刘晗、任保平（2011）从包容性增长视角出发，采用因子分析法对全国 31 个省、自治区、直辖市经济增长对民生民富的包容性进行了测试，发现经济发达地区对民生民富的包容水平明显领先于中西部地区，说明各地经济发展水平与当地经济对民生的包容状况具有较强的正向关系。[④] 石凯、刘力臻（2012）从数量、效益、稳定性和民生福利等方面构建了四维三层综合评价体系，使用"逐层"纵向拉开档次法，从动态时序角度对中国经济增长的质量进行了综合评价，发现中国经济增长质量依次呈现波动平稳、波动上升和稳步上升三种状态，相继出现四次较大波动。[⑤]

---

① 肖欢明：《基于绿色 GDP 的我国经济增长质量测度》,《统计与决策》2014 年第 9 期，第 27—28 页。

② 李荣富：《安徽省市域经济增长质量动态模糊综合评价——基于改进的 AHP—FCE 集成模型》,《安徽农业大学学报（社会科学版）》2014 年第 1 期，第 54—60 页。

③ 茹少峰：《宏观经济模型及其应用》，科学出版社 2014 年版，第 15 页。

④ 刘晗、任保平：《中国经济增长对民生民富包容性的区域差异评价》,《南京邮电大学学报（社会科学版）》2011 年第 9 期，第 50—67 页。

⑤ 石凯、刘力臻：《包容性增长视角下中国经济增长质量的综合评价》,《华东经济管理》2012 年第 11 期，第 57—61 页。

王辛欣、任保平（2010）从城乡协调度视角出发，设计了城乡协调度的评价维度（城乡经济融合度和城乡社会融合度），利用因子分析法描述了改革开放三十多年我国城乡协调度变动趋势的特征。发现自改革开放开始，城乡协调度变动呈现出“下降—调整—上升—调整—上升—下降”的波动趋势。由此得出结论：随着经济的高速发展，我国城乡协调度水平在不断提高，但从城乡关系而言，二者的差距却越来越大，城乡二元经济结构已经成为我国经济长期发展的桎梏，完善相关体制改革成为提高我国城乡协调度进而提高经济增长质量的关键。[①] 郭晗、任保平（2011）从福利分配视角出发，分析劳动报酬占比与经济增长质量的关系。结合 1995—2007 年中国省级面板数据的实证分析，找出了我国劳动报酬占比的变化机制和规律，认为国民收入初次分配中劳动报酬占比的变化可以影响经济增长源泉结构和最终的收入分配格局，进而影响经济增长的可持续性与稳定性[②]。此外，刘晗、任保平（2011）结合我国改革开放三十多年的公共服务状况，通过层次分析法和变异系数建立指标体系对我国基本公共服务及其均等化状况作出评价，认为各地区差异较大，特别是社会保障领域和公共卫生医疗领域均等化水平较低。[③] 凌文昌、邓伟根（2004）从产业结构转型视角出发，计算产业转型指标和经济增长指标，通过分析两者之间的关系来衡量中国产业转型对经济增长的影响。[④]

邵晓、任保平（2009）从经济结构视角出发，考察新中国成立以来产业结构、就业结构和需求结构的变迁历史，研究经济结构中存在的偏差，并分析这种偏差对经济增长质量的影响。[⑤] 钞小静、任保平（2011）采用逻辑实证主义分析方法，以转型时期的省级面板数据为样本，分析改革开放以来中国经济增长结构转化与经济增长质量之间的关系，发现两者之间存在显著

① 王辛欣、任保平：《以城乡关系的协调推进经济增长质量提高》,《财经科学》2014 年第 9 期，第 115—124 页。

② 郭晗、任保平：《中国经济增长质量：增长成果分享性视角的评价》,《海派经济学》2011 年第 1 期，第 10 页。

③ 刘晗、任保平：《中国经济增长对民生民富包容性的区域差异评价》,《南京邮电大学学报（社会科学版）》2011 年第 3 期，第 50—57 页。

④ 凌文昌、邓伟根：《产业转型与中国经济增长》,《中国工业经济》2004 年第 12 期，第 20—24 页。

⑤ 邵晓、任保平：《结构偏差、转化机制与中国经济增长质量》,《社会科学研究》2009 年第 5 期，第 19—25 页。

的正向关系。[①]

毛其淋（2012）从经济开放视角出发，利用中国2002—2009年的省级面板数据，采用工具变量两阶段最小二乘法考察二重经济开放对经济增长质量的影响效应，发现出口数量的扩张对经济增长质量的作用不明显，而出口质量的改善显著地促进了经济增长质量的提高；出口开放与区际开放之间存在显著的互补效应，即区际开放强化了出口开放对中国经济增长质量的促进作用。[②] 李斌、刘苹（2012）选取1991—2010年中国宏观经济的时间序列数据，用主成分分析法对中国20年的经济增长质量变动情况进行了测算，通过建立协整方程、误差修正模型检验外贸发展方式各方面的指标对中国经济增长质量变动的影响，并通过格兰杰因果检验考察了两者之间的因果关系，发现初级产品效益度对中国经济增长质量的变动最为显著，且两者呈反向变动关系。[③]

钞小静、任保平（2008）从生产力视角出发，运用全要素生产率的贡献度对改革开放以来的经济增长质量进行量化，在实证研究的基础上发现我国经济转型与经济增长质量之间是正向的相关关系，我国经济转型在一定程度上促进了经济增长质量的提高。[④] 刘丹鹤、唐诗磊、李杜（2009）利用中国1978—2007年的数据，采用增长核算方法，着重从技术进步和TFP变动角度分析了中国经济增长质量，发现中国经济增长主要来自要素投入增长，技术进步对中国经济增长的促进作用较小，中国经济增长质量不高。[⑤]

陈丹丹、任保平（2010）从制度与政府的视角出发，提出了有效的制度变迁是经济增长质量变化的重要原因这一假说，根据格兰杰因果检验论述了制度变迁对经济增长质量的作用机理。结论是制度变迁是中国经济增长质

① 钞小静、任保平：《中国经济增长结构与经济增长质量的实证分析》，《当代经济科学》2011年第6期，第50—56页。

② 毛其淋：《二重经济开放与中国经济增长质量的演进》，《经济科学》2012年第2期，第5—20页。

③ 李斌、刘苹：《中国外贸发展方式对经济增长质量影响的实证研究》，《经济问题探索》2012年第4期，第1—6页。

④ 钞小静、任保平：《中国的经济转型与经济增长质量——基于TFP贡献的考察》，《当代经济科学》2008年第4期，第23—28页。

⑤ 刘丹鹤、唐诗磊、李杜：《技术进步与中国经济增长质量分析（1978—2007）》，《经济问题》2009年第3期，第30—32页。

量的长期格兰杰原因。中国经济增长质量总体上呈上升趋势，但与经济增长速度并不同步。提高经济增长质量需要从制度方面加以"型塑"，使我国经济实现数量与质量同步增长。① 谷正海（2010）运用委托代理模型分析地方政府政绩评估标准与经济增长质量之间的关系，发现在扭曲的政绩观的影响下，部分地方政府为了追求政绩，过度强调 GDP 的增长率而忽视了当地的经济增长质量。②

汪春、傅元海（2009）从投资视角出发，运用统计和协整两种方法分析了 FDI 对我国经济增长质量的影响，结果发现 FDI 通过直接的方式降低经济增长质量，而通过间接的方式即溢出效应影响经济增长质量在统计上是不显著的。FDI 降低经济增长质量的原因与我国利用 FDI 模式密切相关，即重数量、轻质量，因此转变我国的经济增长方式必然要求转变利用 FDI 的模式。③ 随洪光（2011）从增长的效率、稳定性和可持续性三个主要方面入手，分析 FDI 资本效应对东道国经济增长质量的影响机制，认为 FDI 资本形成效应能够通过促进资金要素持续稳定的供给影响当地经济增长的稳定性，通过促进有效要素比例调整和经济结构优化促进当地增长效率的提升，通过对知识、技术等影响远期经济增长的因素的培育对当地增长的可持续性产生作用。④

刚翠翠、任保平（2011）从经济风险视角出发，设计了测度经济风险的指标（包括自然风险、社会风险、市场风险），利用熵值法对改革开放三十多年的经济风险进行了评价。结果发现，从整体上讲，中国的经济风险伴随着经济增长不断上升，并且市场风险的影响越来越大，对经济安全的威胁越来越大，并从科技创新、社会公平、宏观政策、对外开放等几个方面提出了针对性建议。⑤

---

① 陈丹丹、任保平：《制度变迁与经济增长质量：理论分析与计量检验》，《当代财经》2010 年第 1 期，第 19—25 页。

② 谷正海：《地方政府政绩评估标准与经济增长质量研究》，《天津大学学报（社会科学版）》2010 年第 5 期，第 402—404 页。

③ 汪春、傅元海：《FDI 对我国经济增长质量的影响》，《湖南商学院学报》2009 年第 5 期，第 23—26 页。

④ 随洪光：《FDI 资本效应对东道国经济增长质量的影响分析》，《现代管理科学》2011 年第 1 期，第 46—48 页。

⑤ 刚翠翠、任保平：《经济风险视角下中国经济增长质量的评价研究》，《产经评论》2011 年第 1 期，第 91—98 页。

朱恒金、马铁群（2012）从人力资本视角出发，利用中国1978—2012年的相关数据，运用VAR模型就劳动力转移对经济增长质量的影响进行了实证分析，发现劳动力转移与经济增长方式质量及经济增长稳定性不存在长期稳定关系，但会增强经济增长协调性和经济增长结果质量，降低经济增长持续性。[①]

宋美喆、蔡晓春（2010）从可持续发展视角出发，利用因子分析法研究发现从经济增长质量到能源消费存在着单项因果关系。[②] 杨斐、任保平（2011）通过对碳排放因素的分解，从能源结构、能源效率以及经济发展因素测度了1978—2008年的各个因素对人均碳排放的贡献值和贡献率；通过EKC模型拟合经济增长质量与碳排放的关系，结果发现我国经济增长质量与人均碳排放之间存在着“~”型的三次曲线关系，表明我国的经济增长质量和碳排放尚处于非平衡、难协同的发展阶段，属于波动较大的过渡期。[③] 刘有章等（2011）依据循环经济发展理论的“3R”原则，将准则层划分为“经济发展”“减量化”“再循环”和“再利用”四个模块，之后采用层次分析法确定各指标的权重，并通过对2000—2008年的数据进行实证分析，发现在循环经济发展理念下，我国经济增长质量总体朝着健康的方向发展。[④]

魏婕、任保平（2011）从人的发展视角出发，构建人的发展的指标体系（包括人的素质、人的福利、人的保障、人的迁移、经济状况、资源环境），对改革开放三十多年的中国经济增长质量进行反思和评价。结果显示：随着经济不断发展，中国人的发展状况得到明显提高，但仍需不断改善。未来中国在提高经济增长质量的过程中要促进人的发展，强调经济发展与人的发展的协调，将“以人为本”的发展理念寓于提高经济增长质量之中。[⑤]

---

① 朱恒金、马铁群：《中国劳动力转移影响经济增长质量的实证分析》，《西北人口》2012年第6期，第9—14页。

② 宋美喆、蔡晓春：《我国经济增长质量与能源消费关系的统计检验》，《统计观察》2010年第14期，第74—76页。

③ 杨斐、任保平：《中国经济增长质量：碳排放视角的评价》，《软科学》2011年第11期，第93—97页。

④ 刘有章、刘潇潇、向晓祥：《基于循环经济理念的经济增长质量研究》，《统计与决策》2011年第4期，第107—110页。

⑤ 魏婕、任保平：《改革开放30年人的发展：评价与反思》，《中国人口·资源与环境》2011年第8期，第5—12页。

第三节 对国内外研究的评价

从国内外研究的现状来看，目前直接讨论经济增长质量问题的研究文献逐渐增多，主要从经济增长质量的各个侧面来论证其与经济增长数量间的相互关系，比如从经济增长的结构、经济增长的稳定性、收入分配状况以及资源环境代价等视角的分析。而且从中国现实问题角度研究得多，而忽视从基础理论角度研究经济增长质量的逻辑。总的来说，国内外的研究主要存在以下问题。

一、对于经济增长质量内涵的界定缺乏统一性

现有文献对它的定义比较模糊，往往具有很大的随意性。而且，经济增长质量好坏的判断标准是建立在对经济增长质量内涵进行准确界定的基础上，由于现有文献并没有对经济增长质量进行明确界定，造成在此基础上构建的评价指标体系往往不够全面和客观，对一国经济增长质量的基本态势把握不够准确。

二、缺乏系统的理论分析框架

经济增长质量是一个非常广义的范畴，尽管许多学者已经从经济增长的结构、经济增长的稳定性、福利水平变动、资源环境代价等各个方面展开了相应的理论与实证研究，但并没有把这些问题纳入到一个统一的理论框架下进行分析。

三、缺乏对经济增长质量理论逻辑的探讨

在现代经济学，经济增长的数量理论是最为系统和完善的，但是对于经济增长质量的基本理论逻辑缺乏系统的研究，在经济增长质量的理论框架、质量型经济增长与数量型经济增长的关系、经济增长质量的形成机制、经济增长质量的价值判断、质量型经济增长的模型构建等方面都缺乏系统的研究，没有形成经济增长质量的理论体系。

四、缺乏对中国经济增长实践逻辑的系统研究

尽管学术界有大量关于中国经济增长质量问题的研究成果，但是这些研究成果都是从某一方面对中国经济增长质量进行研究，提出改进策略，缺乏采用逻辑一致性的理论，对中国经济增长质量提高的逻辑进行全面系统的探讨。

未来经济增长理论对经济增长质量问题进行研究的努力方向就在于：第一，对经济增长质量的内涵进行科学界定。以新经济增长理论为依据，结合当前世界各国尤其是中国经济发展的现状，对经济增长质量的内涵进行明确的界定。第二，对经济增长质量理论逻辑的探讨。对经济增长质量的理论逻辑进行系统研究。在主流经济学范式下构建一个系统的理论分析框架，提出经济增长质量研究的假设、基本命题与伦理原则、形成机制、价值判断，为在新的框架下来研究经济增长质量问题提供理论依据。第三，经济增长质量的度量。利用多维指标合成技术构造一个完整的经济增长质量指数来测度中国的经济增长质量，搞清楚中国经济增长的质量状态。第四，中国经济增长质量提高的机制探讨。依据中国数据对经济增长质量进行全面系统的分析，对经济增长质量所涉及的各种因素进行历史回顾与现实评价，并据此研究中国经济增长质量提高的战略转型与政策转型。

第二章

对数量型经济增长理论的反思

从亚当·斯密（1776）开始，经济增长问题就一直受到研究者的广泛关注。在经济增长理论发展的两百多年历史里，相关研究主要围绕两大主题展开：一是通过要素分析来阐释一定时期内国民收入水平或人均国民收入水平的决定问题，而这从根本上体现的是研究者对经济增长源泉的不同理解；二是考察经济增长在国与国之间的巨大差别，即经济增长是否会收敛，而这代表了研究者对经济增长结果的关注。这两种研究都是从经济增长的数量角度来看待经济增长的。

第一节　经济增长理论的演化

经济增长理论是宏观经济学的重要理论分支，经济增长理论在其发展的两百多年历史中经历了古典、新古典和新增长三个发展阶段。

在古典经济学时期，经济学家就特别关注对经济增长的分析，代表人物有斯密、李嘉图和马尔萨斯。斯密（1776）认为经济增长就是人均产出的提高或者劳动产品的增加，也就是国民财富的增进。劳动是财富增加的原因，因此促进经济增长有两种途径：一是一国生产性劳动者的数量，二是国民运用劳动时的熟练程度和技巧，而且这两方面都是分工的结果。他认为经济增长的源泉在于资本的积累，要增加劳动的数量，提高劳动技巧，首先必须增加资本，而资本来源于资本积累。李嘉图和马尔萨斯也从不同方面强调资本积累对于经济增长的作用，认为经济增长的源泉在于资本积累。19 世纪后半叶，以“边际分析”为特征的新古典经济学兴起。新古典经济学在对经济增长动力的探源上扩张了古典经济学的资本积累说。新古典的代表人物马歇尔认为，人口数量的增加、财富（资本）的增加、智力水平的提高、工业组织（分工协作）的引入等，都会提高工业生产，促使经济增长。这些因素对厂商生产的全体影响表现为收益递增。所以，经济增长与收益递增相联系。新古典经济学把经济增长的源泉从资本积累扩展到了人口数量、资本增加、智力水平提高和分工协作等微观要素上。

古典经济学、新古典经济学是从供给方面来研究经济增长，而进入现代经济学阶段，则主要从需求方面来研究经济增长。现代经济增长理论始于弗兰克·拉姆齐 1928 年在《经济学期刊》上发表的一篇经典论文——《储蓄的一个数理理论》，之后哈罗德（1939、1948）、多马（1947）、索洛（1956）、斯旺（1956）、罗默（1986）、卢卡斯（1988）等人推进了经济增长在理论方面的进展。现代经济增长理论源于凯恩斯（1936）的“有效需求”革命。基于凯恩斯的宏观理论的现代经济增长理论的发展经历了三个高潮。[①]

第一个高潮是 20 世纪 40 年代，主要是由哈罗德、多马开创的，他们是凯恩斯主义经济学家，致力于将凯恩斯的短期分析动态化，从需求角度研究短期增长问题。哈罗德—多马模型的结论认为经济增长的条件是储蓄转化为投资，也就是资本形成，这一增长理论仍然坚持资本积累说，只不过把思路扩展到了资本积累的来源——资本形成问题上。由于这一模型把经济增长的原因归结到投资这个唯一因素上，增长的路径被限定在狭窄的资本形成路径上，被称为刀刃上的经济增长。

第二个高潮是 20 世纪 50 年代中期，索洛和斯旺建立的新古典增长模型推动了一个持久的增长浪潮，形成了经济增长分析的基准模型。新古典经济增长理论也认为经济增长的源泉是资本积累，但是资本不仅包括物质资本，而且包括人力资本，认为全要素增长率的提高带来了经济增长，而技术进步促进了全要素增长率的提高。其基本思路虽然也是资本积累促进经济增长，

---

① 沈坤荣:《经济增长理论的演进、比较与评述》,《经济学动态》2006 年第 5 期，第 30—36 页。

但是却从技术进步、全要素生产率角度研究资本配置效率的提高来实现经济增长。

第三个高潮始于20世纪80年代，主要是因罗默和卢卡斯的研究工作而兴起的，这次高潮引发了内生增长理论的发展。内生增长理论把知识、技术等内生于增长模型，从资源配置效率提升角度来探讨经济增长的源泉。不论是古典、新古典还是现代经济增长理论都把资本积累作为经济增长的源泉，形成了从资本积累到资本积累的来源再到资本积累的效率这样一个研究路径。这些增长理论都是通过要素分析来阐释一定时期内国民收入水平或人均国民收入水平的决定问题，即经济增长的来源和数量问题；着重研究了经济增长的数量标准，而忽视了经济增长的质量标准。亚诺什·科尔奈指出："翻阅一下关于经济增长理论的浩瀚文献，我们发现，到处都在用宽泛的数量指标来描述增长过程，而发展过程的质量方面几乎完全被忽略了。"①

第二节　早期的经济增长思想

早在新古典经济增长理论之前，就已经产生了许多有关经济增长的基本思想，它们不仅构成了之后经济增长理论的主要内容，而且也奠定了其基本研究方向。重商主义经济学说研究的中心问题是如何促进一国的经济增长，但是却将货币财富积累等同于经济增长。古典经济学在对重商主义的批判过程中产生，指出对于一个国家来说，真正的国民财富不是积累的贵金属，而是本国能够生产的物质产品。

早期的古典经济学家都把增加国民财富的途径作为研究的主要目的，但是这里的国民财富仅是数量意义上的。亚当·斯密提出了"分工促进经济增长"，不仅系统地探讨了达到尽可能快的经济增长的途径，而且也系统论证了自由竞争的市场经济对近代经济增长的积极作用。他把经济运行中资本与劳动的关系放在核心地位，强调资本积累对经济增长的重要性。后期的古典经济学家以大卫·李嘉图为代表，他对经济增长的分析是围绕着收入分配

① ［匈］亚诺什·科尔奈：《突进与和谐的增长》，张晓光等译，经济科学出版社1988年版，第2页。

展开的。在他看来，由于土地资源给定，增加在土地上进行生产的劳动会使劳动的边际产量递减，整个经济中资本的利润率不断下降，最终导致经济陷入停滞状态。这一学说结束了之前主流经济学对经济增长理论的研究。马尔萨斯开创了对人口增长与经济增长之间关系的分析，他认为土地产出的边际增量是递减的，食物供给大致按算术级数增长，而人口在某一限度之内呈现出以几何级数增长的趋势，人口增长率与人均收入增长率之间存在着不一致性，即“马尔萨斯陷阱”。在这种状态中，人均收入处于最小值，所有的收入都用于消费，根本没有部分转化为储蓄的余地，与此相应的是人口增长率为零。

从 19 世纪中叶至 20 世纪中叶，在主流经济学中几乎看不到对长期经济增长的讨论，但也有例外，如马歇尔和熊彼特。马歇尔（1890）试图引入外部经济、企业衰亡理论和单个厂商面对向下倾斜的需求曲线来调和报酬递增与竞争之间的冲突，这在构建第一代内生增长模型时起到了至关重要的作用。熊彼特（1912、1939、1942）指出创新或技术是经济系统的内生变量，创新过程伴随着大规模的投资。他强调创新、模仿和适应在经济增长中的决定作用，强调经济增长是一种创造性破坏过程，新产品、新的生产方法、新市场的开拓等“创新”会不断地使经济结构从内部发生革命，不断摧毁旧的经济结构，创造出新的经济结构。

由此可见，虽然早期的经济增长思想采用了不同的分析框架和研究思路，但有一点是共同的，那就是从开始就已经把经济增长的数量问题当作经济增长的全部内容，并以此为中心展开了研究，把规模扩张作为经济增长的中心问题，把资本积累作为经济增长的决定因素。

第三节　新古典增长理论

早期的经济增长思想虽然相当丰富，但却没有一个固定的研究方法；而现代经济增长理论是在一个统一的框架下开展研究，所有对经济增长源泉的解释都可以通过生产函数进行比较。现代经济增长理论不断采用标准化、主流化的研究方法，形成了关于经济增长的系统研究成果，与早期的基本经济思想一脉相承，它仍然把经济增长的动力源泉当作研究的主要内容，集中分析经济增长的数量问题。

一、现代经济增长理论的起点

现代经济增长理论始于弗兰克·拉姆齐1928年在《经济学期刊》上发表的一篇经典论文——《储蓄的一个数理理论》。他在这篇论文里建立了著名的拉姆齐模型。该模型在确定性的条件下，通过效用函数和生产函数的约束分析最优经济增长路径，推导满足最优路径的跨时条件，阐述了动态非货币均衡模型中的消费和资本积累原理。拉姆齐研究的中心问题是资源的跨时最优配置、最优消费和投资决策，即在一个动态的时间序列内消费和资本积累的路径选择。

如果从研究内容来看，哈罗德—多马模型奠定了现代经济增长理论的基本框架，也标志着经济增长理论在主流经济学中的复兴。英国经济学家哈罗德在《关于动态理论的一篇论文》（1939）和《走向动态经济学》（1948）中将凯恩斯的短期宏观经济分析动态化、长期化；几乎与此同时，美国经济学家多马在《资本扩张、增长率和就业》（1946）和《扩张和就业》（1947）中独立地提出了与哈罗德模型相似的主要结论，人们习惯上将这两个模型合称为哈罗德—多马模型。哈罗德模型以凯恩斯的收入决定论为理论基础，在凯恩斯的短期分析中整合进经济增长的长期因素，主要研究了产出增长率、储蓄率与资本产出比之间的相互关系，用有保证的增长率、实际增长率和自然增长率三个概念分析了一个经济在充分就业水平上连续生产所必须满足的长期条件，认为只有一个经济的实际增长率同时等于有保证的增长率和自然增长率时，才能实现连续的充分就业，实现长期均衡的增长。这时，经济增长便进入到了罗宾逊夫人所说的“黄金时代”。

哈罗德模型采取长期的动态分析方法，将凯恩斯的储蓄转化为投资加以动态化。而且模型所描述的经济增长率、储蓄率和资本产量比之间的关系是正确的，具有应用价值。除此之外，该模型从供给与需求相结合的角度解释了经济增长，克服了凯恩斯理论的局限性。但是哈罗德模型也存在一些问题，它把经济增长路径设计为储蓄转化为投资，即资本积累，从而形成了刀刃上的增长，即经济不能自行纠正实际增长率与有保证的增长率之间的偏离，而且还会累积性地产生更大的偏离。具体地讲，有保证的增长率是建立在给定企业家预期类型基础上的加权平均率，如果实际增长率小于有保证的增长率，则意味着企业生产能力的扩张超过了现有需求量，他们将会压缩投资，并通过乘数效应压低有效需求和产出，而这又将导致更大的生产能力过剩，不平衡会不断重复下去。如果实际增长率大于有保证的增长率，则相反的情况将会发生，形成累积性的经济扩张。

多马模型与哈罗德模型存在许多相似性，例如它们都推导了长期均衡增长的条件，都预见了长期充分就业均衡增长的困难，都面临着同样的刀刃问题。但是这两个模型也具有一定的差异，其中最大的区别就在于哈罗德模型注重完全就业，而多马模型则更强调投资不仅是创造收入的工具，而且也能增加生产能力，具体表现为投资增加了资本存量从而增加了收入的最高潜在水平，即生产能力。

二、经济增长的基准模型

美国经济学家索洛在《对经济增长理论的一个贡献》（1956）中克服了哈罗德—多马模型中的“刀刃问题”，建立了新古典经济增长模型，这一模型成为此后半个世纪几乎所有经济增长理论模型研究的基准。由于英国经济学家斯旺也在《经济增长和资本积累》（1956）中独立提出了与此相似的经济增长模型，一般情况下把两者合称为索洛—斯旺模型。

索洛—斯旺模型围绕生产函数与资本积累函数两个方程展开，得出了经济增长的稳态与资本积累的黄金律，它依赖于新古典生产函数的性质，这种生产函数与不变储蓄率结合起来，产生了一个极为简单的一般均衡经济模型。新古典的生产函数假设对每种投入的报酬递减、规模报酬不变，以及投入之间具有某种正的且平滑的替代弹性。由于科布—道格拉斯函数提供了对现实经济的合理描述且满足新古典生产函数的性质，所以索洛—斯旺模型假定生产函数为科布—道格拉斯函数形式，则人均产出随着人均资本的增加而增加，但是人均资本的规模报酬则是递减的。索洛—斯旺模型的另一个重要方程是资本积累方程，它被用来分析新古典生产函数所描述的经济的动态行为，在此基础上求得稳态增长以及资本积累的黄金律。

基本的索洛—斯旺模型，假定技术水平持续不变，从而在长期中所有的人均变量都是不变的。这个假设明显与现实不符，而且在缺乏技术进步的情况下，递减报酬意味着不可能仅通过资本积累维持增长。20 世纪五六十年代，新古典经济学家们意识到这一问题，将技术进步因素引入到基本的索洛—斯旺模型中，从而摆脱了报酬递减的约束，使经济长期增长成为可能。

三、经济增长基准模型的扩展

不管是哈罗德—多马模型还是索洛—斯旺模型，都假定储蓄率是外生的。在新古典经济学看来，这是一个缺乏微观基础的假设，它没有考虑到消费者的最优决策行为。

1965 年，卡斯在《总量资本积累模式中的最优增长》、库普曼斯在《论最优经济增长的概念》等文章中引入拉姆齐的消费者最优分析，运用拉姆齐的思想对索洛—斯旺模型进行新古典式的改造，建立了将储蓄率内生化的最优跨期消费模型，合称拉姆齐—卡斯—库普曼斯模型。

一般情况下储蓄率不是固定不变的，而是人均资本存量的函数。拉姆齐—卡斯—库普曼斯模型主要从两个方面修正了索洛—斯旺模型：其一，使储蓄率的平均水平受到约束；其二，决定了随着经济发展储蓄率是上升还是下降。储蓄率的平均水平对稳态中的变量水平的决定非常重要。该模型的最优化条件避免了索洛—斯旺模型中动态无效率的过度储蓄情况，因为一旦典型的无寿命家庭过度积累，那么它将意识到这不是最优的，从而转换到一条更少储蓄的路径上去。

在拉姆齐—卡斯—库普曼斯模型基本形成的同一年，戴蒙德（P. Diamond）在《新古典模式中的国家债务》中根据阿莱（Allais，1947）和萨缪尔森（Samuelson，1958）的研究建立了一个均衡的世代交叠模型，讨论了长期竞争性均衡，并进一步分析了这一均衡中政府债务的效应。在世代交叠模型中，家庭消费决策者仅考虑自身生存时期的效用最大化问题，他们的消费—储蓄行为并不一定能实现帕累托效率。此外，个人最优的分散均衡也并不必然导致稳态的经济增长，经济增长的稳态可能是不存在的，也可能存在多重的稳态增长，并且增长的稳态还可能是不稳定的、振荡的。

戴蒙德世代交叠模型与拉姆齐—卡斯—库普曼斯模型的关键区别在于消费者考虑效用最大化的时间范围不同。后者假定存在一个长生不老的不断扩展的家庭，因此消费者考虑的是家庭在未来无穷时间中效用的最大化；而前者假定个体寿命有限，存在人口的交替，所以消费决策者考虑的仅是自己在世时的效用最大化问题。

四、经济增长理论基准模型的困境

以索洛—斯旺模型为基准模型的新古典经济增长理论以新古典生产函数为基本的假定前提，这决定了在劳动供给不变时资本的边际收益递减。当资本存量增长时，由于边际收益递减，经济增长将会减缓并最终停止。但这一结论并不符合世界各国经济增长的现实。在过去的一百多年时间里，许多国家都保持了正的人均产出增长率。

索洛—斯旺模型的一个重要结论是趋同的趋势，落后国家和发达国家之间将最终收敛于经济增长的稳定状态。然而，经验研究的结果显示出国家间的巨大人均收入差异与索洛—斯旺模型的收敛性结论存在明显差异。

在索洛—斯旺模型中，技术变化被视为外生给定，外生的技术变化是经济增长的唯一源泉，这样基准模型就不可避免地陷入了困境，增长理论事实上并没有为增长提供一个理论基础。正如一些批评者所指出的那样，基准模型是通过假设增长而解释增长。

第四节　内生增长理论

新古典增长理论规定了生产函数的性质，即要素边际产出递减、规模报酬不变，更严格的稻田条件规定在要素趋于无穷大时，要素的边际收益为零。在索洛—斯旺模型中，它保证了稳态的存在，在拉姆齐模型中，它保证了目标函数的收敛性。但根据这一条件，随着资本增加，资本的边际收益率会收敛于利息率，此时如果没有相应的劳动力增加，则不再会有投资，经济也停止增长。而在现实中，发达国家人口几乎停止了增长，资本也较不发达国家丰富，发达国家资本却并没有流入最贫穷且人口增长最快的国家。新古典经济增长理论与现实出现了偏差。内生经济增长理论或新经济增长理论由此产生，它将技术进步、人力资本等诸因素内生化，将其对产出的影响以某种形式置于生产函数内部加以讨论；在考虑了这些因素后，要素的边际产出不再递减，厂商或社会的生产函数也可能会出现规模报酬递增。

阿罗（Kenneth J. Arrow）在1962年的经典论文《干中学的经济含义》中认为企业在增加其物质资本的同时也学会了更有效率生产的经验，这种经验会对生产率产生影响，不仅进行投资的厂商可以通过积累生产经验而提高生产率，其他未投资的厂商也可以通过学习投资厂商的经验来提高生产率。这样，虽然从单一厂商来看生产函数具有不变规模报酬，而从社会的角度来看生产函数具有递增报酬。在阿罗的干中学和知识外溢这两个假定的基础上，保罗·罗默（Paul M. Romer）1986年发表了《收益递增与长期增长》一文，这篇文章成为内生增长理论的起点。

卢卡斯（Robert E. Lucas）1988年的论文《论经济发展的机制》在经济增长模型中引入人力资本，修改了技术进步方程，提出了一个以人力资本的外部效应为核心的内生增长模型。卢卡斯模型中的人力资本投资，尤其是人力资本的外部效应，使生产具有递增收益，这使人力资本成为“增长的发动机”。卢卡斯区别了人力资本的两种效应，即内部效应和外部效应。人力资本的外部效应会从一个人扩散到另一个人身上，从旧产品传递到新产品，从家庭的旧成员传递到新成员，因而会对所有生产要素的生产率都有贡献，进而使产出生产具有递增收益。尽管卢卡斯模型中的增长率仍与劳动力的增长率有关，但是与新古典增长模型不同的是，即使劳动力增长率为零，增长仍是可能的，因而避免了干中学和知识外溢模型没有人口增长就没有经济增长这样与现实不符的结果。

杨小凯（Yang）和博兰德（Borland）1991年的论文利用杨小凯提出的“新兴古典经济学”（New Classical Economics）分析框架，从专业化分工的角度探讨了劳动分工的内生演进机制和经济增长的关系，提出了一个以劳动分工演进来解释经济增长的动态一般均衡模型。该模型的基本思想为：分工的深化增加了用于协调分工中的劳动者的交易成本。因此，分工虽然在纯技术上收益递增，但受到交易成本的限制。深化需要改进交易机制的效率，由此该模型把制度进步与劳动分工连接起来。

杨小凯和博兰德所分析的劳动分工，主要不是基于中间产品种类的扩展，而是基于单个当事人在不同的最终产品生产之间的专业化程度的提高。在他们的框架内，每个当事人都是生产者兼消费者，可以自给自足地生产自己所需要的所有最终产品，具有柯布—道格拉斯形式的效用函数，劳动分工的深化表现为当事人出售和购买的产品在其生产和消费的产品中的份额提高。与他人进行贸易的动力来自于多样化的消费与递增报酬的生产技术之间的矛盾。这种劳动分工受制于两个因素：当事人的人数与交易费用。杨小凯和博兰德通过假设物品种类与人口总数相同而略过了前者，把分析重点放在了交易费用上。

第五节 反增长理论

经济增长理论的发展虽然一直以如何获得数量增长为主线，但其间也出现了与之截然不同的声音。以德内拉·梅多斯（Donella H. Meadows，1972、1992、2004）为代表的一批经济学家认为人类经济增长和发展的代价太大，必须使主要的经济增长因素实现“零增长”才能避免增长的终结，这一理论被称为“增长极限论”或“反增长理论”。代表性观点有梅多斯的增长极限理论、米香的经济增长代价理论。

梅多斯等（1972）在《增长的极限》一书中讨论了追求经济增长的后果，他们不仅关注由固定的土地禀赋导致的人口—食品危机，而且进一步关注由经济活动指数化增长引起的资源耗竭和环境危机，他们利用 World 3 模型将与增长有关的数据和理论整合起来，描绘了人口增长和自然资源使用增加是如何在各种限制下相互作用，研究了自然资源对实物经济增长的限制。梅多斯等（1992、2004）的新著《超越极限》利用 1970—1990 年的信息和 World 3 模型，对其之前的研究进行了更新，认为《增长的极限》的结论仍然有效，同时指出人类已经超出了地球承载能力的极限，在 20 世纪 90 年代前期已经无法再通过明智的政策来避免过冲的出现。但他们通过许多模拟也证明通过平衡短期和长期发展目标、采取合理的经济环境政策、运用技术提高原材料和能源使用效率，就可以超越极限。

米香的《经济增长的代价》一书认为技术进步及其所带来的经济增长虽然使得物质产品的数量增加，但是并不一定带来福利的增加。人们为经济增长会付出高昂的经济代价和社会代价，这样单纯的经济增长会降低人的生活质量，这种高代价的经济增长是没有价值的。该书警告世人“西方的继续经济增长将使我们进一步失去美好的生活”，提出了不重视福利反而降低人类生活质量的单纯经济增长是没有价值的观点，认为经济增长的代价是人类福利的下降。米香认为过分强调经济增长，造成了人口的密集、城市的拥堵、环境的污染、资源的消耗，在人均收入增长的同时，人类的福利也许正在下降，过度强调单一的经济增长将付出巨大的代价。

第六节　对传统经济增长理论的反思

早期的经济增长思想将劳动力、土地等要素当作经济增长的动力源泉，新古典经济增长理论主要强调资本和劳动的作用，内生增长理论将知识和人力资本的积累作为经济增长的主要因素。以上生产要素都是可以积累的，经济增长就表现为国内生产总值总量的巨大增加，对经济增长动力来源的解释就从经济增长的数量上体现出来。

经济增长理论的另一个主题是收敛性问题，索洛—斯旺模型的一个重要结论就是经济增长具有趋同性趋势。鲍莫尔（Baumol，1986）研究了 16 个工业化国家 1870—1979 年的收敛性，发现平均而言初始收入高出其他国家多少，则该国随后的经济增长就会相应低于多少。但许多学者的研究并不支持这样的结论。对经济增长收敛性问题的探讨也是从经济增长的数量角度入手的。

从经济增长理论的演进过程可以看出主流增长理论虽然关注经济增长的源泉、动力和机制，但是经济增长质量问题也日益受到经济理论研究的关注。经济增长数量与经济增长质量是同一问题的两个方面，迄今为止的增长经济学着重研究了数量增长的一方面，而现代经济增长实践经验表明必须重视研究经济增长的另一方面——经济增长质量。由此可见，现有的经济增长理论将经济增长的数量问题作为主要的研究内容，而忽视了经济增长质量问题的研究，这是未来需要进一步研究的新领域。

第　三　章

数量型经济增长与质量型经济增长的比较

数量型经济增长与质量型经济增长是两种不同的增长方式，数量型经济增长追求的是经济增长的快慢，而质量型经济增长追求的是经济增长的优劣程度。为深入理解质量型经济增长，本章从比较视角来研究数量型经济增长与质量型经济增长的关系。

第一节　数量型经济增长

经济增长（Economic Growth）的数量是指一个国家或地区在一定时期内所生产的产品和服务总量不断增长的过程，它是反映一个国家或地区的经济实力和生活水平最重要的指标。

一、数量型经济增长的内涵

关于数量型经济增长，经济学界没有一个统一的定义，不同的学者从不同的角度对其进行界定，通常将其概念等同于粗放型增长、外延型增长、速度型增长或者投入驱动型增长。数量型经济增长重视增长的规模，而忽视效益。数量型经济增长内涵的界定的角度有：从投入的角度来看，数量型经济增长主要依靠要素投入数量驱动，表现为大量资金、劳动力投入以及原材料和能源消耗。从经济运行的角度来看，数量型经济增长不考虑经济运行过程中的结构变化和经济稳定性。从产出的角度来看，数量型经济增长主要是指经济规模的数量型扩张，表现为通过追求高速经济增长来拉动效益增长。从经济增长的动力机制来看，数量型经济增长以要素投入规模为动力，是一种典型的要素驱动型经济增长。综合各方面的因素，可以将数量型经济增长概括为以 GDP 为核心指标的经济数量上的增长和经济规模的扩张。

西蒙·库兹涅茨在《各国的经济增长》一书中把经济数量增长的内涵与特征概括为以下六个方面。

（一）按人口计算的产出高

产出增长率、人均增长率与人均产出增长率都高，这是经济增长的首要特征。按库兹涅茨的估算，1750 年以来的两百多年中，发达国家人均产量的增长速度每年平均大致为 2%，人口每年平均增长 1%，因此总产量大约年平均增长 3%。这意味着，人均产量每 35 年翻一番，人口每 70 年翻一番，实际国民生产总值每 24 年翻一番，增长速度远远快于 18 世纪末工业革命开始前的整个时期。

（二）生产率增长的速度很高，技术进步促进了产出的增长

库兹涅茨认为在经济增长中，由于技术进步的作用，生产率的增长速度高。按库兹涅茨的估算，人均产量增长的 50%—75% 来自于生产率的增长。也就是说，技术进步对于现代经济增长起了很大作用。

（三）经济结构的变革速度比较高

库兹涅茨从国民收入和劳动力在产业间的分布这两个方面对产业结构的变化做了详细的分析。他指出，农业部门实现的国民收入在整个国民收入中的比重，以及农业劳动力在全部劳动力中的比重，随着时间的推移，处于不断下降之中。工业部门的国民收入的相对比重，大体上是上升的，而工业部门劳动力的相对比重，大体不变或略有上升。服务部门劳动力的相对比重几乎在所有国家都呈上升趋势，但其国民收入的相对比重大体不变或略有上升。在美国，1870 年全部劳动力的 53% 在农业部门，到 1960 年降到不足 7%。在一个世纪中，发达国家农业劳动力占全部劳动力的百分比减少了 30—40 个百分点。此外，生产单位的规模、企业组织形式、消费结构、国内国外供应的相对份额也都发生了变化。

（四）社会结构与意识形态改革迅速

库兹涅茨认为经济增长不仅促进了产出的增长、经济结构的变革，而且促进了社会意识形态和社会结构的变革。主要表现为城市化进程的加快，法律意识的增强。例如城市化、家庭规模的变化、现代观念的传播等。

（五）经济增长在世界范围内扩大

现代经济增长的扩散，尽管有扩散到世界范围的倾向，但实际的扩散却是有限的，只局限于不到全世界 1/3 人口的范围内。

（六）世界各国的经济增长率不平衡

各国资源禀赋条件、历史文化传统的差异，造成了生产率水平的差异、制度的差异、经济增长因素的差异，导致世界各国的经济增长率不平衡。

二、经济数量增长的要素

通常认为，一个国家或地区的生产总值和收入水平依赖于该国的自然资源禀赋（包括矿产、水、森林等）、劳动力或人力资源禀赋（包括教育、培训、技巧和技能等方面的人力资源投资）、资本资源（包括物质资本投资、基础设施建设、金融资本资源等）、企业管理、组织和技术进步状况等。从长期来看，经济增长要考虑经济结构和制度因素，而在短期分析中则不考虑。一般来说，经济增长的要素包括：自然资源、人力资源、资本资源、技术要素、制度要素和文化要素。

（一）自然资源

主要包括耕地、石油、天然气、森林、水力和矿产资源等。许多国家凭借其丰富的资源跻身于高收入国家之列，但自然资源的拥有量并不是经济发展取得成功的必要条件，比如对几乎没有自然资源的日本而言，通过大力发展劳动密集型和资本密集型的产业同样获得了经济发展。

（二）人力资源

劳动力投入包括劳动力数量和劳动力的技术水平。很多经济学家认为，劳动力在接受教育、培训的过程中，积累了专门的知识、经验和技能，这样形成的人力资本可以极大地提高劳动生产率。人力资源是一国经济增长的最重要的因素。

（三）资本资源

资本资源包括物质资本投资、基础设施建设、金融资本资源等。资本资源对于经济增长而言至关重要，经济快速增长的国家一般都在新资本品上大量投资，在大多数的经济高速发展的国家，10%—20%的产出都用于净资本的形成。此外，为新兴的私人投资部门提供基础设施的社会基础投资也在经济增长中发挥了重要的保障作用。

（四）技术要素

除了上述传统因素之外，经济增长还依赖于技术进步。历史上，增长从来不是一种简单复制的过程，使一国生产潜力获得巨大提高的往往是发明和技术创新的涓涓细流。

（五）制度要素

通常情况下人们认为经济增长是由资本、技术、劳动力等生产要素的投入带来的，较少考虑经济增长的制度因素，只是把制度因素作为研究经济增长的外生变量。但是制度创新却能在物质生产要素不变尤其是技术不变时提高生产率促进经济增长。具体来说，制度通过确立明确的规则，增加了资源的可得性，提高了信息的透明度，因而减少了经济活动的不确定性和风险，降低了信息成本和交易成本，从而促进市场更好地运行，进一步促进经济增长。

（六）文化要素

文化作为构成非正式制度的重要组成部分，通过影响正式制度型构进而对一个国家的经济发展产生影响。同时，文化可以通过生产要素的质量、劳动者素质、技术创新影响经济的长期增长。文化资本要么通过对人力资本或者物质资本施加约束影响经济增长，要么通过思想观念、思维方式和意识形态影响经济增长。

三、数量型经济增长的机制

数量型经济增长的机制与规模报酬这个概念密不可分，因此我们首先来介绍规模报酬的定义。规模报酬（Returns to Scale）是指各种投入要素按相同比例变化时带来的产量变化。在进行经济分析时，通常用齐次生产函数来描述规模报酬关系。设生产一种商品的技术可以描述为一个所需投入 x_i 的函数：

$$y = f(x_1, x_2, \cdots, x_n) \tag{3.1}$$

如果所有的投入要素都变化 λ 倍，产量也同方向变化 λ^n 倍，则这类生产函数就为齐次生产函数。当 $n=1$ 时，该函数是线性齐次生产函数。在线性齐次生产函数的情形中，当 $\lambda>1$ 时，如果 $f(\lambda x_1, \lambda x_2, \cdots, \lambda x_n) > \lambda f(x_1, x_2, \cdots, x_n)$ 为规模报酬递增，如果 $f(\lambda x_1, \lambda x_2, \cdots, \lambda x_n) = \lambda f(x_1, x_2, \cdots, x_n)$ 为规模报酬不变，如果 $f(\lambda x_1, \lambda x_2, \cdots, \lambda x_n) < \lambda f(x_1, x_2, \cdots, x_n)$ 为规模报酬递减。另外，当 $\lambda<1$ 时，如果 $f(\lambda x_1, \lambda x_2, \cdots, \lambda x_n) < \lambda f(x_1, x_2, \cdots, x_n)$ 为规模报酬递增，其余以此类推。这些数学定义表明了规模报酬的三种状态之间的对称性，而这种对称现象完全是假设的。

依据规模报酬的不同状态，经济增长主要有规模报酬不变与规模报酬递增两种机制。新古典的经济增长理论与经济增长模型以规模报酬不变为假设前提，而新增长理论则将规模报酬递增引入模型。

四、数量型经济增长的度量

在宏观经济学中，经济增长通常用以固定价格计算的某种表示人均国民收入的指标的变化率来衡量，目前应用最广泛的是以不变价格计算的国内生产总值，即实际的国内生产总值。从消费方面来看，它可以被看作是一国的居民为个人消费而在最终产品和服务上的总支出，在国内与国外的投资，以及政府在健康、教育、国防和其他服务上支出的总和。以总的生产要素收入与以总产出来定义其实是等价的。因此，经济增长应当以实际国内生产总值的增长率来度量，或者如果考虑人口变动的影响的话采用人均国内生产总值来度量。此外，国民生产总值（GNP）与国内净产值等变量也可以用来度量经济增长。

五、数量型经济增长的特征

从经济增长的后果和质量角度出发，经济增长分为数量型经济增长和质量型经济增长。数量型经济增长主要是依靠生产要素投入量的增加或依靠扩大再生产规模而实现经济增长，这种增长模式不注重经营管理的改善和技术创新。它的主要特征有以下几个：

（一）数量型经济增长是通过高投入和扩大规模的路径来实现的

在传统的经济增长理论中，经济增长被看作是劳动、资本、土地等生产要素的函数。因此，这种传统的经济增长理论十分重视生产要素的投入对经济增长的作用。在经济增长理论早期的哈罗德—多马模型中，资本—产出比假定不变，储蓄率即资本积累率就成为决定经济增长的唯一因素，于是这种传统的经济增长理论便成为数量型经济增长的理论依据。因此，这种数量型经济增长主要是依靠生产要素投入数量的增加来实现的，生产规模的不断扩大是其主要特征。

（二）数量型经济增长的高成本和低效益

数量型经济增长是以高投入、高消耗来实现的，不考虑投入与产出之比。如果从投入与产出的比较来看，这种经济增长模式具有高成本和低效益的特征。因此，数量型经济增长模式造成了资源的严重浪费和生产的低效益。

（三）数量型经济增长具有较大的波动性

数量型经济增长常伴随着产业结构的失衡和总供求的波动。产业结构是指国民经济中各类型产品的构成情况，它反映社会生产的性质、发展的水平、资源的利用状况，以及满足社会需要的程度。在数量型经济增长模式下，常使产业结构中的加工工业发展过旺，而农业、能源、原材料和交通运输等基础产业发展相对缓慢，从而导致产业结构的失衡。由于数量型经济增长是依赖生产要素的高投入、高消耗而实现，难以实现经济的持续增长。因此，这种增长模式通常伴随着经济非常规性的剧烈波动。

（四）数量型经济增长对生态环境破坏严重

根据生产函数模型，实现增长需要耗费各种要素。不仅有人力、物力和财力消耗的代价，还有各种“牺牲”的代价，特别是自然资源的耗费。数量型的经济增长是建立在对资源的过度开采和过度利用、对环境的过度破坏和污染的基础之上。这种经济增长模式破坏了自然生态平衡，损害了人类赖以生存的自然环境基础，危及了人类的长期生存和发展。目前，在一些经济发达、人口稠密地区，环境污染尤为突出。森林减少、沙漠扩大、草原退化、水土流失、物种灭绝等生态破坏问题也日趋严重。

六、数量型经济增长的后果

米香（E. J. Mishan）对数量型经济增长的后果进行了全面的分析，他在《经济增长的代价》一书中指出，技术进步及其所带来的经济增长虽然使得物质产品的数量增加，但是并不一定带来福利的增加。人们会为经济增长付出高昂的经济代价和社会代价，这样单纯的经济增长会降低人的生活质量，这种高代价的经济增长是没有价值的。

（一）数量型经济增长带来的经济后果

米香认为过分强调经济增长，造成了人口的密集、城市的拥堵、环境的污染、资源的消耗，在人均收入增长的同时，人类的福利也许正在下降，过度强调单一的经济增长将付出巨大的代价。为了避免过度关注统计数字而忽略现实情况，米香认为社会福利的主要来源并非经济增长本身，而是经济增长的模式。从长期经济政策来看，除了经济发展的速度，经济发展的方向或许更重要。

（二）数量型经济增长带来的社会后果

米香从人的全面需求以及社会幸福的角度对于经济增长提出了一些新的观点。首先，人们掉进了为增长而增长的怪圈。一味自由的经济增长牺牲了人们对舒适恬静生活的选择权，也有害于人性和内心的平静。持续的经济增长使人们失去了许多美好的享受，如无忧无虑的闲暇、田园式的享受、清新的空气等。其次，经济增长所带来的仅仅是物质享受的增加，但物质财富的享受不是人类快乐的唯一源泉。随着社会的发展，人们也并不把物质享受作为唯一的目标。最后，人对幸福的理解取决于他在社会上的相对地位，因此，经济增长尽管增加了个人收入的绝对量，但并不一定能提高他在社会上的相对地位，这样也就并不一定能给他带来幸福。

第二节 质量型经济增长

一、质量型经济增长的内涵

质量型经济增长是指在数量增长的基础上，主要依靠技术进步、提高生产效率和资源配置效率等手段而实现的一种有效经济增长。其内涵包括以下方面：

（一）质量型经济增长是通过技术进步和提高效率来实现的

质量型经济增长不是主要依靠投入数量的增加，而是主要依靠技术进步，依靠各种生产要素使用效率的提高来实现的，即通过全要素生产率的提高来实现的。新古典经济学家索洛 1957 年在其论文《技术变化和总量生产函数》中，否定了传统增长理论提出的资本积累是经济增长的决定因素，提出了技术进步是经济增长决定性因素的新观点。全要素生产率是索洛在分析经济增长因素时提出的一个核心概念，它是在索洛提出的生产函数中不能由劳动、资本等生产要素投入解释的产出余值。全要素生产率反映了技术进步对经济增长的贡献，是一国经济增长中最重要的因素。索洛用全要素生产率解释了美国 20 世纪 50 年代的经济增长。他发现，美国的经济增长只有 12.5%源于资本和劳动投入的贡献，而 87.5%的增长剩余都应归因于技术进步即全要素生产率的提高。经济学家爱德华·富尔顿·丹尼森（Edward Fulton Denison）通过研究发现其他发达国家的经济增长也主要归因于技术进步。后来新经济增长理论把技术进步进一步内生化，提出了技术进步是经济增长的决定性因素。他们认为，在短期内储蓄率和资本积累的上升能够提高经济增长率，但是从长期来看这些因素对经济增长率没有影响，经济增长的真正源泉在于技术进步和人力资本水平的提高。新增长理论代表人物罗默和卢卡斯在说明现代经济增长时对资本作了新的界定。罗默提出“知识外溢长期增长模式”，突出知识资本的作用，强调生产性投入的专业化知识（知识资本）的积累是长期增长的决定性因素。卢卡斯则提出“人力资本完整性增长模式”，突出人力资本的作用，强调人力资本是经济增长的发动机。将这两个理论结合起来，则知识资本和人力资本是新经济中的两大资本，前者突出知识的创新，后者突出知识的积累。因此，质量型经济增长对传统生产要素（诸如原材料、能源等自然资源）的依赖度降低，更加强调知识、技术进步、人力资本这些先进生产要素对经济增长的重要影响。与数量型经济增长相比，质量型经济增长更加强调经济增长的质量，强调经济增长的高效益。也就是说，质量型经济增长要求经济效益的提高，即在产出一定的情况下，在生产过程中生产要素的消耗必须降低。

（二）质量型经济增长的持续稳定性和协调性

经济增长的稳定性是指经济增长率、物价指数、失业率等宏观经济指标被控制在合理的范围内，不会出现剧烈的经济波动。经济增长的稳定性是质量型经济增长的重要特征。如果经济增长频繁波动，不仅会影响一国短期的经济增长，而且也会加大未来长期经济增长的风险和隐患。经济增长的协调性也是质量型经济增长的重要特征。具体来说，协调性包括以下几个方面：一是总供求结构的协调发展。在质量型经济增长条件下，整个社会的总供给和总需求大体平衡，经济发展比较稳定。同时，总供给和总需求的内部结构也保持协调和平衡。二是产业结构的不断升级、优化和协调。质量型经济增长要求合理的产业结构，具体表现为：提高第一产业和第二产业的现代化水平，加快第三产业的发展，提高第三产业的比重。同时，在质量型经济增长中，新的技术不断在生产领域中应用，老的技术不断被革新或被淘汰，新的产业逐步诞生并不断扩张，产业结构由资源密集型向技术密集型转变。三是内需和外需的协调发展。质量型经济增长要求内需和外需协调发展，特别是在经济全球化的今天，一国经济不能过分依赖于外需，否则该国的经济增长就会受到世界经济波动的影响。

（三）质量型经济增长注重对生态环境的保护

经济增长受到许多因素的制约，其中自然资源与环境始终是最基本的。在经济增长的初期，人类经济增长主要依赖于自然资源，形成了以资源的高消耗为特征的数量型经济增长。而质量型经济增长依赖先进生产要素，十分注重对生态环境的保护。这是因为质量型经济增长注重提高各种资源的配置水平，重视发展循环经济，实现非再生资源的有效利用，减少经济增长对资源环境的压力，从而可以有效地保护环境。传统意义上的生产要素资源的配置仅仅着眼于经济效益目标，忽视了生态效益目标和社会效益目标。而现代意义上的资源含义是非常广泛的，不仅仅指经济资源，它还包括各类自然资源和社会资源，它更加强调将自然资源、经济资源和社会资源三方面有机地结合起来，实现生态效益目标、经济效益目标和社会效益目标的统一，并以这三者相结合的生态经济社会综合效益为标准来全面衡量资源配置结果的优劣。因此，与传统的数量型经济增长不同，质量型经济增长更加注重提高各种资源的配置水平。在经济增长过程中，自然资源将得到最大限度的利用，人们在进行经济活动的同时，会加强对环境的保护和减少对环境的污染，最终实现资源和生态环境的可持续发展、经济的可持续发展和社会的可持续发展。

二、经济增长阶段与经济增长质量

经济增长是一个具有多重意义的术语，大多数经济学家从现代经济增长的意义上，将其界定为：在经济增长导向下的经济结构、社会结构以及政治结构的根本性变化。经济增长是有阶段的，在数量扩张阶段结束之后，就要进入追求质量的阶段。

关于经济增长的阶段问题，许多经济学家对此做过多方面的论述。德国历史学派的代表毕雪（K. Bucher）将经济增长划分为三个阶段：第一个阶段是封闭性的家庭经济，其特点是对所生产出来的商品缺乏任何形式的交易。第二个阶段是城市经济，其特点是从无交易向有交易发展。第三个阶段是国民经济，其特征是有形市场的建立。李斯特（Liszt）采用历史分析、制度与结构分析及部门分析法，认为从经济方面来看，一国的经济必须经过如下发展阶段：原始未开化阶段、畜牧业阶段、农业阶段、农业和制造业阶段、农业制造业以及商业阶段。罗雪尔（Roscher）认为国民经济在发展机理上如同生物界一样，要经过四个时期：幼年时期、青年时期、成年时期和老年时期。在四个时期背后起支配作用的是外部自然、劳动和资本三个要素。依据这三个要素在不同时期是否起支配作用，罗雪尔将国民经济划分为三大阶段：自然主导阶段、劳动主导阶段和资本主导阶段。施穆勒（Schmoller）把经济增长划分为民族和部落经济、村落经济、城市经济、地域经济、国民经济和世界经济六个阶段。马克思则是从社会经济形态和生产方式演进两个角度来划分社会发展阶段的：从社会形态的角度，将经济增长划分为原始社会、奴隶社会、封建社会、资本主义社会、共产主义社会（社会主义社会是它的第一阶段）五个阶段；从社会生产方式的角度，则分为手工生产、简单机器生产、机器大工业生产等阶段。前者属于制度变迁的分析框架，而后者则侧重于技术结构的演变。发展经济学家罗斯托根据历史事实，提出每个国家的经济增长都要经过传统社会阶段、起飞准备阶段、起飞阶段、向成熟推进阶段、高额群众消费阶段、追求生活质量阶段六个阶段。

从这些经济增长阶段的划分来看，其目标是追求经济增长的源泉。而且，这些划分都将经济增长的源泉归因于产业结构、组织结构、技术结构、制度结构和资本结构等，认为一国经济由简单到复杂、由低级到高级演化的内在动因是结构性的变迁。但是这种经济增长阶段的划分只反映了经济增长在规模上的扩大、在数量上的扩张，即数量的变化，而没有反映出经济增长的质量问题，难以体现出可持续性的经济增长，难以看到经济增长的后果。基于此，从经济增长质量的角度笔者将经济增长划分为三个阶段。

第一个阶段：经济自然增长的阶段。这一阶段人类出于自然本能和生活的需要来从事生产活动，而且在生产活动中主要利用外部的自然因素，既无追求数量发展的内在要求，也无追求质量的意愿。经济增长的目标是维持人类的生存，满足最基本的吃、穿等生活需要。这一时期人类经济增长的生产活动主要是利用粗糙的石器工具，采集自然界的植物、猎取自然界的动物，获取维持人类基本生存的物品和其他用品。在经济增长的自然阶段，生产力需求表现为对以土地为中心的自然资源和人的体力为依赖，人类生产的资源消耗主要表现为劳动者体力和以土地为中心的地上自然资源浅层次的消耗。

第二个阶段：追求数量增长的阶段。这一阶段人类的经济活动开始超越自然本能和生理需要的界限，进入自觉的经济增长阶段，开始自觉地增强自身征服自然、改造自然的能力。随着生产经验的日益丰富，从石器到青铜器，从青铜器到铁器，从铁器到各种大机器，再到自动化、信息化的生产工具，技术越来越进步，生产工具越来越先进，人类生产活动的广度与深度日益扩大，人们努力推进技术进步，并把日益进步的技术推广到经济活动的各个领域，把社会全面推进到工业化阶段。随着生产活动的深入，从个别偶然的商品交换发展到大规模的经常性商品交换，交换的空间范围进一步拓宽。与此相适应，人类的消费活动也日益高涨并进一步成熟起来，先是追求消费的数量，在此基础上又进一步追求消费的质量，产业结构逐步由第一、第二产业向第三产业变化；同时，由于生产、交换、消费规模的膨胀，经济增长的目标与结果都体现在数量关系上。在数量型经济增长阶段，随着生产力水平的提高，人类利用大规模的机器体系在单位时间内消耗掉的自然资源数量越来越多，造成了地球资源的过度消耗，自然资源的有限性以及自然资源消耗的有害性逐步加大了经济增长的成本。

第三个阶段：追求经济增长质量的阶段。在经济增长的数量扩张阶段，人类以 GDP 作为评价发展的唯一指标，在此评价指标之下，人们为了追求数量，往往忽视经济增长的成本和代价，忽视经济增长的质量。随着资源的稀缺性日益凸显，生态环境问题日益突出，经济增长的成本日益扩大，经济增长所带来的负面影响逐步危及人类的生存与安全。在这种情况下，经济增长逐步进入了追求增长质量的阶段，开始转变经济增长方式，增长的动力开始由自然资源向知识和技术等方面转变。

第三节　数量型经济增长与质量型经济增长的区别

新古典经济增长理论之前的所有经济增长理论都是数量型经济增长理论，也就是这些理论都是从数量增长视角来研究经济增长问题的，探讨的是经济增长的源泉、动力和增长机制问题。古典经济增长理论把经济增长的路径设计为资本积累。新古典经济学认为只要知识不断地增长，技术就可以不断地进步，经济就可以不断地增长。内生增长理论尽管已经涉及经济增长质量的某些要素，但总体上仍然是数量型经济增长，通过将知识、技术、人力资本内生化，探讨经济增长的源泉和动力。从哲学的视野来看，数量型经济增长关注量变问题，即增长的快慢。

质量型经济增长分析的视角在于经济增长之后，也就是研究经济增长的结果是什么状态。从产业结构来看，合理的产业结构是经济高质量增长的前提，产业结构状态在很大程度上决定了社会资源配置的效果，并最终制约着经济的可持续发展程度。不合理的产业结构势必造成资源的浪费，无法取得规模效益，从而导致社会生产率低下。在经济增长稳定性方面，因为过度的经济波动对经济的动态效率损害很大，一旦破坏了经济长期稳定增长的内在机制，会造成社会资源的巨大浪费，从而影响经济增长的持续性，加大宏观经济运行的潜在风险。在福利分配上，关注人民是否分享了经济增长的成果，经济增长是否具有普惠性质。在资源环境代价方面，关注经济增长是否实现了低代价的经济增长。综合对比来看，数量型经济增长与质量型经济增长的区别主要有以下几点：

一、关注重点不一样

数量型经济增长关注的是经济增长的源泉与动力，即如何提高经济增长的速度。而质量型经济增长关注的是经济增长的前景、结果与持续性，即经济增长的优劣判断。

二、度量指标不同

数量型经济增长依靠单纯的数量指标来度量，国际上比较一致地采用 GDP 或者人均 GDP 的增长速度指标。经济增长质量是一个复合概念，涉及多方面的内容，包括经济增长的结构、稳定性、福利分配、资源环境代价、国民经济素质、经济竞争力等，通常采用复合指标来度量。

三、内容不同

数量型经济增长研究的内容包括：要素分析，从资本、劳动力、人力资本、技术等要素角度来研究如何实现经济增长；制度分析，从制度变迁、制度结构角度来研究如何实现经济增长；结构分析，从经济结构变迁、供给结构、需求结构、产业结构等角度研究如何实现经济增长。质量型经济增长研究的内容包括：经济增长中的结构变化、福利分配、资源环境代价、稳定性、国民经济素质、竞争力等问题。

四、研究方法不同

数量型经济增长通常采用实证分析方法，建立起不同要素与产出之间关系的模型，然后采取逻辑实证主义的方法进行计量检验，来研究经济体如何提高增长速度。而质量型经济增长涉及的因素比较复杂，既有经济因素，也有非经济因素，不可能建立起统一的如同数量型经济增长研究那样的分析范式。而且经济增长质量分析涉及对经济增长状态的评价，需要价值判断，因而通常采取规范分析方法，在此基础上对其优劣程度或者经济增长的有效性进行评价，在研究中需要将数量和质量相结合。

五、影响因素不同

数量型经济增长的影响因素主要是各类要素的数量，包括资本、劳动力、人力资本、技术、知识等。而质量型经济增长主要取决于结构的协调性、福利的分享性、增长的稳定性、增长的代价、经济竞争力和国民经济素质。

六、实现机制不同

数量型经济增长是按照规模报酬的路径来实现的。而质量型经济增长是通过综合机制来实现的，这些机制包括结构转化机制、效率提升机制、创新驱动机制、利益协调机制等，是多方面机制综合作用的结果。

表 3-1 数量型经济增长与质量型经济增长的比较

增长类型	关注点	影响因素	分析视角	分析范式
数量型经济增长	经济增长的源泉和动力	资本、劳动力、人力资本、技术和知识	量变：增长速度	实证分析
质量型经济增长	经济增长的前景、结果和持续性	结构的协调性 福利的分享性 增长的稳定性 增长的代价 经济竞争力 国民经济素质	质变：经济增长的优劣判断	规范分析与实证分析相结合

第四节 经济增长数量和质量的统一

一、经济增长数量和质量不统一的原因

世界经济中，以购买力平价计算，具有相同人均收入的国家，其国民的生活质量相差很大；还有一些国家正经历着前所未有的经济增长速度，但同时面临前所未有的经济社会问题。经济增长的质和量不统一的原因主要表现在以下几点。

（一）同样的经济增长数量的背后是不同的物质和人力消耗

这可以用要素生产率、全要素生产率等指标表示，这种因素是由技术水平决定的。

（二）经济增长的资源环境代价不同

一些国家和地区产业软化程度较高，服务业所占比重较高，其增长过程对资源环境的破坏也就较少；当产业结构处于以工业为主的阶段，如果政府

监管不力，产权不清晰，对资源环境的破坏就较明显。

（三）经济增长过程的稳定性不同

现代市场经济的稳定性取决于价格决定机制，是内在的。另外政府扩大投资、增加赤字、增发货币和地方政府的一些竞争行为，都会使宏观经济稳定性变差。从世界范围看，发展中国家由于经济管理水平较低，政府权力过大，银行体系不健全，经济增长过程中往往出现较大波动。

（四）福利分配状态不同

在增长过程中，由于技术关系或制度关系不同，增长成果的分配在国家之间差异很明显。一些经济增长速度较快的国家反而在收入分配、公共产品分配、社会机会等方面较不平等。

以上的偏差意味着经济增长的质和量往往是不一致的，单纯注意增长的数量方面使得更多要素被投放到低效率部门，破坏资源环境，经济出现过大的波动或是造成社会福利不平等。

二、经济增长数量和质量统一的条件

以国民收入增长为研究对象的经济增长理论，建立在凯恩斯主义或新古典主义的基础上。凯恩斯主义以增加就业的短期分析为主，不重视增长的后果和代价。另外，凯恩斯主义没有基于福利或效用的微观基础，在哈罗德—多马模型中，适当的资本积累率是保持经济长期增长的唯一条件。因此，凯恩斯主义框架下的经济增长分析只是针对国民收入的动态分析，没有涉及，也不可能涉及对经济增长质量的分析。

在新古典主义的经济增长理论中，目标函数逐渐从最大化国民收入转向最大化总效用或总福利，这就涉及福利函数的假定。在福利经济学中，社会福利函数的形式因假定不同而不同，如萨缪尔森的社会福利函数是个体福利的加总，而罗尔斯的社会福利函数则由社会成员中最差的福利水平决定。在新古典主义的增长理论中，一般默认采用萨缪尔森型的福利函数。这意味着：一是增长成果具有普惠性，即经济增长会给每个人带来福利的增进，这就要求社会制度或技术条件所决定的分配制度是合理的。二是没有外部性。这里的外部性主要是负的外部性，即每个人对经济福利的追求不会对他人造成损失。在这种条件下，经济增长生产出的剩余才能够成为增进社会总福利的因素，经济增长的质和量就会得到统一。

以上条件是充分条件，但不是必要条件。在规模报酬递增的条件下，福利分配的约束不再紧张，以柯布—道格拉斯型生产函数为例，规模报酬不变的情况下：

$$Y = AK^{\alpha}L^{1-\alpha} \tag{3.2}$$

如果分配服从边际生产力理论，或者说收入由技术条件决定，那么，单位资本的收入为：$P_K = \frac{\partial Y}{\partial K} = A\alpha\left(\frac{L}{K}\right)^{1-\alpha}$，此时递减的边际收益会使得单位要素的收入减少。

如果要素收入由要素所有者的社会地位决定，则处于弱势的一方所获收入也会因投入不断增加而递减，其递减的速度会更快。

在报酬递增的条件下，要素间分配的矛盾会缓解，企业与自然的紧张关系也会得到一定的缓和，因为企业可以通过自我优化而获得增长。

综上，经济增长过程中质与量的统一有以下要求：普惠的社会分配制度、社会福利函数满足萨缪尔森型、权责明晰的产权制度、促进规模报酬递增的制度或技术创新。

第五节　经济增长质量的形成机制

一、经济增长质量的宏观形成机制

（一）潜在生产率的变化是增长波动的诱因

按照新古典模型的解释，潜在生产率是指在潜在产出水平上的经济增长率，它能够衡量经济体中所有生产要素最优配置情况下所能达到的最大增长率。经济增长质量提高是生产力因素与宏观经济长期变动的结果。技术进步要素都能带来产出的增加，但是带来结构性变化的仅仅只有非要素增加型技术进步即效率型。

$$y = e \times k \tag{3.3}$$

y 表示潜在产出水平，k 表示要素数量，e 表示要素的生产效率。

一个国家经济发展的程度取决于实际（潜在）要素数量和实际（潜在）

的要素生产效率。实际产出水平为：

$$Y = E \times K \tag{3.4}$$

$K = ak$，表示潜在生产要素数量被实际利用的程度；$E = be$，表示潜在生产效率被实际发挥的程度。

综合上述分析，一个社会的实际产出和潜在产出之间的关系如下：

$$Y = (aK)(be) = (ab)(ek) = (ab)y \tag{3.5}$$

潜在生产要素的实际利用效率系数是由总需求方面的因素决定的。当潜在生产要素的实际利用效率系数变化时，则带来经济增长周期性的波动，因而要提高潜在生产要素的实际利用效率，促使实际增长水平与其保持一致，则能避免经济的大起大落。

经济增长质量的题中之义在于使经济增长保持在一个平稳的状态下，避免经济增长出现大范围的波动，因而需要实际生产率能够与潜在生产率保持一致，否则意味着在整个宏观经济中各种要素的利用率过剩或者不足，通胀或者通缩，从而给经济体带来不堪忍受的阵痛，违背了经济增长为大众带来福利的初衷。

实际经济增长速度一般由需求因素决定，而潜在生产率则由供给因素决定，在既定的社会状态下，潜在生产率的改善需要相当长的时间，而实际增长速度相比而言则调整得更为迅速。蔡昉（2013）根据国家统计局 2011 年的相关资料计算得出，消费需求的贡献率是 4.5%，投资需求为 5.4%，出口需求在 0.5%—0.6%之间，可以看出投资需求依然是目前拉动经济实际增长的主要动力。

（二）经济增长质量的提高由制度与生产要素效率的发挥程度决定

经济增长质量与生产效率有关。一个社会的制度状况决定着生产效率（技术水平）的发挥程度，并与之成正比。制度影响技术水平发挥程度的机制命题是：一个社会经济制度决定它的信息完全程度，而这种信息的完全程度又关乎资源配置效率的高低，进而影响到技术水平发挥的程度，最终形成了增长的质量。

制度对于长期的经济增长有着至关重要的作用，制度的合适与否决定着社会信息流动的成本。在这里，我们借用阿西莫格鲁（Acemoglu）对经济制度的分类，即包容性的经济制度和汲取性的经济制度。在我们看来，作为包容性的经济制度，其信息的散播形式犹如撒网状，在一个权威式的领导之下，各种经济制度相互包容，信息流动充分，则对于所有经济生活主体来讲，信息是相对完备的。既然信息能够充分流动，遵循着新古典经济学的假设，则市场能够有效地对资源进行配置，既无损失，也无浪费。

相反，汲取性政治制度下政治权力集中在少数权贵手中，对其权力的运用也很少约束，对那些推翻以前统治的人来说同样没有制度能够约束他们。因此，汲取性经济制度意味着仅仅通过掌握权力，就可以依靠剥削他人财产，建立垄断来获取巨额财富。那么对于这种汲取性的经济制度，相当于一条直线，在直线的上方即经济垄断者掌握着所有信息，在其俱乐部内的所有成员享受着信息流动，而大部分经济主体则无法享受这种信息，或者获取信息的成本很大。

对于资源配置对技术的影响，我们主要通过 TFP 来考虑，在这方面，前人已经作出了开创性的贡献，主要包括两类，一类是坚持要素充分流动的新古典经济学假设（假设同质要素在各个部门之间自由充分流动，获得相等的边际报酬），这类文献主要是讨论结构变动与经济发展的关系，在非位似偏好导致的收入效应和部门技术差异导致的替代效应两大动力下，随着经济的发展，农业部门就业会单调减少，服务业就业会单调增加，工业部门就业会先增加后减少呈现驼峰形状，这也被称为库兹涅茨事实；另一类是坚持假设存在要素流动障碍的发展经济学（二元经济增长理论）。这类文献利用两部门增长模型，考虑部门要素的非充分流动，农业部门和非农业部门之间要素报酬存在明显差距，并进行发展核算。

资源配置的问题一般体现在经济增长中结构性的变迁过程中，在这种情况下，由于资本和劳动在农业和非农业部门中流动，如若要素完全流动，则要素的回报率在部门之间会获得相同的报酬，此时由于价格不存在扭曲，TFP 能够发挥到峰值。如若存在扭曲，则由于价格效应与规模效应同时发生，从而使 TFP 水平无法发挥到最大限度。

（三）经济增长质量的提高取决于收入分配的均等程度

物质资本、人力资本的积累以及人口的增长都会受到收入分配格局的影响，影响机制可以是政治决策中的税收强度，也可能源于资本市场不完美或者社会动荡带来的投资抑制效应，以及生育决策中人力资本投资与人口投资的权衡。一旦物质资本和人力资本等要素的积累放慢速度，经济增长将随之放缓。然而，要素积累速度虽然对经济增长速度具有重要影响，却不是经济增长的唯一因素，从长期看，技术进步才是经济增长的决定因素。虽然上述这些文献把人力资本积累也包含在基本考虑内，但是人力资本并不等同于技术进步，人力资本能够为技术进步提供好的支持，而微观企业投入多少资源进行创新取决于创新的回报有多高。因此，上述这些理论并没有解决收入差距与长期经济增长之间的因果性问题（刘宇，2008）。从总体看来，收入分配的均等化程度对增长质量的影响有以下几方面：

首先是经济波动。按照新剑桥学派的观点，收入分配的格局与储蓄率有着密切的关系，即资本家的消费有利于提高储蓄率，因此从政策含义上来讲，收入差距的扩大可能会降低总需求，从而形成经济的强烈波动。

其次，从微观角度来看，收入差距过大，可能会造成产业结构的变迁。由于不同阶层的人消费偏好不一致，较大的收入差距会造成厂商生产规模的扩大或缩小，从而带来经济增长的结构性变迁，进而改变一个国家经济结构的局面。这里需要考虑的问题是，带来这种结构性变迁的本身可能与一国的经济总量有关，也即穷国和富国的收入差距的扩大会造成不同的效应。一个推理是：如若在发达国家，较大的收入差距带来的是总需求的消费抑制，因为富裕国家的居民消费层次应该更加接近；如若在贫穷的国家，收入分配差距的扩大则能够很好地带动产业向着高级化变迁，因为在发展中国家，居民消费层次的差距可能更大。因此，对于正处于转型阶段的中国来说，居民消费层次的差距在缩小，意味着收入差距缩小化更有利于结构变迁，进而提高经济增长质量。

二、经济增长质量的微观形成机制

增长质量体现在微观层面，可以说是产品质量的提升。关于产品质量的提升，对于企业来讲，则主要通过市场竞争过程中所不断形成的机制。

（一）企业人力资本作用的真实发挥

对于企业来讲，人力资本的发挥在生产和管理层面都起到了至关重要的作用。人力资本的引入意味着劳动不再是简单的同量同质，而是将人的异质性（尤其是主观能动性差异）体现在企业生产的各个环节，高水平的人力资本，无论实际劳动生产率的提高，抑或是对企业的技术创新，都起到了开源的作用。熊彼特对创新精神在资本主义的产生和发展中的重要作用给予了高度评价。他说："开动和保持资本主义发动机运动的根本推动力，来自资本主义企业创造的新消费品、新生产方法或运输方法、新市场、新产业组织的形式。"不论是技术创新还是产品创新都可以充分利用生产要素的作用，提高生产效率，从而促进经济增长质量的提高。而在管理层面，适宜生产的管理人才能够有效地节约交易成本，使得各类生产交换活动井然有序，可视为一种节流的作用。这两种作用力下，使得企业生产效率大为提高，在竞争性的市场当中，为了获得超额利润，他们会自觉提升产品品质，从而在宏观上形成对增长质量的提高。契约原则或者契约精神是促进社会主义市场经济良性发展的基石，市场主体信守合同，方能促进市场繁荣，推动市场创新，从而降低经济增长的社会代价，提高经济增长质量。

（二）企业创新能力的提升

熊彼特（Schumpeter，1934）在《经济发展理论》一书中指出创新是经济发展最重要的驱动力，而创新依赖于企业家的"创造性破坏"活动。鲍莫尔（Baumol，1990）则认为经济增长的持续性在于企业家的创新活动存在于生产性活动，而非寻租等非生产性活动。格罗斯曼和海尔普曼（Grossman 和 Helpman，1991）以及达龙和伊霍特（Aghion 和 Howitt，1992）等人则内生化了知识创新和产品创新等"创造性破坏"活动对经济增长的影响。总体来看，大多数理论文献都认为，一个经济体所拥有的企业家精神对其长期持续增长是至关重要的。

企业的创新与技术革命有着千丝万缕的联系。20 世纪以来，第三次工业革命的兴起，使得大部分企业开始依靠创新不断地提高市场份额。20 世纪后半叶以来，人类在原子能、电子计算机、微电子技术、航天技术、分子生物学和遗传工程等领域取得重大突破，标志着新的科学技术革命的到来。相对于较早的工业革命和动力革命而言，这次科学技术革命被称为第三次技术革命。进入 21 世纪以来，新型能源技术成为新一代技术革命的主要支柱，并与系统生物科学技术等一道，引发了所谓第四次技术革命。新的技术革命其影响范围之广，例如物联网，发展速度之快，例如云计算，是以往的技术所无法比拟的。对于一个企业来讲，创新包含以下几种：

第一种是传统意义上熊彼特式的创新，即企业家对生产要素的组合，包括开发一种新的产品，使用一种新的方法，开辟一个新的市场，获得或者控制原料或者半成品的，以及实行一种新的组织形式。这类创新的主要结果是影响了企业的生产效率，从而进一步可能改变市场的结构。同时，由于生产方法上的不断革新，原有可能带来的环境破坏或被消除，从而有利于环境保护。

第二种是一种理念上的创新，即思想上的创新，这类企业往往能够以先驱的身份引领着消费，即供给创造需求，从而引发全社会生活模式生活理念上的改变，进而从微观层面上提升人们的生活质量，在宏观上则有助于增长质量的提高。由于思想创新而引发的人们意识上的改变对于今后中国增长质量的提高可能是至关重要的，因为，在创新意识的作用下，人们的基本道德评价和精神规范会越发进步，这意味着普通大众更易于接受那些环保的、健康的、循环的且积极的生活方式应对增长，而非污染的、有害的、掠夺式且消极的生活方式，这本身就是增长质量提高的一个终极奥义。

（三）企业商业模式的创新

在新技术获取市场价值的过程中，商业模式是将新技术转化为价值创造和价值获取的必经环节（C. Henry 和 S. R. Richard，2002）。商业模式是企业绩效的一个重要组织情境，因此，从微观上来看，商业模式将原本分散各自为政的经济主体协同起来，通过特定的规则与指导，以便联合获取价值。一旦发生技术革命或者是社会转型变革，则现有社会之外存在着一个新型的经济体，他们以技术革命或者制度创新的事业为核心，因而具有较大的价值增长空间，它完全不同于传统市场的价值创造过程，例如方兴未艾的第三方物流。但是，这种新兴的经济增长却有着高度不确定性，因为技术革新本身或者是制度的改变被市场接受进而采纳的过程是一个高度不确定的过程，然而一旦被接受，则这种商业模式会迅速扩散，例如 20 世纪 90 年代的微软和英特尔以及 21 世纪初的谷歌，均以全新的模式，重创了同期的领导性企业如 IBM、苹果以及三星。商业模式创新不仅支持了企业新型事业的健康发展，而且对于新兴社会事业的发展也发挥着重要和不可替代的作用。商业模式创新就是产业重塑的核心与实质，从而带动了产业结构的变迁。

第 四 章

经济增长质量的理论阐释

经济增长质量是一种基于时代主题的全新增长理念，但有关经济增长质量的诸多问题并没有一个统一的认识，诸如提高经济增长质量的理论基础是什么？经济增长质量应该包含哪些内容？经济增长质量在新时期有什么特征？在实践上如何提高经济增长质量？这些问题均需要从理论上加以阐释，本书基于此试图进行一定的尝试。

第一节 经济增长质量的理论基础

主流的经济增长理论认为知识可以不断地产生，技术就可以不断地进步，经济就可以持续不断地增长。于是，经济学家就设计出了世界各国经济增长的路径：发达国家通过投资维持其增长，发展中国家通过工业化加速其增长，而且经济增长以追求 GDP 为目标。

然而第二次世界大战以后，世界经济增长的现实却对这种单纯追求 GDP 的速度型经济增长提出了挑战，在发达国家经济增长的同时，环境污染、资源耗竭、城市人口密集、生活质量下降等严重问题，也引起了一些经济学家的注意，并且对于当时发达国家所流行的经济增长模式提出了异议和批评。于是西方国家 20 世纪 60 年代末开始流行一种主张人口和国民生产总值必须停止增长，才能使人类避免灾难的思潮。这种理论的主要代表著作有：米香于 1967 年发表的《经济增长的代价》、福来斯特（J. Forresters）

于 1971 年发表的《世界动态》和麦多斯（D. H. Meadows）等人于 1972 年发表的《增长的极限》，这三本书推动了可持续发展理论的产生。其中米香的《经济增长的代价》、麦多斯等人的《增长的极限》影响最大。特别是美国经济学家米香认为，当时发达国家为实现经济增长所付出的社会和文化的代价太大了，强调经济增长的代价。他打破了长期以来人们所公认的一些观点，诸如“经济增长必然带来生活水准的提高”。

传统的经济增长理论主要研究经济增长的动力、源泉及其形成机制，忽视研究经济增长的后果。而从 20 世纪 70 年代末期开始，经济学家又开始重视研究经济增长的质量，苏联经济学家卡马耶夫于 1977 年出版了《经济增长的速度和质量》。联合国发展计划署《1996 年人类发展报告》，讨论了经济增长与经济发展的关系，列举了单纯追求经济增长而导致的五种有增长无发展的状况：经济增长导致严重失业的无工作增长，导致贫困和收入分配严重不公的无情增长，失去了民主和自由的无声增长，生态严重破坏的无未来的增长以及毁灭文化的无根增长。世界银行于 2000 年出版的题为《增长的质量》（托马斯等，2000）的研究报告，近年来国内翻译的威廉·伊斯特利的《在增长的迷雾中求索》对穷国经济增长的关注、琼斯《经济增长导论》对“增长灾难”的分析、赫尔普曼《经济增长的秘密》对经济增长中收入分配不平等的关注，这些理论探讨使经济增长理论从研究经济增长的源泉和动力转向了研究经济增长的后果和质量。

同样，与经济增长质量一脉相承的“包容性增长”的概念，也是 20 世纪中期以来人们关于经济增长认识的深化，增长的理念出现由单纯强调增长数量到“对穷人友善的增长”（Pro-poor Growth）以及“包容性增长”（Inclusive Growth）的演进。1990 年世界银行提出的“益贫式增长”目的在于强调增长的核心在于减贫或是使穷人从中受益，但该概念对于经济增长的理解过于狭窄。进入 21 世纪以后，亚洲银行针对亚洲各国增长的状况进行分析，特别是不平等的现象在加剧，提出并且倡导各国和全世界要实现“包容性增长”。包容性增长的提出，与世界的发展诉求不谋而合，此概念也迅速在经济发展的理念中风靡。世界银行的《世界发展报告 2006：公平与发展》集中对包容性增长进行了关注。另外，世界银行增长与发展委员会 2008 年发表的《增长报告：可持续增长和包容性发展的战略》将推动经济增长的关键要素概括为“三要”，即经济要开放、社会要包容、政府要有效，明确提出了经济要长期持续增长，社会要包容是关键，确保增长效益为大众所广泛共享。包容性增长的概念较为宽泛，其内涵是不仅要包容穷人，要穷人共享增长的结果，而且还着重强调增长尽可能包容广大阶层，重视人的基本权利和发展，以及重视增长方式的转型和增长的长期性、持续性。总体来说，包容性增长的观念内核还是一种经济增长质量，即在物质极大丰富的今天，对经济增长质量的关注和诉求才是发展的要义所在。

近几年美国金融危机、欧洲债务危机、全球经济失衡等一系列经济发展中的动荡，也凸显了经济增长质量问题的重要性。2011 年在大连召开的夏季达沃斯论坛主题就是关注增长质量，谋求经济可持续、平衡增长。一方面，欧美强国在思索自己的经济模式，沉溺于短暂的强力刺激对长期可持续并无益处，美欧皆需要有质量的增长；另一方面，作为新兴经济体的中国，风险淤积的经济也在接受着增长质量的拷问。所以不可否认，“关注增长质量”，是个很有时代意义的议题，因此这一主题成为千余位参会的经济学家、企业界人士热议的话题。

第二节　经济增长质量的界定

国外经济学家注意到经济增长质量的很多，但是明确界定经济增长质量的很少，比较有代表性的观点体现在苏联经济学家卡马耶夫于 1977 年出版的《经济增长的速度和质量》中、世界银行于 2000 年出版的题为《增长的质量》（托马斯等，2000）的研究报告中和多恩布什与费希尔的《宏观经济学》中。

国内经济学界对于经济增长质量内涵的界定，概括起来主要有以下几种：20 世纪 90 年代的研究认为一个国家或地区经济的增长，既包括数量的扩大也包括经济系统素质的改善（武义青，1995）。21 世纪初期有人把经济增长方式从粗放式向集约式的进化视为经济增长质量的提高，把经济增长方式从集约式向粗放式的退化视为增长质量的降低（钟学义，2001）。同时有人把经济增长质量看作是一个国家伴随着经济的数量增长，在经济、社会和环境诸多品质方面表现出来的优劣程度（彭德芬，2002）。随着研究的深入，形成了经济增长质量的多因素含义界定，认为经济增长质量是指一个经济体在经济效益、经济潜力、经济增长方式、社会效益、环境等诸多品质方面表现出的与经济数量扩张路径的一致性、协调性。经济增长质量的内涵体现了经济系统的发展水平、经济效益、增长潜能、稳定性、环境质量成本、竞争能力、人民生活等多个方面（赵英才，2006；马建新、申世军，2007；李俊霖，2007①；严红梅，2008）。

我们认为，经济增长质量是经济的数量增长到一定阶段的背景下，经济增长的效率提高、结构优化、稳定性提高、福利分配改善、创新能力提高，从而使经济增长能够长期得以提高的结果。数量型增长反映的是经济增长的速度，而质量型增长反映的是经济增长的优劣程度。

一、经济增长质量是经济的数量增长到一定阶段的产物

没有一定的经济增长数量，不可能谈及经济增长质量。发展中国家由于经济落后，在经济增长的初期一般都追求赶超战略，试图在较短的时期赶上发达国家的现代化水平，摆脱贫穷落后的状态。单纯追求赶超的增长方式基本上还是传统的、粗放型的，是数量型经济增长。数量型发展模式在工业化的总体水平低、市场竞争不激烈、环境和资源约束较为宽松的条件下可以促进增长。随着经济发展进入比较高级的阶段，工业化的全面推进，经济增长整体水平的提高，片面追求赶超的数量型增长方式必然要走到尽头。现实中已经和正在凸显的增长与效益的矛盾、增长与环境生态的矛盾、经济增长与社会发展的矛盾、经济增长与自主创新能力不足的矛盾，归结起来就是数量型经济模式的矛盾。因此，当经济增长达到一定阶段之后，就需要实现从数量型经济增长向质量型经济增长的转变。

二、经济增长质量是一个综合概念

经济增长质量包含诸多内容：经济增长的效率体现了经济增长的有效性，单位投入获得的产出越多，要素生产效率越高，经济增长质量越高；结构转化体现了经济增长的协调性，如果产业结构合理，则资源配置就是有效

① 马建新、申世军：《中国经济增长质量问题的初步研究》，《财经问题研究》2007年第3期。

的，它会带来经济的持续快速稳定增长，如果产业结构扭曲，无效投入就会增加，资源配置的效果就会降低，经济的持续快速稳定增长不可能实现；经济增长的稳定性反映经济增长过程中资源的利用程度，稳定性的含义不在于经济增长率保持某一个数值不变，而是在潜在经济增长率附近窄幅波动，实现资源的充分利用；福利分配改善体现了经济增长的分享性，高质量的经济增长应使更多的人从经济增长中受益；生态环境代价低体现了经济增长的持续性。经济增长过程是经济要素、自然资源与生态环境有机整合的过程。忽视增长质量的经济增长给资源和环境带来了巨大压力，严重损害了可持续增长的物质基础。只有在自然资源被有效利用和生态环境得到有效保护的前提下，经济增长才是可持续的。创新能力提高体现了经济增长的潜力，技术创新既是企业竞争力的源泉，也是提高经济增长质量的关键。

三、经济增长质量关注的是经济增长的结果和前景

经济增长质量的诸多方面都涉及经济增长的结果和前景。经济增长是数量型的，经济增长和经济发展不一定一致，可能会出现“有增长无发展”的局面。联合国发展计划署《1996 年人类发展报告》的主题就是讨论经济增长与发展的关系，其中指出了五种有增长而无发展的情况：无工作的增长，指经济增长未能制造足够多的工作岗位，甚至恶化了就业形势。无声的增长，指经济增长未能带来民众参与和管理公共事务，自由表达自己的意见和观点的可能性。在很多国家，经济增长与政治专制紧密结合在一起。无情的增长，指经济增长导致了收入分配格局的恶化，财富的扩大带来了新的贫困阶级。无根的增长，指经济增长对文化的多样性造成的破坏，经济增长使得很多发展中国家失去了自己的文化家园和历史。无未来的增长指的是经济增长对生态、资源和环境造成的破坏，消灭了经济增长的可持续性。当经济增长和经济发展不一致，出现上述五种“有增长无发展”的局面时，这种经济增长就是没有质量的。经济增长的前景研究则关注经济增长的潜在最大水平，这种经济增长能否长期持续。

四、经济增长质量研究是一种规范分析

规范分析方法以一定的价值判断作为出发点和基础，提出行为标准，并

以此作为处理经济问题和制定经济政策的依据，探讨如何才能符合这些标准。经济增长质量研究主要分析一种经济增长的优劣，它从效率提高、结构优化、稳定性提高、福利分配改善、生态环境代价低、创新能力提高等诸多方面提出衡量经济增长的价值判断，为经济增长方式和经济增长结果的评价以及经济增长政策的制定提供判断依据。

第三节　经济增长质量相关概念的辨析

一、经济增长质量和经济发展

经济增长质量是在经济的数量增长的基础上，实现的经济增长的效率提高、结构优化、稳定性提高、福利分配改善、创新能力提高的结果。经济发展的含义具有不同的界定。有人指出经济发展是从贫穷走向富裕，从不发达走向发达的过程。有人认为经济发展是在经济增长导向下的经济、政治和社会体制的系统变化。也有人将经济发展等同于现代化，认为经济发展是实现现代化的过程，内容包括经济增长、经济结构的转变、收入分配、资源环境问题，以及政治、文化和人的现代化进程，还有社会、公众观念和国家社会、政治制度等在内的综合性、多方面变化的过程。这两个概念之间是既有联系，又有区别的。两者的联系在于经济发展是目的，经济增长是手段。

经济增长质量和经济发展的区别在于：第一，侧重点不同。经济增长质量主要侧重于强调经济增长中的优劣判断，是好和坏的问题。而经济发展侧重于强调由经济增长带来的变化，是贫与富的关系。第二，经济发展的范围要比经济增长宽泛得多。无论是数量型经济增长还是质量型经济增长都是在经济范围中。而经济发展是一个多层面的过程，不仅关注经济层面，而且关注非经济层面，不仅包括经济方面的效率提升、结构转变，而且包括社会和谐、公众观念和国家社会、政治制度、教育、营养健康、医疗卫生等在内的多方面内容。

二、经济增长质量和粗放型经济增长、集约型经济增长

粗放型经济增长方式是指在技术不变的前提下，主要依靠增加生产要素

的投入，即通过增加投资、扩大厂房、增加劳动投入，来增加产量，这种经济增长方式又称外延型增长方式。其基本特征是依靠增加生产要素量的投入来扩大生产规模，实现经济增长。集约型经济增长方式是指在生产规模不变的基础上，采用新技术、新工艺，改进机器设备、加大科技含量的方式来增加产量，这种经济增长方式又称内涵型增长方式。其基本特征是依靠提高生产要素的质量和利用效率，来实现经济增长。

粗放型经济增长、集约型经济增长是指经济增长的方式，强调的是经济增长是依靠要素投入规模还是提高要素使用效率。粗放型经济增长完全是一种数量型的经济增长，集约型经济增长尽管强调了效率问题，但是效率提升问题仅仅是经济增长质量六大维度的一个方面，而且只涉及经济增长的条件。经济增长质量包含的范围要比集约型经济增长宽泛得多，不仅包括效率提升还包括经济增长过程中的结构问题以及经济增长结果中的生态环境和福利提高问题。

第四节　经济增长质量的特征

经济增长质量是一种全新的增长理念，阐明了中国经济增长方式转变的目标模式，与数量型经济增长相比较，经济增长质量的特征主要表现在以下五个方面。

一、经济增长质量体现了一种新的增长模式

数量型经济增长是一种 GDP 至上的发展观，即把经济增长简化为 GDP 的增长。数量型经济增长主要依靠投资和出口来拉动经济，走的是高投入、高消耗、高排放、低劳动力成本、低土地成本、低社会保障甚至是无社保、出口拉动的工业化道路。数量型经济增长的典型后果是经济发展不平衡，社会各个方面的差距持续扩大。质量型经济增长与数量型经济增长有根本性区别，提高经济增长质量体现了一种新的增长模式。在经济增长理念上，提高经济增长质量反映出了经济增长的出发点和归宿。在经济增长方式上，依靠投资、消费和出口的协同来拉动，注重消费对经济的拉动作用，依靠内需拉动，以充分就业作为经济发展的优先目标，大力发展战略性新兴产业和现代

服务业。在经济增长的结果方面，强调各个经济利益主体矛盾的缓和，促使城乡差距、地区差距及群体差距的缩小与和谐共生。

二、经济增长质量倡导公正和公平

经济增长质量最基本的含义是公平合理地分享经济增长。重视经济增长质量有以下内涵：一是强调经济增长成果的分享性。“总产量达到一定水平之后，立法者与慈善家就无须再那么关心绝对产量的增加与否。此时最重要的事情是分享总产量的人数相对来说应该有所增长”。提高经济增长质量描述了公平与效率之间相互依存和良性互动的内在重视性，主张让更多的人分享经济增长的成果，让弱势群体得到保护；重视加强中小企业和个人能力建设；促进中等收入阶层的成长，缩小收入差距。二是在经济增长过程中保持平衡，强调区域经济发展平衡，建立新的区域经济发展格局，强调城乡经济社会一体化，重视城乡之间的平衡发展，主张建立城乡经济社会一体化新格局。三是重视经济发展和社会发展的协调。提高经济增长质量的关键在于经济增长促进社会发展，经济发展是社会发展的前提和基础，也是社会发展的根本保证；社会发展是经济发展的目的，为经济发展提供精神动力、智力支持和必要条件。随着人民群众的物质生活水平日益提高，对精神文化、健康安全、教育水平等方面的需求也日益增长，更加要求社会与经济共同发展，缺一不可。四是提高经济增长创造就业的能力。通过高速、有效以及可持续的经济增长，来争取最大限度地创造就业与发展机会，确保民众基本的福利保障。五是确保民众机会平等、公平参与经济增长。经济增长质量的提高主要是通过经济增长创造和发展机会，社会所有成员都可以平等地利用这些机会，并在此过程中提高自身收入和能力，使经济实现可持续增长，社会发展步入良性循环。

三、经济增长质量倡导一种价值导向

经济增长质量向全社会倡导这样一种新的增长价值导向，这种价值导向包括：一是增长成果共享的价值观。不同社会阶层共享增长成果，增长成果由人民共享，关注人的生活质量、幸福指数，把发展的目的真正体现到满足人民需要和提高人民生活水平上，特别要使穷人分享增长的成果。城乡之间共享增长成果，建立城乡经济社会一体化的新格局，消除城乡市场分割、体制分割、产业分割，促进城乡基本公共服务均衡配置，在城乡之间建立起共享增长成果的机制。二是民生导向的增长价值理念。要改变过多地强调GDP增长的理念，在经济增长中更多地强调民生，在收入分配等方面都要向穷人和弱势群体方面倾斜。三是从“国富”到“民富”转型的价值理念。提高经济增长质量强调民富优先，意味着促进居民收入水平的提高将成为宏观经济政策的价值目标，这一目标意味着更多的社会产品分配给居民而不是企业和政府，意味着政府更多的财政支出用于社会福利体系建设而不是项目建设，使社会财富更多地为居民所有，居民的消费倾向和消费能力在经济增长中得到极大的改善。

四、经济增长质量更加强调人本主义的增长

经济增长模式分为两类：以物为本的经济增长和以人为本的经济增长。“以物为本”的经济增长把“物质经济增长”视为经济增长的关键，把物质生产的高速度和物质财富的高积累及物质生活的高消费放在核心的地位。从大多数国家的经济增长实践来看，最初的经济发展都是“以物为本”的模式，在经济发展的初期总是倾向于高投入、高消耗、追求高增长率和大规模生产。而倡导经济增长质量更加强调人本主义的增长，“以人为本”的经济增长以人的自由发展和福利改善为出发点，以人本主体的自由为核心，以生存自由、社会自由和精神自由为侧重点来设计发展的思路和实现路径。把经济增长的终极关怀建立在以人为本的基础之上，发展应该是“为了一切人的全面而自由的发展”。在发展中不仅要重视物的增长，而且特别要重视人的全面发展，健全公共服务，提高教育、医疗水平，关注与人的全面发展密切相关的问题。把提高人的生活福利、拓宽人的发展空间、维护人的发展权利作为经济发展的终极目标。

五、提高经济增长质量是经济发展方式转变的具体化

经济发展是有阶段性的，不同经济发展阶段的发展方式不同。发展中国家在经济发展的初期，一般都实行追求增长速度的赶超战略，单纯追求“快”的增长方式是主流。随着工业化的全面推进，经济发展整体水平的提

高，这种片面追求“快”的粗放型增长发展方式必然要走到尽头。在我国经济高速增长的同时，一些问题也逐渐暴露出来，资源浪费严重、生态环境破坏的背后反映的是经济增长模式问题。所以加快转变经济发展方式是关系国民经济紧迫而重大的战略任务，体现为由数量型和速度型增长向质量型和效益型增长转变，由资源耗费型和环境污染型增长向资源节约型和环境友好型增长转变，由经济社会失调型增长向经济社会协调增长转变，由低成本的扩张向高效率创新型增长转变，由要素投入型增长转化为内生技术进步型增长，由政府投资推动的增长转化为民间投资驱动的增长，由不可持续性增长向可持续性增长转变，由出口拉动型增长向内需推动型增长转变，由结构失衡型增长向结构优化型增长转变，由高碳经济型增长向低碳经济型增长转变，由技术引进型增长向自主创新型增长转变，由“少数人”先富型增长向“共同富裕”型增长转变。

第　五　章

经济增长质量对经济增长理论框架的扩展

经济增长质量使得经济增长理论从经济增长的最优路径选择扩展到了最佳社会效应和最佳环境效应的实现上；使经济增长理论的概念性框架从要素投入、要素效率提高与产出的关系扩展到了经济增长系统与外界的物质、能量和信息的交换，经济增长系统投入要素的知识技术含量增加和产出效率提高，经济增长部门和组成部分协同作用，经济增长系统组织能力的提高，经济增长技术进步方式的选择方面；也使经济增长的研究方法论从逻辑实证主义扩展到了规范分析，增添了价值判断；使宏观经济增长从关注短期扩展到了长期，从经济政策领域扩展到了社会政策领域和环境政策领域。本章主要研究这些扩展。

第一节　对经济增长理论原理的扩展

经济增长质量把经济增长研究的视野从研究经济增长的最优路径选择扩展到了经济增长最佳社会效应的实现和经济增长系统耦合机制的建立方面。最优增长路径的选择意味着经济增长的净收益要最大化，经济增长的成本要最小化。最佳社会效应就是要实现成果分配的合理化，使大多数人分享经济增长的成果。经济增长的经济属性、社会属性和自然属性的耦合与互动是经济增长质量的核心。要保证经济增长有质量，就必须实现经济系统、自然系统和社会系统质量的耦合。

一、经济增长的最优路径选择

经济增长的一般路径包括：一是规模报酬不变或者递减基础上的规模扩张路径，二是规模报酬递增基础上的效率提升路径。在发展中国家经济增长的最初阶段或者起步阶段，资源约束弱，在社会的生产可能性边界范围内，经济增长以快为目标，以规模扩张为路径。当经济增长到一定阶段，在资源环境约束强化的背景下，经济增长接近或者达到生产可能性边界时，就需要实现经济增长路径的转化，从规模扩张向效率提升转变，从规模报酬不变的机制转向规模报酬递增的机制。

经济增长最优路径选择的约束条件是经济增长成本的最小化。经济增长成本包括：经济成本、自然系统成本和社会系统成本。经济增长成本是指经济增长在经济系统内的自然耗费，指在生产过程中消耗或转换的物质和服务的价值计量。在国民收入核算中是指本期被生产而又被消耗的产品，如原材料、辅助材料、燃料、动力、广告以及其他不能用于最终消费的产品的价值。在国民收入核算的投入产出分析中被列为投入部分。经济系统的成本是一国经济增长中的正常的成本投入和消耗，这个成本投入主要由一定时期的技术水平、生产方式、消费方式以及人类生产的集体行为来决定。自然系统的成本是指资源环境成本，即经济增长活动使用和消耗自然资源所必须支付的代价和经济增长活动对环境资源的需求量超过环境系统的资源供应量的环境系统自净力而造成的环境价值损失。经济增长的自然系统的成本主要取决于制度安排。社会系统的成本是由于经济增长会对社会系统产生影响，由此而产生的成本，也就是科斯意义上社会成本的进一步扩展，包括交易成本、体制成本。在三种成本中，经济系统的成本是经济增长导致的运行成本，自然系统的成本和社会系统的成本是支持系统的成本。当三种成本最小化时，就实现了经济增长收益的最大化，这时也就实现了质量型经济增长。

二、经济增长最佳社会效应的实现

经济增长最佳社会效应就是伴随着经济增长，人们的社会福利得到提高，分享性加强，包容性提升，无根的增长和无情的增长得到抑制，实现更加有道德的经济增长。最佳社会效应包括：一是提高经济增长的减贫效应。

经济增长具有趋利效应，在趋利效应的作用下，会形成两极分化。提高经济增长质量就是要减少趋利效应，使得经济增长中的绝对贫困减少，同时使机会分配更加公平。在教育机会分配更平等的地方，既定的增长率与更佳的减贫成果相联系。教育和卫生保健可以改善人们的生活质量、提高穷人应对环境变化的能力。更加平等地分配人力资本、土地以及其他生产性的资本意味着更平等地分配收入机会、强化人民利用技术优势创造收入的能力。二是分享效应。市场机制下的经济增长由于竞争的作用，会造成社会财富集中于少数人手中。提高经济增长质量就是要让更多的老百姓分享经济增长的成果，变不公平的经济增长为公平的经济增长。三是就业效应。经济增长速度通过影响就业率影响社会的稳定程度。在合理的经济结构背景下的经济增长能使就业率提高，失业率降低，有利于减少闲暇人口，让就业人口获得较高的平均工资，从而增加国民的平均幸福程度。提高经济增长质量就是要实现以就业为先导的经济增长，使就业与经济增长相联系，变低就业的经济增长为创造就业的经济增长。

三、经济增长最佳环境效应的实现

经济系统、社会系统和自然系统是三个性质各不相同的系统，有着各自的结构、功能、存在条件和发展规律，但它们并不是彼此孤立的，而是互相依存、互相制约的。经济系统是在人类物质资料的生产和消费过程中，各个不同地区、部门、单位和环节等所构成的社会经济统一体，它是经济增长的运行系统。社会系统是人的群体共同劳动和生活的有机整体，自然系统是自然界的生命子系统与其生存环境子系统在特定时空的有机结合，自然系统与社会系统是经济增长的支持系统。当三个系统之间相互冲突的时候，经济增长的质量低；当三个系统之间处于耦合优化状态时，资源充分利用，经济增长质量就会提高。这表明过去的经济增长政策往往偏重于考虑增加经济系统中实物资本的投资规模，而忽略了这仅仅是构成高质量增长的众多因素之一。提高经济增长质量还需要对社会系统中的人力资本和社会资本进行投资，对自然系统中的自然资源和环境资本进行投资，从而使物质资本、人力资本和自然资本之间存在一个相对均衡的增长率，使得经济增长的最佳环境效应得到实现。如果一国的大部分国民收入来自于自然资源，那么通过牺牲自然资本进行物质资本积累的方式不可能是有质量的经济增长。如果经济增长更加注重于提高环境质量和资源使用效率，将有利于资本的积累、经济的增长和人类福利的增加。

第二节　对经济增长理论概念性框架的扩展

主流经济增长理论的概念性框架主要涉及经济增长中要素投入、要素效率提高与产出提高的关系。质量型经济增长理论则在主流经济增长理论概念性框架的基础上进行了一系列的扩展。

一、经济增长系统具有非线性、非稳定性和非均衡性特征

经济增长是一个复杂的系统过程，而且是一种复杂的非线性反馈系统，具有非线性、非稳定性和非均衡性特征①，因而建立在线性系统、稳定状态和均衡基础上的新古典经济增长理论存在着难以克服的缺陷和不足，无法解释和解决经济增长过程中出现的质量问题。用系统演化理论不仅可以研究和解决新古典经济增长理论无法解决的系统非稳定性、非均衡性背景下的增长过程，而且可以探索到提高经济增长质量的有效途径。

二、与外界的物质、能量和信息的交换促使经济增长系统质量的提高

按照系统论的观点，经济增长系统都是由要素及其相互之间的关系所构成的，经济增长要素的结构及其要素之间的关系变化构成系统的增长运动。当要素之间的数量比例协调、平滑替代效应及对产出贡献不断提高，就会促使经济增长系统的运动和变化趋向于质量提高。经济增长系统趋向于质量提高的条件是经济增长系统具有开放性，能实现经济增长系统与外界不断进行物质、能量和信息的交换，通过自然资源要素与自然生态系统，使劳动要素与社会政治和文化系统进行着物质、能量和信息的交换。经济增长系统是不断演化的，由于演化发展，在系统内要素、企业或企业集团、产业部门之间

① 刘刚、顾培亮：《经济增长的系统理论分析》，《西北农林科技大学学报（社会科学版）》2003年第2期，第60—64页。

会出现协调障碍，产业政策和企业管理制度会变得陈旧，产业结构和企业组织将会逐渐老化，这些情况都会导致经济增长系统的无序性增加和增长速度的递减，从而使经济增长质量下降。要保持经济增长系统具有旺盛的生命力，并促使经济增长质量提高，就必须使经济增长系统与外界进行物质、能量和信息的交换，不断地进行改革、开放、创新。只有通过引入新的理念，更新保守的观念，设计新的制度，建立新的组织，改造传统的技术，打破增长系统内的僵化平衡状态，才能使经济增长系统长期处于快速、稳定、协调和高效的运行状态，并不断地提高其质量。

三、经济增长系统投入要素的知识技术含量增加和产出效率提高时会形成质量型经济增长

经济增长系统由各产业部门系统组成，各产业部门系统又由相应的企业集团或企业系统组成。各企业或企业集团之间、产业部门之间通过产品分配与技术转让、投资与消费、需求与供给关系相互耦合、相互作用，结成了一种自然的约束和彼此协调的稳定结构，构成了系统的整体增长行为，使系统呈现稳定有序的经济增长。当经济增长系统中各个要素和产品中技术知识含量增加，以及要素产出效率提高时，就会出现质量型经济增长。

四、经济增长部门和组成部分协同作用是形成质量型经济增长的关键

在增长系统中，任何一个产业部门都不可能脱离整个增长系统而存在，也不可能离开经济增长系统中的其他产业部门而增长，要受到系统增长及其他产业部门增长的约束与驱动。在系统增长的过程中，产业部门之间存在着相互约束、相互合作、共同发展的协同力量，这一力量促使产业部门之间以此消彼长、此长彼消的方式运动和变化，最终形成系统整体的、有序的增长行为。系统整体的增长行为一旦形成，反过来又会作用于各产业部门。由于经济增长系统的复杂性，系统中的各个组成部分以及这些组成部分的微观客体，如个人、团体、企业、机构等，都具有相对独立的决策能力，会出现分散决策。当经济增长部门和组成部分协同作用，使各产业部门和各个组成部分以协同的方式运动时，会出现质量型经济增长。

五、自组织能力的提高是经济增长部门和组成部分协同作用的条件

由于经济增长系统的复杂性、增长状态的多样性以及经济增长结果的不确定性，在经济增长各部门和组成部分协同作用的过程中关键是形成自组织能力。按照混沌理论，一个含有大量分子或其他结构单元的系统，在其内在作用力的驱动下，通过与外界交换能量、物质与信息，按一定的规律运动使这些结构单元实现重新排列，形成新的组合，并自发形成有规则结构的现象叫自组织能力。如果一个经济系统是靠外部指令形成组织的，这种现象叫他组织；如果不是依靠外部指令形成，而是按照相互默契的某种规则，各尽其责而又协调地自动地形成有序结构，这种情况就是自组织。布赖恩·阿瑟认为经济增长中报酬递增产生的根源是经济系统具有良性循环、相互补充和自我强化的内在机制。① 在正反馈效应的作用下，经济系统运动与变化的路径存在多种可能的情形，系统的均衡点是多重的，存在着非稳定性、非均衡性和不可逆性。

从部门之间的经济关系来看，经济系统的自组织表现为部门之间的协调与趋同。一方面，部门之间的资源配置、生产协作、商品流通和产品供需都是在市场机制的作用下进行转移和调节的，部门间存在着资本流、劳动流和信息流。由于要素的流动，经济系统经常处于一种远离平衡的，乃至非平衡的状态②。另一方面，在经济系统内部每一个部门与其他部门之间存在着直接或间接的资源、生产、产品、信息等方面的有机联系，部门之间的有机联系使任何一个部门都不可能脱离整个系统而单独存在，也不可能离开其他部门而独立增长，必定要受到整个经济及其他部门增长的束缚与驱动，即部门之间存在着相互约束、相互合作、共同发展的协调力量，进而促使经济系统形成宏观的增长行为。整体的增长行为一旦涌现，反过来又会作用于各部门，使各部门之间以趋同和有序的方式增长。

生产要素所具有的报酬递减和报酬递增是经济系统产生正、负反馈的根

---

① Arthur, W. Brain, "Competing Technologies, Increasing Returns, and Lock-in by Historical Events", *Economic Journal*, 1989, Vol. 99, No. 5, pp. 116-131.

② 刘刚：《经济增长不确定性的自组织机制分析》,《商业经济与管理》2007 年第 1 期，第 28—32 页。

本原因，表现为生产要素对经济系统具有两种自组织效应：一是稳定原有结构，二是改变原有结构。在要素报酬递减性质的作用下，经济系统没有结构变化，不存在路径演化，要素报酬递减总使在平衡态附近不断波动的经济趋于回到平衡态，起到了稳定原有结构的效果。在要素报酬递增的作用下，经济系统存在多条平衡增长路径，存在路径演化，要素报酬递增改变了原有的结构，为经济系统新结构的建立提供了必要条件，实现了经济增长部门和组成部分协同作用。

六、经济系统自组织能力提高的关键是经济增长采用非要素增加性技术进步

当要素报酬递增机制改变了经济系统的结构时，经济系统的自组织结构就会改变。经济系统的结构改变需要通过技术进步的选择来实现。技术进步有两种方式：要素增加型技术进步和非要素增加型技术进步。要素增加型技术进步不改变经济结构，不会形成规模报酬递增；非要素增加型技术进步会导致经济结构发生变化，从而会形成规模报酬递增。如果生产过程是规模报酬递增的，而使用的技术本身是规模报酬递增的非要素增加型技术，这种规模报酬递增就是内在的，内在的规模报酬递增将提高经济系统的自组织能力。

第三节　对经济增长理论方法论的扩展

数量型经济增长关注经济系统本身的运行，考察经济增长的源泉和动力，运用实证主义方法论对经济增长进行客观描述，不涉及价值判断问题。质量型经济增长则以经济增长的结果、前景和持续性为主要视角，基于规范主义方法论，以一定的价值判断作为出发点和基础，并以此作为处理经济增长问题和制定经济政策的依据。质量型经济增长理论把经济增长的研究从没有价值判断的逻辑实证主义方法论扩展到以具有价值判断的规范方法方面上，从而使经济增长理论从过去逻辑实证主义方法论扩展到在实证基础上的规范分析，这一扩展使得经济增长理论从没有价值判断的经济学扩展到具有价值判断的规范分析上。

质量型经济增长理论的价值判断分为终极价值判断与现实价值判断，终极价值判断与现实价值判断是经济增长质量价值判断的两个层面，质量型经济增长要求经济增长符合现实价值判断与终极价值判断相一致的价值判断体系。

质量型经济增长理论终极价值判断的核心是人的发展，是基于人本主义经济发展观的判断标准；以人为核心的经济增长要求以人为中心，解放人、发展人、实现人，把人的发展看作是社会发展的核心和最高目标，经济增长要实现人的幸福最大化，幸福最大化更多地体现在社会结构、社会文化、人文关怀方面；要以社会文化发展为前提，依据一定的文化理解经济增长，借助一定的文化价值规范对经济增长作出价值判断；把情感看作人的基本存在方式，关注人的精神状态和内在需求，避免人的异化。着眼于人性，注重人的存在、人的价值、人的意义，尤其是人的心灵、精神和情感。从人文关怀的精神出发，以人的终极关怀为根本，作出合理的发展规划与制度安排。

质量型经济增长理论现实价值判断则是以经济增长的有效性为核心，实现经济高效增长的判断标准。现实价值判断作为终极价值判断的实现手段，是终极价值判断的过渡价值判断，具体要求：一是实现经济增长代价的最小化，在促进经济增长的同时降低增长代价，实现经济的高效增长；二是社会福利的最大化，经济增长的成果能够带来社会总体福利水平的上升，使社会整体福利得到改善，实现社会福利分配的公平性；三是经济运行的平稳化，使经济增长率的波动幅度小，经济增长率的波动次数少；四是产出效率的最大化，实现增长方式的转变，实现要素生产率的提高；五是产业结构的高级化，在经济增长过程中不断进行产业结构的优化，形成经济增长与产业结构优化相互促进的良性循环模式。

第四节　对经济增长理论政策框架的扩展

质量型经济增长理论不仅扩展了主流经济学的基本原理、概念性框架以及分析方法，而且对经济增长的政策框架从短期政策扩展到长期政策与短期政策的结合，使得提高经济增长质量的宏观调节政策从经济政策转向了社会政策层面。

一、质量型经济增长理论与数量型经济增长理论的异同

质量型经济增长理论是对经济增长理论分析框架的扩展，主流经济学的经济增长理论仅仅只研究了经济增长的数量，质量型经济增长理论与数量型经济增长理论是整个经济增长理论同一问题的两个方面，数量和质量有机结合构成了完整的经济增长理论。

数量型经济增长理论与质量型经济增长理论存在着差异性。首先，两种理论的目标不一样。数量型经济增长理论研究的是经济增长的源泉、动力，主要目标是提高经济增长的速度，因而数量型经济增长采用 GDP 或者人均 GDP 来衡量，可见其不仅追求经济增长的速度，而且追求物质增长的速度；而质量型经济增长理论研究的是在探索经济增长源泉、动力的基础上追求经济增长的后果和前景，主要目标是追求经济增长的有效性，有效性涉及多个方面，不能采用单一指标来衡量，要采用复合指数来表示，可见质量型经济增长追求的经济增长有效性的核心在于人的发展。

其次，由于关注的目标不一样，数量型经济增长理论与质量型经济增长理论的研究方法也有差异。数量型经济增长关注经济系统本身的运行，运用实证主义方法论对经济进行客观描述，不涉及价值判断问题。质量型经济增长理论基于规范主义方法论，以一定的价值判断作为出发点和基础，提出行为标准，并以此作为处理经济问题和制定经济政策的依据，探讨如何才能符合这些标准。基于社会伦理原则、文化观念和哲学观点的经济增长质量的价值判断是经济增长质量的终极价值判断与现实价值判断的统一。

最后，同样由于关注的目标不同，数量型经济增长理论与质量型经济增长理论的逻辑也不同。数量型经济增长理论是依据生产要素的性质，沿着线性思路来研究经济增长的，主流经济增长理论认为经济增长的生产要素包括劳动、物质资本、技术和知识等。劳动与物质资本具有稀缺性，由于稀缺性，当劳动与物质资本投入增加时，资源的使用成本在增加。主流经济增长理论认为经济增长有三种机制：一是保持其他要素投入不变，只增加一种要素投入，所得到的产出增量是递减的，这就是规模报酬递减；二是使所有的要素投入都成比例增加，产出的增加比例等于投入的比例，经济增长呈现出规模报酬不变状态；三是使所有的要素投入都成比例增加，产出的增加比例

大于投入的比例，经济增长呈现出规模报酬递增状态。不论是规模报酬递增还是递减，经济增长都是一个简单线性过程。在新古典增长理论的条件下，劳动与物质资本总是围绕平衡态附近不断波动，使经济趋于回到平衡态，劳动与物质资本的连续投入不会使经济结构发生变化，经济仅存在着一个鞍点均衡的稳态，稳态领域内只有一条唯一的平衡增长路径，也就是经济增长路径具有确定性。

质量型经济增长理论是依据多部门系统复杂性来研究经济增长的，认为经济增长是一个多部门的复杂系统，既存在系统内部的复杂关系，也存在系统之间的互动关系，因而经济增长是一个复杂系统构成的非线性过程，具有不确定性。从系统复杂性来看，经济增长系统的各个部门可以划分为资本品部门、消费品部门、知识品部门、服务品部门等。不同的部门具有不同的资源禀赋、要素效率及不同的盈利能力和经济地位。知识品部门、服务品部门和教育品部门是创新能力强的部门，这些部门是经济增长的源泉。资本品部门是资本密集型部门，对技术与知识的应用能力强，在规模经济约束下，是知识密集型部门的跟随者。消费品部门劳动存量大、技术含量低、资产规模小，是资本密集型、知识密集型部门的应用者。经济增长在不同时期具有不同的主导部门，主导部门是一国经济增长的动力源泉，主导部门的知识禀赋、要素效率是主导部门增长的关键因素。由于经济增长系统的复杂性，动力结构中的知识禀赋、要素效率是非线性的，经济增长存在多重稳定的、不稳定的均衡点，出现多条可能的增长路径，使得经济增长具有不确定性。在经济增长中存在规模报酬递减、不变和递增的多重路径，从而使经济系统产生正、负反馈，导致经济增长具有不确定性。在经济增长具有不确定性的情况下，就需要采取措施降低不确定性，降低不确定性的过程就是提高经济增长质量的过程。

二、质量型经济增长对宏观经济政策框架的扩展

质量型经济增长理论对宏观经济政策的框架也进行了扩展。在宏观调控政策上，质量型经济增长理论把政策的着眼点从短期的货币政策、财政政策扩展到了扩大生产可能性边界的产业政策、人力资本政策和技术进步政策方面，从国富政策转型为民富政策，从经济政策领域扩展到了社会政策方面。

（一）对短期政策方向的校准

在货币政策方面，通常是通过调节货币供应量来调节总需求。从经济增长质量出发，货币政策在方向上应该更多地支持实体经济的发展，特别是要支持产业链条长、就业弹性高、创新能力强的实体经济，通过这些实体经济的发展不仅要增强经济竞争力和提高就业的能力，而且要抑制短期经济波动，熨平经济周期。货币政策要支持发展以知识和技术为主的现代产业部门，加快规模报酬递增机制的形成，提高经济增长的效率。在财政政策方面，既要支持新型工业化的发展，也要积极实施再工业化，通过再工业化加快传统部门改造，加大传统部门技术和人力资本投入，还要促进产业结构升级，促使企业或整个行业从原先的资本驱动型或劳动驱动型增长向知识驱动型转变，实现产业结构从传统规模报酬不变或者递减转化为规模报酬递增。同时，调整财政支出结构，真正建立公共财政，更多地支持民生部门的发展。

（二）从短期政策向长期政策的扩展

短期政策是在生产可能性边界不变的情况下，通过货币供应量和财政收支的调节，影响总需求和总产出。而长期政策主要是实现生产可能性边界扩大的政策。经济增长质量关注经济增长的有效性，实现经济增长质量提高的宏观经济从短期扩展到了长期：一是在产业政策方面，目标从结构多元化转向结构的高级化，从一国资源禀赋状态出发，遵循产业演进的规律，积极推动产业结构向合理化和高级化演进，加快现代产业体系的形成，增强产业结构的转换能力，使经济增长中产业演进的主要方向从以结构多元化求增长速度转向以结构高级化求增长质量；二是在人力资本政策方面，针对企业自主创新能力的提升、经济增长产出效率的提高以及经济增长由要素驱动型向技术提高型转变，不断提高人力资本投资的水平，同时积极优化人力资本投资的结构，重视解决市场机制缺陷造成的人力资本错配，使人力资源真正在经济增长中发挥作用；三是在技术进步政策方面，提高经济增长质量需要发挥技术进步的作用，为此在技术进步政策上，要制定合理的技术进步政策，使得技术进步政策一方面要实现技术供给和技术需求的有效衔接，另一方面在技术选择上，更多地要使非要素增加型技术进步在实际经济增长中发挥作用，实现经济结构的优化，实现结构性增长。

（三）从经济政策领域向社会政策领域的扩展

质量型经济增长理论关注经济增长的最佳社会效应，使增长政策从经济政策领域扩展到了社会政策方面。社会政策是通过国家立法和政府行政干预，解决社会问题，促进社会安全，改善社会环境，增进社会福利的一系列政策、行动准则和规定的总称。社会政策要着眼于为经济增长质量的提高创造条件。一方面，通过保证所有人的基本的社会和经济安全，满足人们生存的基本需要，增强社会的稳定，推进社会公正和聚合，营造经济长期稳定增长所必需的有利环境；另一方面，通过发展和释放人力潜能，降低社会工作风险，直接促进生产率的提高。因此，社会政策的设计要促进更大的平等，进而减少贫困。同时对社会弱势群体采取某种形式的补偿，目的是满足社会需要和改善公共利益，它要求实行资源的制度性的再分配，以保证全体公民生活的安全，提高生活质量，促进社会公平。在经济增长中要关注贫困问题的改善，关注保健、教育、经济发展、能源的利用、环境保护、社区发展、文化多样性保护、产品的销售等社会目标。

（四）从经济和社会政策领域向环境政策领域的扩展

传统的经济增长模型主要关注物质资本、劳动、人力资本和技术，这些因素都是经济增长不可或缺的。它主要着眼于经济系统，却忽视了环境系统，环境系统的作用没有得到体现。质量型经济增长理论重视环境系统的作用，在政策上不仅体现出经济系统的特征、社会系统的特征，而且体现出自然系统的特征。政策框架需要从经济、社会政策领域向环境政策领域扩展，以保证实现经济增长的最佳环境效应。环境政策的目标要体现出公平和效率，一方面依据自然系统的特征和公平正义确定政策目标，以经济成本最小化实现经济目标；另一方面依据经济效率最佳原则来确定政策目标，以资源最佳配置实现社会福利最大化。

第　六　章

经济增长质量模型的构建

从国内外研究经济增长的文献来看，传统经济增长理论研究经济增长的数量，到现代经济增长理论产生以后，才开始重视研究经济增长的质量。但是，经济增长质量的研究仅仅局限于对策研究，在基础理论上没有建立系统化的经济增长质量理论，更没有建立解释经济增长质量的系统模型。基于此，本章通过对数量型经济增长理论和经济增长实践中出现的“有增长无发展”现象进行反思，来研究经济增长质量理论模型的建立问题。

第一节　经济增长质量模型构建的理论基础与实践缘由

一、理论基础：对经济增长代价的思考

数量型经济增长理论主要研究的是经济增长的来源和动力问题，而质量型经济增长主要涉及经济增长的前景和后果问题。传统的经济增长理论认为知识可以不断地产生，经济便可以不断地增长。因此，经济学家将经济增长的路径设计为：发达国家通过赤字财政政策促进经济增长，发展中国家通过工业化来加速经济增长。[①] 然而，从 20 世纪六七十年代经济增长的实践来

① 任保平、史耀疆：《制度安排与可持续发展》,《陕西师范大学学报（哲学社会科学版）》2000 年第 3 期，第 86—91 页。

看，赤字财政政策并没有进一步推动发达国家的经济增长，而工业化也没有使发展中国家完全摆脱贫穷落后的局面。对此，战后国际学术界通过对近代文明和工业化道路的反思，否定了以浪费资源、牺牲环境为代价的数量型经济增长观，开始反思经济增长理论，慢慢转向关注经济增长质量问题，逐渐形成了经济增长质量理论。

经济增长理论中所隐含的无代价经济增长的前提能否成立？在经济增长的过程中，人类不仅对经济系统产生影响，对自然系统和社会系统的干预也是不可避免的。经济增长的过程就是对自然资源的利用过程，这种利用不管是对自然原始物的加工，还是对中间产品的再加工，其结果都是自然生态环境被破坏。特别是随着技术进步，人类对自然资源开发的深度和广度都在加深，为了维持生存人类一刻也不能停止消费，也必然不可能停止生产。只要人类存在，就必须不断地向外部自然界进行物质、能量、信息的交换，以维持人类自身的生存。同时“由于人类认识的有限性，技术进步的相对性等多种因素，任何形式的经济增长都需要付出一定的代价”[①]，只不过有些形式的经济增长代价小，而有些经济增长的代价高而已。因此，经济增长必然是有成本的，经济增长成本是经济增长质量分析的基本概念性框架。在经济增长质量的研究中，我们采用经济增长成本这个基本概念范畴来建立经济增长质量模型，从而对经济增长质量论进行合理的理论解释。

二、实践基础：对“有增长而无发展”的反思

从工业革命开始，随着科学技术的进步和商品经济的发展，人类生产力水平的巨大进步推动了经济的快速增长，特别是第二次世界大战以来，发达国家在凯恩斯主义经济学的推动之下，以国民生产总值作为衡量经济增长的指标，各国努力追求经济的高速增长，出现了前所未有的“经济增长热”。与此同时，片面追求经济增长数量所导致的负面效应也显示了出来，许多发达国家出现了“有增长而无发展”的状况。第二次世界大战以来新兴独立的民族国家为了改变自身的落后局面，也形成了追求经济快速增长的局面。伴随着经济数量的高速增长，发展中国家的经济发展也出现了一些问题，人

① Mishan, E. J., *The Costs of Economic Growth*, Staples Press, London, 1967.

口包袱沉重、失业严重、环境污染、生态失衡，从而使得经济增长的成本日益增大。《1996 年人类发展报告》在讨论经济增长与经济发展的联系时列举了五种“有增长而无发展”的现象：“无工作的增长、无声的增长、无情的增长、无根的增长、无未来的增长。”① 不论是发达国家还是发展中国家过去经济增长的状况，都印证了“有增长而无发展”这五种现象的普遍存在。

“有增长而无发展”是经济增长中表现出来的一种特殊现象。由于片面追求经济增长的速度和规模，虽然经济增长的速度快，产出率较高，但是这种高速度和高产出率是通过高代价而获得的，在高代价的经济增长模式下，虽然国民生产总值增长了，但是却造成了经济结构的严重失衡、失业严重、环境污染、资源耗竭、生态被破坏，使人类的生存环境遭到破坏，社会福利水平下降。按照新古典的索洛增长模型，在投资的边际产出等于折旧的情况下，经济增长处于稳态的长期均衡水平。此时经济的增长不仅处于稳态的长期增长均衡水平，而且能保持长期消费水平的最大化，这就是经济增长的“黄金律水平”。在“有增长而无发展”的情况下，由于追求经济增长的速度和产出，使资本存量不仅偏离了稳态水平，而且超过了“黄金律水平”所要求的资本存量，这时的经济增长速度虽然快，但是经济发展的成本过大，形成了经济增长的高速度、低质量和低效益的特征。

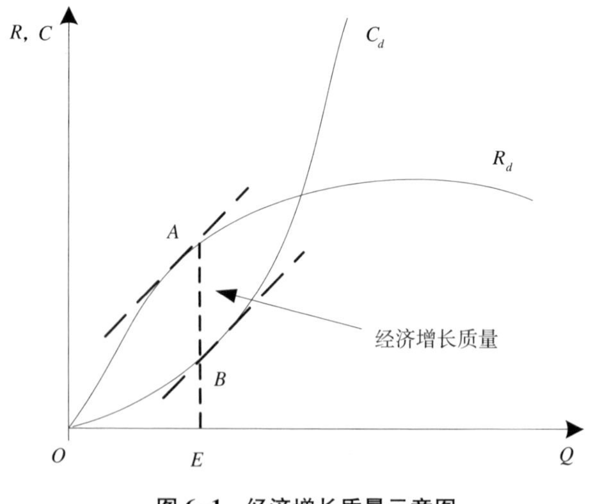

图 6-1 经济增长质量示意图

① 郭熙保：《论发展观的演变》,《学术月刊》2001 年第 9 期，第 47—52 页。

在图6-1上，R_d、C_d分别是经济增长的收益曲线和成本曲线，在E点经济增长的边际收益等于经济增长的边际成本，这是经济增长的最佳状态。在E点以下的经济增长水平上，经济增长的边际收益大于经济增长的边际成本，经济增长时，资源利用方面没有达到最优，总量没有达到最大，经济增长数量状况不容乐观；在E点以上的经济增长水平上，经济增长的边际收益小于经济增长的边际成本，此时经济增长有数量型增长但没有发展，经济增长是低质量的。

"有增长而无发展"现象的出现有三个方面的原因：一是在经济增长中，没有把经济增长的短期收益和长期收益结合起来，为了追求经济增长的短期效应，而忽视了长期收益；二是在经济增长中，忽视了对经济增长成本的考虑，使短期经济增长的代价不断积累，形成了长期经济增长的成本，最后使经济增长的成本大于经济增长的收益，出现了"有增长而无发展"的现象；三是经济增长中的经济系统、社会系统和自然系统不协调。因此，在追求经济增长质量的过程中，要把短期经济增长和长期经济增长结合起来，降低经济增长的成本，提高经济增长的净收益，这样才能形成有质量的经济增长。

第二节　经济增长质量模型中基本概念框架的确立

经济增长成本分析是经济增长质量的基本概念范畴。从这一概念范畴出发，经济增长质量的最优化就是使经济增长的经济成本、社会成本和资源环境成本达到最小状态。

成本是一个不断发展的概念，在经济学领域，成本基本上是一个微观经济范畴，是与基本生产单位相联系的，这是最初的成本理论。随着社会经济的发展，成本概念的外延在日益扩大，形成了广义成本理论体系，突破了传统成本理论的束缚，形成了跨学科与多元化的成本范畴。在经济学说史上，19世纪初期就已经有人提出了"社会成本"的概念，并将社会成本界定为"生产单位的浪费行为对外部个人和社会的成本"①，或者是"当个人做出一

① Pearce, D. W., *The Valuation of Social Cost*, London: Allen and Unwin, 1978.

项行动，他本人不一定要承担全部费用或收取全部收益。他所承担的部分叫私人成本，他不承担的部分叫外在成本，这两者的总和组成社会成本”[①]。20 世纪中期美国经济学家科斯提出了社会成本理论[②]，虽然涉及社会问题，但是还没有超出微观经济学的领域，基本还是微观经济学的一个理论。

本书所涉及的经济增长成本是指一个国家衡量为获得增长而支付的全部成本费用，它是把社会、经济、人口、资源、环境之间的协调发展和良性循环作为一个有机整体，综合研究一个国家经济增长的成本支出。因此它是一个经济增长成本概念。一个国家为获取经济增长不仅涉及经济系统，而且涉及社会系统和自然生态系统，它不仅要研究生产活动中的物化劳动和活化劳动消耗而形成的经济成本，而且要研究经济增长中的资源环境成本，以及由于体制原因而形成的社会成本等。广义经济增长成本的结构包括以下内容：（1）经济成本，是“指在生产过程中消耗或转换的物质和服务的价值计量”[③]。在国民收入核算中是指本期被生产而又被消耗的产品，如原材料、辅助材料、燃料、动力、广告以及其他不能用于最终消费的产品的价值。在国民收入核算的投入产出分析中被列为投入部分。这是一国经济发展中的正常的成本投入和消耗。这个成本投入主要由一定时期的技术水平、生产方式、消费方式以及人类生产的集体行为来决定。（2）资源环境成本，是经济增长中资源环境系统中的成本，指人类生产活动和消费活动对环境资源的需求量超过环境系统的资源供应量的环境系统自净力而造成的环境价值损失。（3）社会成本，这是一国经济增长中在社会系统中发生的成本，包括人力资源成本、体制成本等。从而有如下式子：

经济增长成本=经济成本+资源环境成本+社会成本

假如用 C_d 表示经济增长成本，C_e 表示经济成本，C_r 表示资源环境成本，C_s 表示社会成本，这样经济增长成本可以表示为：

$$C_d = C_e + C_r + C_s \tag{6.1}$$

---

① ［英］约翰·伊特韦尔等编：《新帕尔格雷夫经济学大辞典》（第二卷），经济科学出版社 1996 年版，第 280 页。

② Coase, Ronald, “The Problem of Social Cost”, *Journal of Law and Economics*, Vol. 3, October, 1960.

③ 钱伯海：《国民经济统计学》，中国统计出版社 2000 年版，第 78 页。

C_e 是在经济增长中的经济系统中发生的成本，它是由一定时期的技术水平所决定的。C_r 是在经济增长中处理人与自然关系时在自然系统中发生的成本。C_s 是在经济增长中处理人与人之间关系时在社会系统中所发生的成本，包括体制成本、人力资源成本等。其中 C_r 和 C_s 主要取决于制度安排。

第三节　经济增长质量模型的建立

经济增长质量的最优化就是要实现经济增长成本的最小化，依据这一基本思想，本书建立以经济增长成本为分析视角的经济增长质量模型。

经济增长成本的最小化即为 C_d 值的最小化，而 C_d 值的最小化则要求 C_s、C_e 和 C_r 都要实现最小化，经济增长成本最小化的理论实质是资源配置的均衡，资源配置是经济学的核心，也是经济增长的关键。资源配置的均衡有两层含义：一是资源配置在经济系统内部的耦合，指在经济系统内各项经济活动的边际要素投入所得到的边际收益相等的状态，即在经济活动中将各类资源按照边际投入所产生的边际收益相等的原则配置到经济系统内部的各个产业活动中去，实现经济增长收益最大化。二是经济活动与其外部条件之间的耦合。因为经济活动的外部系统是经济系统内部经济活动的必要条件，在经济发展的过程中也需要向外部配置资源以维护其外部系统，因此它就应满足边际投入与所得的边际收益相等的经济原则。经济活动与其外部条件之间的耦合包括两个方面：一是经济活动与自然系统之间的耦合，二是经济活动与社会系统之间的耦合。

如果用 NR_d 表示经济增长的净收益，用 R_d 表示经济增长收益，C_d 表示经济增长成本，则经济增长的净收益函数为：

$$NR_d = R_d(Q) - C_d(Q) \tag{6.2}$$

经济增长净收益最大化的必要条件是：

$$\frac{dNR_d}{dQ} = 0 \text{ 即 } \frac{dR_d}{dQ} = \frac{dC_d}{dQ} \text{ 或 } MR_d = MC_d \tag{6.3}$$

进一步，我们把经济增长的成本 C_d 分解，可得：

$$MR_d = MC_e + MC_r + MC_s \tag{6.4}$$

从以上可以看出，经济增长净收益最大，也就是经济增长的最优状态，即经济增长边际收益与边际成本相等。进一步来讲，经济增长的边际收益与经济增长的边际经济成本、边际资源环境成本和边际社会成本之和相等，经济增长质量就是低成本（代价）的经济增长，依据这一思路可以建立经济增长质量的模型。经济增长质量模型建立在如下前提假定基础之上：一是经济增长质量与经济增长数量是有联系的，经济增长质量是在经济增长数量的基础上而形成的。经济长期动态增长变化的结果是经济增长质量的提高，因而用经济长期的动态增长变化来说明经济增长质量。二是由于经济增长质量是经济增长数量的长期动态变化，对经济增长质量的长期动态变化起决定作用的是总供给，而总供给是由总量生产函数来决定的，因此我们假定生产函数为新古典生产函数，其规模收益不变，运用柯布—道格拉斯生产函数这一特殊的形式作为总量生产函数，即 $Y=F(K, L)$ 。

新古典经济增长理论认为，经济增长表现为产量的增加，而产量取决于资本的投入水平。在资本的投入问题上经济增长理论的大师索洛强调资本、资源和人力资本三者的可替代性，由于三者之间的可替代性，而且资本总量 K 为物质资本（Km）、自然资本（Kn）和人力资本（KE）之和，即 $K=Km+Kn+KE$，“只要保持 K 不变，经济发展便是可以持续的”。[①] 新古典经济学允许一定程度的生态破坏、环境污染和自然资源的耗竭，只要人力资本的增长能充分补偿总资本中其他资本的减少，从而保持总资本随时间推移不下降，这是新古典经济增长理论的前提条件，并在此基础上构建了其经济增长模型。

以柯布—道格拉斯生产函数 $Y=AK^{\alpha}L^{1-\alpha}$（其中 $A>0$ 和 $0<\alpha<1$）为代表的新古典生产函数是一个不考虑技术约束、资源环境约束和社会经济体制约束的生产函数。在经济增长质量视角下，则有：$NR_d=R_d-C_d$，将价格（P）抽象为 1，$R_d=P\times Y=Y$，即：$NR_d=Y-C_d$。

这样将柯布—道格拉斯生产函数代入上式，便可得到：

$$NR_d=AK^{\alpha}L^{1-\alpha}-C_d \qquad (6.5)$$

从（6.5）式可以看出，谋求经济增长质量，即要求得 $\max NR_d$，实现

① 邱东、宋旭光：《可持续发展层次论》,《经济研究》1999 年第 2 期，第 64—69 页。

净收益的最大化，但这又涉及总产出的最大化 $\max Y = AK^{\alpha}L^{1-\alpha}$ 和总成本的最小化 $\min C_d$。因为总产出最大化与总成本的最小化之间存在冲突和悖论，所以有质量的经济增长是在两者之间权衡实现最优的结果。一方面尽可能求得大的产出，最重要在于另一方面即成本的消耗要少，这表明在长期的经济增长中要注意在合理利用人类现有自然资源的基础上，采取有力措施对成本进行有效的控制，以成本最小化来使得增长净收益达到最大，这样就形成了有质量的经济增长。

第四节　经济增长质量模型的结论与意义

通过从经济增长成本视角的质量型经济增长模型的建立来看，我们可以得出如下结论：

第一，追求经济增长质量即要实现经济增长成本的最小化。经济增长成本是经济增长质量的基本概念，经济增长成本的分析是经济增长质量分析的基本范畴，经济增长成本的最小化是经济增长质量追求的目标，经济增长质量的最优化就是要在经济增长过程中将经济增长成本降低到最小，从而实现经济增长净收益的最大化。经济增长成本是经济增长过程中的代价和损失，在经济增长成本不断增加的情况下，会给人类经济增长的持续发展造成制约。从国民收入核算的角度来看，经济增长成本的提高会造成经济增长的环境和生态系统的能力下降，造成社会福利水平的下降，抵消了经济增长的收益，最终会影响资源配置的效果。当经济增长成本超过一定限度时便会形成低质量的经济增长，这样的经济增长是不可持续的。因此，经济增长成本分析是经济增长质量的理论基础，经济增长质量只能通过降低经济增长成本，而不能完全消除经济增长成本。

第二，技术和制度创新是降低经济增长成本，提高经济增长质量的途径。由于经济增长质量的提高只能通过降低经济增长的成本，而不能完全消除经济增长成本，提高经济增长质量就是要把经济增长成本降低到最小。降低经济增长的成本具体来讲，就是降低经济成本、资源环境成本和社会成本。对于经济成本和资源环境成本，技术创新是最优手段。通过技术创新和进步，可以提高资源的利用效率，改善全要素生产率，同时革新治理污染、净化环境的手段，从而降低此类的增长成本。而社会成本的降低需要制度方面的保障，基本方式在于制度创新。通过制度创新和完善协调社会中人与人的关系，可以打破不平等机制，谋求机会均等，同时改善交易软、硬条件，提高交易效率，薄化这一部分的社会成本。总之，技术和制度创新是降低增长成本的关键，是提高经济增长质量的必由之路。

第三，通过战略创新来稳定产出降低增长成本，从而提高经济增长质量。传统的发展战略与增长模式，强调规模的迅速扩张。在中国发展的最开始阶段，谋求 GDP 的积累和持续高速度的战略是当时宏观情景下的最优选择。即在求得经济增长净收益最大的权衡中，对于产出最大化的追求成为首选。但随着时间的推移，对于“量”方面的追求已退至次席，同时一系列能带来 GDP 数字意义而长期扭曲的制度安排造成的问题及矛盾重重。因此，对于增长成本的尽可能最大限度地压缩成为现阶段中国发展的共识。在这一思想的指导下，从过去的规模型向效益型转变，从赶超战略、重工业优先发展战略向内生禀赋结构的产业及技术战略转变，从过分强调需求忽视供给管理向供需管理并举的方向转变就成为一种大势所趋。与此同时，基于中国要素禀赋和比较优势的战略创新，对稳定产出降低增长成本，进而提高经济增长质量显得重要且必要。

第　七　章

经济增长质量理论的基本假设与基本命题

经济增长质量考察经济增长的优劣程度，其分析采用一种新的分析范式。本书依据经济增长质量的内涵与特征的界定，提出了经济增长质量分析的十大命题和六大伦理原则。

第一节　经济增长质量分析的基本假设

经济增长质量分析是从后果和前景视角对经济增长问题进行的事后的规范评价，因此经济增长质量的分析是建立在以下假设基础上的：

一、先有数量型经济增长，后有质量型经济增长

质量型经济增长是在数量型经济增长的基础上实现的。经济增长是有阶段性的，在不同阶段追求的目标不同。在经济增长的初级阶段，由于资源稀缺性不明显，主要依靠要素投入的扩张，是以规模扩张为主的经济增长，关注经济增长的数量特征。随着数量上的扩张，资源的稀缺性日益凸显，生态环境问题日益突出。在这种情况下，经济增长逐步进入追求经济发展质量的阶段，开始由依靠自然资源转变为依靠知识和技术。

二、经济增长质量关注的是经济增长的长期性

经济增长有长期和短期之分，短期经济增长主要关注需求因素，依靠投

资、消费、对外贸易带动经济增长。而长期经济增长关注供给因素，主要依靠技术要素、制度要素和结构性转变实现增长，并提高经济增长质量。

三、经济增长的数量和质量具有不一致性

高速度的数量增长不一定有质量。在经济增长过程中，如果经济增长速度快，而且成本低，质量就高。如果经济增长的速度快，而且成本比较高，质量就比较低。在现实中，由于数量型经济增长往往采取粗放型增长方式，会造成经济增长的数量和质量的不一致。

四、经济增长数量和质量的统一需要通过相应的制度安排来实现

提高经济增长质量，需要调整经济发展战略，完善制度安排，规范约束经济主体的行为，改善福利分配，保持经济增长的稳定性，降低经济增长中的生态环境代价，提高国民经济素质和竞争力。

第二节　经济增长质量分析的基本命题

经济增长质量作为一种新的分析范式，依据上述四个假设，我们建立以下命题。

一、命题 1：较高的生产率是经济增长质量的根本保证

生产率是经济增长的重要组成部分，也是经济增长质量的重要方面，它揭示了各种生产要素转化为产出的有效性。

我们将柯布—道格拉斯生产函数变形为包含人力资本和实物资本的生产函数，其形式为：

$$Y = AK^{\alpha}(hL)^{1-\alpha} \tag{7.1}$$

其中，Y 为总产出，A 为生产率指标，K 为实物资本量，L 为劳动力数量，h 为劳均人力资本量，α 为一个介于 0—1 之间的系数。将方程（7.1）两边同时除以 L，可以得到劳均形式的生产函数，即：

$$y = Ak^{\alpha}h^{1-\alpha} \tag{7.2}$$

其中，y 为劳均产出，k 为劳均实物资本量，这个生产函数可表示为：

劳均产出=生产率×综合生产要素

为了比较不同时期生产率的差异，将两个不同时期的生产函数写为：

$$y_t = A_t k_t^{\alpha} h_t^{1-\alpha} \text{ 和 } y_{t-1} = A_{t-1} k_{t-1}^{\alpha} h_{t-1}^{1-\alpha} \tag{7.3}$$

用前一个式子比后一个式子，可以得到

$$y_t / y_{t-1} = (A_t / A_{t-1})(k_t^{\alpha} h_t^{1-\alpha} / k_{t-1}^{\alpha} h_{t-1}^{1-\alpha}) \tag{7.4}$$

由（7.4）式可知，如果不同时期的综合生产要素相同，则可以变换为：

$$y_t / y_{t-1} = (A_t / A_{t-1}) \tag{7.5}$$

此时，产出的差异取决于生产率的差异。生产率是决定经济增长质量的重要方面。

第一，生产率的长期增长取决于技术进步。生产率的改进，意味着同等数量的生产要素结合起来可以得到更多的产出。技术进步可以改变生产要素的组合，提高生产率。不存在技术进步时经济增长受到收益递减的限制，而引入技术进步将消除收益递减的限制，产生收益递增，从而提高生产率。

第二，生产率来源于经济制度的效率，而效率来自于经济体的组织结构。制度的主要功能在于向人们提供一个与日常生活相互作用的稳定结构，提供激励与约束，来减少因人的行为及环境复杂性引起的不确定性，降低交易成本。制度效率就是实施制度带来的收益与成本的比较，单项制度安排的效率主要取决于制度是否具有“普适性”、其他相关制度安排的完善程度和生产过程的技术性质，制度结构的效率则主要取决于制度配置状况。在技术没有变化的情况下，通过制度创新也可以提高生产效率，实现经济增长。

二、命题2：稳定性有助于实现资源有效配置和有效利用的结合，熨平经济周期波动，减少不确定性，从而提高经济增长质量

经济增长的稳定和持续性直接关系到经济增长的质量，是实现经济健康快速发展的关键。

第一，经济波动与经济增长之间呈反向关系。这意味着期限结构较长的积极政策干预将对市场的有效运行产生一定程度的妨碍，频繁和剧烈的经济波动将对经济增长水平带来负面影响。

第二，经济波动会导致经济增长率降低。经济波动以及经济中其他形式

的不确定性也对经济增长率具有负效应。当经济波动超出一定的界限以后，经济波动所导致的经济增长率降低风险将急剧增加，波动性与增长率之间的反向影响在传导过程中具有非线性和非对称性。

三、命题3：降低资源环境和生态成本，可以提高经济增长的净收益，从而提高经济增长质量

考虑资源环境和生态成本的生产函数应该具有以下形式：

$$Y=f(K,\ L,\ R,\ E) \tag{7.6}$$

其中 R 表示资源环境要素，E 表示生态使用。在短期内，使用资源和生态的技术水平不发生变化，R 和 E 与资本 K 和劳动 L 有着同样的作用，都满足以下假定：

$$\frac{\partial Y}{\partial R}>0,\ \frac{\partial^2 Y}{\partial R^2}<0;\ \frac{\partial Y}{\partial E}>0,\ \frac{\partial^2 Y}{\partial E^2}<0 \tag{7.7}$$

即要求资源环境 R 和生态 E 的使用量在其可以自行恢复的阈值以下。

短期内，一方面技术条件，即总量生产函数不发生变化，生产过程所消耗的资源环境和生态成本与经济增长正相关，因此，经济增长不仅是新古典经济学所理解的要素供给增加的过程，还是资源、生态环境要素不断消耗的过程。

从资源环境和生态要素使用的角度，经济增长质量可以由经济增长与资源环境和生态成本的相对关系，即 $\frac{RP_r+EP_e}{Y}$ 和 $\frac{\mathrm{d}(RP_r+EP_e)}{\mathrm{d}Y}$ 表示。其中，P_r、P_e 表示资源环境和生态要素的价格。这种价格不仅仅具有理论上的意义，在实际中可以通过影子价格和贴现的方法作出粗略的估计。前一个式子表示总产出中资源环境的使用量，后一个式子表示边际产出中资源环境要素的边际使用量。这两个式子可以大略地反映一个社会在生产中对自然的依赖程度和破坏程度。从历史上看，虽然经济发展过程是人类不断征服自然的过程，利用自然资源和生态要素的范围和总量在不断增加；但另一方面，经济发展过程的本质是对自然依赖的减少，通过分工、知识增进和迂回生产实现内生经济增长。因此上面两个式子可以表示经济增长的粗放程度，其值越大则反映经济增长的净效益越低，经济增长质量就越差。

第一，经济增长质量的最优化就是实现经济增长成本的最小化。经济增长是有成本的，广义的经济增长成本包括以下内容：一是中间投入，“指在生产过程中消耗或转换的物质和服务的价值计量”。[①] 在国民收入核算中是指本期被生产而又被消耗的产品，如原材料、辅助材料、燃料、动力、广告以及其他不能用于最终消费的产品的价值，在投入产出分析中被列为投入部分。中间投入是经济系统的成本，是一国经济增长中正常的成本投入和消耗。这个成本投入主要由一定时期的技术水平、生产方式、消费方式以及人类生产的集体行为来决定。二是自然系统的成本。自然系统的成本包括资源成本和环境成本。资源成本，是经济增长使用和消耗自然资源所必须支付的代价，“其数额应大于或等于自然资源自身的价值”。[②] 三是环境成本，是指经济增长对环境资源的需求量超过环境系统自净力而造成的环境价值损失。四是社会系统的成本，包括人力资源成本、体制成本等。因此广义经济增长成本的函数为：

$$C = C_t + C_d + C_s \tag{7.8}$$

C_t 是生产成本，即中间投入，它是由技术水平所决定的。C_d是生态环境成本，是在处理人与自然关系时的经济增长成本，包括生态成本、环境成本、资源成本。而 C_s是社会成本，是在处理人与人之间关系时所发生的成本，包括体制成本、人力资源成本等。C_d和 C_s主要取决于制度安排。

具体来说，提高经济增长质量就是要治理环境污染，进行生态环境的保护，合理地利用资源，控制人口的过分膨胀，从而使经济发展对环境损害所形成的经济增长成本达到最小状态。因此，狭义的经济增长成本是指在处理人与自然关系时的经济增长成本，包括生态成本、环境成本、资源成本这几部分，即：

经济增长成本=生态成本+环境成本+资源成本

假如用 C_d表示经济增长成本，C_s表示生态成本，C_e表示环境成本，C_r表示资源成本，则狭义的经济增长成本可以表示为：

$$C_d = C_s + C_e + C_r \tag{7.9}$$

---

① 钱伯海：《国民经济统计学》，中国统计出版社 2000 年版，第 132 页。

② Paul Eawken , Amory Lovins, L. Hunter Lovins, *Natural Capitalism*, Little, Brown and Company, 1999.

经济增长成本的最小化即为C_d值的最小化，而C_d值的最小化则要求C_s、C_e和C_r都要实现最小化，“其实质是生态、环境和资源利用折现率的合理化”①，在这种折现率的基础上，使生态环境与自然资源的分配使用在代际之间维持均等状态。

第二，经济增长成本最小要求生态环境与自然资源利用的折现率达到一个合理的度，实现经济增长净收益最大化，从而提高经济增长质量。而这个度的确定可依据边际收益等于边际成本的微观经济效益最大化原则来确定。经济增长成本最小化的理论实质是资源配置的均衡。如果用NR_d表示经济增长的净收益，用M表示中间投入，用R_d表示经济增长收益，C_d表示经济增长成本，则：

$$NR_d = R_d - M(Q) - C_d \tag{7.10}$$

这样经济增长的净收益函数为：

$$NR_d = R(Q) - M(Q) - C(Q) \tag{7.11}$$

经济增长净收益最大化的必要条件是：

$$\frac{dNR_d}{dQ} = 0，即 \frac{dR}{dQ} = \frac{dC}{dQ} \tag{7.12}$$

$\frac{dR}{dQ}$是经济增长的边际收益，$\frac{dC}{dQ}$是经济增长的边际成本。

经济增长边际收益等于边际成本，从而实现经济增长收益最大化的充分条件是：

$$\frac{d^2NR_d}{dQ^2} < 0，即 \frac{d^2R_d}{dQ^2} \lhd \frac{d^2C_d}{dQ^2} 或者 \frac{dMR_d}{dQ} \lhd \frac{dMC_d}{dQ} \tag{7.13}$$

必要条件是通过制度的激励和约束作用实现经济发展的边际收益与边际成本相等。

四、命题4：经济结构的转化可以改变经济增长的动力机制

在新古典经济增长理论中，经济增长的源泉是要素供给的增加，这是因为新古典经济增长是一个同质的、一元化的过程。但是，每个国家和地区经

① 沈满洪：《论环境经济手段》,《经济研究》1997年第10期，第54—61页。

济增长的道路各有不同，对于经济结构基本稳定的发达工业化国家而言，经济增长需要进一步增加要素供给，提高技术和人力资本，对工业化过程中的发展中国家而言，经济增长的另一个重要原因在于经济结构的转化。

在“边际”这一概念刚刚出现时，戈森就提出等边际是实现最优化的必要条件。由于历史和政策原因，很多国家和地区的经济增长过程往往是非均衡的，资源配置被扭曲。消除这些扭曲，重新配置资源会使得总量意义上的生产率提高，从而为经济增长提供动力。

以劳动生产率为例，设 LP 表示劳动生产率水平，下标 i 表示产业的个数（ $i=1$，…，n ，n 表示产业的个数），S_i 是产业 i 的劳动力占总劳动力的份额，即就业比重，上标 0 和 T 表示开始和最后这两个时期。0 和 T 的总劳动生产率分别为：

$$LP^0=\frac{Y^0}{L^0}=\sum_{i=1}^{n}\frac{Y_i^0L_i^0}{L_i^0L^0}=\sum_{i=1}^{n}LP_i^0S_i^0 \tag{7.14}$$

$$LP^T=\frac{Y^T}{L^T}=\sum_{i=1}^{n}\frac{Y_i^TL_i^T}{L_i^TL^T}=\sum_{i=1}^{n}LP_i^TS_i^T \tag{7.15}$$

T 期和 0 期劳动生产率之差为：

$$LP^T-LP^0=\sum_{i=1}^{n}(LP_i^T-LP_i^0)S_i^0+\sum_{i=1}^{n}(S_i^T-S_i^0)LP_i^0+\sum_{i=1}^{n}(S_i^T-S_i^0)(LP_i^T-LP_i^0) \tag{7.16}$$

将（7.16）式除以 LP^0 表示劳动生产率水平的增长率，得出：

$$G_{LP}=\frac{LP^T-LP^0}{LP^0}=\frac{\sum_{i=1}^{n}(LP_i^T-LP_i^0)S_i^0}{LP^0}+\frac{\sum_{i=1}^{n}(S_i^T-S_i^0)LP_i^0}{LP^0}+\frac{\sum_{i=1}^{n}(S_i^T-S_i^0)(LP_i^T-LP_i^0)}{LP^0} \tag{7.17}$$

（7.17）式右边第一项为各行业的内部增长效应，即在劳动力份额不变的情况下，各产业劳动生产率提高对总生产率提高的影响。第二项为产业结构的静态转移效应，即在劳动生产率水平不变的情况下，劳动向最初时期具有较高生产率水平的产业转移对总生产率的影响。如果本期具有较高劳动生产率的产业吸收了更多的劳动，因而提高了就业比重，则该项的符号为正。这一项支持了“结构红利假说”，即结构转化可以有效提高生产率。第三项为产业的动态转移效应，即劳动向劳动生产率增长率更高的产业转移对总生产率的影响。如果行业的劳动生产率和劳动份额同时增加或减少，该项为正。如果生产率增长较快的产业就业份额减少，或者生产率增长较低的产业就业份额增加，则该项为负。

从数学推导中可以看出，结构转化的背后是资源流动，要素重新配置，在这个过程中，即使没有要素供给增加和技术进步，也会为经济增长提供动力，同时会进一步优化经济增长质量。

首先，结构转化能使资源得到更有效合理的配置，从而提高增长质量。从社会供求角度分析，当经济发展到一定程度，社会需求结构就会发生变动，使社会供给结构不再与其吻合。此时就需要对产业结构进行及时调整，将稀缺资源在社会生产各部门、各行业重新进行更有效的配置，提高单位资源的效益，从而促进经济增长。从资源的供给和需求两个方面来看，在社会生产中，各个产业部门之间资源的供给条件不同，造成各部门生产增长对资源的依赖程度和所需资源种类也不一样。在这种状态下，如能及时调整产业结构，建立新的产业部门替代生产资源短缺的部门，或提高这些部门的资源利用效率，扩大资源供给较为丰裕的产业部门的生产规模，就可以促进经济增长并提高经济增长质量。资源投入是经济增长的必要条件，结构升级影响资源投入的效率，从而影响经济增长质量。

其次，结构变动能使生产要素从低效率部门向高效率部门转移。结构性增长的本质，是要把要素投入型增长转变为要素效率型增长。结构变动对经济增长质量提高有促进作用，在生产要素总量一定的情况下，只要产业结构的变化能够适应需求的变化，能够更有效地对技术加以利用，劳动和资本能够从生产率低的部门向生产率较高的部门转移，促进要素在各部门的合理配置和最优使用，结构的变动就会加速经济增长，并提高经济增长质量。

再次，结构转换会使国民收入在生产要素从低效率产业向高效率产业的变迁中获得增长。从投资型增长转变为技术型增长，也是由要素数量的增长转向要素效率的增长的过程。仅仅依靠投入量的增加，经济增长是有极限的，只有依靠技术进步，优化经济结构，经济增长才能摆脱资源的限制。传统结构型增长的前提不是生产要素的多寡，而是不同产业效率的差异性。这种普遍存在的差异性是结构性增长的基本势能。与此同时，追求利润和市场竞争是生产要素从低效率产业向高效率产业转移并形成结构性增长的动能。这种势能和动能长期存在。只要将生产要素从低效率产业转向高效率产业，即使生产要素数量不增加，国民收入也会获得增长，其效果类似技术创新。

然后，技术创新和结构效率相关。结构效率的基础是国内产业之间、国内与国外产业之间存在效率差异，而不是难度相当大的技术创新。这对于缺少技术创新的发展中国家具有十分重要的意义。只要创造一个自由灵活的经济制度，将低效率产业的生产要素转移到高效率产业，就可以带来结构型增长。技术创新对经济增长也是有帮助的，它可以为结构型增长创造更具效率的产业和增长空间，也有助于低效率产业向高效率产业的转移。

最后，结构型增长的本质是集约的要素效率增长。结构型增长是多源性的，可能有许多低效率产业部门同时向高效率产业部门转移，并且是经常性的。每个或每次产业转移都会获得结构效率，带来结构型增长，因此更具有稳定性和可持续性。当然，自由灵活的经济制度是结构型增长的基本前提。如果僵化的经济制度限制了生产要素的自由流动，结构效率就难以实现。在这个意义上，经济制度是结构型增长的重要约束条件。

五、命题5：福利分配可以实现经济增长成果的共享，形成长期激励，从而提高经济增长的质量

经济增长的最终目标是增加社会的福利水平和幸福程度，福利分配可以实现经济增长成果的共享，形成长期激励，从而提高经济增长的质量。

首先，福利分配状况决定人力资本积累的水平，从而影响经济增长质量。福利分配状况决定了人力资本投资选择，进一步决定了人力资本积累的水平，而人力资本又是影响总产出的重要变量，收入分配通过人力资本积累机制影响总产出。当收入分配不平等时，低收入群体会选择不进行人力资本投资，作为非熟练劳动力在规模报酬递减的传统农业部门从事劳动；而如果收入分配相对比较平等，这部分劳动力就可以通过进行人力资本投资，从传

统农业部门向现代部门转移，由于传统农业部门规模报酬是递减的，而现代部门规模报酬是不变的，这种转移能促进整个经济总产出的增长。收入分配不平等时，长期来看整个经济就会分化为两个阶层，高收入阶层将一代一代进行人力资本投资，而低收入阶层只能一代一代作为非熟练劳动力从事低端生产活动，由于在长期中非熟练劳动力将不再能向熟练劳动力转变，人力资本积累受到限制，从而影响总产出。

其次，福利分配状况影响社会需求水平，从而影响经济增长质量。收入分配不平等会通过影响企业产品的市场规模，进而影响经济增长。当财富过于集中在特别富有的人手中，将导致对手工艺品和进口奢侈品的需求，而抑制国内制造业产品的市场规模，进而损害本国的工业化进程。同样，如果收入分配过度平均化，工业生产存在固定的事先投资成本，也会使得各生产部门因缺乏市场需要而无法发展。一国经济发展过程中，农业生产力的提高或出口的扩大增加了人们的收入，从而增加了人们对国内工业品的需求，最终会促进工业化的发展。但是国内农业发展和出口的增加并不必然带来工业化的发展，这要看收入分配的情况。农业收入或出口的收入增加，可能并没有增加对国内产品的需求，那么在国内工业品市场仍然比较狭小的情况下，工业化是不可能实现的。国内需求的扩大，特别是工业品需求的扩大，需要有一个中间阶层来支撑。在分配不平等的农业国，富人需求的是国外时尚的高档消费品，而穷人的购买力有限，这样对国内生产的工业品需求不足。而工业化要求充分大的国内市场，以使用规模收益递增的生产技术，从而制约了国内工业化进程和经济发展。

最后，经济增长中福利水平的提高，需要通过政策从收入或经济增长以外去调整。经济增长与福利水平的相关程度并不高，收入或经济增长以外的因素，比如：心理满足感、家庭生活质量、健康水平、基本人权、失业与通货膨胀等，会显著影响个人福利水平，也同时影响个人对经济政策的反应。当经济增长的成果为全社会各阶层共享时，公共福利当然会得到改善。但是当社会两极分化、经济增长的成果仅为某些社会阶层独享时，不管增长的速度有多快，它都不可能改善全社会的公共福利状况。经济增长中福利水平的提高，需要通过政策从收入或经济增长以外去调整。

六、命题6：国民经济素质是经济增长质量的综合表现，高质量的经济增长必然要求高素质的国民经济

国民经济素质是一个国家国民经济系统各种内在因素有机结合形成的整体功能特性，它表现为一个国家长期有效地开发和利用各种资源创造国民财富的基本条件和能力。因而国民经济素质是经济增长质量的综合表现，高质量的经济增长必然要求高素质的国民经济。

国民经济基础素质的改进有助于降低全社会的交易费用和生产成本，从而促进民间投资和外资的进入，有利于优化经济增长的结构，提高经济增长质量。

国民经济的能力素质决定了未来发展的潜力，具有创新能力的企业素质会影响经济增长的结构和经济增长的资源利用水平和环境代价。投融资能力和国际循环能力对于经济增长的稳定性有积极的影响。

七、命题7：制度是经济增长的激励和约束因素，经济增长质量提高的关键是“使制度正确”

提高经济增长质量的关键是“使制度正确”。更一般地说，“使制度正确”就是要节约交易成本，在经济增长中创造秩序和降低交易的不确定性。在制度建设的基础上设计社会制度结构中的关键变量——社会激励结构，形成有利于经济增长质量提高的激励和治理机制。因此，制度安排是一个国家经济增长的经济基础因素。

激励机制不仅要提高制度安排的效率，更为重要的是要使制度安排的方向正确，即使得各类主体更加注重内化的能力建设，以能力建设和素质的提高来改善经济增长质量。“把激励搞对”是发展中国家经济增长的关键。在一个制度安排有效并且资源能够自由流动的经济中，其总的产出并没有达到生产可能性边界，这里就存在激励问题。由于经济基础因素的差异是导致国家间收入差异的重要因素，因此经济基础因素的变化会导致收入的变化。如果经济基础因素的改革把经济体中的激励机制从鼓励转移转向鼓励生产性活动，就可以起到鼓励投资、技能积累、技术转变和投资的有效使用。这样就可以提高经济长期的稳定状态，从而提高经济增长的质量。

八、命题 8：经济增长质量追求长期增长

经济增长具有长期和短期之分，短期增长主要是扩大经济的有效需求，长期增长是考虑经济在各种约束条件下均衡增长，是一种相对稳定、持续的增长。数量型经济增长重视短期需求引致的数量增长，而质量型经济增长关注结构转化、制度创新和技术创新所引起的经济增长。

首先，在短期中伴随着总需求水平的上升，产出便会相应增加，产出水平与需求水平呈现正相关的关系。短期中，经济增长通过需求拉动，通过人口、资本、自然资源等要素的使用来提升经济增长中产出的数量水平，依据规模经济的机制来实现。长期中，经济产出依赖于生产可能性边界的扩张来实现经济增长，而生产可能性边界的扩张取决于技术创新、制度创新和人力资本作用的发挥，这种增长不仅带来了数量的扩张，而且带来了质量的提升。

其次，追求长期的质量型经济增长必须发展创新型经济。创新型经济是以知识和人力资本为依托，以创新为主要的驱动力，以发展新技术和新产品为着力点，以创新产业作为标志的经济。依靠物质要素投入推动的经济增长方式属于要素驱动型经济增长。创新型经济增长就是利用知识、技术、企业组织制度和商业模式等创新要素对现有的资本、劳动力、物质资源等有形要素进行新的组合，以创新的知识和技术改造物质资本、提高劳动者素质和科学管理来实现效率提升为主的经济增长。

最后，追求长期的质量型经济增长必须实现从需求管理政策向供给管理政策的转变。追求长期的质量型经济增长使得供给管理变得更为重要。需求管理是在生产可能性边界不变的条件下进行的，而供给管理是在扩大生产可能性边界的条件下进行的，是经济发展中最重要的生产问题。要为长期经济发展提供坚实的实体经济支持和不竭的动力，促进从数量型经济增长向质量型经济增长的转变，实现经济发展从总量增长到质的提升，经济增长政策就要由需求管理向供给管理转变。

九、命题 9：道德是推动经济增长质量提高的精神动力

首先，道德力量能促进生产和消费的良性发展，从而提高经济增长质量。正确而合理的生产、消费行为与理念，是提高经济增长质量的重要因

素，科学的道德观有利于合理安排生产与消费。

其次，道德力量可以提高合作收益，进而提高经济增长质量。道德约束是促进经济主体达成合作的基础。道德力量可以促进经济主体的合作，提高合作收益，降低交易成本，提高经济增长质量。

最后，道德力量有助于实现经济增长中科学理性与价值理性的统一，调节经济增长中的社会利益关系，提高经济增长质量。

十、命题10：质量型经济增长是经济文明的内在体现

首先，质量型经济增长是人类文明形态的最高阶段。经济增长模式与人类文明形态紧密相关，在不同的文明形态阶段，具有不同的经济增长模式。不同的经济增长模式中决定经济增长的因素取决于经济增长模式的选择。在数量型经济增长阶段追求物质文明，而到质量型经济增长阶段，要追求物质文明、精神文明、生态文明、社会文明的有机统一。因此，质量型经济增长是人类文明形态的最高阶段。

其次，质量型经济增长要实现最优化的经济文明新机制。质量型经济增长要实现生态效益、经济效益和社会效益相统一的最优化的经济文明新机制。通过经济增长中理念、机制、技术、管理和市场五大要素的综合创新，摒弃高投入、高消耗、高污染、低产出、低质量、低效益的经济增长方式，走健康、幸福、文明的经济增长道路。

最后，国民生产总值的增长与经济增长质量的提升相统一。质量型经济增长不仅仅要求创造产品或财富，关键是如何生产和创造这些产品和财富以及这些财富如何促进人类的经济文明。质量型经济增长的经济文明观要求，生产总值的增长，必须同经济增长质量的提升相统一。没有经济增长质量的产值，是没有意义的。经济增长质量就是生产力的水平、效能和竞争力。产值的增加与经济效益和经济质量提升的统一，才是质量型经济增长所要求的经济文明的核心内容。

第三节　经济增长质量分析的伦理原则

经济增长质量分析的目的有两个：一是对某种经济增长的质量进行评

价，判断其优劣程度；二是提出某种经济增长在数量提高的基础上如何提高质量。这两个方面都涉及价值判断，由此可见经济增长质量分析是一种规范分析方法。为了使社会主义市场经济健康发展，保证契约公正和可实施，保证竞争公平与经济高效率，除了要建立起完备的制度外，还应当重视经济道德的支持，重视经济增长价值判断模式的建立。因为不同的价值观导致不同的行为特征、不同的人际关系，以及不同的交易成本，从而对经济增长质量产生影响。价值观和价值判断作为一种文化纬度暗示的不同目标导向将对经济增长质量的提高产生影响。因此，经济增长质量分析涉及以下伦理原则：

一、原则1：经济增长质量内在地包含了“经济增长”与“伦理建设”的和谐统一

经济增长依赖于效率，又普遍地服务于人类的美好生活。

第一，经济增长必须坚持民生导向，既要促进经济高速增长，又要使经济增长以提高人民生活质量为最高目标。

第二，经济增长是手段，提高人的生活质量是目的，经济增长应该服务于人的美好生活。

第三，以合乎规律性与至善目标相统一来衡量经济增长质量，考察经济增长质量的各个方面。一方面要自觉运用经济规律来促进经济繁荣，另一方面从至善原则出发，还要不断地创造出新的社会秩序结构、守法程序、精神文化、生活方式。

二、原则2：经济增长的结果必须惠及全体劳动者，使劳动者分享到经济发展的成果

“总产量达到一定水平之后，立法者与慈善家就无须再那么关心绝对产量的增加与否。此时最重要的事情是分享总产量的人数相对来说应该有所增长”。[①] 改善劳动者的生活福利，使劳动者的收益与其努力程度相关，从而激励全社会的生产性活动。

① ［英］约翰·穆勒：《政治经济学原理及其在社会哲学上的若干应用》，赵荣潜等译，商务印书馆 1991 年版，第 320 页。

第一，随着经济增长，居民可支配收入占 GDP 的比重不断提高，经济增长的成果越惠及全体劳动者，社会福利越会得到显著改善。国民收入是在政府、企业、居民部门之间分配的。居民可支配收入增速低于 GDP 增速、居民收入比重减小，福利会降低；居民可支配收入增速高于 GDP 增速、居民所得收入比重增加，福利会提高。

第二，劳动者报酬总额占 GDP 的比重越高，表示劳动者的工资性收入在国民收入的初次分配所得份额越大，社会分配越均等、公平。随着经济增长，工资总额占 GDP 的比例不断提高，收入分配越公平，人民分享的经济增长成果越多。

第三，随着经济增长，劳动收益逐步提高，资本收益逐步减少，资本收益的加成定价转变为工资加成定价。劳动报酬总额占国内生产总值的比重是分配率，分配率越高，劳动者的报酬总额占 GDP 的比重越高，国民收入的初次分配越公平。

三、原则 3：经济增长与社会福利同步增长，经济增长质量追求"最大多数人的最大幸福"的道德原则

经济增长质量强调民生本位，需要在经济增长和福利增进之间寻求一种平衡，要避免强调经济增长忽视福利增长。也要避免过分强调经济增长的核心地位而忽视民众的福利改善。

第一，随着经济增长，绝对贫困逐步得到解决。经济增长质量的提高应该降低贫困率，使绝对贫困逐步得到解决。但经济的高增长本身并不能够自动减少贫困。有效促进经济增长质量提高的政策要改善贫困人口生存状态，确保贫困人口普遍受益。

第二，随着经济增长，基本公共服务均等化程度逐步加强。基本公共服务直接或者间接地促进人类发展。基本公共服务的改善将在促进经济增长质量提高中发挥核心作用。

首先，健康和教育等基本公共服务有助于促进人力资本积累，替代物质资源的投入，提高劳动生产率和资源利用效率，降低经济增长对物质投入的依赖。

其次，基本公共服务的供给中基本社会保障水平的提高，有助于减少居

民的预防性储蓄，促进消费，扩大内需，实现经济发展方式的转变和经济结构的优化。

最后，基本公共服务水平的提高，将改善劳动力市场运行效率，合理配置劳动资源。

四、原则 4：经济增长使人的发展条件得到改善

如果经济增长的成果不能被更多的人分享，就违背了追求“最大多数人的最大幸福”的道德原则，因而这种增长是毫无意义的，同时也是反伦理的。

第一，经济增长本身不是人的最终目的，它只是人类到达理想境界，实现自身全面发展的手段，人的发展依赖于经济的增长，但是经济增长归根到底是为了促进人的全面发展。

第二，在经济增长过程中，人始终是经济增长的主体。人类为了满足自身的需要，产生了各种各样的经济活动。人不仅是经济增长的起点，也是经济增长的目的与归宿。人的一切活动都是为了人类自身利益。

第三，经济增长水平越高，从工作、生活获得的满足越多，人们的身心就越能够获得健康的发展。

五、原则 5：经济发展与社会发展必须协调

经济发展是社会发展的前提和基础，也是社会发展的根本保证；社会发展是经济发展的目的，为经济发展提供精神动力、智力支持和必要条件。随着人民群众的物质生活水平日益提高，对精神、文化、健康、安全、教育等方面的需求也日益增长，更加要求社会与经济共同发展。如果社会事业发展滞后，经济也难以实现持续较快发展。

六、原则 6：经济增长的终极关怀是人文关怀

数量型经济增长的终极关怀是物质财富的增长，人是经济增长的手段。而质量型经济增长的终极关怀是人文关怀，人是经济增长的终极目的。

第一，经济增长的最高尺度就是人的幸福最大化。经济增长应该有其自身的人文关怀。经济增长归根到底就是为了实现个人的全面发展。人的幸福

最大化应当是经济增长的最高目标。要想在经济增长的同时极大地提高人们的快乐和幸福，就必须关注和提高人们的生活质量。政府在制定公共政策时，由追求经济总量的增长转到更加注重建立并维持一个健康、公平、正义的宏观制度安排。

第二，经济增长要关注人的生存与发展。人文关怀就是对人的生存状况的关怀，对人的尊严与符合人性的生活条件的肯定，对人类自由的追求。人文关怀就是要求经济增长要关注人的生存与发展，就是关心人、爱护人、尊重人。人文关怀是社会文明进步的标志，是人类自觉意识提高的反映。经济增长的人文关怀着眼于人性，注重人的存在、人的价值、人的意义，尤其是人的心灵、精神和情感。经济增长的人文精神倡导把情感看作人的基本存在方式，关注人的精神状态和内在需求，避免人的异化。

第 八 章

经济增长质量分析的理论框架与理论维度

任何一种理论都有其基本的概念及其概念之间的逻辑，从基本概念的基本内涵与外延出发，形成了其理论分析的维度，这些维度构成了理论分析的基本框架。本章主要研究质量型经济增长分析的理论维度。

第一节 经济增长质量分析的理论框架

关于经济增长质量的内涵目前没有一个确定统一的认识，代表性的观点有：一是狭义的经济增长质量的概念，认为一个国家或地区经济的增长，既包括数量的扩大也包括经济系统素质的改善。经济系统素质的改善以投入要素的产出效率（生产率）来衡量。二是把经济增长方式从粗放式向集约式的进化视为经济增长质量的提高，把经济增长方式从集约式向粗放式的退化视为增长质量的降低。三是认为经济增长质量是指一个国家伴随着经济的数量增长，在经济、社会和环境诸多品质方面表现出来的优劣程度。相应地，经济增长质量包括经济运行质量、居民生活质量、生存环境质量。四是认为经济增长质量是指一个经济体在经济效益、经济潜力、经济增长方式、社会效益、环境等诸多品质方面表现出的与经济数量扩张路径的一致性、协调性。经济增长质量的内涵应包含经济系统的发展水平、经济结构的优化、增长的效率与潜能、持续稳定性、环境质量成本、竞争能力、人民生活等多个方面。

从经济增长理论的角度来看，我们认为质量型经济增长是相对于数量型经济增长而言的，数量型经济增长单纯追求GDP，单纯追求经济增长的数量，而忽视人的发展，忽视增长成果的分享性，忽视生态环境问题，把经济增长的后果、一些基本的条件与增长过程中的一些要素以及广泛的社会因素排除在目标之外，形成了有增长无发展的状态。基于当下时代主题和理论研究的新进展，强调提高经济增长质量的实质是从经济增长的条件、过程、后果以及广泛的社会因素几个方面实现有效的增长模式。提高经济增长质量意味着增长的目标由追求数量转向追求质量，由追求增长的快转向追求增长的好，所以提高经济增长质量与落实科学发展观和转变发展方式是有机衔接的，科学发展观是指导思想，提高经济增长质量是实现科学发展观的基本模式，是转变发展方式的具体措施。从这一认识出发，我们认为经济增长质量的理论维度应该包括以下三个方面：

一、经济增长前提条件的质量

经济增长前提条件的质量主要涉及三个方面——人的基本权利、人的发展与经济安全。一是经济增长要给予人的基本权利足够的重视。经济增长如果忽视民主与权利，就会导致无声的增长，所以经济增长对权利的重视，首先在于解决贫困问题，消除经济增长的机会不平等。按照阿玛蒂亚·森的权利观点，收入水平低是贫困的表面现象，其深层原因在于发展能力的低下和发展权利的缺失。在发展能力方面表现为教育、营养和健康水平的低下；在发展权利方面表现为发展机会和发展话语权的缺失，不能参与和管理公共事务，不能自由地表达自己的意见和观点。因此，提高经济增长质量题中之义除了降低贫困发生率，逐步解决绝对贫困问题，更应该赋予贫困人口基本权利，确保贫困人口普遍受益，与其他社会阶层一道分享繁荣。二是经济增长对人的发展予以重视。经济增长的终极关怀是人文关怀，人是经济增长的终极目的，所以经济增长归根到底是为了实现个人的全面发展。人的幸福最大化应当是经济增长最高目标的判断，经济增长的最高尺度就是人的幸福最大化。经济增长能够极大丰富人们的物质生活，但物质生活的富足并不一定能带来人的快乐和幸福。要想在经济增长的同时极大地提高人们的满足感，就必须关注人们的发展空间、发展诉求并提高人们的生活质量。三是经济增长要注重经济安全。在经济增长过程中，存在着不同的风险，既有系统性风险也有个人风险和财产风险。系统性风险一般包括：产业安全、金融安全、生态安全、能源安全、信息安全、粮食安全、食品安全等问题，这些安全问题直接威胁着经济增长的持续性。个人风险的存在使个人在经济增长过程中面临着失业的风险、养老的风险和贫困的风险，同时个人财产由于灾害、经济波动等因素面临着损失的风险。这要求在经济增长过程中在国家层面上建立国家安全体系，从个人角度建立社会保障和商业保险体系。

二、经济增长过程的质量

提高经济增长质量不仅要求在经济增长条件上重视质量，而且要在经济增长的过程上重视质量。重视增长过程质量，涉及最为重要的几个方面：对创新的重视、对劳动要素的重视和对文化的重视。一是经济增长对创新的重视。提高经济增长质量核心之意在于转变经济增长方式，经济增长方式的转型最重要的要求在于发展创新型经济，创新型经济体现为资源节约和环境友好，以知识和人才为依托，以创新为主要驱动力，以发展拥有自主知识产权的新技术和新产品为着力点。发展创新型经济还要求科技创新和产业创新的互动结合，要求作为知识创新主体的大学和科研机构与作为技术创新主体的企业紧密合作。二是经济增长对劳动要素的重视。经济的增长主要决定于资源、资本和劳动力的投入。在现实的经济增长中，“重资本轻劳力”的观念导致劳动力的载体劳动者成为最易被忽视的群体。在发展中国家的增长和发展中，从宏观决策者到企业家，往往都是先考虑资本，重视资本的积累和投入，从而造成了经济增长不创造就业的“无工作的增长”，忽视劳动力素质的提高、忽视劳动力的营养健康的改善。在同样劳动力数量的投入情况下，由于劳动力的行为、素质、配置结构等不同，其推动经济增长的结果也不同。在经济增长过程中要重视劳动要素，重视劳动力的充分利用，重视劳动力素质的提高，重视劳动力的营养健康，在收入分配上体现出劳动力的价值。三是经济增长对文化的重视。经济增长忽视文化就会形成“无根的增长”。文化对经济增长的作用体现在三个方面：其一，文化可以使经济增长具有报酬递增的特性；其二，文化制约着人们对资源、技术、制度等要素的选择；其三，文化可以实现经济主体的个体理性到公共理性的转变，节约交易费用。文化影响着衡量与实施合约的费用，而且通过知识、观念和意识形态对企业家决策进行影响，因而一个有效的经济增长必须重视先进文化，并发挥先进文化对经济增长的作用。

三、经济增长结果的质量

在对经济增长条件、过程质量重视的基础上，经济增长质量关键是要强调经济增长结果的质量。对经济增长结果的重视，最重要的同样在于三个方面：对利益和谐的重视、对经济可持续的重视与对道德伦理的重视。一是经济增长对利益和谐的重视。经济增长达到一定的规模、速度之后，就需要注意经济增长成果分享中的利益和谐问题，即要求所有阶层能够公平平等地分享经济增长成果。倡导机会平等是提高经济增长质量的核心，强调机会平等就是要通过消除个人背景不同所造成的机会不平等，从而缩小结果的不平等。质量型的增长在于不断消除人们参与经济发展、分享经济发展成果方面的障碍，并通过经济增长创造和发展机会，使得社会所有成员都可以平等利用这些机会，并在此过程中提高自身收入和能力，使经济和社会发展步入良性循环。二是经济增长对经济可持续的重视。经济增长如果忽视生态环境问题就会导致无未来的增长。通过总结长期经济增长的实践经验，人们意识到不顾自然资源耗竭和人类居住环境恶化而换来的增长是不可取的。经济增长的可持续性取决于四个因素：能源供给的可持续性、资源供给的可持续性、环境承受能力的可持续性和经济增长的可持续性。因此，经济增长对可持续性的重视就是要正确处理经济增长与能源、资源供给之间的关系，保持三者之间的协调发展，既要防止能源资源短缺，又要注重发挥某些地区的能源资源优势，充分、合理地利用能源资源。同时重视技术进步和制度创新对生产可能性边界扩大的作用，注重经济的长期可持续增长。三是经济增长对道德伦理的重视。道德对经济增长的作用主要体现在作为经济主体的道德意识、价值观念、伦理原则、道德人格和道德活动对经济增长的价值意义。道德力量能促进生产和消费的良性发展，正确且合理的生产与消费的行为与理念是提高经济增长质量的重要因素。道德约束是促进经济主体达成合作的基础，道德力量可以促进经济主体的合作，提高合作收益，降低经济增长中的交易成本。道德力量可以调节经济增长中的社会利益关系，促进经济增长中的科学理性与价值理性的统一，从而提高经济增长质量。

第二节　经济增长质量分析的理论维度

一、结构优化维度

经济结构与经济素质、经济增长质量之间有着密切的关系，经济结构决定了经济增长的质量。因此，结构优化不仅是我国经济增长的动力源泉，经济平稳快速发展的必要条件，也是经济增长质量提高的必要条件和表现。具体表现为以下三个方面：

（一）国民经济结构中的产业结构是否协调决定了经济增长的效益

经济效益好坏取决于两个方面，一是由技术水平高低所决定的要素产出效率，二是要素是否得到最优配置的配置效率。结构视角下的经济效益主要考察要素是否在各部门得到有效配置。

传统农业的份额不断减少，现代工业的份额不断上升，在这个过程中，生产率变化可以分解成两部分：一部分是技术进步所引起的全面生产率提高，另一部分是更多要素从低效率的农业进入较高效率的工业就业所引起的生产率增加和经济增长，这种理论也被称为“结构红利假说”。库兹涅茨（1999）认为要素在不同经济部门之间的充分转移，是获得人均产出的高增长率的重要原因。要素转移和结构优化因此成为增长源泉核心的分析重点（Denison，1967；Maddison，1987）。

要素在三次产业中充分转移并得到最优配置是经济效益提高的重要途径。人为扭曲的产业结构反映了要素配置的低效，而要素自然流动形成的产业结构才是有效的。产业结构是否协调反映了要素配置效率高低，反映了经济增长质量高低。

另外，产业结构不协调与供需结构不协调有着紧密的关系。第二产业比重若过高，则容易产生工业品相对过剩和生产能力闲置。第三产业比重偏低则使得消费者的服务需求得不到满足，影响了全社会效用水平的提高。

（二）国民经济结构中的需求结构是否协调决定了经济增长的可持续性和稳定性

我国总需求方面的特点是消费需求长期不足和投资需求短期波动过大，这样就极易造成短期内由于投资冲击导致的“过热”，和紧接着因为消费需求相对不足导致的“过冷”这样的冷热交替。由于国内消费不足，外需为总需求的重要部分，在2005年、2006年、2007年这三年中，净出口对我国国民生产总值的贡献率分别达到了24.1%、18.3%、18.7%。这意味着我国宏观经济与国际需求紧密相连，国际市场需求波动会对我国经济造成极大的冲击。因此，总需求结构不协调对应着宏观经济不稳定性，最终影响经济平衡快速发展。

（三）国民经济结构优化本身就意味着经济的质变和效率增进

这种质变就是工业化、城市化和传统经济向现代经济的二元结构转化，意味着经济增长进入了不同阶段。在二元结构下，经济增长最显著的特征是非平衡性，个别产业、个别地区得以优先发展，落后产业和落后地区成为制约国民经济发展的“短板”。二元结构转换过程就是国民经济从非平衡、不协调的状态到平衡、协调发展的过程，意味着经济进入了新的发展阶段。

二、要素生产率维度

要素生产率是经济增长质量的重要方面，它揭示了各种生产要素转化为产出的有效性。生产率的改进，意味着同等数量的生产要素结合起来可以得到更多的产出。技术进步可以改变生产要素的组合，提高生产率。在不存在技术进步时，经济增长受到收益递减的限制。而引入技术进步，将出现收益递增，从而提高生产率。

（一）要素生产率、投入产出效率和经济增长方式

经济增长质量的内涵体现了经济系统的投入产出效率。从产出的角度看，经济增长质量反映了等量投入带来的产出变化。等量投入带来的产出增加，则经济增长质量提高。同理，从投入的角度来看，经济增长质量就是单位产出的各种要素资源消耗的变化。单位产出的资源消耗越低，则经济增长质量越高。无论是从产出还是从投入角度界定，经济增长质量的理论内涵是同一的。由此可见，不论是单要素生产率还是全要素生产率的变动都是衡量

经济系统投入产出的效率，即体现经济增长的质量问题。

经济系统投入产出的效率直接和经济增长方式相关。经济增长方式是生产要素的组合形式，或者说是指经济增长过程中生产要素投入与要素生产率提高的构成方式，即实现经济增长所依赖的增长源泉构成及其路径。所以说生产要素的组合、使用方式，决定着生产力系统的整体效能和发展状况。

根据影响经济增长的两类因素在经济增长中所起作用的大小，经济增长方式可以分为两种。如果经济增长主要依赖生产要素在原来技术水平基础上的数量扩张，即土地、资本、劳动等生产要素投入量的增加，可称为粗放型的经济增长方式；如果经济增长靠技术进步、规模经济、结构优化、科学管理等全要素生产率的提高来推动，则称为集约型的经济增长方式。而经济增长方式的转变就是由粗放型向集约型的转变。经济增长质量的提高是以要素生产率的提高为前提的。

显然，一定时期要素生产率的高低决定了经济增长方式的状态，即要素生产率持续达到一定的数量界限，则可能意味着经济增长方式的转变，经济增长质量的提高。

（二）经济增长方式的转变、投入产出效率的改善和经济增长质量的提高

经济增长质量是与经济发展水平相联系的，但增长质量的提高却很大程度上取决于经济增长目标和经济增长方式的选择。加快经济增长方式的转变，就是要改变片面追求增长速度的倾向，进一步把增长重心转移到提高增长质量方面来。

第一，经济增长方式的转变是投入产出效率改善的条件。中国经济发展已经到了重视经济增长质量和转变增长方式的阶段，同时，改革开放的大环境也增加了提高经济增长质量的重要性。但应当说明的是，数量型经济增长向质量型经济增长转变要经历一个相当长的时期，可以划分为多个阶段，我国目前只是处于初期阶段。

经济增长方式的转变是一个渐进的动态过程，是一个不断地由量变到质变的飞跃过程。而只有通过经济增长方式的转变，才能提高经济增长的效率，主要表现为全要素生产率的增长率及其贡献率的提高。

从国际比较来看，发达国家的全要素生产率增长对经济增长的贡献率高

达 60%—70%，一些新兴工业化国家的贡献率也超过了 50%，而我国的全要素生产率对增长的贡献却相对较低且很不稳定。出现这种情况的主要原因在于我们落后的经济增长方式，以数量型扩张为主，使得整个系统投入产出的效率极端低下。

所以，经济增长质量的提高，即社会资源综合利用效率的提高。也就是说，用较少的要素投入，获取更多的产出，使得生产要素在合理配置下形成低投入、高产出、高效益的良性循环。换句话说，经济增长质量的提高内涵之一即为整个经济系统内部投入产出效率的改善和提高，而这最终归结为经济增长方式的转变。可以说，经济增长方式的转变可以被认为是投入产出效率改善的条件。

第二，经济增长方式转变的要求包含了经济增长质量提高的内容。我国经济增长方式的转变，总的说就是由数量型经济增长方式向质量型经济增长方式转变，包括扩大再生产由外延型为主向内涵型为主转变，经营方式由粗放型为主向集约型为主转变。应当指出，这种经济增长方式的转变不可能一蹴而就，而是一个长期和艰难的过程。

质量型经济增长方式在经济发展的不同阶段有不同的含义和要求。从现代经济增长特别是近年来国际经济增长的状况看，质量型经济增长的基本特征是：经济增长效率高，主要表现为综合要素生产率的增长及其贡献率的提高；国际竞争力强，主要表现为产品及服务的质量高而成本低；通货膨胀率低，即通货膨胀率相对于经济增长率低；环境污染程度低，即经济增长过程的环境污染面小和污染率低。因此，我国现阶段加快数量型经济增长方式向质量型经济增长方式转变，应通过宏观政策和改革措施，促进经济增长效率和国际竞争力较快上升，通货膨胀率和环境污染程度较快降低。

经济增长的质量取决于整个经济的投入质量、运行质量和产出质量。投入质量主要包括投入生产的物质资源质量和人力资源质量；运行质量主要包括生产技术水平、微观和宏观管理水平、产业结构等方面；产出质量主要是指产品和服务的质量水平、成本水平以及结构状况。投入质量、运行质量和产出质量这三个方面几乎涉及所有的产业部门，同时它们之间是相互联系、相互影响的。在推动经济增长方式转变的过程中，要通过提高投入质量，改善运行质量，来达到提高产出质量的效果，并促进它们之间的良性循环。

三、稳定性维度

增长稳定性是解释经济增长质量极其重要的一个理论维度。稳定的经济增长之所以是经济高质量增长的重要内容，是因为过度的经济波动对经济的动态效率损害很大：一是破坏了经济长期稳定增长的内在机制，造成社会资源的巨大浪费，从而影响经济增长的持续性；二是加大了宏观经济运行的潜在风险，经济过热往往导致通货膨胀，经济过冷又会造成高失业率。此外，经济波动对一些特定的人群，特别是穷人会造成超乎常规的影响，一方面是因为穷人几乎没有什么资本来应对经济的冲击，他们要维持消费水平的稳定将比富人遇到更多困难。在那些社会安全网络还不太健全的国家，这种影响可能尤为严重（Furman 和 Stiglitz，1998）。另一方面是由于缺乏替代性选择，穷人经常从事那些最容易受到经济波动影响的工作，比如农业和建筑业。因此，经济危机会严重地损害他们的人力和自然资产，使他们在其后的繁荣中也得不到好处，同时可能会进一步加大贫富差距。

（一）稳定性可以实现资源有效配置和有效利用的结合，从而提高经济增长质量

资源配置是对相对稀缺的资源在各种不同用途上加以比较作出的选择。资源是指社会经济活动中人力、物力和财力的总和，是社会经济发展的基本物质条件。在社会经济发展的一定阶段上，相对于人们的需求而言，资源总是表现出相对的稀缺性，从而要求人们对资源进行合理配置，以便用最少的资源耗费，生产出最适用的商品和劳务，获取最佳的效益。资源配置合理与否，对一个国家经济发展的成败有着极其重要的影响。但是资源能够得到相对合理的配置，未必能实现资源的合理利用。只有当资源合理配置，并且合理利用时，才能实现经济效益的提高，经济增长才会有质量。

（二）经济稳定可以熨平经济周期波动，抑制大起大落，从而提高增长质量

一方面，稳定价格水平，提高经济增长中的资本利用效率。在市场经济中，价格机制在资源配置中起着不可或缺的基础性作用，价格提供给人们有关供求状况真实可靠的信息，是市场经济的“晴雨表”。经济过热必然伴随

着通货膨胀，价格水平无规律变动，极大地削弱了市场经济的调节作用，破坏了资源配置的基础。生产者很难通过观察价格来掌握各种商品的需求规律，往往会造成生产和经营上的失误。因此，稳定价格水平，就是稳定资源配置的基础，从而提高经济增长中资源利用的效率。另一方面，稳定就业，实现劳动力的合理利用。对于市场经济国家来说，就业水平是测度和衡量经济发展程度的重要标准之一。一般来说，经济过热后伴随着经济萧条，此时需求萎缩，生产锐减，企业停产、倒闭，就业大幅度下降，社会有效需求不足，劳动力和资源的利用程度下降，闲置资源增加。不能利用的劳动力显然不能转化为生产力，却构成了整个社会的成本。这样不仅降低了人民生活水平，还会进一步加剧经济衰退。失业率的飙升还可能会引起社会秩序的混乱和政局的动荡不安等问题，其危害更是无法估计。因此，稳定就业，就是合理利用和分配劳动力及生产能力，避免闲置和浪费。

（三）稳定性可以降低经济增长中的不确定性，减少宏观经济运行的潜在风险，从而提高增长质量

经济增长过程在定量上具有多输入（例如劳力、资本、技术和资源等）和多输出（例如产品、消费等）的特点，定性上表现为非线性、外部扰动、内在结构及参数的不确定性，这种不确定性将不可避免地给宏观经济运行带来一定的风险和成本。而稳定的经济代表稳定的生产和消费、供给和需求，人们可以依照适应性预期对未来的经济形势作出判断和选择，将不确定因素降至最低。

四、福利分配维度

只有当经济增长的成果能够被绝大多数人所分享时，它才能够成为一种持续的发展过程。在追求经济增长的同时若忽视了福利分配问题将会影响到长期经济增长的数量和质量。福利分配是衡量经济增长质量的重要方面，二者的关系主要表现在以下三个方面：

（一）福利分配的平等，有利于解决经济发展过程中的需求不足问题，促进经济增长质量改善

福利分配的平等，有利于创造和谐的外部环境，有利于形成稳定的持久性收入预期，减少预防性储蓄，增加即期消费，扩大内需。

（二）福利分配的平等，有助于放松穷人的借贷约束，有利于人力资本投资积累，增加低收入者的投资机会，提高经济增长质量

福利分配的平等，可以提高机会的平等性，提高人力资本水平，改善要素使用效率，促进技术创新与扩散，使更多人员享受到经济发展的好处。

（三）福利分配的平等，有利于激励经济主体从事生产性行为，减少非生产性行为，为经济发展创造良好的外部社会环境，促进经济增长质量的提高

福利分配的平等，有利于创造和谐的社会氛围，减少社会冲突，有效降低再分配压力。如果国民收入的初次分配能够实现公平公正，低收入群体寻求通过政府的再分配来改善自身处境的动力则不足，这将减少政治行为对经济发展的不利冲击。这样可以减少寻租行为，投资主体形成稳定的预期，对投资收益的产权保护充满信心，增强对经济长期持续增长的信心，改善经济增长质量。

五、资源环境代价维度

在经济增长与资源环境代价的关系问题上，存在两种观点：一种是“悲观论”，以《增长的极限》一书为代表，认为由于人口增长和经济增长的正反馈回路继续产生更多的人和更高的人均资源需求，必然导致自然资源（包括土地、矿产资源、能源等）的消耗速度不断按指数增长，最终达到极限——耗尽地球上不可再生的资源；同时，人口和工业化的正反馈回路也将使污染速度以指数增长，并很快超过地球吸收污染的能力，最终达到污染的极限，给地球和人类带来毁灭性的灾难。另一种观点可以称之为“必然论”，也有的叫作“代价论”。这种观点认为，经济增长必然造成严重的资源浪费、环境污染、生态破坏，带来大量的事故和质量损失以及社会问题等，增长与代价可以说是一对孪生兄弟，不必惊慌失措，也无须去管它。更有甚者，竟然主张把环境代价、社会代价等作为经济增长的前提条件，作为必须付出的代价。这两种观点都存在一定的片面性。而各国实践已证明，在经济增长过程中，一方面资源环境代价不可能自动消失，另一方面积极采取措施，合理利用资源、保护生态环境，可以在一定程度上缓解二者之间的矛盾，经济增长并不必然导致高的资源环境代价。

（一）资源环境是经济增长的必要条件

与经济增长有关的因素很多，除了资源环境之外还有政策导向、社会偏好等，在这里我们抽象掉其他因素，仅留下资源环境因素。

生产本质上是一个人类参与的物质资源的形态转化过程，在传统的生产函数中，自然资源作为生产要素必不可少，同时各类经济生产活动又要向周边环境释放废弃物。因此，经济增长进程中要从环境中索取生产要素进而进行各类更深层次的加工活动，环境有要吸纳经济增长过程中产生的废弃物的自净能力。可见，资源环境在经济增长过程中必然被消耗破坏，是经济增长的必要条件，是资源环境对经济增长的正反馈。《增长的极限》指出工业产量是以指数增长的变量，在这里狭义地理解为经济增长。那么在特定的资源存量、环境条件下，可以达到一定水平的经济增长。也就是说，资源存量越丰裕、生态环境状况越好，经济增长就可以产出越多的产品，同时产生的污染物也能被环境更充分地吸纳。

同时，合理的资源环境的消耗不会降低经济增长质量，即经济生产活动对资源环境的损耗是在环境可以恢复的限度内进行的，是一个良性循环的回路。

（二）过度的资源环境消耗制约经济增长质量的提高

在资源环境—经济增长系统中，存在着负反馈回路，这个负反馈回路抑制经济增长是由于过度的资源环境消耗。负反馈回路有助于调节增长，并使这一系统保持在某种稳定状态之中。在负反馈回路中，一个因素的变化是环绕着圆圈传播的，直到这个因素回到与最初的变化相反的方向为止。一方面，过度的自然资源消耗使得经济增长投入要素成本增加，会降低经济增长的速度；另一方面，经济增长速度越是加快，这一过程中过度的环境污染和生态破坏的可能性就越大，也威胁到了人类的生产生活，这时必须进行污染治理、保护生态，才能继续进行经济生产活动，这样的成本生成也显然制约了经济的持续增长。负反馈回路对经济增长在正反馈回路的反方向上控制了经济的增长。这两个互相连锁的反馈回路使得经济增长的结果变得复杂。

在工业化初始阶段资源环境存量相对充裕，资源环境对经济增长更多是正反馈效用。进入工业化中期，过度的自然资源消耗最终会造成资源短缺将制约生产活动。同时，环境资源的再生成本是很高的，有些环境破坏是无法恢复的，因此，环境资源具有相当程度的不可再生性。从资源环境对经济增长的负反馈角度来讲，当资源环境的消耗超过一定限度时就会制约经济的进一步发展。资源的短缺以及生态环境的破坏都加大了经济进一步增长的成本，也破坏了生态本身的自净再生能力，这时负反馈效应显现。因此，只有用越来越少的资源消耗和环境破坏来获取经济的不断增长，才是真正的经济发展；只有经济不断发展了，才能有实力保护环境，节约和增殖资源，实现资源环境和经济的良性循环。

六、国民经济素质维度

国民经济素质是一个长期的概念，由它的指标构成易知，虽然它包括了众多方面，但是每一方面的指标都是一个长期的变化结果，短时间不可能发生大幅度的变化。这就说明国民经济素质是一个国家经济发展结果的综合反映。一段时期的经济发展，它会改变国民经济素质，而国民经济素质的改变，更新了经济增长的基本条件（基本素质），影响着下一期的经济发展。也就是说，经济增长质量的高低受到上一期国民经济素质的影响，从长期来看，经济增长质量的高低又缓慢地影响着国民经济素质的变化。

国民经济素质对经济增长质量会产生直接的影响，然而国民经济素质作为一个抽象的指标，它影响经济增长质量的机制，必须要具体到国民经济素质的三个方面来说。同样，经济增长质量也是一个综合性的概念，它不同于传统意义上的经济发展水平和经济增长速度。因此，经济增长质量如何被国民经济素质的三个方面影响，也必须从经济增长质量的四个维度上考察。

（一）国民经济的基础素质对经济增长质量的影响

国民经济的基础素质，反映了一定时期一国的基础设施状态、资源禀赋情况、国民素质以及产业结构等综合水平。因此，国民经济的基础素质是影响经济增长质量的两个方面：经济增长的结构和经济增长的福利变化和成果分配。例如，一国国民经济基础素质的提高主要来自于资源禀赋的变化（大量新资源被发现），那么该国经济增长的结构可能会发生重大变化。原来投入到服务业的资本转移到资源开采中去。基础素质中基础设施状态的改进有助于降低全社会的交易费用和生产成本，从而促进民间投资和外资的进入，有利于改善经济增长的结构。国民素质的提高，对应着人力资本的提升。它将导致经济增长速度的增加，并且会降低社会的贫富差距，改善整个经济的福利分配情况。

（二）国民经济的能力素质对经济增长质量的影响

国民经济的基础素质和协调素质必须要通过国民经济的能力素质才能得到真正的体现。因为能力素质反映着一国国民经济发展的现状，并决定了未来发展的潜力。国民经济的能力素质对经济增长质量的影响是多方面的。能力素质中创新能力和企业素质，会影响经济增长的结构和经济增长的资源利用水平和环境代价。投融资能力和国际循环能力对于经济增长的稳定性有积极的影响。国际循环能力越强，意味着在世界范围内配置资源的能力越强。

（三）国民经济的协调能力对经济增长质量的影响

国民经济的协调能力包括调控能力和行政效率两个方面。调控能力对于经济增长的稳定性至关重要。行政效率则影响政府主导的各项改革的推进效率和实际效果，而这些改革主要是涉及社会公平的医疗、教育、社会保障制度等。因此，行政效率的提高将改善经济增长的福利和成果分配，进而影响一国经济增长质量的水平。

总结以上三部分的内容，可以得到图 8-1，其更加清楚地反映了国民经济素质对经济增长质量的影响机制。

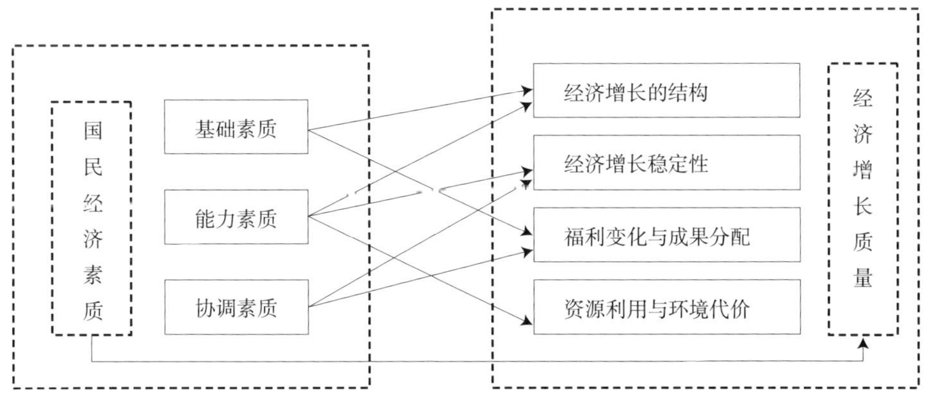

图 8-1　国民经济素质影响经济增长质量的机制示意图

七、经济竞争力维度

经济竞争力指一个国家或地区的生产能力、生产效率和生产效益，是其能够生产适应市场检验和扩大国民收入的产品和服务的能力或程度。经济竞争力应该包含三个层次，它们分别是微观层面的企业竞争力、中观层面的产业竞争力和宏观层面的政府竞争力。微观层面的企业竞争力构成了一个国家或地区经济竞争力的基础，中观层面的产业竞争力构成了一个国家或地区经济竞争力的核心，而宏观层面的政府竞争力则构成了一个国家或地区经济竞争力的保障。

（一）微观层面的企业竞争力

企业是市场经济中最为重要的微观主体，世界经济论坛（World Economic Forum）的《关于竞争能力的报告》将企业竞争力定义为："企业目前和未来在各自的环境中，以比他们国内和国外的竞争者更具有吸引力的价格和质量进行设计、生产并销售货物及提供服务的能力和机会。"迈克尔·波特将企业竞争力定义为："一个企业对其行为效益有贡献的各项活动，例如创新、具有凝聚力的文化、有条不紊的实施过程等。"根据上面对企业竞争力的定义，我们将企业竞争力定义为企业在市场竞争中自我生存能力和持续发展能力。具体表现为企业在产品设计、生产、销售等经营活动领域以及在产品的价格、质量、服务和满足消费者需求方面所具有的竞争优势。经济增长质量与企业竞争力休戚相关，企业是构成某一产业和整个国民经济最为基础的单位，一个国家或地区的经济增长质量的提高必须通过无数个人和企业竞争力的提高而实现，把微观层面上的竞争能力上升为宏观层面的国家竞争力。要从传统的依赖资源、能源投入的粗放型经济增长方式向现代集约型经济增长方式转变，提升企业竞争力是基础。

第一，纵观当今世界各国，特别是发达国家，企业在创新中具有先天的优势，通过企业家对资金、技术、制度等一系列创新资源的整合，企业已不容置疑地成为一个国家或地区创新的主力军。首先，创新是一项与市场密切相关的活动，企业会在市场机制的激励下去从事创新。其次，根据新古典经济学派的创新理论，创新是指生产要素的重新组合，这种组合只能由企业家通过市场来实现，这个作用是其他组织和个人无法替代的。再次，技术需要许多与产业有关的特定知识，如工艺、制造方面的知识，企业更具有这方面的供给优势。在技术创新中，科技型小企业和大企业同等重要。大企业具有较强的资金、技术实力，使它们有能力从事产品创新与大规模的工艺创新；它所具有的比较完善的组织，又使其可以较容易地实施技术创新战略。而科技型小企业因机制灵活，创新动力大，一旦有资金帮助，会更愿意从事创新。

第二，市场经济条件下的企业作为一类组织，是整个社会资源最为有效的整合者，一方面它承担着实现经济效益最大化、实现较高经济增长质量和保持较快经济发展速度的重担；另一方面，企业职工的物质福利待遇也与企业经营效益密切相关，企业以自己独特的方式来帮助企业职工分享改革所带来的红利。企业不仅提供就业机会，也与人们共同分享经济红利。因此，企业经济力的提升具有经济和社会双重收益。

（二）中观层面的产业竞争力

产业是国民经济中按照一定的分工原则，为满足社会某种需要而专门从事某种产品和劳务生产的专业化部门。产业的概念是介于微观经济企业组织和宏观经济单位之间的中观“集合”。产业竞争力的概念最早由迈克尔·波特提出。波特认为产业竞争力是在一定贸易条件下，产业所具有的开拓市场、占据市场并以此获得比竞争对手更多利润的能力。

产业竞争力是联结国家竞争力和企业竞争力的纽带，提高我国的经济增长质量，关键在于培育一批具有世界竞争力的产业集群。

第一，国家竞争力本质上说是国家产业创新和升级的能力，一个国家的竞争力不一定在于整个国民经济，而主要看该国是否具有一些独具特色的产业或产业群。产业是社会分工的产物，伴随着社会分工程度的加深，生产的专业化程度、迂回程度乃至产业链条的长度都会不断提高和扩展。在此过程中，如果哪个国家率先促进社会分工并占领产业链条的高端，它就能在国际竞争中获得优势。

第二，产业内企业竞争力的增强是该产业竞争力增强的基础，但产业竞争力绝非企业竞争力的简单叠加。从众多企业的个别竞争力转化为综合的竞争力，是一个复杂的过程，其中最主要的是处理好各企业间的关系。如果本国或地区该产业范围内各企业之间是无序竞争，则不利于该产业竞争力的提升；如果本国或地区该产业范围内各企业之间能做到有序竞争、相互模仿、技术交流、分工协作，以及在对外竞争时有所协调，则有利于提升产业竞争力。同时，相关产业的发展具有扩散效应，一个产业的发展，往往总是能带动一大批相关企业的发展。

（三）宏观层面的政府竞争力

在现代市场经济条件下和国际竞争中，政府的作用是不可替代的。迈克尔·波特把政府竞争力在生产要素方面的作用提到了政府是创造生产要素的发动机的高度，主要通过重视教育和培训、主动研发重要科技、发展基础设施、开放资金渠道、培养信息整合能力等方式发挥作用。经济增长质量的改善亦与政府竞争力密切相关，特别是对于中国这样一个正处于体制转型期的发展中大国，政府在推动经济中扮演着主导角色。

第一，政府通过制定市场经济的法律法规和政策措施，为各市场主体平等地参与市场竞争创造环境。整个社会经济竞争力的获得与政府能否推出有效的产权制度、技术政策等激励创新的宏观体制与政策密切相关。政府在扩张相关产业的国际市场，以及发展整体竞争优势上，也扮演着重要角色。它通过媒体政策、产业集群政策、区域发展规划政策发挥作用。同时，政府的政策对企业的战略目标、组织管理、企业结构等也会产生重大的影响。

第二，政府的财政支出对整个社会的经济具有重要的引导作用。政府的真正作用在于通过调控的方式来弥补单纯市场的缺陷。政府用于支付的费用来自于企业等市场经济主体的税收所得，并通过公共财政的形式对外支付。政府竞争力被称为“区域竞争力的龙头和核心”，政府竞争力强，就能为企业发展提供有效的制度保障，同时政府的财政支出和公共产品供给对资金、技术、人才亦有很大的影响力。

第三，政府本身的组织运行成本是构成整个经济社会运行成本的重要组成部分，政府的运行效率对整个社会经济效率有着重要的影响。政府运行成本必然转移到政府所辖区域内企业和个人，政府运行成本过高必然导致区域内企业和个人不得不支付更多的费用，特别是在一个法制不健全的国度里，这点表现得更加明显。

八、社会发展维度

社会发展是一个内涵宽广的范畴。根据胡鞍钢（2003）的研究，衡量社会发展的指标包括经济指标、人口指标、教育指标、卫生发展指标、科技指标、文化发展指标、环境指标、基础设施指标和人类发展指标九个方面，可见其涉及了社会环境的各个方面，构成了经济增长的宏观社会环境。社会发展和经济增长质量不仅存在交叉重合的领域，而且具有相互联系、相互作用和相互促进的关系，具体表现为，社会发展为经济增长质量的提高提供社会基础，以及社会发展本身可以作为评价经济增长质量的内容。

社会发展反映在经济增长宏观环境的各个方面，而经济增长质量的提高依赖于各种要素的使用效率，其效率的提高和作用机制必然与基础的社会环境相关。只有在与提高全要素生产率相协调的社会环境中，才能实现经济增长质量的提高。具体表现在以下三个方面：

（一）社会发展提高人力资本的"均化"程度，促进人力资本积累，从而提高经济增长质量

卢卡斯和罗默的研究表明，高质量的经济增长主要来源于人力资本存量的有效积累。在制度因素给定的条件下，决定经济增长的要素是人力资本、产业资本和技术进步，而不是传统理论下的劳动力、资本和技术进步。用人力资本代替劳动，是因为劳动是人力资本这一要素的载体，在本质上投入生产中的要素是人力资本。因此，经济增长质量的提高依赖于全要素生产率的提高，而全要素生产率的提高归根到底要靠人力资本存量的提高才能达到，人力资本的积累是凭借人力资本"均化"程度的提高实现的，从而可以推导出其基本的促进动力在于社会发展。

（二）社会发展推进科学进步和技术创新，直接作用于全要素生产率的提高，构成经济增长质量的核心要素

新古典增长理论否定了传统增长理论提出的资本积累是经济增长的决定因素，提出了技术进步是经济增长决定性因素的观点，后来发展的新增长理论进一步把技术进步内生化，认为经济增长质量提高的真正源泉在于技术进步。社会发展在科技方面即反映为技术进步，同时通过教育、人口和卫生的发展提高人力资本水平，与技术进步相互作用，共同提升全要素生产率，进而促进经济增长质量的提升。

（三）社会发展改善社会整体的环境、资源状况，降低经济增长的环境成本，有利于经济增长的可持续性，构成经济增长质量的环境资源因素

社会发展体现在环保领域的成绩在于控制环境污染趋势、改善地区环境质量、优化配置资源利用，从而抑制经济增长中经济主体可能发生的浪费资源、污染环境、破坏生态等机会主义倾向，降低经济增长的成本，从而实现经济增长的可持续性，实现经济增长的高质量。

第　九　章

经济增长质量指数的构建

经济数量增长的度量采用 GDP 指标，而经济增长质量需要建立经济增长质量指数来度量。经济增长质量是从内在的性质与规律上去刻画经济增长的，主要包含三个层次六个维度的内容：条件视角的国民经济整体素质，过程视角的经济增长效率、经济增长结构以及经济增长稳定性，结果视角的福利变化与分配和生态环境代价。本章从原理上来分析经济增长质量的统计度量。

第一节　经济增长质量指数构建的理论维度分析

对经济增长质量指数的构建需要建立在对其理论维度界定的基础上，而经济增长质量是对经济增长优劣程度的综合判断，对其含义进行界定是一个仁者见仁智者见智的问题。目前，对经济增长质量的研究主要有两类视角：狭义经济增长质量与广义经济增长质量。狭义经济增长质量是指经济增长的效率，即进行经济活动时所消耗和使用的要素投入与经济活动总产出之间的比较。对于一定时期的全部经济活动或一项经济活动而言，如果给定投入下的产出越多，或达到一定产出目标所使用的投入越少，就表明经济增长效率越高，经济增长质量越高（卡马耶夫，1983；王积业，2000；刘亚建，2002）。广义经济增长质量强调其是相对于经济增长数量而言的一个综合分析，不同学者从不同的角度出发，对经济增长质量的内涵存在不同看法。温诺·托马斯等（2001）认为经济增长质量作为发展速度的补充，是指构成经济增长进程的关键性内容，比如机会的分配、环境的可持续性、全球性风险的管理以及治理结构，并从福利、教育机会、自然环境、资本市场抵御全球金融风险的能力以及腐败等角度对各个国家或地区的经济增长质量进行了比较。巴罗（Robert J. Barro，2002）认为经济发展是与经济增长数量紧密相关的经济方面的因素，而经济增长质量则是与经济增长数量紧密相关的社会、政治及宗教等方面的因素。经济发展从根本上反映了人均 GDP 的增长，其基本测度指标为人均 GDP 的对数、教育年限以及城市化率。而经济增长质量作为与经济增长数量紧密相关的社会、政治及宗教等方面的因素，具体包括受教育水平、预期寿命、健康状况、法律和秩序发展的程度以及收入不平等等。刘树成（2007）认为提高经济增长质量是指不断提高经济增长态势的稳定性，不断提高经济增长方式的可持续性，不断提高经济增长结构的协调性，不断提高经济增长效益的和谐性。他指出经济增长的数量与质量是一个有机统一的整体，经济增长质量与经济增长数量的持续性紧密相关。钞小静、惠康（2009）认为经济增长质量是从经济的内在性质上来反映经济增长的，对经济增长内在性质的判断既要从其动态过程中来考察，也涉及经济增长的后果和前景问题。在经济增长的过程方面，经济增长的结构以及经济增长的波动问题构成了经济增长质量的主要内容，而从经济增长的结果来看，经济增长质量主要涉及经济增长的福利变化与成果分配以及资源利用和生态环境代价问题。

一个完整的经济增长的定义应该外在表现为总数量的扩张，而内在表现为质量的提高。经济增长数量扩张是经济增长质量提高的前提，它为经济增长质量的提高提供了必要的物质基础；但同时经济增长质量的高低也决定着经济增长的总量与速度，在其他条件相同的情况下，不同的经济增长质量水平可以带来不同的经济增长数量扩张与不同的增长速度。由此可见，经济增长既包括经济在数量方面的扩张，又包括经济在质量方面的提高，是数量扩张和质量提高的统一。从与经济增长数量相对应的视角，我们认为经济增长数量是从整体数量的变化上来描述经济增长的，它反映的是经济增长速度的变化。而经济增长质量则是从经济增长内在的性质与规律上去刻画经济增长的，它反映的是经济增长的优劣判断。对经济增长内在性质的判断既要从其动态过程中来考察，也涉及经济增长的条件与结果问题，即经济增长质量是从条件、过程和结果三个层次来讨论的。基于如上分析，归纳起来经济增长质量指数的构建应该包含以下三个层次：

一、经济增长的条件层次

从经济增长的条件来看，经济增长质量是指国民经济整体素质的基本状况。国民经济素质是一个国家国民经济系统各种内在因素有机结合形成的整体功能特性，表现为一个国家长期有效地开发和利用各种资源创造国民财富的基本条件和能力，是经济增长的基础条件，高质量的经济增长必然要求高素质的国民经济。

二、经济增长的过程层次

从经济增长的过程来看，经济增长质量包含经济增长的效率、经济增长的结构以及经济增长的稳定性。在长期的经济增长过程中，人们总是要以最小的成本投入换取最大的收益，因而如果投入与产出保持合理的比例关系，能以较少的投入换取较高的产出，我们便可以认为经济增长的产出质量比较高。经济增长结构是指经济系统内要素间联结关系及要素数量间的比例关系，包括产业结构、投资消费结构、区域结构等，而其中最重要的是产业结构，它在一定意义上决定了经济增长的方式。产业结构升级和转换的快慢程度是经济增长质量非常重要的内容之一。经济增长的稳定性指短期经济增长对长期经济增长趋势的偏离应保持在较小的范围内，这也是经济增长质量的重要方面。

三、经济增长的结果层次

从经济增长的结果来看，经济增长质量是指整体社会福利的最大化与生态环境代价的最小化。经济增长终极价值判断的核心是人的发展，经济增长要实现人的福利最大化不仅涉及居民整体福利水平的改善，而且必须关注社会福利分配的公平性。只有当经济增长的成果能够被绝大多数人所分享时，它才能够成为一种长期持续的发展过程。在追求经济增长的同时要重视成果的分配问题。经济增长的现实价值判断是以经济增长的有效性为核心，强调实现增长代价的最小化，在促进经济增长的同时降低增长代价，实现经济的高效增长。生态环境破坏是经济增长的成本与代价，良好的经济增长质量是指经济的数量增长应以可持续的方式使用资源，而不以牺牲环境为代价。

因此，经济增长质量是指经济增长内在的性质与规律，它的提高是经济增长数量扩张到一定阶段的背景下，经济增长的条件、过程、结果同时得以改善的产物。按照系统论的观点，当经济增长系统的基础条件优良、各构成要素相互耦合、各利益主体之间及利益主体与自然生态系统之间的关系协调均衡时，整体的经济增长系统会呈现出有序的高质量增长。

对经济增长质量高低的判断是从条件、过程和结果三个层次来讨论的。归纳起来经济增长质量主要包含三个层次六个维度的内容：从经济增长条件的层次来看，经济增长质量主要包含国民经济素质维度；从经济增长过程的层次来看，经济增长质量包含经济增长的效率、经济增长的结构以及经济增长的稳定性三个维度；从经济增长结果的层次来看，经济增长质量包括福利水平分配状况和生态环境代价的两个维度。

第二节　经济增长质量指数的指标体系构建

如前所述，经济增长质量并不是一个单一经济因素，而是一系列因素的综合，所以用数量指标来对经济增长质量问题进行度量必须借助由多方面、多个指标所构成的综合评价指标体系。根据经济增长质量指数构建维度的界定，我们从国民经济素质、经济增长的效率、经济增长的结构、经济增长的稳定性、经济增长的福利变化与成果分配、经济增长的生态环境代价六个维度构建中国经济增长质量的测度指数（见表 9-1）。

表 9-1　中国经济增长质量指数构成一览表

维度指数	分项指标	基础指标	计量单位	指标属性		
				正指标	逆指标	适度指标
国民经济素质	基础素质	公路里程/人口数	万公里/万人	√		
		铁路里程/人口数	万公里/万人	√		
	能力素质	科学技术支出占财政支出比重	%	√		
	协调素质	行政费用占财政支出比重	%		√	
		公共安全支出占财政支出比重	%	√		
经济增长的效率	生产率	全要素生产率增长率	—	√		
		技术变动	—	√		
		技术效率变动	—	√		
		资本生产率	—	√		
		劳动生产率	—	√		
经济增长的结构	产业结构	工业化率	%	√		
		第一产业比较劳动生产率	—	√		
		第二产业比较劳动生产率	—	√		
		第三产业比较劳动生产率	—	√		
	投资消费结构	投资率	%			√
		消费率	%			√
	金融结构	存款余额/GDP	—	√		
		贷款余额/GDP	—	√		
	国际收支结构	进出口总额/GDP	—	√		
	城乡二元结构	二元对比系数	—	√		
		二元反差指数	—		√	
经济增长的稳定性	产出波动	经济波动率	%		√	
	价格波动	消费者价格指数	—		√	
		生产者价格指数	—		√	
	就业波动	城镇登记失业率	%		√	

续表

维度指数	分项指标	基础指标	计量单位	指标属性		
				正指标	逆指标	适度指标
经济增长的福利变化与成果分配	福利变化	人均 GDP	元	√		
		城市人均住宅建筑面积	平方米	√		
		农村人均住房面积	平方米	√		
		城镇居民家庭恩格尔系数	%		√	
		农村居民家庭恩格尔系数	%		√	
	成果分配	泰尔指数	—		√	
		劳动者报酬占比	—	√		
经济增长的生态环境代价	资源消耗	单位国内生产总值能耗			√	
		单位国内生产总值电耗			√	
	环境污染	单位产出大气污染程度	倍数		√	
		单位产出污水排放数	倍数		√	
		单位产出固体废弃物排放数	倍数		√	

在充分考虑数据可得性与可靠性的基础上，我们选择各维度具有较高代表性和可比性的核心指标作为基础指标，最终由 37 个基础指标构成中国经济增长质量指数。

国民经济素质表现为一个国家长期有效地开发和利用各种资源创造国民财富的基本条件和能力，是经济增长质量的综合表现。高质量的经济增长必然要求高素质的国民经济。国民经济素质包括：基础素质、能力素质和协调素质三个方面。因此，我们选择人均公里里程、人均铁路里程来代表国民经济基础素质。选择科学技术支出占财政支出比重来代表国民经济能力素质。选择行政费用占财政支出比重、公共安全支出占财政支出比重代表国民经济协调素质。用基础素质、能力素质和协调素质等五大指标作为基础指标来测度国民经济素质。

经济增长的效率是指各种投入转化为产出有效性的高低。高生产率是高质量增长的根本保证，生产率的长期增长取决于技术进步和经济制度的效率。从经济增长效率测度指标的选择来看，生产率揭示了各种生产要素转化为产出的有效性，因此我们选择全要素生产率、技术变动、技术效率变动、资本生产率以及劳动生产率作为经济增长效率的测度指标。

经济增长的结构是指经济增长系统内各要素之间的联结关系及要素数量之间的比例关系。合理的经济结构是经济高质量增长的前提，经济结构的转化可以有效改变经济增长的动力机制，因此我们分别从产业结构、投资消费结构、金融结构、国际收支结构和城乡二元结构五个分项来进行测度。产业结构常见的测度指标有工业化率、三次产业产值比、三次产业就业人数比、三次产业比较劳动生产率等，我们选择工业化率、三次产业比较劳动生产率作为产业结构的二级分项指标。投资消费结构的测度指标主要有全社会固定资产增长率、投资率、消费率、增量资本产出率等。由于投资与消费均存在着一个相对合适的比例，并不是投资率或消费率越高就越好，因此在投资消费结构的指标选择中我们将投资率与消费率作为适度指标纳入指标体系。金融结构的测度指标一般有金融相关率、银行业市场集中度、不良贷款率、市盈率以及 M_2/GDP 等。虽然反映金融结构的常见指标为戈德史密斯的金融相关比率和麦金农的货币化程度，但是考虑到各地区相关数据的可得性与指标体系的完整性，我们选择存、贷款余额占 GDP 的比重作为衡量指标。常见国际收支结构的测度指标有贸易差额占 GDP 的比重、外汇储备/M_2、外贸依存度、偿债率等，我们选择外贸依存度作为国际收支结构的测度指标。由于中国还具有典型的城乡二元经济结构特征，所以在我国经济增长结构的度量中还需要考虑城乡二元结构的转化问题。基于如上考虑，我们选择二元对比系数和二元反差指数来衡量城乡二元结构。

经济增长的稳定性是指经济体系的运行是否平稳。过度的经济波动会破坏经济长期稳定增长的内在机制，经济增长的稳定性可以实现资源有效配置和有效利用的结合，提高经济增长质量。从经济增长稳定性测度指标的选择来看，经济增长过程中的周期性波动主要是从产出波动、价格波动和就业波动三个方面来进行考察，因此我们也从这三个方面来测度经济增长的稳定性，分别选择经济波动率、消费者价格指数、生产者价格指数和城镇登记失业率作为测度指标（我国目前的失业率是指城镇登记失业率，不包括农村剩余劳动力，也不包括农村进城务工的劳动力）。

经济增长的福利变化与成果分配是指居民人均拥有财富的增加，这不仅包括实物形态的物质财富，而且还包括人力财富以及自然、社会环境财富等方面的内容。经济增长的最终目标是为了增加社会的福利水平和幸福程度，居民人均拥有财富的增加有利于经济增长质量的提高。对于经济增长的福利变化与成果分配，福利变化主要是从总体上来考察经济增长所带来的居民的福利改善问题，我们分别选择人均 GDP、城市人均住宅建筑面积、农村人均住房面积、城镇居民家庭恩格尔系数以及农村居民家庭恩格尔系数作为基础测度指标；而经济增长的成果分配主要涉及的是收入分配问题，国际上最常用的度量收入分配差距的指标是基尼系数，但是由于现有方法和数据的问题导致我们无法准确计算出全国总体的基尼系数。我国收入分配的差距主要表现在城乡收入差距上，所以现有文献中也常用度量城乡收入差距的指标来反映收入分配的差距。城乡收入差距一般用城镇人均可支配收入与农村人均纯收入之比来度量，王少平、欧阳志刚（2008）认为这一度量方法没有反映城乡人口所占比重的变化，我国农村人口占有绝对大的比重，因此泰尔指数更适用于度量我国的城乡收入差距。基于此，我们将泰尔指数和劳动者报酬占比作为测度经济增长成果分配的基础指标。

经济增长的生态环境代价是从成本视角考察经济增长是否以可持续的方式来使用资源。降低资源环境和生态成本，可以提高经济增长的净收益，从而提高经济增长质量。从经济增长的生态环境代价这一维度的测度来看，我们选择单位国内生产总值能耗、单位国内生产总值电耗、单位产出大气污染程度、单位产出污水排放数、单位产出固体废弃物排放数作为基础测度指标。

第三节 经济增长质量指数的合成方法

经济增长质量并不是一个简单的经济范畴，而是一系列因素的综合反映，所以用数量指标来对经济增长质量问题进行分析与度量是一个极端复杂的问题，它涉及经济增长的方方面面，这也就意味着经济增长质量指数必须是由多方面、多个指标所构成的一个指标体系。在经济增长质量指数构建完成后需要解决的一个重要的问题就是选择什么样的方法进行各基础指标的合成。现有相关研究文献主要采用了相对指数法、层次分析法、熵值法和因子分析法等测度方法。相对指数法是将一系列指标变成可比的指数形式，然后进行简单加总或加权加总来评价的一种统计方法。如果采用简单算术平均就意味着各分类指标是等权重的，该假设未考虑到各分项指标之间可能存在的高度相关性，而且也主观认为各维度在经济增长质量中的作用是恒定不变的，加权平均法同样也会存在这样的权重结构问题。层次分析法是运用多因素分级处理来确定因素权重的方法，权重根据研究者对各指标重要性程度的认识进行赋值，在很大程度上依赖于人们的经验，主观因素的影响很大，它至多只能排除思维过程中的严重非一致性，却无法排除决策者个人可能存在的严重片面性。此外，这种方法比较、判断过程较为粗糙，不能用于精度要求较高的问题，至多只能算是一种半定量（或定性与定量结合）的方法。

熵值法属于一种客观赋权的方法，利用信息熵的工具根据各项指标值的变异程度来确定各分类指标的权重，但这种方法不能很好地反映相关指标之间的关系。因子分析法与主成分分析法（Principal Components Analysis）也属于客观赋权的方法，这两种方法都是通过降维把多个具有相关性的指标约化为少数几个综合指标的合成方法，可以在尽可能保留原有数据所含信息的前提下实现对统计数据的简化。对于包含六个维度的经济增长质量测度而言，因子分析法将原始变量分解为公共因子和特殊因子两部分因素，对新产生的主成分变量及因子变量计算得分，从而实现降维，虽然这种方法可以避免指标之间的高度相关性和权重确定的主观性，但是却无法准确刻画出各个维度的具体变化情况，只能得到公共因子的变动态势。主成分分析法的权重也是根据数据自身的特征确定而非人的主观判断，但与因子分析法所不同的是，采用这一方法可以获得构成经济增长质量各个维度的量化结果，所形成的权重结构可以充分反映经济增长质量各维度各基础指标对于形成总指数的贡献大小。因此，采用主成分分析法来确定各单项指数在方面指数中的权重以合成方面指数，并进而采用同样的方法合成总指数，对中国经济增长质量状态进行量化是非常适合的。

如上所述，主成分分析法属于一种客观赋权的指标合成方法，可以通过降维把多个具有相关性的指标约化为一个综合指标，能够在保留原有数据所含信息的前提下实现对统计数据的有效简化。所以，中国经济增长质量指数的合成可以选择主成分分析法来进行指标合成。一般而言，主成分分析法的主要步骤为：将各指标原始数据标准化后求出相关系数矩阵；计算相关系数矩阵的特征根和特征向量；确定主成分以及相应的权数；计算得分。为了更加精确地提取有效信息，我们对现有主成分分析法进行了如下改进：

一、将协方差矩阵作为主成分分析的输入

原始数据一般包含两种类型的信息：一种是各指标变异程度上的差异，这种信息由各指标的方差大小反映出来；另一种是各指标相互影响程度上的差异，这种信息包含在各指标所构成的相关系数矩阵中。从各指标的相关系数矩阵中提取主成分，也就是从标准化后的数据中提取主成分。标准化方法使各指标的均值为0，方差为1，这就会导致各指标变异程度差异信息的丢失，从丢失变异信息的数据中再提取主成分很难包含原始数据中的绝大部分信息。而经过均值化处理的各指标数据所构成的协方差矩阵能全面反映原始数据中的两种信息：其一，协方差矩阵的对角元素是各指标的变异系数，它能合理地反映各指标变异程度上的差异；其二，均值化处理并不改变指标间的相关关系，协方差矩阵包含了相关系数矩阵中指标间相互影响的全部信息。

二、采用均值化方法进行无量纲化处理

由于各基础指标的属性和量纲量级不同，使得我们无法对其直接进行合成，因此在进行主成分分析之前，需要进行一定的变换与处理。对于指标属性问题，经济增长质量指数的各基础指标属性是不同的，如果对不同性质指标直接加总就不能正确反映不同作用力的综合结果，因此我们对所有逆指标均采取倒数形式，使所有指标对经济增长质量的作用力同趋化。对于量纲量级问题，经济增长质量指数的各项基础指标分别具有不同的量纲和量级，如果直接采用原始值就会造成主成分过分偏重于具有较大方差或量级的指标，采用均值化后的协方差矩阵不仅可以消除量纲和量级上的差异，还能保留各指标在离散程度上的特性，避免低估或夸大指标的相对离散程度。目前最常使用的无量纲化处理方法为标准化方法，但这一方法处理后的各指标均值都为0，而标准差都为1，只反映了各指标之间的相互影响，在无量纲化的同时也抹杀了各指标之间变异程度上的差异，因此，标准化方法并不适合用于

多指标的综合评价中。而经过均值化方法处理的各指标数据构成的协方差矩阵既可以反映原始数据中各指标变异程度上的差异，也可以包含各指标相互影响程度差异的信息。基于如上考虑，我们选择均值化方法对原始指标进行无量纲化处理。

三、采用第一主成分来确定各基础指标权重

在现有运用主成分分析法进行多指标综合评价的研究中，一般根据前面几个主成分的累计贡献率大于某一特定值（如 85%）来确定主成分的个数，并求得综合主成分值。但是单个主成分综合原始数据信息的能力是以其贡献率来衡量的，这样的方法反映的仅是前面几个主成分单独综合原始数据信息能力的总和，其综合原始数据信息的能力不可能超过前面几个主成分的累积综合能力，也不可能超过第一主成分综合原始数据信息的能力。因此，我们采用第一主成分来确定各基础指标的权重，将第一主成分中各基础指标的系数作为各基础指标相应的权重，由此求得各方面指数，再以同样的方法获得经济增长质量指数。

第　十　章

经济增长质量价值判断体系的构建

经济增长过程中对增长数量过分的追求，使其逐渐失去了价值判断标准，摒弃了哲学、社会学以及伦理学的价值思考，这种纯数字和纯数量的增长以投入—产出最大化为唯一目标，经济增长的结果即单一的物质财富的增加，增长的持续性及前景被忽视，作为社会主体的人成为实现增长的工具，无声的增长、无情的增长、无根的增长、无未来的增长使增长的价值合理性受到了质疑。质量型经济增长在此背景下以经济增长的结果、前景和持续性为视角，转变实证主义方法论，基于规范主义方法论，以一定的价值判断作为出发点和基础，提出行为标准，并以此作为处理经济问题和制定经济政策的依据，探讨如何才能符合这些标准，基于社会伦理原则、文化观念和哲学观点提出经济增长质量的价值判断标准。

第一节　经济增长质量价值判断体系的逻辑探究

经济增长质量的价值判断体系由终极价值判断和现实价值判断两部分构成，经济增长质量的终极价值判断的核心是人的发展，是基于人本主义经济发展观的判断标准；经济增长质量的现实价值判断则是以功利主义为核心，实现经济高效增长的判断标准。经济增长质量的终极价值判断与现实价值判断是经济增长质量价值判断的两个层面，具有同时存在性与时间序列发展性。同时存在性是指在经济发展中，人的发展与增长效率的提高应当在质量型经济增长中同时实现，在提高增长效率的同时促进人的发展，以人本主义作为增长的基本目标，两种价值判断同时存在于经济增长过程。时间序列发展性是指价值判断标准在不同社会经济发展阶段是有变化的，在社会经济基础相对薄弱的发展阶段，现实价值判断占据主导地位，是终极价值判断的基础，经济效率的提升是实现人的全面发展的前提；在经济发展效率逐步得到提升后，终极价值判断成为主要价值判断标准，对人的发展的关注成为质量型经济增长的主要目标，现实价值判断是终极价值判断的实现手段，是终极价值判断的过渡标准。质量型经济增长要求经济增长符合现实价值判断与终极价值判断相一致的价值判断体系。

价值判断是区分实证主义与规范主义的关键变量，经济学范畴内的价值判断是指对经济事物社会价值的判断，即对某一事物优劣性的判断。实证主义方法论忽视价值判断，研究经济发展的内在规律，根据这些规律分析和预测经济行为的效果，试图回答“是什么”的问题。规范主义方法论则以一定的价值判断作为基础，以某些标准作为分析处理经济问题的标准，建立经济理论的前提，并研究如何才能符合这些标准，解决“应该是什么”的问题。

以规范主义方法论作为出发点，任何经济理论都是从某一价值判断出发来形成自己的逻辑体系，并依据逻辑体系形成对现实问题的理论解读。价值判断不同，逻辑体系不同，对现实问题的解读不同，从而形成不同的政策主张。经济增长质量研究作为一种规范研究，需要建立以质量为目标的价值判断，提出质量型经济增长应当具有的优劣属性，指出质量型经济增长的内在逻辑要求。

一、价值判断体系是经济增长质量研究的逻辑指向

价值判断不同，对经济学知识的来源认识不同，从而使经济学家在问题研究中形成的研究方法和叙述方法都不同。经济增长质量研究的逻辑起点在于其首先是一个复合概念①，既包含了经济增长中经济范畴内的概念，也包

① 任保平：《以质量看待增长：对新中国经济增长质量的评价与反思》，中国经济出版社 2010 年版，第 57 页。

含了由经济因素带来的社会范畴概念，既包括经济增长的效率、结构、稳定性、福利分配、生态环境、创新能力，也包括社会均衡、人的幸福、人的发展，是一个多维度、多层面的复合概念。其次，经济增长质量以经济增长的结果和前景为视角，关注经济增长的结果，着重考察经济带来的结果是什么，以及经济增长能达到的潜在最大水平，这种经济增长能否得到长期持续的发展。经济增长质量研究中概念的复合型、以结果和前景为视角的导向，决定了经济增长质量研究的逻辑复杂性，在复杂的概念界定以及结果导向的研究中，价值判断为经济增长质量研究提供了逻辑指向。在逻辑指向的目标指导下，经济增长质量研究明确质量型经济增长应当是怎样的，怎样的经济增长是合理的，怎样的经济增长是具有道德意义的，为经济增长中出现的社会经济问题提供统一的判断标准，是社会经济长期发展的内在逻辑动力。

二、价值判断体系是质量型经济增长理论构建的基础

经济学理论的价值判断体系不同，理论体系建立的价值取向不同，理论研究的方法和叙述方法不同，对社会关系合理性的解释也不同。经济增长质量理论改变了主流经济理论对经济增长快慢的单纯关注，以经济增长的优劣构建理论基础，探讨经济增长状态问题，评价已经增长起来的经济优劣程度如何（在结构方面是否实现了经济结构的高级化和现代化，在经济增长稳定性方面是否实现波峰平滑，在福利分配方面是否实现成果共享性，在增长代价方面是否实现低代价经济增长，在国民素质方面是否实现国民素质优化，在社会发展方面是否达到社会均衡发展，是否实现人的全面发展）。一方面，就经济增长质量理论本身而言，其理论的规范主义方法论性质自身即对经济增长进行价值判定，判定经济增长的优劣与价值；另一方面，价值判断又是经济增长质量理论的理论基础，在既定价值判断的基础上，为经济增长质量理论设定内涵界定、外延维度，探讨经济增长质量的作用机理，以新的理论视角研究经济增长。

三、价值判断体系是对经济增长现实评价的依据和准则

作为一种科学的经济理论，必须做到价值判断、理论体系、经验事实和未来预测的一致性，而做到这四者之间一致性的关键在于是否有价值判断。

在主流经济学数量型经济增长理论的框架之外对经济增长的现实评价依赖于价值判断。以往的经济增长理论认为多即是好，但经济增长质量作为多维度的复杂理论体系，既不能简单地认为增速快就是合宜的，也不能认为财富多就是最佳结果，更不能仅仅将环境改善作为最终目标。因此，评价现实经济增长就需要与质量型经济增长相适应的价值判断体系。价值判断能够为现实经济增长提供评价依据和准则，在设定统一的价值判断的基础上，对经济现实进行理论分析，评价经济增长的状态，对未来发展方向进行预测与控制，通过调整政策导向和经济增长路径控制经济增长的结果，实现经济的可持续增长，实现经济增长质量的价值判断、理论机理、事实评价与发展控制的一致。

第二节 经济增长质量的终极价值判断

数量型经济增长的终极关怀是物质财富的增长，人是经济增长的手段。而质量型经济增长的终极关怀是人文关怀，人是经济增长的终极目的。[①] 经济增长归根结底是为了人本身的发展。以人为核心的经济增长要求以人为中心，解放人、发展人、实现人，把人的发展看作是社会发展的核心和最高目标。因此，经济增长质量的终极价值判断是人的发展。

一、经济增长要实现人的幸福最大化

经济增长归根到底就是为了实现人的全面发展。经济增长的最终目标并不是国民财富的最大化，而应当是国民幸福的最大化。人的幸福作为一项综合性概念，除受经济发展影响外，还是作为经济主体的人的身体健康水平、工作条件状况、家庭美满程度以及社会和谐程度的综合反映。在经济增长速度不断提升，物质财富日益增加的社会中，越来越多的人感到不幸福，这使得我们不得不反思经济增长的价值问题。质量型经济增长的终极价值判断首先是人的幸福最大化，在人的幸福最大化基础上实现社会文化的发展与人的

① 任保平：《经济增长质量：理论阐释、基本命题与伦理原则》，《学术月刊》2012 年第 2 期，第 65—72 页。

最终发展。

以人为核心的质量型经济增长注重社会的人文关怀、对国民幸福感受的关注。在经济增长过程中，财富增加只是能够带来幸福感增加的次要因素，教育、婚姻、职业、信仰、国民性格都会对幸福产生影响。经济增长虽然与幸福水平具有正相关性，但这种相关性存在于一定区间。当经济增长发展在一定范围内，经济主体对幸福的追求表现为对财富的追求、对数量的追求、对增长的追求；当经济增长突破一定的界限，单纯的数量增长则无法实现经济主体的幸福，幸福最大化更多地体现在社会结构、社会文化、人文关怀方面。物质财富作为幸福的基础，只是人的整体发展的基础要素，经济增长作为物质财富的实现手段也仅仅具有工具理性，在以人为本的质量型经济增长中，综合考评经济增长的质量必须将人的发展作为最终价值判断，将实现人的幸福最大化作为终极判断标准的核心要素。

二、经济增长要以社会文化发展为前提

质量型经济增长的终极目的是人，而文化作为人的行为与思想的重要支配因素，为经济增长打上了深深的烙印。只有依据一定的文化才能理解经济增长，只有借助一定的文化价值规范才能对经济增长作出价值判断。质量型经济增长的终极价值判断是人的发展，文化则是终极价值判断的合理性标准。质量型经济增长中，经济增长必须同国家民族的文化尺度相一致，一旦偏离了文化价值尺度也就与社会发展的基本方向相偏离。文化价值是判断经济增长质量的重要标准。弗朗索瓦·佩鲁在《新发展观》中指出，“各种文化价值‘起着根本性的作用’，经济增长不过是手段而已。各种文化价值是抑制和加速增长的动机的基础，并且决定着增长作为一种目标的合理性”。[①]

文化作为经济增长的价值判断首先体现在文化与内生增长的关系上。文化影响着人们对资源、技术、制度等要素的选择，特别是对制度的选择具有重要影响，文化传统能通过“商业精神”对市场秩序的发展和培育产生影响，并对社会和地区的经济增长产生直接作用。文化是在长期社会历史发展过程中形成的民族特质，是民族思想深处的价值规范，是社会经济发展的关

① ［法］弗朗索瓦·佩鲁：《新发展观》，张宁、丰子义译，华夏出版社1987年版，第15页。

键变量。在积极繁荣、富有创造性的文化价值的推动下，经济系统能够迸发出持续发展的内在动力，促进经济效率的提升、创新精神的孕育，实现经济主体的能动性，同时实现经济增长与社会发展、人的发展的相互促进的良性循环模型。文化作为经济增长的价值判断最终体现在文化对经济增长的渗透作用，其作为一种价值规范，决定经济行为的合理性。经济增长的过程发生在特定的文化环境中，每个经济主体遵守社会规则、习俗和行为模式，对社会文化驱使的特定目标的追求激励个人对经济社会发展作出贡献，特定的文化价值判断决定个人做什么与不做什么，社会文化的发展即是社会行为模式的发展，社会文化的发展促进社会价值规范的发展，对人的行为起到主要导向作用，是质量型经济增长的前提。

三、经济增长最终要促进人的发展

从经济增长的结果来看，无论是提高经济增长的数量，还是提高经济增长的质量，根本出发点和归宿都是为了人的发展。[①] 人的发展可以分为生存与发展两个层面。经济增长最终要促进人的生存主要体现在生活水平的提高。人的生活水平的提高包括两个方面：从数量方面来看，经济增长要提供丰富的物质产品，满足人民的物质文化生活需要；从质量方面来看，经济增长要提高人的生活的舒适程度与便利程度，为人们提供无公害、有益健康的绿色食品、清新的空气、清洁的生活环境。经济增长对人的发展的促进主要体现在人文关怀的改善。人文关怀就是对人的生存状况的关怀，对人的尊严与符合人性的生活条件的肯定，对人类自由的追求，对人的关心、爱护与尊重。[②] 人文关怀是社会文明进步的标志，是人类自觉意识提高的反映。经济增长的人文关怀着眼于人性，注重人的存在、人的价值、人的意义，尤其是人的心灵、精神和情感。经济增长的人文精神倡导把情感看作人的基本存在方式，关注人的精神状态和内在需求，避免人的异化。

经济增长带来财富增长的同时也带来了社会发展的病态以及人的异化问题，人的价值尊严逐渐失落在经济增长中。一方面人类在享受经济发展带来

---

① 任保平：《经济增长质量提高的人本原则及其实现途径》，《改革与战略》2010 年第 5 期，第 45—48 页。

② 王朝明：《缓解贫困与人文关怀》，《经济学家》2002 年第 6 期，第 35—41 页。

的科技成果、安逸生活、文明进步；另一方面也在承受社会冲突矛盾带来的困扰，日益加剧的贫富差距及道德伦理的衰败。人文关怀不再是个性解放的代名词，而成为应对经济增长、科技进步、财富增加对社会以及人性带来的负面影响的价值判断，人文关怀的核心是对人的生存与发展的关注，对人的价值、尊严、情感、道德与理想的重视，是关怀人、尊重人、以人为中心的价值判断标准。[①] 质量型经济增长以人的发展为终极价值判断，应当从人文关怀的精神出发，以人的终极关怀为根本，作出合理的发展规划与制度安排。

第三节　经济增长质量的现实价值判断

质量型经济增长的终极价值判断是人的发展，终极关怀是人文关怀，以人为经济增长的终极目标，而现实价值判断作为终极价值判断的实现手段，是终极价值判断的过渡价值判断，是以功利主义为核心，实现经济高效增长的判断标准，具体要求经济增长实现增长代价的最小化、社会福利的最大化、经济运行的平稳化、产出效率的最大化及产业结构的高级化。

一、经济增长要实现增长代价的最小化

正如卡马耶夫的观点，仅仅从经济增长的速度角度看待增长是不够的，还应当考虑经济增长的代价问题。经济增长的代价主要包括经济代价与社会代价两方面：经济代价是指经济增长带来的经济范畴内的增长代价，包括资源环境代价、生态环境代价等；社会代价是指经济增长对社会范畴内的因素带来的增长代价，主要包括社会文化代价、伦理道德代价以及社会失衡代价等。经济增长质量的现实价值判断要求实现经济增长代价的最小化，实现经济增长效率的最大化。

数量型经济增长普遍重视经济增长的产出，片面追求经济增长的收益，忽略经济增长的成本与代价。现实中经济在增长的同时，增长的负面效应相应不断积累，当增长的负面作用到达一定的临界值，就以社会经济问题的形

① 常修泽：《论以人的发展为导向的经济发展方式转变》，《宏观经济管理》2010 年第 6 期，第 10—13 页。

式表现出经济增长的代价。经济增长的代价可以理解为超越经济增长成本所支付的价值，经济增长代价所消耗的资源不产生有社会需求的产品，其价值形态也不再转化为国民生产总值，是社会为经济增长所支付的损失性价值。经济增长代价的长期支付会带来较大的社会损失，阻碍社会经济发展，引发社会经济危机。质量型经济增长现实价值判断要求实现经济增长代价的最小化，在促进经济增长的同时降低增长代价，实现经济社会的高效发展。

二、经济增长要实现社会福利的最大化

社会福利水平是衡量经济增长质量的重要方面，经济增长质量的现实价值判断要求经济增长实现社会福利的最大化。社会福利的最大化是指经济增长的成果能够带来社会总体福利水平的上升，使社会整体福利得到改善。社会福利水平决定增长的持续动力，福利水平过低会带来社会环境的恶化，经济增长动力不足，不利于经济高效增长。

社会福利水平的主要影响因素是福利分配状况。福利分配不平等可能会引发宏观经济波动和社会冲突、国内政治经济环境不稳定，从而造成再分配压力、寻租行为、产权保护薄弱、投资降低，最后妨碍经济增长。而福利分配的平等性则有利于创造和谐的外部环境，有利于社会大众形成稳定的持久性收入预期，减少预防性储蓄行为，增加即期消费，扩大内需，扭转中国经济高度依赖外需的局面，提高经济增长的持续性；有助于解决穷人的借贷约束，有利于人力资本投资积累，增加低收入者的投资机会；有助于改善机会的平等性，通过教育提高人力资本水平，改善要素使用效率，促进技术创新与扩散，提高劳动生产率，改善健康质量，实现经济成果的共享性；有助于激励经济行为主体从事生产性行为，减少非生产性行为，为经济发展创造良好的外部社会环境，促进经济增长质量的提高；有利于创造和谐的社会氛围，社会各阶层之间互谅互解，减少社会冲突。社会福利最大化有利于提高经济增长效率。质量型经济增长现实价值判断要求实现社会福利的最大化，福利分配的平等性。

三、经济增长要实现经济运行的平稳化

经济的平稳增长是经济增长质量的内在要求，实现经济运行的平稳化是

经济增长质量的现实价值判断。经济稳定增长不同于经济的快速增长，稳定增长的经济应包含两方面内容：一方面经济增长率的波动幅度小，另一方面经济增长率的波动次数少。经济增长率的大幅度上升或下降或者经济波动过快都是经济不稳定的表现，将会给未来经济增长埋下隐患。由于经济周期性规律的作用，经济波动是不可避免的，因此要正视周期性波动存在的客观性，同时在正确认识和解释波动现象的基础上进行理论构思和经济分析，采取现实可行的宏观政策，从而减缓剧烈的经济波动，熨平多余的经济波纹，消除有害的经济涨落，让稳定性贯穿于经济增长的全过程，才能保证经济增长的质量。

增长稳定性是经济增长质量价值判断的重要方面，稳定的经济增长是经济高质量增长的重要内容。因为过度的经济波动对经济的动态效率损害很大：一是破坏了经济长期稳定增长的内在机制，造成社会资源的巨大浪费，从而影响经济增长的持续性；二是加大了宏观经济运行的潜在风险，经济过热往往导致通货膨胀，经济过冷又会造成高失业率。此外，经济波动对人们特别是低收入阶层会造成超乎常规的影响。因为低收入阶层几乎没有什么资本来对付经济的冲击，他们要维持消费水平的稳定将比高收入阶层遇到更多困难，同时由于替代性选择的缺乏，低收入阶层经常从事那些最容易受到经济波动影响的工作，如农业和建筑业。因此，一场经济危机会严重地恶化他们的人力和自然资产，使他们在其后的繁荣中也得不到好处。同时经济波动可能会进一步加大贫富差距，降低经济增长效率。经济的平稳增长是经济增长效率提升的重要前提，是经济增长质量现实价值判断的关键命题。

四、经济增长要实现产出效率的最大化

经济增长质量的现实价值判断以功利主义为核心，以实现经济高效增长为目标，而产出效率则是增长效率的直接反应，揭示了各种生产要素转化为产出的有效性，因此经济增长要实现产出效率的最大化。生产率的改进，使得同等数量的生产要素结合起来可以得到更多的产出，而技术进步可以改变生产要素的组合，提高产出效率。在不存在技术进步时，经济增长受到收益递减的限制，而引入技术进步，将出现收益递增，从而提高生产率。经济增长要实现产出效率最大化，应当促进生产率的改进，加快技术进步。

经济增长质量的内涵体现了经济系统的投入产出效率，经济系统投入产出的效率直接和经济增长方式相关。经济增长方式是实现经济增长的生产要素的组合形式，或者说是经济增长过程中生产要素投入与要素生产率提高的构成方式，即实现经济增长所依赖的增长源泉构成及其路径。提高以技术为代表的全要素生产率要求经济增长方式转变，从传统的粗放式的经济增长方式向内涵式的经济增长方式转变。这种内涵式经济增长方式的主要动力并非来源于社会资源的投入，而是技术进步和创新，它克服了资源有限性的约束，为经济增长提供持续动力。质量型经济增长的现实价值判断要实现产出效率的最大化，实现增长方式的转变，实现要素生产率的提高。

五、经济增长要实现产业结构的高级化

产业结构是经济增长中产业构成及其相互关系的反映，优化产业结构能够提高经济增长效率，低层次的产业结构会阻碍经济增长效率的提升。经济增长质量的现实价值判断要求经济增长实现产业结构的高级化，在经济增长过程中不断进行产业结构的优化，最终达到产业结构高级化，形成经济增长与产业结构优化相互促进的良性循环模式。

产业结构的高级化首先要求产业结构合理化，要求不同产业比例关系协调，从而使要素在三次产业中充分转移，得到最优配置，提高要素的配置效率。其次，在经济增长的高级阶段，产业结构的高级化要求实现产业结构的高度化，优化的产业结构要求发挥科学技术在产业提升中的作用，注重发展高新技术产业，提高技术进步对经济增长的贡献率，高级化的产业结构要求产业结构发展符合低层次向高层次演进的过程，发展具备高技术含量的第三产业，实现技术密集化、产品技术化、高附加值化与高度加工化。另外，高级化的产业结构要求发挥资源的比较优势，能够充分利用资源禀赋，减少闲置资本，获得比较优势。同时，随着资源优势的变化，产业结构也应当进行相应调整，从而发挥经济增长的比较优势，提高经济增长效率。[①] 质量型经济增长的现实价值判断要求实现产业结构的高级化，实现产业结构的合理

① 钞小静、任保平：《资源环境约束下的中国经济增长质量研究》，《中国人口·资源与环境》2012年第4期，第106—111页。

化、高度化与资源比较优势的发挥。

第四节　两种价值判断的关系

经济增长质量价值判断体系的构建为追求经济增长的数量、质量和效益的统一提供了判断的标准。

经济增长质量的终极价值判断的核心是人的发展，是基于人本主义经济发展观的判断标准；经济增长质量的现实价值判断则是以功利主义为核心的，实现经济高效增长的判断标准。经济增长质量的两种价值判断不是相互分离的判断标准，而是同一判断标准的两个层面。

经济增长质量的现实价值判断是价值判断在现实经济层面的反映，是适应性价值判断，是为了实现终极价值判断的手段与过渡标准。经济增长质量的终极价值判断则是质量型经济增长的最终目标，是超越性价值判断，是现实价值判断的逻辑终点，是高层次的价值判断。现实价值判断与终极价值判断贯穿于经济增长的各个领域与阶段，任何经济增长阶段都有现实与未来的关系，也都有目标与手段的区别。因此，经济增长质量的终极价值判断与现实价值判断是相互统一的，经济增长质量的价值判断体系既包括实现人的幸福最大化、社会文化发展与促进人的发展的终极价值判断，又包括实现增长代价的最小化、社会福利的最大化、经济运行的平稳化、产出效率的最大化以及产业结构的高级化的现实价值判断。在提高中国经济增长的质量和效益中，对经济增长质量进行评价时应当结合终极价值判断与现实价值判断进行综合考量，从而实现中国经济增长中数量、质量和效益的统一。

第 十 一 章
质量型经济增长中的主体行为

任何社会变革和社会政策的调整都是利益格局的演化，随着利益格局的变化，各社会经济主体的行为博弈也会随之发生变化，与此相适应的制度安排也需要作出调整，这是政治经济学的基本分析思维。在提高经济增长质量的过程中，需要实现从数量型经济增长向质量型经济增长的转型，而这一转型的实质就是利益格局的变化，从而经济增长主体的行为博弈也会发生变化。因此，从数量型经济增长向质量型经济增长的转型也是一个典型的政治经济学问题。

第一节　质量型经济增长中利益格局的变化

经济增长的低级阶段以数量的扩张为主，而进入高级阶段不仅要追求数量上的扩张，而且要追求经济增长的质量，形成数量与质量的统一。从实践意义上来说，经济增长的质量是指在经济增长过程中，在数量增长的基础上，还要考虑投入与产出比的合理性、经济结构的优化程度，努力提高经济增长的能力和持续发展的能力。从数量型经济增长向质量型经济增长的转变，意味着经济增长模式的调整，这就难免要在各个利益归属间作出相应的调整，这种调整必然会导致利益格局发生变化，这些变化主要表现在以下三个方面：

一、经济增长终极关怀的变化

经济增长的根本出发点和最终落脚点都是为了人的生存与发展，为了提高人的生活水平。而人的生活水平的提高则包括两个方面：从数量方面来看，经济增长要提供丰富的物质产品，满足人民的物质文化生活的需要。从质量方面来看，经济增长要提高人的生活的舒适程度与便利程度，为人们提供无公害、有益健康的绿色食品，提供清新的空气、清洁的生活环境。与数量型经济增长相对应的是“以物为本”的增长观，它把物质财富的增长作为经济发展的终极关怀，认为发展中国家要改变落后的局面，就必须致力于以物质增长为核心的经济增长，只要物质财富增长起来，发展中国家的一切经济问题就自然会解决。与质量型经济增长相对应的是“以人为本”的增长观，它把人的全面发展作为经济发展的最终目的和最强大的动力，重视健全公共服务，提高教育、医疗水平等与人的全面发展密切相关的问题，把提高人的生活福利、拓宽人的发展空间、维护人的发展权利作为经济发展的终极关怀。作为一个发展中国家，我国的经济发展历程也与其他国家存在着一定的相似性。从本质上来看，我国转型中的经济发展模式也是一种“以物为本”的经济发展模式。“以物为本”的经济发展模式是通过高投入和扩大规模的路径来实现的，主要依靠增加物质生产要素如劳动和资本要素的投入，具有较大的波动性且建立在对资源的过度开采和过度利用、对环境的过度破坏和污染的基础上，破坏了自然生态平衡，从而损害了人类赖以生存的自然环境基础，危及了人类的长期生存和发展。而“以人为本”的经济发展模式是通过技术进步和知识创新提高要素效率来实现的，强调宏观经济的平衡与经济结构的稳定性，强调人的全面发展。因此，为了实现经济增长质量的提高，在数量型经济增长向质量型经济增长转变的过程中，经济增长终极关怀要实现由“以物为本”向“以人为本”转型。

二、经济增长成果分配格局的变化

从经济增长的后果来看，经济增长质量强调各个经济利益主体矛盾的缓解，城乡差距、地区差距以及群体差距的缩小与和谐相处。“效率”与“公平”之间并不是绝对对立的，收入分配不平等程度的持续上升，不仅不利于全民分享经济发展的成果，而且也通过各种机制抑制了经济的增长。缩小收入差距并不仅仅是为了实现道德层面的公平，如果任由收入差距扩大，那么经济增长本身将会受到损害，这对每一个社会成员都是不利的。但是，改革开放 40 年以来我国收入分配不平等的状况却呈现出加剧的趋势。从反映收入分配整体变动情况的基尼系数来看，根据程永宏（2007）研究中的计算结果，我国总体基尼系数的演变大体上可分为三个阶段，1981—1984 年，总体基尼系数较低，在 0. 27—0. 30 之间；1985—1992 年，总体基尼系数较高，在 0. 3—0. 4 之间；1993—2004 年，总体基尼系数超过警戒水平，基本上都在 0. 4 以上，其中 1993 年、1997 年仅略低于 0. 4，2003 年达到最高值 0. 4430，2004 年为 0. 4419。从反映收入分配主要变动情况的城乡泰尔指数来看，通过计算我们发现我国 1978—2007 年间泰尔指数的变动趋势与基尼系数的状态基本是一致的，1978—1984 年泰尔指数由 0. 091 缓慢下降到 0. 040，而在此之后呈现出波动中上升的态势，到 2007 年我国泰尔指数已经达到 0. 163。质量型经济增长最重要的内容之一就是所有社会成员的参与和共享，其根本目的就是让人民公平合理地分享经济增长的结果，实现经济的均衡、协调、可持续发展。提高经济增长质量要求在初次分配与二次分配中都注重收入分配的平等程度，重视由利益冲突向利益和谐的转化，实现由少数人分享型的增长向全体人民分享的增长模式转变。所以，从数量型经济增长向质量型经济增长转变的过程就意味着收入分配格局的调整，在经济增长的同时，收入分配向低收入地区、低收入人群倾斜，使所有人都从增长中获益。

三、利益分享机制的变化

质量型经济增长的核心是以人为本。实现数量型经济增长向质量型经济增长的转变就是要以尊重每一个个体为前提，给予每个个体足够的发展机会，从宏观层面来看就是要使社会增长的福利向各个阶层平等地流动，使得全体社会成员都充分共享经济发展的成果。基本公共服务是建立在一定社会共识基础上，由政府根据经济社会发展阶段和总体水平来提供，旨在保障个人生存权和发展权所需要的最基本社会条件的公共服务。它的范围和标准是随着经济发展水平和政府保障能力的提高而不断调整的。基本公共服务直接或者间接地促进了人类发展。基本公共服务的改善将在促进经济增长质量提高中发挥核心作用：一是健康和教育等基本公共服务有助于促进人力资本积累，替代物质资源的投入，提高劳动生产率和资源利用效率，降低经济增长对物质投入的依赖。二是基本公共服务的供给中基本社会保障水平的提高，有助于减少居民的预防性储蓄，促进消费，扩大内需，实现经济发展方式的转变和经济结构的优化。三是基本公共服务水平的提高，将改善劳动力市场运行效率，合理配置劳动资源。因此，加快基本公共服务的均等化，不仅对于调整国民收入分配格局意义重大，而且更是实现质量型经济增长不可或缺的内容。但是，改革开放 40 年以来我国基本公共服务的分布状况却不容乐观，广大社会成员的公共需求全面、快速增长同公共产品短缺、基本公共服务不到位成为日益突出的阶段性矛盾。要实现质量型经济增长，就必须实现基本公共服务的均等化，在城乡之间逐渐实现机会平等，大幅提升义务教育、基本医疗卫生、社会保障、保障性住房、公共就业服务的供给和均等化水平。由此可见，从数量型经济增长向质量型经济增长的转变，就意味着基本公共服务重点的调整，在经济增长的同时，基本公共服务向低收入人群倾斜、向农村地区倾斜，使所有人都从增长中获益。

第二节　质量型经济增长中经济主体的行为

在市场经济中，家庭、企业与政府无论是作为单个的自然人、组织机构，还是作为依法享有行政权利的组织体系，都是市场经济不可缺少的组成部分。其中，家庭是市场经济的消费主体，企业是市场经济的运行主体，而政府是市场经济的调节主体。从数量型经济增长向质量型经济增长的转变，要求经济增长中相关利益主体的行为也要进行调整。

一、政府主体的行为

在数量型经济增长为主导的经济运行下，政府以充分就业、物价稳定、经济增长以及国际收支平衡作为基本的调控目标，而随着经济增长由数量型向质量型的转变，政府的调控目标也要相应发生变化。从政府调控的基本目标来看，数量型经济增长把物质财富的增长作为经济发展的终极关怀，而质量型经济增长将人的全面发展作为经济发展的最终目的。因此，在数量型经济增长向质量型经济增长转变的背景下，政府在宏观经济调控的过程中需要把提高人的生活福利、拓宽人的发展空间、维护人的发展权利作为经济发展的基本目标。从政府调控的具体目标来看，经济增长质量从效率提高、结构优化、稳定性提高、福利分配改善、生态环境代价低、创新能力提高等诸多方面提出衡量经济增长的价值判断，这就为政府政策的制定提供了判断依据。经济增长生产率的改进、经济增长的稳定和持续性、资源环境与生态成本降低、经济结构的转化、经济增长成果的共享以及国民经济素质的提高成为质量型经济增长背景下政府调控的重要内容。

"总产量达到一定水平之后，立法者与慈善家就无须再那么关心绝对产量的增加与否。此时最重要的事情是分享总产量的人数相对来说应该有所增长。"质量型经济增长描述了公平与效率之间相互依存和良性互动的内在包容性。政府在宏观经济调控中，一方面需要让更多的人分享经济增长的成果，让弱势群体得到保护；加强中小企业和个人能力建设，促进中等收入阶层的成长，缩小收入差距。另一方面在经济增长过程中需要保持平衡，尤其要注重区域经济发展平衡，建立新的区域经济发展格局；重视各个利益主体矛盾的缓解，城乡差距、地区差距及群体差距的缩小，各个群体各尽所能、各得其所而又和谐相处；强调城乡经济社会一体化，重视城乡之间的平衡发展，主张建立城乡经济社会一体化新格局。此外，政府还需要重视经济发展和社会发展的协调，经济发展是社会发展的前提和基础，也是社会发展的根本保证；社会发展是经济发展的目的，为经济发展提供精神动力、智力支持和必要条件。随着人民群众的物质生活水平日益提高，对精神文化、健康安全、教育水平等方面的需求也日益增长，更加要求社会与经济共同发展。如果社会事业发展滞后，经济也难以实现持续较快发展，因此经济增长必须包含社会发展。

二、企业主体的行为

在数量型经济增长为主导的经济运行下，企业主要依靠要素投入的扩张来推动发展，而随着经济增长由数量型向质量型的转变，企业的行为目标也要相应发生变化。结构性增长是经济增长质量的重要内容之一。在新古典经济增长理论中，经济增长的源泉是要素供给的增加，这是因为新古典经济增长是一个同质的、一元化的过程。但是，每个国家和地区经济增长的道路各有不同，对于经济结构基本稳定的发达工业化国家而言，经济增长需要进一步增加要素供给，提高技术和人力资本，对工业化过程中的发展中国家而言，经济增长的另一个重要原因在于经济结构的转化。结构性增长的本质，是要把要素投入型增长转变为要素效率型增长。结构变动对经济增长质量提高具有促进作用，在生产要素总量一定的情况下，只要产业结构的变化能够适应需求的变化，能够更有效地对技术加以利用，劳动和资本能够从生产率低的部门向生产率较高的部门转移，促进要素在各部门的合理配置和最优使用，结构的变动就会加速经济增长，并提高经济增长质量。从投资推动型增长转变为技术驱动型增长，也是由要素数量的增长转向要素效率的增长的过程。仅仅依靠投入量的增加，经济增长是有极限的，只有依靠技术进步，优化经济结构，经济增长才能摆脱资源的限制。传统结构性增长的前提不是生产要素的多寡，而是不同产业效率的差异性。这种普遍存在的差异性是结构性增长的基本势能。与此同时，追求利润和市场竞争是生产要素从低效率产业向高效率产业转移并形成结构性增长的动能。这种势能和动能长期存在。只要将生产要素从低效率产业转向高效率产业，即使生产要素数量不增加，国民收入也会获得增长，其效果类似技术创新。基于此，在数量型经济增长向质量型经济增长转变的背景下，企业也需以追求增长的质量作为行为的目标，依靠技术创新提高企业的竞争力，创造更具效率的增长空间。

三、家庭主体的行为

在数量型经济增长为主导的经济运行下，家庭主要依靠劳动与投资来获取收入，家庭的消费行为取决于收入获取的情况，而随着经济增长由数量型向质量型的转变，家庭的行为目标也要相应发生变化。福利分配是经济增长质量的重要内容之一，福利分配的改善可以实现经济增长成果的共享，形成长期激励，从而提高经济增长的质量。在数量型经济增长向质量型经济增长转变的背景下，一方面，家庭的人力资本投资选择会发生改变。当收入分配不平等时，低收入群体会选择不进行人力资本投资，作为非熟练劳动力在规模报酬递减的传统农业部门从事劳动；而如果收入分配相对比较平等，这部分劳动力就会选择进行人力资本投资。另一方面，家庭的消费需求会发生改变。消费需求依赖于家庭的收入水平，国内需求的扩大，特别是工业品需求的扩大，需要有一个中间阶层来支撑。这是因为富裕的人所需求的商品一般是一些高级工艺品或进口奢侈品，而不是国内的一般工业品。当财富过于集中在特别富有的人手中，将导致对手工艺品和进口奢侈品的需求，而抑制国内制造业产品的市场规模。随着经济增长由数量型向质量型转变，福利分配的情况将会得以改善，中间阶层家庭的比重将会得以提升，家庭的消费倾向也就随之发生改变。

第三节　质量型经济增长背景下的制度创新

从数量型经济增长向质量型经济增长的转变过程中，利益格局和主体行为发生了变化，这就需要制度创新来形成与质量型经济增长相适应的制度安排。提高经济增长质量的关键是“使制度正确”，更一般地说，“使制度正确”就是要节约交易成本，在经济增长中创造秩序和降低交易的不确定性，在制度建设的基础上设计社会制度结构中的关键变量——社会激励结构，形成有利于经济增长质量提高的激励和治理机制。

一、制度创新影响经济增长质量的逻辑机理

第一，制度目标创新是实现提高经济增长质量目标的基本前提。制度目标创新就是在制度创新过程中根据衡量经济增长质量指标的变化情况对现有制度框架进行调整。从目前关于经济增长质量内涵界定的文献可以看出，经济增长质量是衡量经济增长的多维度指标体系，既要求宏观经济在总量上实现持续增长，还要求人们赖以生存的生态环境、社会环境得到改善，居民能够充分享受到长期经济增长所带来的福利成果，同时经济结构在总量增长的过程中得到进一步优化。所以，制度目标创新就是要改变原有制度目标的设计思路，即在原有仅仅追求经济快速增长或者社会福利最大化的制度框架下，通过制度目标创新将优化经济结构、提高居民福利水平以及改善生态环境质量等目标统一起来，纳入整体的制度设计过程之中，从而充分调动现有生产要素，激励经济主体在追求经济增长的同时，把降低生态环境成本、改

善收入分配作为经济活动的重要内容。只有通过制度目标创新，才能利用制度约束保证经济主体的各项经济活动都始终围绕提高经济增长质量的目标进行。因此，要把制度目标创新作为通过制度因素激励经济主体提高经济增长质量的前提。

第二，制度设计方法创新是实现提高经济增长质量目标的关键条件。提高经济增长质量的过程是涵盖多个维度的经济发展过程，针对不同维度则需要选择不同设计方法对旧有制度进行调整和设计。为追求经济总量上的持续增长，在要素边际收益递减规律的影响下，按照新古典经济增长理论仅仅依靠鼓励物质资本投入的制度安排无法满足长期经济增长的要求，这就需要按照新经济增长理论抑或是动态随机一般均衡理论（Dynamic Stochastic General Equilibrium）等经济增长理论的最新研究成果对原有制度体系进行调整，形成更有效率的资源配置体系，为长期经济增长提供动力来源。同样，为了保障经济增长成果能够被全体社会成员公平分享，必须按照公平分配的目标要求，针对现有分配制度存在的问题和缺陷，特别在产权界定还不完全清晰的条件下，按照产权理论和契约理论等，对其进行重新调整和设计，构建能够实现效率和公平目标兼顾的社会福利分配制度。再者，改善生态环境和社会环境的核心问题在于如何将经济活动产生的外部成本内部化，这就需要借鉴规制经济学和信息经济学的分析方法，设计出能够充分显示外部成本信息的制度安排，将外部成本内部化，使经济主体在改善生态环境和社会环境的过程中实现自身收益的最大化。另外，由于经济增长质量各维度之间相互制约相互影响，这就决定了为维持经济持续增长、社会福利能够共享以及生态环境改善所进行的制度创新并非孤立的个体，而是一个完整的制度创新系统，因此，需要借鉴系统论或者系统工程的研究方法有效降低不同制度创新之间的冲突、提高制度创新的协同性，这对于实现提高经济增长质量的目标至关重要。随着经济发展阶段的变化，经济增长、福利分配以及环境保护等方面所面临的问题也会不断变化，客观上也要求针对相应的制度安排进行调整和设计，同时还要保证不同制度之间的协调性，而制度设计方法的创新就是解决上述问题的关键条件。

第三，制度创新结果的有效评价是实现提高经济增长质量目标的重要保障。对制度创新结果的评价，不仅要探寻影响制度创新的因素，还要对制度创新产生的经济效应进行分析，不仅要判断经济制度是否沿着创新方向进行变革，而且要分析在制度创新之初所确立的目标是否在逐步实现，制度创新的实施成本是否过高。在制度创新目标为提高经济增长质量的前提条件下，对制度创新结果的评价主要包括五个方面：制度创新是否促进了经济总量的持续增长；伴随经济增长的过程，制度创新是否有助于改善居民生产和生活过程中赖以生存的生态环境和社会环境；制度创新是否促进了全体居民对经济长期增长结果的共享；所有创新的制度之间是否实现了协同变迁，不同制度之间是否存在冲突；经济制度是否沿着提高经济增长质量的方向变迁，即要根据对制度创新结果的评价探寻影响制度创新的因素，分析制度创新目标的设定以及设计方法选择过程中是否存在问题，并根据存在的问题不断完善制度创新的整个过程，使整个制度沿着提高经济增长质量的方向创新。因此，只有通过对制度创新引起的经济效应进行科学的评价和分析，发现并消除阻碍制度创新的因素，降低制度创新产生的各种成本，保障制度创新沿着提高经济增长质量的方向变革，才能为经济增长质量的提高提供最有效率的制度安排，为提高经济增长质量的经济发展目标提供制度保障。

二、以制度创新提高经济增长质量的路径

基于上述对制度创新与中国经济增长质量的理论与实证考察，笔者认为要实现提高经济增长质量与效益的目标，在制度创新的过程中应注意以下几点：

第一，依据经济发展阶段的要求，拓展制度创新的目标。如前所述，提高经济增长质量除了包含经济数量上的增长外，还要求资源环境能够在经济增长过程中得到保护和可持续开发，收入分配差距不断缩小，而且经济结构能够伴随经济发展阶段的提升而逐渐升级。所以，除了把促进经济增长作为制度创新的目标之外，还应该突出资源环境保护、收入分配改善、经济结构优化等内容。具体讲：要完善资源环境方面的立法，强化其对经济主体行为的约束力，通过相应的约束与激励机制控制环境污染、提高资源利用效率，以实现通过法律制度创新降低经济增长的资源环境成本的目标；要加快收入分配体制建设，创新当前收入分配体制，在兼顾分配效率的同时，把促进收入分配的公平作为收入分配体制创新的核心，强化税收、转移支付、社会保

障等二次分配在调节收入分配过程中的作用，最终保障全体居民能够分享经济增长的成果；结合当前经济发展阶段和趋势以及资源禀赋条件，创新相关的经济和产业发展战略，优化经济结构，把经济结构升级作为提高经济增长质量的一条重要途径。

第二，转变创新主体观念、提升人力资本，完善制度创新的方法和思路。在新制度经济学家们看来，观念作为文化的重要组成部分，是构成制度创新的源泉之一，而人力资本水平的高低，直接关系到制度创新思路和方法的选择，影响制度创新的层次以及实施的结果。从追求经济数量上的增长到经济增长质量的提高，体现的是发展观念和思路的转变。与之相适应，制度创新主体的创新观念也应随之调整，从单纯追求经济增长的制度创新向追求经济、生态、社会全面协调发展的制度创新转变，通过制度创新激励和约束经济主体行为把生态成本和社会成本能够限制在维持经济、生态、社会三者可持续发展的水平之下。同时，积极采取措施强化对制度创新主体人力资本的提升，特别是要强化制度创新主体对制度设计理论和方法的学习，包括掌握如何获取相关利益主体信息集的方法，如何构建全面评价制度创新绩效的方法等，从而保证创新的制度能够最大限度地激励和约束经济主体的经济行为沿着提高经济增长质量的方向不发生变化，并积极提升制度创新主体对制度创新流程的认识，鼓励制度创新主体和相关研究人员对制度创新理论进行研究，不断修正现有制度安排和制度创新过程中的不足，为经济增长质量的提高提供最有效率的制度保障。

第三，加快政府职能的转变，优化制度创新主体结构，拓展制度创新的动力空间。改革开放过程中，以政府为主导的强制性制度创新模式为中国经济制度的成功转型以及长达 40 年的经济高速增长提供了条件，这一过程制度创新的主体主要是政府。但是，随着发展阶段的深化以及市场经济制度的确立，企业和居民的地位也迅速提升，过去依靠政府主导的制度创新模式已无法适应全社会提高经济增长质量的诉求，要解决保护生态环境、降低社会成本等问题已离不开企业和居民的参与。所以，在制度创新的过程中要把政府、企业、居民三者的作用有效结合起来：一是政府在制度创新过程中，要顺应经济发展的趋势和相应阶段基本特征，实现从“强制性”制度创新向“辅助性”制度创新过渡。随着中国经济发展阶段的深化，市场所反映的信息越来越不易于被政府掌握，因此政府要逐渐从政府主导型的强制性制度创新的模式中退出，把企业和居民纳入制度创新的过程，政府通过提供信息、搭建平台、权益保障等方式辅助并鼓励企业和居民参与完成制度创新的整个过程。二是企业和居民要积极参与制度创新过程，要逐渐成为制度创新的主要动力。制度最终影响的是市场主体的行为，企业和居民往往也是制度激励与约束机制的承受者，这也决定了企业和居民对当前制度安排存在的问题认识更清楚、更深刻。而提高经济增长质量的制度创新最终受益者是企业和居民，他们也最有“意愿”通过创新制度而实现自己的预期收益。当企业、居民参与到制度创新的过程后，他们将充分显示资源环境保护、收入分配调整以及生产和消费结构转换过程中的相关信息，而这些信息构成了现阶段制度创新的基础。通过政府部门的搜集、统计和处理，最终为制度的调整和设计提供依据，为制度创新效率的提高提供条件。当然在上述过程中，政府要发挥引导作用，保证制度创新的过程始终沿着提高经济增长质量的方向变迁，而且保证政府、企业、居民三者之间在制度创新过程中形成良性互动、信息共享，这才是影响制度创新能否成功的关键。

第四节　质量型经济增长背景下的政策调整

提高经济增长质量是以相应的制度安排与政策支持为基础的，制度的设计是否合理、相关政策的实施是否有效都直接制约了经济增长质量改善的最终效果。基于此，经济增长由数量型向质量型转变需要做如下政策调整：

一、收入分配政策的调整

我们之所以关注经济增长的过程并不仅仅是为了其本身，更是为了经济增长的结果，追求经济增长的最终目的是为了整个人类福利水平的改善。因此，作为经济增长质量重要维度的福利分配问题，对于我国经济增长质量的提高具有举足轻重的作用。在前改革时代我们强调“一部分人先富起来”，改革的利益和成果没有被大多数人所分享，造成了收入分配的严重差距，随着我们步入后改革时代，在改革目标和价值判断上要强调改革成果的分享性，使大多数人能够分享改革的成果。因此，为了提高中国经济增长的质量，需要对收入分配政策进行调整，在初次分配与二次分配中都注重收入分配的平等程度，重视由利益冲突向利益和谐的转化。首先，应当促进收入分配体制的创新，完善各项社会保障制度。在经济发展的新阶段，初次分配和再分配都要注重效率，加强政府对收入分配的调节职能，规范分配秩序，完善住房、医疗和养老保险等各项社会保障制度。其次，应当扩大中等收入者的比重，在收入普遍提高的基础上缩小收入分配的差距。收入分配不平等通过市场规模、投资水平、财富积累激励、政治经济以及社会政治环境等机制制约经济增长，影响整体居民福利水平的改善。因此，在提高经济增长质量的过程中我们应当以共同富裕为目标，既要打破新的平均主义，又要控制收入分配差距，扩大中等收入者的比重，提高低收入者的收入水平。

二、产业政策的调整

经济增长结构最主要的内容是产业结构，现代经济增长方式本质上是结构主导型增长方式，即以产业结构变动为核心的经济增长。经济增长质量的提高不仅取决于经济增长的动力有多大，还取决于市场需求和空间的大小。结构变化不仅发生在三次产业之间，而且随着三次产业结构变动，各部门内部结构也在发生变化。国际经验和中国的实践都表明，结构优化升级与经济的持续增长具有强相关性。因此，为了实现中国经济增长质量的提高，需要进一步推动产业结构的优化升级。经济转型 40 年以来我国的三次产业结构是有所改善的，在经济发展的新阶段，我国的产业结构调整应当以提高资源配置效率、促进产业升级为重点，通过产业政策的调整来促进产业结构的升级。在产业政策中，不仅需要继续发展劳动密集型产业、加强能源原材料等基础产业，而且需要将发展机械装备制造业、投资类电子产品制造业、精细化学工业、信息技术产业等技术密集型产业放在战略性的地位，以此来推进国民经济各个部门物质技术基础的现代化，提高短缺性资源的利用效率。经济增长质量是一个涉及经济增长的结构、经济增长的稳定性、福利变化与成果分配以及资源利用和生态环境代价等多维度的多元的概念。因此，在产业政策的制定过程中，还需要把各种产业、各种产品的资源消耗和环境影响作为重要的考虑因素。为了实现经济增长质量的全面提升，需要在产业政策的制定与执行中严格限制能源消耗高、资源浪费大、污染严重的产业发展，积极扶持质量效益型、科技先导型、资源节约型的产业发展；应当重视技术进步与技术改造在产业升级、治理污染中的作用，大力发展环保产业；需要将可持续发展纳入产业政策的考虑范围，促进资源的合理配置和产业布局的协调发展；需要积极发展低碳经济，采取以低能耗、低污染、低排放为基础的经济模式来降低生态环境代价，实现经济持续增长。

三、金融政策的调整

经济增长的稳定性是经济增长质量的重要方面，过度的经济波动不仅会破坏经济长期稳定增长的内在机制，导致供求关系失衡、经济增长的结构失衡，而且还会造成一部分居民福利水平的损失以及福利分配状况的恶化，影响经济增长的质量。2008 年，发端于美国的次贷危机演变为一场百年一遇的全球性金融危机，这不仅给全球金融领域造成了灾难性的打击，同时也引发了世界性的经济衰退。对于保持经济增长的稳定性而言，如何防范金融创新中的风险、维护本国金融体系的安全与稳定变得越来越重要。随着经济全球化的不断发展，我国参与国际生产、贸易和资金循环的深度与广度也在不断增加，金融体系的稳定不仅受到国际油价上涨、美元贬值、国际政治纷争等不可控制因素的影响，而且面临着跨境金融风险的传染性的威胁。从资本监管政策来看，目前我国国际资本尤其是短期资本的流入规模急剧增长，流入速度不断加快，这不仅给货币政策的执行带来压力，而且也容易诱发国际游资的冲击，影响金融体系的稳定。虽然我国存在资本管制，但是资本的非正式流动一直是存在的，随着对外交往的更加频繁，对资本账户的管制面临更大的困难。完善资本监管制度对于防范外流异动风险、保障金融稳定具有重要意义。从汇率政策来看，汇率变动的压力如果不能以主动的方式加以化解，就必然会以危机的方式释放。僵硬的汇率制度很难反映真实的汇率变动趋势，在投机者的冲击之下将会引发市场信任危机，从而导致金融体系的不稳定。我国现阶段实施盯住“一揽子货币”的有管理的浮动汇率制度，中国人民银行在保持适度人民币汇率水平的同时，更需要注重增强人民币汇率的灵活性，进一步推进人民币汇率制度的改革，注意与金融监管模式的协调，才能保证金融稳定性目标的最终实现。

四、财政政策的调整

在政府的公共政策中，财政政策是常用的工具之一，主要关注政府支出和税收之间的关系，涉及政府支出、征收可以满足支出的税收收入以及两者之间的关系问题。对于经济增长质量的提高，财政政策的作用是多方面的，它能够控制资源配置价格体系、增加工业的种类、提高就业率、调整收入再分配以及向公共投资提供资金。因此，为了提高中国经济增长的质量，需要对财政政策进行调整，运用税收政策鼓励经济结构的优化、减少投资对经济稳定的冲击、对低收入者进行转移支付并通过财税体制创新来提高资源利用的效率。第一，充分运用税收、信贷、折旧等经济手段优化三次产业之间的结构，并利用政策倾斜驱动和政府推动来加速消除结构性失衡。第二，借助财政政策的调整来降低投资对经济增长稳定性的冲击。第三，通过财政政策的相关手段对低收入者进行转移支付。第四，进行财税体制创新，提高资源利用效率。

五、资源环境政策的调整

资源利用和生态环境代价是经济增长质量的重要维度之一，体现着经济增长成本的高低。为了提高中国经济增长的质量，需要对资源环境政策进行调整，强化产业结构调整中的环境管理力度，制定全面调整产业结构、减少结构性污染的环境经济政策，建立向低碳经济投资激励与约束的政策。第一，将经济规律与生态规律相结合，强化产业结构调整中的环境管理力度。第二，制定全面调整产业结构、减少结构性污染的环境经济政策，大力发展环保产业。第三，将低碳经济发展纳入国家战略，建立低碳经济发展的投资激励与约束政策。

第十二章

质量型经济增长的道德基础与文化基础

道德基础作为一种价值判断是推动经济增长质量提高的精神动力，对经济增长质量提高具有重要的影响。提高经济增长质量必须重视经济道德基础的构建，为经济增长质量建立价值判断。文化并非生产中的直接投入要素，文化对经济增长绩效的影响是通过生产要素、技术和制度等因素间接发生作用的，经济增长如果忽视了文化的发展，就会形成“无根的增长”。因此，本章从精神因素出发，来研究质量型经济增长的道德基础与文化基础。

第一节　质量型经济增长的道德基础

一、道德基础对提高经济增长质量的作用

道德基础作为一种价值判断是推动经济增长质量提高的精神动力，对经济增长质量提高具有重要的影响。

（一）道德基础能够为经济主体提供精神动力，促进经济增长质量的提高

经济增长质量的道德基础能够为经济主体提供激励和约束。正如诺斯所说：“即使在最发达的经济中，正式规则也只是决定行为选择的总体约束的小部分，大部分行为空间是由习惯、伦理等非正式规则来约束的。”① 道德基础在客观上

① ［美］道格拉斯·C. 诺斯：《制度、制度变迁与经济绩效》，杭行译，上海人民出版社 2010 年版，第 40 页。

是作为一种无形的经济构成要素而存在的。这种无形的经济构成要素通过为经济活动提供理念支持、精神动力以及营造良好环境来提高经济增长质量。

经济活动效率受制于具体的经济制度，而一种经济制度的构建总是在一定价值理念的支配下完成的，道德基础作为社会的主流理念对经济制度的构建发挥了重要的作用。积极的道德基础有利于构建合理的制度结构，能够有效规范经济主体的行为、降低交易成本，提高经济效益、促进增长。道德基础通过激励为经济主体的风险性经济行为提供精神动力，“开拓”“进取”“奋进”等伦理精神对经济主体的开拓性经济行为给予激励，使其在承担高风险的条件下依然勇于前进，即使主体的风险性经济行为遭遇到经济上的失败，经济伦理也能够使其获得精神上的补偿，使败者虽败犹荣，胜者名利双收。这种效应就能够引导更多的人进行理性的风险投入，从而为个人和社会利益的最大实现创造条件，促进社会创新、经济发展。道德基础通过协调，为营造良性竞争环境提供基础，只有在良性竞争环境中，经济主体才能实现利益最大化。法律以外规范竞争环境的主要因素即为道德基础，它以确认经济主体的人格平等为前提，充分肯定每个人追求自身利益的合理性。虽然市场竞争的道德基础承认经济主体之间竞争能力上的差别，并把竞争中的胜利与失败看成是经济运行过程中的必然结果，但它坚决反对把竞争优势上升为人格优势，并且反对以各种不正当手段确立的竞争优势。在倡导竞争的同时，它提倡经济主体之间的相互合作，致力于协调竞争关系的结果，从而使经济压力转化成了经济动力，实现经济利益最大化的目标。

（二）道德基础能够促使自利行为公益化，促进经济增长质量的提高

道德基础体现了经济主体的社会性，直接服务于社会功利目标，体现经济主体与社会和他人关系的一致，肯定道德基础对于促进经济发展的作用就是肯定经济主体的社会责任与经济责任的统一。德国经济伦理学家卡尔·霍曼认为，从道德上规范现代经济生活的重点在于创设这样一种经济体制：在这种经济体制中，所有经济主体都能履行其道德义务。唯有如此，个人良心方可抵消体制失灵，最终保证道德标准高的经济主体的利益实现。[①] 这表明

① 陈泽环:《功利·奉献·生态·文化——经济伦理引论》，上海社会科学院出版社 1999 年版，第 13 页。

认同并开发道德基础的价值对体现社会公平具有特殊意义，强调经济主体向其他社会主体的利益延伸。虽然自利行为公益化有时候会使经济主体的利益有所减少，但从长期来看，却促进了其利益的增加。

自利行为过程的公益化是指经济主体的自利实现过程也是他利的实现过程，市场经济的交换原则决定了个人利益的取得只能在与他人的双边关系中实现。作为对等的经济主体，双方的利益在交换过程中的顺利表达，要求每一方在取得利益的同时必须要有对等的付出，也就是说自利行为必须要以他利为前提。由于与特定经济主体发生交换关系的对象是多元化的，因此，他利便形成了公益。如果一种经济行为过程只表现出自利性而无法达到公益化，则在经济上违反了等价交换原则，在道义上也陷入利己主义，这是道德基础所反对的。相应地，结果的公益化是指经济主体自利行为所带来的既得利益，必须同时作为社会化公益而存在，体现出对于社会和他人的有用性。道德基础要求经济主体从两方面作出努力实现自利行为的公益化：一方面，通过税收使一部分经济利益的所有权发生改变，由特定的经济主体所有转化为社会公有，常常以财政收入为形式，以社会公共福利为归宿；另一方面，通过投资使税后的经济利益以新的形式产生效益，这种效益对于经济主体意味着更多的个人利益，对于社会则意味着更多的就业机会和更多的税收，公益性得以实现，道德基础对经济的促进作用也由此表现出来。

（三）道德基础促进“经济人”与“道德人”的内在统一，促进经济增长质量的提高

经济的快速增长使社会文化充斥着经济利益，表现为商业文化、企业文化等。虽然也包含着文化的品位，但文化的深层内涵却被明显的物质化了，文化成了服务于经济利益的工具。马克思在揭示市场交换的文化危害时就指出：“它把宗教虔诚、骑士热忱、小市民伤感这些情感的神圣发作，淹没在利己主义打算的冰水之中。”[①] 虽然在现实经济发展中文化发展与经济增长存在冲突，但在道德基础的作用下，这种冲突能够得到有效的化解，道德基础能够帮助将物化的文化人性化，实现道德基础的文化价值。

道德基础可以通过倡导经济活动中的人文意识，淡化经济文化的物性特

① 《马克思恩格斯选集》第1卷，人民出版社2012年版，第403页。

质，增强经济活动中的人文情怀，从而缩小物性文化与人性文化之间的差距。虽然经济文化的物性特质是不可避免的，但它可以融入现实的人文情境之中，使物性的经济文化以人性的文化特征来表现。道德基础可以控制经济文化中的唯利主义，阻止经济文化的物性特质过分膨胀，最终把经济文化定位在符合人性的基础上。现代道德基础在肯定经济主体的自利权利时，特别将互利作为一个基本原则凸显出来，对“互利”的认同，实质上是对其他主体权利的确认，在人格意义上体现着对其他主体价值的肯定。尽管这是一个经济领域的文化概念，其人性特征却很鲜明，由于有了人性作为纽带，经济文化与人性文化的沟通就成为可能，人们将不会感到经济文化与人性文化的巨大反差，对于促进“经济人”与“道德人”的内在统一，对于整体社会风气的改善具有很大的好处，有利于促进经济与社会的协调发展，提高经济增长质量。

二、经济增长质量道德基础构建的目标

我们不仅需要经济增长，而且还要追求有道德的经济增长。这种经济增长不纯粹是物质财富的累积，同时还包括增长主体道德水准的提升。道德对于经济增长质量的提高具有巨大的推动作用，经济增长质量呼唤与之相适应的道德基础。经济增长质量道德基础构建的目标包括以下几个方面：

（一）在经济增长中理性求利

经济主体对利益的追求是市场经济条件下促进经济发展的主要手段，是市场发挥作用的表现方式，经济增长质量鼓励经济主体理性求利，正当地追求自身利益。质量型经济增长是在单纯追求经济数量增长的基础上提出的社会、经济全面发展的增长模式，经济的发展依赖于在市场机制的作用下，经济主体在“看不见的手”的作用下，在理性求利的道德准则下，社会合理运转，兼顾经济增长与道德优化。经济增长如果没有合理的道德约束，违背了理性求利的道德准则，就会出现损害经济持续增长的现象，诚信缺失、拜金主义、享乐主义都是由于在经济增长过程中对财富的追逐偏离了理性求利的道德准则。理性求利要求在追求经济增长过程中坚持公平竞争、诚实守信，坚持个人利益与社会利益相一致，将自身的发展建立在促进社会发展的基础之上；强调自身利益的获取是一种积极的财富创造过程，并非掠夺、侵占或寻租，主张自身利益的获取与社会发展相一致。

（二）在经济增长中理性消费

正确而合理的生产、消费行为与理念是提高经济增长质量的重要因素，合理的道德观有利于生产与消费的合理安排。经济增长质量提倡理性消费，既弘扬勤俭节约的传统美德，反对奢侈浪费，又提倡合理消费。“勤俭节约”“崇俭黜奢”是中华民族的传统美德，也是中国传统经济伦理中的核心原则之一。适度消费、崇尚节俭有助于提高社会资本积累，促进社会扩大再生产以及生产率较高的工业部门发展，实现经济的高速增长，从而促使经济增长的效益得到扩散，失业问题、社会福利问题得到有效的解决。消费作为拉动经济增长的重要因素，是社会经济进步的重要推动力量，在出口增长遇到越来越多问题的当前，我国的经济增长越来越依赖于消费的增长。因此，合理消费是实现经济增长质量提倡的道德准则，经济增长质量要求与之相适应的理性消费的道德准则，实现生产与消费的合理安排，促进经济发展与人民生活水平提高，实现经济社会协调发展。

（三）在经济增长中承担社会责任

经济快速增长的过程中，对个人利益最大化的追求使个体的社会责任感弱化，导致个体对国家集体的社会责任缺失，人类的同情心正在逐渐湮灭，相互间的道德同情被物质利益替代，造成了无情的经济增长。事实上，每个社会成员都是“经济人”与“道德人”的结合，价值规律与道德基础共同引导着社会的协调发展，人类的道德同情使个体在追求经济利益的同时显示出感性的一面，使社会充满温情。遭遇不幸的个体得到公众的同情，遇到困难的个体在他人的帮助下渡过难关，社会、国家面对危难时，大家都勇于承担责任，各尽所能，贡献自己的力量。经济增长质量呼唤有道德同情心的社会责任，社会的每个成员都肩负起自己的责任，充分发挥人性中的同情心，培养起高度的责任感，就能够实现经济增长与社会的和谐发展，从而促进经济增长质量的提高。

（四）在经济增长中维护社会基础的稳固

家庭是社会发展的基础，婚姻是家庭的基本组成方式。婚姻道德是家庭美德的组成部分，关系到家庭美德建设的成败，关系到社会基础的稳固，是关乎经济、社会协调发展的重要因素。随着经济增长速度的加快，传统的婚姻家庭模式受到了极大的挑战，越来越多的经济因素威胁着稳定的家庭结构，外界的诱惑使婚姻关系面临越来越大的崩溃危险。然而，家庭的崩溃为社会发展带来了极大的影响，社会稳定性降低、子女心理健康面临负面影响、经济发展的基础不稳固、社会风气败坏、人伦观念丧失。因此，经济增长质量要求经济增长包容家庭婚姻道德基础的发展，提倡和谐稳定的婚姻关系。一旦步入婚姻，双方应当主动承担相应的责任和道德义务，共同构建和睦的家庭，相互理解、相互尊重、相互珍惜、爱护子女，保持长久的婚姻关系，通过道德基础信念抵制家庭外的诱惑，实现家庭婚姻关系的稳定。“齐家”是社会发展的关键因素。在法律规范之外，家庭婚姻道德基础是约束家庭成员的重要因素。只有实现社会婚姻道德基础的提升，才能最终实现经济社会全面发展的质量型经济增长。

第二节　质量型经济增长的文化基础

文化并非生产中的直接投入要素，文化对经济增长绩效的影响是通过生产要素、技术和制度等因素间接发生作用的，经济增长如果忽视了文化的发展，就会形成“无根的增长”。本节试图从文化角度对质量型经济增长进行分析，探讨经济增长如何实现对文化的包容。

一、文化对经济增长质量影响的机理

一般意义上讲，文化主要有广义和狭义之分。广义文化是指人类历史实践过程中创造的物质财富与精神财富的总和。[①] 狭义文化主要是指社会意识形态，即精神财富，包括宗教信仰、风俗习惯、道德情操、学术思想、文学艺术、科学技术、各种制度等，构成了社会成员内在和外在的行为准则。本书所讨论的文化主要是狭义上的文化，不涉及具体的文化遗产[②]。经济增长的过程中不能忽视文化的积极作用，忽视文化的经济增长很容易导致“无根的增长”，形成文化之间的冲突，对经济社会的长期稳定发展产生重要影

---

① 任保平：《经济增长质量：理论阐释、基本命题与伦理原则》,《学术月刊》2012 年第 2 期，第 63—70 页。

② 本书不对《保护世界自然和文化遗产公约》中规定的文物、建筑群、遗址等“文化遗产”进行讨论。

响。文化对于经济增长的影响也是多方面的，其理论机理表现在：

（一）文化能够使经济增长具有规模报酬递增的特性

一方面，文化能够提高经济投入要素的使用效率，实现经济产出的规模报酬递增。改革开放之后，中国经济持续了40年的高速增长，这一“增长的奇迹”与中国的传统文化是密不可分的。中国文化在家庭的管理方面体现的是“勤俭持家”思想，这就要求家庭成员在生产方面要勤于耕作，为家庭赚取更多的财富，消费开支方面，最优的支出水平是保证成员的消费达到社会的平均水平，同时限制超前消费、借贷消费，主张财富的积累。“勤俭持家”这种轻消费、重积累的理念为中国的储蓄率长期处在40%以上提供了条件，巨额的储蓄转化为投资，使得投资规模不断扩大，资本规模报酬递增的效应逐渐发挥出来，从而推动了经济的长期快速增长。相比较，美国家庭则重消费、轻积累，部分家庭的消费甚至完全建立在负债的基础上，导致美国民众的储蓄率长期低于20%，投资总额相对较小，资本规模报酬递增的效应无法得到有效体现，对经济增长的贡献度相对较低，最终影响经济增长速度，使其长期处于较低水平。另一方面，文化能够通过市场需求的扩大，推动规模报酬递增。文化的发展往往会形成新的消费需求，而且随着文化的普及，能够反映文化特色的产品和服务的市场和消费需求也会进一步扩大，这就为规模经济的形成提供了条件。例如，由于文化产品和服务的价值一般情况下随着文化理念的普及而逐渐增加，普及程度越高需求量也会越来越大，生产者投入的固定成本会逐渐予以分摊，平均成本开始下降，消费价格也会有所下降，从而形成规模报酬递增的效应。因此，文化不仅在生产投入阶段对经济增长的规模报酬产生影响，在消费阶段也发挥着同样的作用。

（二）文化影响着人们对资源、技术、制度等要素的选择

就文化对制度选择的影响，韦森（2004）指出：“没有文化之外的制度，更没有无道德维度和伦理基础的制度，只有在一定的文化氛围中并建立在一定道德伦理基础之上的制度规则，才会具有现实的约束力，才会为经济增长提供充分激励。”① 同时，文化传统有可能通过“商业精神”对市场秩

① 韦森：《文化精神、制度变迁与经济增长——中国—印度经济比较的理论反思》，《国际经济评论》2004年第4期，第60—63页。

序的发展和培育产生影响，并对社会和地区的经济增长产生直接作用。这一观点表明了制度对经济增长的促进作用必须孕育在一定的文化之中，文化影响着制度的选择。韦森（2004）运用这一命题对山东和浙江、江苏、上海、广东的经济发展进行了分析，发现山东地区的儒家文化本质上是一种农耕文化，是一种农业家庭自给自足的“小农意识”文化，使人们满足于现状、循规蹈矩不求改变，具有严重的路径依赖特征，而广东、江浙地区盛行的文化历来有“重商”的精神特征，这种精于商道、勇于冒险的精神正是现代市场经济秩序所需要的参与主体应有的文化特征。由于在计划经济条件下，政府强大的行政控制压制了这种商业精神的发展，致使浙江在新中国成立初的一段时间里，成为计划经济时代中国最落后的地区之一。但是改革开放之后，江浙、广东地区由于文化特征的关系迅速适应了现代市场经济秩序，而山东因文化因素致使市场经济发展程度相对缓慢，一定程度上影响了经济的快速增长。文化同样也对技术的选择发挥着重要作用，这里主要从微观的角度进行分析。从企业角度来讲，如果内部员工的文化水平相对较低，引进先进的生产技术不一定会带来生产效率的提高。在中国改革开放之初，通过市场换技术，认为只要采用先进的生产技术，生产率就会提高。但是由于没有考虑到员工们的技术水平、文化水平，致使投入生产的过程中不仅不能降低生产成本，反而产生了高额的维护成本，这才引起了相关部门的思考，改变思路，大力投资增加对高新科技人才的培养，提高工人的文化素质水平。此外，由于企业在生产的过程中对环境产生了很大的压力，员工的工作安全有时得不到保障等问题的出现，使得社会各界普遍对企业的社会责任给予高度关注。而且，在当前全球经济激烈的竞争中，企业社会责任成为竞争力的重要影响因素，有时甚至将企业的信用标准同企业社会责任等同起来，在一定程度上也是企业文化的重要体现。这种理念对企业的管理和决策行为、生产行为形成了很强的约束力，企业必须采用节约能源、环境友好型的生产技术，保护环境、节约资源、保护员工的生命安全，否则将被激烈的竞争所淘汰。

（三）文化可以实现经济主体从个体理性向公共理性转变

首先，文化的发展能够实现经济主体从个体理性向公共理性转变。马克斯·韦伯在《新教伦理与资本主义精神》一书中，分析指出通过路德、加尔文等人领导的宗教改革，既使资产阶级功利主义得以普及，也为资产阶级提供了辛勤的劳动者，宗教改革中得救预定论和禁欲主义的文化思想“留给功利主义后来人的遗产，首先是获取金钱时那种令人吃惊的心安理得……只要那钱来得名正言顺，不可能令上帝愉悦的一切踪迹都已荡然无存”。[①]这一论述使人们冲破了传统教派的束缚，把追求功利看成是普通寻常的事，是为上帝履行在世间的义务，资产阶级追求经济利益和利润是正确的价值观念。而且宗教禁欲主义的力量也给他们提供了沉静、自觉、异常勤勉的劳动者，而这些劳动者会像对待上帝指定给他的毕生目标那样对待自己的工作。其次，禁欲主义还给资产阶级带来了一种令人鼓舞的自信心：“现世财富的分配不均乃是神圣天命的特殊安排，在这些差异中，如同在具体的恩宠中一样，神圣天命所要达到的神秘目的，凡人不得而知。”[②] 这种宗教文化思想为资产阶级的发展和壮大提供了价值导向，同时也使资本主义的精神得到全面的推广，并逐渐转化成为人们的公共行为，推动了当时资本主义的快速发展。最后，文化通过非正式约束能够降低交易费用。诺斯（North，1990）指出：“正式规则，即便是在那些最发达的经济中，也只是塑造选择约束的很小一部分。只要略加思索，我们就会发现非正式约束的普遍存在。在我们与他人的日常互动中，不论是在家庭内部，还是在外部的社会交往中，还是在事业活动中，支配结构的绝大部分是由行事准则、行为规则以及惯例来界定的。”[③] 而文化正是这些非正式制度的重要来源。以惯例为例，在发达的市场经济条件下，租约、合同、契约等文书都已是印好的文本，在进行交易的过程中，一般只需要双方负责人在相应的位置签署姓名即可发挥法律效力，这种使用标准文本的习惯能够有效减少谈判、协商、讨价还价等经济活动，既简化了交易流程，又降低了交易费用，从而提高了交易效率。正如诺斯在其著作中所言：“惯例最重要的特征是：在交换成本给定的情况下，衡量成本被降到最低，这对交换双方都是有利的，而且，交换能够

① ［德］马克斯·韦伯：《新教伦理与资本主义精神》，阎克文译，上海人民出版社2010年版，第271页。

② ［德］马克斯·韦伯：《新教伦理与资本主义精神》，阎克文译，上海人民出版社2010年版，第271页。

③ ［美］道格拉斯·C. 诺斯：《制度、制度变迁与经济绩效》，杭行译，上海人民出版社2010年版，第50—51页。

自我实施。”① 可见，在一定的条件下，文化能够发挥降低交易费用、提高交易效率的作用。

总之，文化对经济增长的作用是多方面的，不同的文化对经济增长的影响内容也是不同的，但是并非所有的文化都能促进经济的发展，因而有效率的经济增长应当发挥文化对经济增长的作用。

二、文化内生化的经济增长质量模式

影响经济增长的因素是多方面的，文化作为众多因素之一，贯穿于经济增长的整个过程，这充分肯定了文化对经济增长的作用。文化内生化的经济增长模式和传统的经济增长模式相比，其特征表现在：

（一）文化可以成为推动经济增长的投入要素

根据主流经济学中经济增长的相关理论，一般认为土地、资本、劳动力是推动经济增长的主要生产要素，并且通过不断追加上述要素投入可以提高经济的增长速度。但是，这样的要素投入模式带来的是在经济高速增长的同时出现高耗能、高污染的低效率增长。通过经济增长对文化进行包容，将文化作为拉动经济增长的新的投入要素，这在理论上是对传统经济增长理论的突破和创新。

首先，文化可以作为生产要素纳入生产函数当中，即：

$$Y = AF(K, L, C, u) \tag{12.1}$$

其中，Y 表示经济总产出，A 表示外生的技术进步，K 表示资本，L 表示劳动力，C 表示文化投入，u 表示影响产出的其他因素；其次，文化作为新的投入要素，能够使经济增长在一定程度上减少对传统投入要素的依赖，缓解传统生产要素对经济增长的约束；再者，文化不仅自身可以直接构成经济增长的贡献因素，而且在一定条件下通过改善资本和劳动力的素质和效率，间接提高经济增长的效率。

作为生产函数中的投入要素，衡量文化对经济增长作用的指标就是贡献率。如果将生产函数显化为 C—D 生产函数，则：

---

① ［美］道格拉斯·C. 诺斯：《制度、制度变迁与经济绩效》，杭行译，上海人民出版社 2010 年版，第 57 页。

$$Y = AK^{\alpha}L^{\beta}C^{\gamma}u \tag{12.2}$$

其中，γ 表示文化对经济增长的贡献水平，γ 值越高，反映了文化对经济增长的贡献程度就越高。α 表示资本对经济增长的贡献水平，β 表示劳动对经济增长的贡献水平。但是仍需要对这一衡量指标做进一步说明：一方面，该指标不能全面反映文化对经济增长的影响，原因在于 γ 不能反映出文化对经济增长的间接效应，即文化通过对资本和劳动力的效率改善实现对经济增长的促进作用；另一方面，该指标受到严格的模型假定条件限制，一般情况下需假设 C—D 生产函数是规模报酬保持不变的，而且投入要素必须是以存量形式引入模型，这些条件都限制了这一指标的代表性。根据目前研究情况，将文化对经济增长的间接影响从资本、劳动等要素中分离出来的方法还不成熟，而且在进行实际估计时，对于模型是否符合规模报酬不变的假定经常是根据实际研究结果予以讨论。

（二）经济增长与文化充分结合

文化内生化的经济增长模式要求经济增长过程中注重文化的发展。在传统的经济增长模式条件下，由于未能深刻认识到文化对经济增长的重要作用，导致在经济增长的过程中忽视了对文化的发展，或者为了发展文化而发展文化，而没有将文化与经济增长充分结合起来，结果出现文化与经济之间、不同文化之间不相容的情况，影响了经济的持续稳定增长。经济增长对文化的包容，这一理念就是要改变传统经济的发展模式，重新审视文化与经济增长之间的关系，将经济增长与文化充分结合起来，在经济增长的过程中推动文化的发展，利用文化形成的非正式制度及正式制度，引导并约束经济主体行为适应市场经济发展的要求，从而推动经济增长。所以，经济增长对文化的包容在经济发展模式层面上应包含两层含义：一方面，通过经济增长对文化进行保护和传承，如果文化消失了，也就失去了非正式、正式制度的重要来源；另一方面，通过宣传和倡导文化观念加速制度约束的形成，使文化观念成为市场主体的普遍行为规则。

三、文化促进中国经济增长质量的路径

（一）实现经济增长对文化包容的政策原则

只有引导文化向正确的方向发展，才能使文化对经济增长产生促进作

用。因此，要推动经济增长对文化的包容，实施的政策应遵循以下原则：

第一，文化发展的客观性和多元化发展原则。多样性是文化的一个重要特征，而且从中国古代就有体现文化思想多元化发展的“百家争鸣”这一优良传统。中国历来都是一个多民族的国家，每个民族都有自己的文化，就是同一民族、不同地区所表现的文化也不尽相同。因此，在经济增长的过程中，要以客观性为前提，尊重各民族、各地区的文化，努力提升文化发展水平，坚持以客观性、多元化为指导思想，积极地鼓励和引导文化向健康方向发展，推动经济增长。

第二，本土特色原则。中国幅员辽阔，各地发展水平差异显著，文化资源禀赋特殊性强，且发展目标定位上也存在显著差异。因此，在培育和发展文化的过程中，应秉承因地制宜的原则，从各民族、各地区自身的发展需求出发，不可能也不能完全按照某一种发展模式或者套路发展文化。在经济增长的过程中，中国各地区应该从自身的现实着手，既要充分培育并挖掘优秀的文化因子，又要有重点地进行开发和利用，打造具有本土特色、本地区特色的文化发展模式。

第三，循序渐进原则。在经济增长过程中实现对文化的包容，不能急于求成，像投资于生产那样期待在短期内看到政策的实施效果，文化的发展既要沿着历史积累的轨迹不断演进，也需要合理、正确的培养和扶持，不能一蹴而就。中国经济增长对文化的包容，不应该只是一个经济增长的结果，更应该是体现经济增长对文化发展起到促进作用的这样一个过程，文化伴随着经济总量的增加、社会的发展以及全体公民的自我发展，不断向满足人民发展目标的方向演进。因此，需要遵循循序渐进的原则，逐步推动文化向更高水平发展。

第四，以核心文化为依托。文化在一定层次上讲，是一种价值观的体现，且很大程度上表现为国家和民族的精神状态、意志品格和内在凝聚力，而这一切都形成于人民对社会核心价值的归属感、认同感。这就要求在尊重各民族文化的条件下，以社会主义核心价值体系去引领各民族、各地区文化的发展，鼓舞广大人民群众，激发人民群众热爱家园、建设家园、维护家园的动力和热情。积极利用社会主义荣辱观引领社会文化的发展方向，努力将社会主义核心价值体系融入社会主义文化建设和发展的全过程，把核心价值体系的基本要求渗透到广大人民群众的具体行为规范和各项行业管理制度中，使建立在文化基础上的正式规则和非正式规则成为约束和规范每个市民的行为标准，发挥文化对经济增长的促进作用。

（二）实现文化对经济增长促进作用的措施

要实现经济增长对文化的包容，就是要体现文化对经济增长的促进作用，将文化作为推动经济增长的重要因素。基于此，相应的措施应该包括以下几方面：

第一，根据各地实际情况注重采取不同的具体措施保护和传承文化。首先，要加大对文化保护的投入。由于长期以来经济的增长过程中忽视了对文化保护的资金投入，加之我国历史文化悠久，全国各处特色文化丰富，使保护资金的需求量远远超过了国家和地方财政的供给水平，导致许多文化及文化遗产处于濒临消失的边缘，因此需要鼓励民间资本、社会力量提供资金和帮助，共同推动文化及文化遗产的保护工作。其次，要加大有助于文化发展的基础设施建设。通常情况下，卫星传播技术、电信网络等基础设施能够对文化的宣传和继承起到积极的推动作用。但是在经济发展水平相对落后的西部地区，由于基础设施的缺失，加大了当地文化保护和继承的难度，因此需要支持发展文化的基础设施建设，加速文化的传播和继承。再者，需要组建有知识、有经验的文化保护工作者，对文化进行系统性的管理和保护。

第二，挖掘、培育与经济发展相适应的文化。文化具有多元性，并非所有的文化都具有适应经济发展的特性。中国幅员辽阔，地区文化差异显著，文化工作者以及人民群众应该根据经济发展状况分析当地文化能否成为推动经济增长的因素。对于有可能产生积极影响的文化因素，就要进行挖掘培育，通过媒体、网络等传播渠道，对该文化进行宣传和推广，使之能够影响人民群众生产生活的行为方式，以适应市场经济发展要求。但是，对于属于本土所特有，与经济增长非显著相关的文化，则应该采取审慎的态度，去其糟粕，取其精华。对于那些不良文化，特别是恶风恶习，必须通过教育和引导，逐步取缔。以上是从文化管理的角度考虑，如果从文化消费角度分析，社会成员则应该选择符合现阶段中国经济发展需求的文化及文化遗产进行消费，积极传承和发扬优秀文化传统，形成推动经济增长的重要资源。

第三，充分发挥外来文化对经济增长的促进作用。随着时代的发展，经济、政治、文化全球化的趋势明显加强，任何国家和民族在谋求发展的过程中都不可避免地受到这些趋势的影响，中国作为最大的发展中国家也不例外，特别是在改革开放之后，西方世界的价值观体系对中青年一代产生了重要影响。例如市场经济中的竞争意识已经得到普遍认可和接受，并作为市场经济存在和发展的基础对中国当前经济的发展起到重要的推动作用。但是，和中国本土文化相比，西方外来文化在一定程度上具有异质性，在思维方式、风俗习惯等方面存在着较大差异。而且西方文化又与资本主义市场经济体系之间存在着非常密切的关系，中国要发展市场经济还不能完全忽视这些文化。因此，中国要在市场化改革的进程中，树立正确的原则，利用外来文化推动经济增长。

下　篇

实践逻辑

中国经济增长数量与质量不一致，表现出了严重的高速度、低质量特征。从质量意义上来看，中国经济的数量增长与质量增长不一致，属于典型的资本驱动型和资源驱动型经济增长，经济增长的波动性很大，收入分配不平等，资源环境代价高，造成了严重的失衡问题。未来提高中国经济增长质量亟待解决的重点问题有：收入分配不平等问题、宏观经济的稳定性问题、促进自主创新问题、资源环境问题、生产率的提高问题、经济结构的优化升级问题、国民经济素质的提高、国民经济竞争力的提高问题。提高中国经济增长质量需要在经济增长的战略、路径与政策上做好一系列的转型。同时，要建立创新驱动机制、结构转化机制和利益协调机制。

第十三章
经济增长质量的国际比较

经济增长是人类发展永恒的主题，也是世界各国共同追求的目标。经济增长包括两个方面：经济增长数量和经济增长质量。经济增长不仅要注重量的积累，更要重视质的提高。虽然中国经济增长的数量已经达到世界前列，但经济增长的质量却并不令人满意，那么中国经济增长质量与世界其他国家的差距到底在哪里？需要进行哪些地方的改进？因此，本章通过对中国与世界十几个国家进行比较，分析中国在经济增长质量方面与这些国家的差距与不足，以求得到促进中国经济增长向高质量方向发展的方法与政策建议。

第一节　经济增长质量国际比较维度构建

一、经济增长质量比较维度构建

经济增长质量的内涵是构建其综合评价指标体系的基础。根据任保平、钞小静、魏婕所著《中国经济增长质量报告2012——中国经济增长质量指数及省区排名》中讨论中国经济增长质量指数构建时建立的理论框架，我们从经济增长的效率、经济增长的结构、经济增长的稳定性、经济增长的福利变化与成果分配、资源利用和生态环境代价以及国民经济素质六个维度来比较世界各国的经济增长质量。

首先，从经济增长的过程上来考察经济增长质量，包括经济增长的效率、经济增长的结构以及经济增长的稳定性。经济增长效率衡量的是在经济增长过程中以较少投入换取最大的产出和效益；经济增长结构则是指包括产业结构、投资消费结构、金融结构、国际收支等在内的系统内部要素间的数量比例关系；而经济增长的稳定性是指短期经济增长对长期经济增长趋势的偏离应保持在较小的范围内。其次，从经济增长的结果上来看，经济增长质量涵盖了经济增长所带来的居民福利水平的变化、分配状况、生态环境的代价以及国民经济整体素质的基本状况。以居民福利水平的改进这一经济增长的最终目的和结果来衡量经济增长，只有当经济增长的成果能够被绝大多数人所分享时，才能够成长为一种长期持续的发展过程；同时，要实现良好的经济增长质量就应以环境友好和可持续的方式使用资源，不以牺牲环境为代价。国民经济整体素质则表现为一个国家长期有效开发和利用各种资源创造国民财富的基本条件和能力，是经济增长质量的综合表现。综上所述，本章比较世界各国经济增长质量时所采用的指标见表 13-1。

表 13-1　经济增长质量比较维度构建一览表

<table>
<tr><th>方面指数</th><th>分项指标</th><th>基础指标</th><th>计量单位</th></tr>
<tr><td rowspan="2">经济增长的效率</td><td rowspan="2"></td><td>全要素生产率增长率</td><td>—</td></tr>
<tr><td>劳动人均产出</td><td>—</td></tr>
<tr><td rowspan="6">经济增长的结构</td><td rowspan="2">产业结构</td><td>工业化率</td><td>%</td></tr>
<tr><td>产业结构高级化指数</td><td>—</td></tr>
<tr><td rowspan="2">投资消费结构</td><td>资本形成总额占 GDP 百分比</td><td>%</td></tr>
<tr><td>最终消费支出占 GDP 百分比</td><td>%</td></tr>
<tr><td>金融结构</td><td>股票交易总额占 GDP 百分比</td><td>%</td></tr>
<tr><td>国际收支</td><td>进出口总额占 GDP 百分比</td><td>%</td></tr>
<tr><td rowspan="2">经济增长的稳定性</td><td>产出波动</td><td>经济波动率</td><td>%</td></tr>
<tr><td>就业波动</td><td>总失业率</td><td>%</td></tr>
<tr><td rowspan="4">经济增长的福利变化与成果分配</td><td rowspan="2">福利变化</td><td>人均 GDP</td><td>2010 年不变价美元</td></tr>
<tr><td>获得经济改善的设施的人口所占比重</td><td>%</td></tr>
<tr><td rowspan="2">成果分配</td><td>国家议会中妇女席位比例</td><td>%</td></tr>
<tr><td>公共医疗卫生支出占政府支出比例</td><td>%</td></tr>
</table>

续表

方面指数	分项指标	基础指标	计量单位
资源利用和生态环境代价	资源消耗	每 1000 美元 GDP 的耗电量	千瓦时
		人均千克石油当量	千克石油当量
	环境污染	单位产出二氧化碳排放量	千克/2010 年不变价美元 GDP
		PM2.5 指数	年平均曝光（微克每立方米）
国民经济素质	基础素质	安全互联网服务器	每百万人
		城市化率	%
	能力素质	居民专利申请数量	件
		国内上市公司数量	家

二、经济增长质量国际比较指标说明

全要素生产率增长率指标涉及资本存量的计算，本书选择目前普遍采用的永续盘存法来计算各地区的物质资本存量，资本存量的估算公式为：

$$K_{it} = K_{it-1}(1 - \delta_{it}) + I_{it} \tag{13.1}$$

其中，i 指第 i 个地区，t 指第 t 年。（13.1）式一共涉及三个变量，当年投资 I 、经济折旧率 δ ，以及基年资本存量 K 。近期研究一般都采用资本形成总额或固定资本形成总额来度量当年投资，我们选择固定资本形成总额。对于固定资本价格指数，本书直接采用世界银行 WDI 数据库中公布的数据，在此基础上求得以 2010 年为基年的不变价格表示的真实固定资本形成总额。本书按照国际常用方法计算基期的资本存量：

$$K_0 = I_0/(g + \delta) \tag{13.2}$$

其中，K_0 是基期资本存量，I_0 是基期投资额，g 是样本期真实投资的年平均增长率，δ 是经济折旧率。经济折旧率，我们采用张军等（2004）的研究成果，为 9.6%。本书使用潜在产出法中比较常用的 Dea-Malmquist 指数法，对 1995—2016 年间的全要素生产率增长率进行估算，利用缩放因子之比构造消费数量指数，以 GDP 作为产出指标，以资本和劳动作为投入指标，使用 DEAP 软件求得全要素生产率。

其余数据都取自世界银行 WDI 数据库。其中一些指标都可以直接使用原始数据，需要计算的指标如下：

劳动人均产出=GDP（2010 年不变价美元）/从业人数

工业化率：非农产业就业比重=非农产业就业人数/总就业人数

产业结构高级化指数=第三产业产值/第二产业产值

投资率：资本形成总额占 GDP 百分比

消费率：最终消费支出占 GDP 百分比

经济波动率=经济增长率变动幅度的绝对值

城市化率：城镇人口占总人口的百分比

本书选取了 16 个国家进行比较，其中发达国家包括美国、日本、德国、法国、加拿大、英国，新兴市场国家包括韩国，“金砖国家”包括印度、俄罗斯、巴西、中国、南非，各洲代表包括澳大利亚、墨西哥、马来西亚、意大利。通过比较 1995—2016 年 22 年的数据，分析各国经济增长质量，并以此得到对提高中国经济增长质量有利的政策建议。

第二节　经济增长质量国际比较

一、经济增长的效率

（一）全要素生产率增长率

由表 13-2 可知，发达国家全要素生产率增长率大部分年份大于 1，即全要素生产率增长率保持增长趋势。其中，美国全要素生产率增长率都大于 1，日本、德国、法国、加拿大、英国、澳大利亚、意大利等其他发达国家 2000 年以来全要素生产率增长率出现下降趋势。不同于发达国家，“金砖国家”近几年经济不断高速发展，2010 年以来全要素生产率增长率出现连续增长趋势（除俄罗斯）。

表 13-2　1995—2016 年 16 个国家全要素生产率增长率

国家＼年份	1995	2000	2005	2010	2015	2016
美国	1.015	1.033	1.048	1.011	1.016	1.023

续表

国家＼年份	1995	2000	2005	2010	2015	2016
日本	1.074	1.066	0.987	1.076	0.952	1.058
德国	1.103	0.925	1.016	0.953	0.948	1.004
法国	1.052	0.922	1.021	0.979	0.933	0.997
加拿大	1.008	1.005	1.013	1.131	0.953	1.018
英国	1.042	0.979	1.010	0.945	0.992	0.985
韩国	1.035	0.942	0.999	0.979	1.002	0.996
印度	0.978	1.098	0.947	0.999	1.051	1.083
俄罗斯	1.004	0.823	1.041	0.837	0.994	0.956
巴西	1.211	0.929	1.041	0.862	1.167	1.132
中国	1.032	1.020	1.036	0.975	1.035	1.024
南非	0.936	1.035	1.008	1.061	1.006	1.061
澳大利亚	0.990	1.026	1.085	1.205	0.918	0.886
墨西哥	1.111	0.982	1.017	1.039	0.943	0.982
马来西亚	0.952	0.851	1.029	0.763	0.995	0.971
意大利	0.990	0.946	1.033	1.057	0.986	1.016

资料来源：世界银行 WDI 数据库。

（二）劳动人均产出

表 13-3　1995—2016 年 16 个国家劳动人均产出

国家＼年份	1995	2000	2005	2010	2015	2016
美国	69892.32	78996.06	86582.95	90989.05	103505.75	103835.35
日本	63832.36	66953.19	71771.58	73303.06	80202.58	80477.59
德国	67033.39	72048.61	75283.91	75473.80	82712.14	83011.53
法国	74529.80	80616.01	81193.11	81251.62	91772.98	92645.55
加拿大	59963.34	66061.68	68488.78	68928.68	70990.98	71418.24
英国	63569.64	71099.28	78743.53	80658.53	85976.03	86678.88
韩国	26094.24	31303.32	36630.39	42405.89	46250.09	47066.58
印度	1238.70	1540.28	1878.61	2760.53	3520.16	3729.49

续表

国家\年份	1995	2000	2005	2010	2015	2016
俄罗斯	8158. 98	8665. 24	11225. 07	12941. 15	17096. 75	18429. 13
巴西	9792. 47	10144. 83	10291. 05	11896. 63	19522. 01	19859. 61
中国	1427. 61	2021. 58	3018. 86	4925. 66	7821. 79	8539. 02
南非	16983. 18	18140. 97	18596. 54	21052. 90	19694. 47	19366. 97
澳大利亚	57960. 82	65407. 51	69042. 41	71793. 31	88202. 63	90140. 59
墨西哥	17451. 01	19266. 08	19390. 06	19145. 97	21608. 55	21725. 37
马来西亚	11198. 87	11855. 53	13328. 48	14913. 29	17048. 98	17119. 16
意大利	76967. 62	81944. 63	78444. 39	76682. 32	81443. 44	81465. 70

资料来源：世界银行 WDI 数据库。

由表 13-3 可以看出，各国的劳动人均产出都呈上升趋势，但在数值上差距较大。发达国家美国劳动人均产出最高，且上升趋势明显，法国紧随其后。其余国家中除发达国家德国、法国、英国、澳大利亚、意大利的劳动人均产出明显高于其他国家，新兴市场国家韩国的劳动人均产出也高于其他国家。其余国家的劳动人均产出与发达国家差距较大，“金砖国家”虽然劳动人均产出低但均呈现显著上升趋势，墨西哥、马来西亚劳动人均产出的增长率则基本保持不变。从中可以明显看出，发达国家的劳动人均产出明显高于其余国家，中国与发达国家的差距较大且增长率低。

二、经济增长的结构

（一）产业结构

第一，工业化率。

表 13-4　1995—2016 年 16 个国家工业化率　（单位:%）

国家\年份	1995	2000	2005	2010	2015	2016
美国	97. 10	97. 50	98. 40	98. 40	98. 50	98. 50
日本	94. 30	94. 80	95. 50	95. 90	96. 20	96. 30

续表

国家＼年份	1995	2000	2005	2010	2015	2016
德国	96.80	97.40	97.60	98.40	98.60	98.60
法国	95.10	95.90	96.40	97.10	97.20	97.30
加拿大	96.00	96.70	97.30	97.80	97.90	97.90
英国	98.00	98.50	98.60	98.80	98.80	98.80
韩国	87.60	89.40	92.10	93.40	94.80	94.90
印度	39.00	40.10	44.20	49.00	54.00	54.90
俄罗斯	88.30	85.50	89.90	92.10	93.30	93.20
巴西	74.50	81.20	79.60	83.90	85.10	84.80
中国	49.80	49.70	57.40	65.90	71.10	72.20
南非	84.00	85.00	92.90	95.40	93.80	93.80
澳大利亚	95.00	95.00	96.50	96.70	97.20	97.20
墨西哥	76.00	82.30	85.00	86.90	86.50	86.50
马来西亚	80.00	81.80	85.40	85.80	87.50	87.90
意大利	93.40	94.80	95.80	96.20	96.40	96.40

资料来源：世界银行 WDI 数据库。

由表 13-4 可以看出，发达国家美国、日本、德国、法国、加拿大、英国、澳大利亚、意大利等国的工业化率都在不断趋近于 100%，其余国家也均有明显的上升趋势。其中，美国、德国、法国、加拿大、英国等发达国家的工业化率早在 1995 年已达到 95%以上且呈不断上升趋势。韩国、俄罗斯、南非的工业化率从 1995 年的 85%左右增长到 2016 年的 90%以上。马来西亚、墨西哥、巴西的工业化率在 1995 年为 70%以上，2016 年达到 80%以上。中国的工业化率在 1995 年为 49.80%，2016 年增长到 72.20%，虽然数值不高，但是增长率明显高于其他国家。印度的工业化率较低，2016 年的工业化率仍不到 60%。

第二，产业结构高级化指数。

表 13-5 1995—2016 年 16 个国家产业结构高级化指数

国家＼年份	1995	2000	2005	2010	2015	2016
美国	3.12	3.27	3.51	3.85	3.73	3.94
日本	2.01	2.20	2.38	2.29	2.26	2.26
德国	1.38	1.51	1.58	1.55	1.55	1.54
法国	0.72	0.87	0.88	0.95	1.23	1.30
加拿大	2.34	2.61	2.62	2.61	2.84	3.00
英国	1.51	1.47	1.50	1.77	1.91	1.94
韩国	1.76	2.03	2.21	2.23	2.35	2.37
印度	1.84	2.01	2.28	2.47	2.55	2.42
俄罗斯	1.10	0.89	1.00	1.22	1.34	1.38
巴西	2.97	3.18	3.56	4.01	4.00	4.03
中国	2.59	2.94	3.54	3.97	3.97	3.93
南非	2.32	2.58	2.78	3.02	3.15	3.10
澳大利亚	1.22	1.45	1.40	1.50	1.79	1.87
墨西哥	2.38	2.42	2.16	2.45	2.40	2.40
马来西亚	1.95	1.77	1.75	1.75	1.94	1.94
意大利	2.42	2.53	2.32	2.48	3.25	3.45

资料来源：世界银行 WDI 数据库。

产业结构高级化的度量能够清楚地反映出经济结构的服务化倾向，产业高级化指数值处于上升状态，就意味着经济在向服务化的方向推进，产业结构在升级。

由表 13-5 可以看出，随着世界经济发展服务化趋势不断推进，世界大部分国家产业结构高级化呈现出明显的上升趋势，产业结构明显向“服务化”方向发展。其中，仅工业大国德国、墨西哥，资源国家马来西亚的产业结构高级化水平基本保持稳定，变动较小。2016 年在绝对值上，发达国家美国、加拿大、意大利，“金砖国家”巴西、中国、南非达到了 3.0 以上，发达国家日本、英国，新兴市场国家韩国、印度、墨西哥、马来西亚达到 2.0 左右。法国、俄罗斯、德国最低，仅为 1.0 左右。中国产业高级化指数不仅在绝对值上明显高于其他国家，其增长速度也具有明显的优势。

（二）投资消费结构

第一，投资率。

表 13-6　1995—2016 年 16 个国家资本形成总额占 GDP 百分比　（单位：%）

国家＼年份	1995	2000	2005	2010	2015	2016
美国	21.20	23.57	23.22	18.39	20.43	19.69
日本	29.88	27.31	24.75	21.30	23.91	23.34
德国	23.74	23.92	18.81	19.63	19.15	19.20
法国	20.40	22.39	22.38	21.91	22.78	23.00
加拿大	19.44	20.68	22.70	23.54	23.83	22.89
英国	18.64	18.47	17.22	15.68	16.97	16.96
韩国	39.00	32.94	32.16	32.02	28.92	29.21
印度	28.17	27.04	38.62	40.68	32.90	30.38
俄罗斯	25.44	18.69	20.08	22.62	22.37	23.40
巴西	19.18	18.90	17.20	21.80	17.61	15.45
中国	39.68	34.43	41.39	47.61	45.40	44.31
南非	19.17	16.37	18.31	19.51	20.71	19.38
澳大利亚	25.94	26.28	27.43	27.55	26.74	25.54
墨西哥	16.93	22.51	22.27	22.06	22.90	23.25
马来西亚	43.64	26.87	22.40	23.39	25.11	25.87
意大利	19.81	20.72	21.10	20.54	17.28	17.01

资料来源：世界银行 WDI 数据库。

由表 13-6 可以看出，新兴市场国家的投资率较高，且普遍存在上升趋势，发达国家的投资率较低且变动较小。其中中国一直以来的投资率较高，接近 50%，印度紧跟中国之后，投资率位居第二，超过 28%，韩国则保持在 30%左右。澳大利亚、墨西哥、俄罗斯、马来西亚达到 25%左右。日本、德国、美国、英国、意大利等发达国家的投资率存在下降趋势，其中多数国家投资率普遍低于 20%，且在 2009 年受到金融危机冲击后都有明显的下降趋势。

第二，消费率。

表 13-7 1995—2016 年 16 个国家最终消费支出占 GDP 百分比 （单位:%）

国家＼年份	1995	2000	2005	2010	2015	2016
美国	79.97	80.08	82.28	85.03	82.46	83.11
日本	68.85	71.26	73.74	77.24	76.42	75.61
德国	75.79	75.81	76.13	75.18	72.86	72.83
法国	78.06	76.53	78.04	79.97	78.72	78.95
加拿大	77.45	73.70	73.41	78.38	78.56	79.48
英国	81.09	83.38	85.35	86.93	84.74	85.23
韩国	61.91	64.99	65.40	64.79	64.12	63.99
印度	73.03	73.88	64.22	63.83	69.41	71.08
俄罗斯	71.17	61.28	66.23	69.31	69.56	71.44
巴西	82.71	83.36	79.39	79.24	83.57	84.19
中国	58.20	62.85	52.47	48.74	51.12	53.46
南非	80.17	80.75	81.94	79.25	80.38	80.48
澳大利亚	76.03	75.75	75.29	73.42	74.71	76.68
墨西哥	78.84	78.07	79.17	79.15	79.03	78.54
马来西亚	60.29	53.92	55.66	60.70	67.23	67.44
意大利	76.51	78.44	79.01	81.43	79.79	79.60

资料来源：世界银行 WDI 数据库。

由表 13-7 可知，美国、英国、法国、意大利、日本、加拿大等发达国家消费率不断攀升，并保持高水平支出，消费率接近甚至超过 80%。“金砖国家”中的南非和巴西消费率保持不变但水平较高，达到 80%以上。此外，除去韩国、印度、中国以及马来西亚，其他国家的消费率均保持在 70%—80%。这些国家同处亚洲，消费率与亚洲人民较为关注长期消费、热衷于储蓄息息相关。其中马来西亚和中国的消费率最低，马来西亚保持在 60%左右，而中国在 1995—2000 年有上升趋势，从 58.20%上升到 62.85%，但 2000 年以后消费率又有明显下降的趋势，并在 2003 年以后其消费率水平在所有国家中最低，2006 年以后更是不到 50%，2010 年之后人民收入水平不断攀升，消费率得到明显提升。

（三）金融结构

表 13-8　1995—2016 年 16 个国家股票交易总额占 GDP 百分比　（单位：%）

国家＼年份	1995	2000	2005	2010	2015	2016
美国	67.57	289.57	196.98	240.74	228.46	225.89
日本	21.00	50.76	91.22	74.92	127.11	105.87
德国	22.39	93.71	45.02	43.74	42.80	32.32
法国	13.12	78.94	57.70	51.01	39.36	41.01
加拿大	30.36	84.67	79.71	87.08	70.60	75.40
英国	37.58	111.25	68.63	131.62	61.14	77.97
韩国	33.13	88.20	133.58	148.90	133.34	113.44
印度	45.37	56.13	57.34	65.26	36.94	34.99
俄罗斯	9.20	13.81	19.36	33.24	8.59	10.88
巴西	10.04	14.35	19.17	41.11	23.28	31.24
中国	10.55	62.13	17.16	135.36	355.42	163.36
南非	10.26	51.70	43.20	73.87	73.67	136.21
澳大利亚	26.66	51.32	88.31	98.99	55.79	65.99
墨西哥	9.95	6.54	6.29	10.57	9.00	10.69
马来西亚	67.79	55.99	31.10	45.01	37.61	33.14
意大利	7.44	86.67	56.93	31.33	36.14	95.54

资料来源：世界银行 WDI 数据库。

由表 13-8 可知，大部分国家受 2008 年金融危机的影响，股票交易总额占比出现大幅下降。其中，美国的股票交易总额占比在 2000 年和 2008 年都达到了峰值，随后出现大幅下降。英国的股票交易总额占比在 2006 年以前缓慢上升，在 2007 年迅速上升到 128.41%，随后大幅下降。韩国在 1998—1999 年有一个大幅的增长，在 1999 年达到最大占比 157.59%，但随后就下降到低于 90%，在 2005 年以后有明显上升。中国从 1995 年的 10.55%上升到 2000 年的 62.13%，之后出现小幅下降，并在 2010 年有一个大幅上涨，上升到135.36%，并在2015年达到最高值355.42%。日本、德国、法国、加拿大、印度、南非、澳大利亚、意大利在2000年和2010年都达到了峰值，之后下降。俄罗斯股票市场一直保持增长，2010年占比达到峰值33.24%。印度的股票市场同样在2010年达到峰值65.26%，并超过俄罗斯。墨西哥的股票交易总额占比一直在10%左右波动。

（四）国际收支

表13-9　1995—2016年16个国家进出口总额占GDP百分比　（单位:%）

国家＼年份	1995	2000	2005	2010	2015	2016
美国	22.38	24.98	25.50	28.18	27.89	26.58
日本	16.68	19.82	26.52	28.61	35.59	31.24
德国	43.54	61.39	70.42	79.30	85.76	84.27
法国	43.27	55.26	53.15	53.97	60.85	60.47
加拿大	69.10	82.86	69.71	60.06	65.55	64.39
英国	50.05	51.53	51.94	59.03	56.48	58.03
韩国	52.79	67.95	71.18	95.65	83.71	77.68
印度	23.12	27.19	42.49	49.69	42.20	39.81
俄罗斯	55.18	68.09	56.71	50.36	49.27	46.27
巴西	16.63	22.64	27.09	22.52	26.96	24.61
中国	34.76	39.75	62.89	48.89	40.46	37.06
南非	43.61	51.44	53.15	55.99	61.83	60.38
澳大利亚	37.69	40.86	38.83	39.84	40.81	39.95
墨西哥	46.11	53.13	54.58	60.95	72.18	78.11
马来西亚	192.11	220.41	203.85	157.94	133.55	128.64
意大利	45.82	50.47	49.41	52.35	56.95	56.25

资料来源：世界银行WDI数据库。

由表13-9可知，马来西亚进出口总额占比位居第一，而且变动幅度明显超过其他国家。韩国进出口总额占比变动波动较大，并在2010年达到峰值，2016年低于马来西亚、德国、墨西哥位列第四。德国与韩国相似，不过2010年以后基本保持不变，并在2015年超过韩国。加拿大在2000年以前保持匀速上涨，2000 年以后不断下降。法国、俄罗斯、墨西哥、意大利的进出口总额占比几乎保持不变，英国的变动幅度也不大。南非保持着较稳定的增长，在 2016 年有小幅下降。美国、巴西进出口占比变动不大，围绕 20%上下波动。印度在 2005 年以后迅速上升，中国在 2005 年以后有较大增长，在 2005 年达到峰值 62. 89%，之后受到金融危机影响保持下降趋势。

三、经济增长的稳定性

（一）产出波动

由表 13-10 可知，发达国家相较于其他国家经济波动次数更多且变动更大，美国、德国、法国、英国、加拿大、意大利等国 1995—2016 年间多次出现超 100%的波动率。韩国 2005 年以来经济发展较为平稳。“金砖国家”中仅印度与中国相较于其他国家经济波动较小。中国经济一直保持稳定增长，经济波动率保持在低于 20%的水平上。

表 13-10 1995—2016 年 16 个国家经济波动率 （单位:%）

国家 \ 年份	1995	2000	2005	2010	2015	2016
美国	0. 3266	0. 1266	0. 1164	1. 9122	0. 2072	0. 4810
日本	0. 6851	1. 0907	0. 2458	1. 7739	0. 7247	0. 1540
德国	0. 2929	0. 4906	0. 3960	1. 7261	0. 0966	0. 1150
法国	0. 1110	0. 1374	0. 4230	1. 6683	0. 1265	0. 1126
加拿大	0. 4041	0. 0038	0. 0374	1. 9566	0. 6329	0. 5587
英国	0. 3635	0. 1391	0. 3094	1. 4046	0. 2319	0. 2351
韩国	0. 0396	0. 2108	0. 1992	0. 8911	0. 1650	0. 0134
印度	0. 1375	0. 5658	0. 1719	0. 2099	0. 0673	0. 1127
俄罗斯	0. 6704	0. 5625	0. 1115	1. 5759	1. 2612	0. 9205
巴西	0. 1721	7. 7676	0. 4441	1. 0167	1. 1337	0. 0463
中国	0. 1611	0. 1075	0. 1270	0. 1315	0. 0545	0. 0306
南非	0. 0366	0. 7618	0. 1586	1. 5060	0. 2358	0. 7849
澳大利亚	0. 0401	0. 2275	0. 2273	0. 1070	0. 0720	0. 1421
墨西哥	1. 8209	0. 9859	0. 2940	1. 9198	0. 1672	0. 1373

续表

国家\年份	1995	2000	2005	2010	2015	2016
马来西亚	0.0670	0.4434	0.2139	1.3618	0.1629	0.1607
意大利	0.3421	1.3785	0.3997	1.3076	0.8861	0.0554

资料来源：世界银行 WDI 数据库。

（二）就业波动

由表 13-11 可知，南非拥有较高的失业率，就业率波动较大，同时这一指标明显超过其他各国。另外，除去中国、韩国、马来西亚、印度、德国，其他国家在 2000 年以后失业率出现明显的上升。中国、韩国、马来西亚、印度失业率变动不大，都保持在 4%左右。发达国家中，法国与意大利失业率在 10%左右，显著高于其他发达国家，其中美国、德国、加拿大、英国以及澳大利亚失业率指标均出现明显“S 型”波动。“金砖国家”中除南非失业率居高不下外，俄罗斯与巴西的失业率波动也较为显著，近几年俄罗斯失业率显著下降，但巴西失业率不降反升。韩国、印度、中国、墨西哥、马来西亚等国失业率相对较低且较为稳定。

表 13-11　1995—2016 年 16 个国家总失业率　（单位:%）

国家\年份	1995	2000	2005	2010	2015	2016
美国	5.60	4.00	5.10	9.60	5.30	4.90
日本	3.20	4.70	4.40	5.10	3.40	3.10
德国	8.20	7.90	11.20	7.00	4.60	4.10
法国	12.00	10.70	8.90	9.30	10.40	10.10
加拿大	9.50	6.80	6.80	8.10	6.90	7.00
英国	8.70	5.60	4.80	7.80	5.30	4.80
韩国	2.10	4.40	3.70	3.70	3.60	3.70
印度	4.00	4.30	4.40	3.60	3.50	3.50
俄罗斯	9.40	10.60	7.10	7.30	5.60	5.50

续表

国家＼年份	1995	2000	2005	2010	2015	2016
巴西	9.90	13.90	11.40	8.50	8.50	11.50
中国	4.60	4.50	4.10	4.20	4.50	4.60
南非	16.90	26.70	23.80	24.70	25.20	26.70
澳大利亚	8.50	6.30	5.00	5.20	6.10	5.70
墨西哥	6.90	2.60	3.60	5.30	4.30	3.90
马来西亚	3.10	3.00	3.50	3.40	3.10	3.50
意大利	11.70	10.80	7.70	8.40	11.90	11.70

资料来源：世界银行 WDI 数据库。

四、福利变化与成果分配

（一）福利变化

第一，人均 GDP。

由表 13-12 可知，所有国家的人均 GDP 都呈现出上升趋势，但是各国之间的发展水平和发展速度很不一致。2016 年，美国、日本、德国、英国、法国、意大利、加拿大和澳大利亚等国家的人均 GDP 基本上在 30000 美元以上，但是增长速度缓慢。新兴市场经济国家方面，韩国人均 GDP 最高，已达到 25000 美元以上；其次为墨西哥，人均 GDP 接近 10000 美元；俄罗斯与马来西亚的人均 GDP 都已超过 10000 美元；巴西、南非的人均 GDP 也在 7500 美元以上。这些国家都已经步入高收入国家行列，且增长速度较快；中国的人均 GDP 不到 7000 美元，印度的人均 GDP 不到 2000 美元，这两个超级人口大国的人均 GDP 虽然水平低下，但增长速度快，印度从 1995 年到 2016 年增长了近 2 倍，中国则实现了 5 倍左右的增长，这种高速度的增长趋势是其他国家不能比拟的。

表 13-12 1995—2016 年 16 个国家人均 GDP

（单位：2010 年不变价美元）

国家＼年份	1995	2000	2005	2010	2015	2016
美国	38677.72	45055.82	48755.62	48373.88	51855.91	52262.78
日本	40368.71	42169.70	44393.66	44507.68	47082.69	47623.27
德国	34782.57	37998.43	38969.32	41785.56	45412.56	45745.79
法国	34145.70	38522.21	40316.81	40703.34	41689.71	42013.29
加拿大	37569.47	43638.28	47181.56	47447.48	50109.88	50231.89
英国	30674.61	35576.77	39740.90	38893.02	41536.92	41954.74
韩国	12055.23	15104.52	18568.36	22086.95	24870.77	25458.89
印度	622.30	762.31	971.23	1345.77	1758.04	1861.49
俄罗斯	5919.34	6491.00	8927.91	10674.99	11144.60	11099.17
巴西	8547.94	8778.19	9495.10	11224.15	11322.15	10826.27
中国	1227.56	1771.74	2738.21	4560.51	6496.62	6893.78
南非	5616.42	5946.00	6767.63	7361.76	7604.36	7503.27
澳大利亚	38078.90	44223.59	48702.73	51874.08	54941.91	55670.92
墨西哥	7307.18	8659.80	8808.56	8959.58	9615.31	9707.91
马来西亚	6275.12	7009.60	7983.89	9071.36	10745.05	11031.82
意大利	32829.88	36180.78	37238.94	35849.37	33984.09	34377.93

资料来源：世界银行 WDI 数据库。

第二，获得经济改善的设施的人口所占比重。

由表 13-13 可以看出，在获得经济改善的设施的人口所占比重方面，日本、韩国、澳大利亚早在 1995 年就达到 100%，实现了对全民卫生设施的改善；美国则在 2011 年达到了 100%；德国、法国、加拿大、英国、意大利等国家基本上实现了对全部民众的卫生设施进行改善，超过 98%。“金砖五国”的情况分为三种：俄罗斯获得经济改善的设施的人口所占比重覆盖率基本保持不变，达到 70%以上；巴西、南非、中国获得经济改善的设施的人口所占比重均出现较大变动，其中，中国获得经济改善的设施的人口所占比重从 1995 年的 53.2%上升到 2015 年的约 76.5%，成果显著，但还有进一步提升的空间；印度在获得经济改善的设施的人口所占比重方面明显滞后，

2015 年才达到 39.6%。

表 13-13　1995—2015 年 16 个国家获得经济改善的设施的人口所占比重

（单位:%）

国家＼年份	1995	2000	2005	2010	2015
美国	99.6	99.7	99.8	99.9	100
日本	100	100	100	100	100
德国	99.2	99.2	99.2	99.2	99.2
法国	98.7	98.7	98.7	98.7	98.7
加拿大	99.8	99.8	99.8	99.8	99.8
英国	99.2	99.2	99.2	99.2	99.2
韩国	100	100	100	100	100
印度	20.8	25.6	30.6	35.5	39.6
俄罗斯	72.6	72.5	72.4	72.3	72.2
巴西	70.8	74.7	77.7	80.5	82.8
中国	53.2	58.8	64.9	70.8	76.5
南非	53.8	57.2	60.4	63.5	66.4
澳大利亚	100	100	100	100	100
墨西哥	70.7	74.7	78.6	82.3	85.2
马来西亚	88.8	91.2	93.4	95.4	96
意大利	99.5	99.5	99.5	99.5	99.5

注：该指标 2016 年数据缺失。

资料来源：世界银行 WDI 数据库。

（二）成果分配

第一，国家议会中妇女席位比例。

此数据从 1998 年开始统计。由表 13-14 可以看出，在国家议会中妇女席位比例方面，2016 年墨西哥、南非分别达到 42.4%和 41.8%，远高于其他国家；其次是法国、加拿大、英国、中国、澳大利亚，比例均超过 20%；美国、韩国、印度、马来西亚的这一比例为 10%—20%；巴西的这一比例则不足 10%。

表 13-14　1998—2016 年 16 个国家国家议会中妇女席位比例　（单位:%）

国家＼年份	1998	2000	2005	2010	2015	2016
美国	11.7	14	15.2	16.8	19.4	19.4
德国	26.2	30.9	31.8	32.8	36.5	36.5
法国	10.9	10.9	12.2	18.9	26.2	26.2
加拿大	20.6	20.6	21.1	22.1	26	26
英国	18.2	18.4	19.7	22	29.4	29.6
韩国	3.7	5.9	13.4	14.7	16.3	17
印度	8.1	9	8.3	10.8	12	12
俄罗斯	10.2	7.7	9.8	14	13.6	12.7
巴西	6.6	5.7	8.6	8.6	9.9	9.9
中国	21.8	21.8	20.3	21.3	23.6	23.6
南非	28.8	29.8	32.8	44.5	42	41.8
澳大利亚	15.5	23	24.7	24.7	26.7	28.7
墨西哥	17.4	16	24.2	26.2	42.4	42.4
马来西亚	7.8	10.4	9.1	9.9	10.4	10.4
意大利	11.1	11.1	11.5	21.3	31	31

注：世界银行 WDI 数据库并未提供日本数据。
资料来源：世界银行 WDI 数据库。

第二，公共医疗卫生支出占政府支出比例。

由表 13-15 可以看出，在公共医疗卫生支出占政府支出比例方面，2000 年到 2014 年的情况大致可分为四个层次：第一层次的美国、日本、德国、英国、法国、加拿大、澳大利亚的比例都在 15%以上；第二层次的意大利、韩国、墨西哥、中国、俄罗斯、南非的比例在 10%左右；第三层次的巴西、马来西亚的比例在 10%以下；第四层次的印度比例最低，仅为 5%左右。

表 13-15　1995—2014 年 16 个国家公共医疗卫生支出占政府支出比例

（单位:%）

国家＼年份	1995	2000	2005	2010	2014
美国	15.92	16.79	18.47	18.97	21.29

续表

国家＼年份	1995	2000	2005	2010	2014
日本	14.99	15.38	18.27	19.36	20.28
德国	14.05	17.87	17.33	18.15	19.65
法国	14.87	15.18	15.63	15.38	15.69
加拿大	13.23	15.07	17.50	18.23	18.77
英国	13.05	15.17	15.35	15.93	16.52
韩国	6.27	8.37	9.56	12.44	12.28
印度	4.52	4.39	4.51	4.29	5.05
俄罗斯	9.14	12.67	11.75	9.72	9.49
巴西	8.36	4.08	4.98	9.90	6.78
中国	15.95	10.82	9.79	10.24	10.43
南非	12.98	13.63	13.01	14.11	14.23
澳大利亚	14.92	16.00	16.95	17.11	17.31
墨西哥	8.90	10.52	12.05	11.53	11.58
马来西亚	5.23	5.25	5.32	6.75	6.45
意大利	9.70	12.54	14.10	14.56	13.65

注：该指标 2015—2016 年数据缺失。
资料来源：世界银行 WDI 数据库。

五、资源利用和生态环境代价

（一）资源消耗

第一，每 1000 美元 GDP 的耗电量。

根据表 13-16，可以从绝对值和变动趋势两个方面分析各国的每 1000 美元 GDP 的耗电量。在绝对值方面：2005—2014 年，美国、日本、德国、英国、法国、意大利、加拿大、澳大利亚、韩国、巴西和墨西哥的耗电量都在 500 千瓦时以下，显示出这些国家的电力利用效率较高；俄罗斯、中国、印度、马来西亚的耗电量都在 500 千瓦时以上，俄罗斯和中国甚至高达 1000 千瓦时以上，表明这些国家的电力利用效率低下。在变动趋势方面，可以分为四种：下降型，代表国家为美国、德国、英国、印度、俄罗斯、加拿大和澳大利亚；上升型，代表国家为韩国、马来西亚和墨西哥；稳定型，代表国家为日本和法国、巴西；先升后降型，代表国家为俄罗斯、南非、意大利。

表 13-16　1995—2014 年 16 个国家每 1000 美元 GDP 的耗电量

（单位：千瓦时）

国家 \ 年份	1995	2000	2005	2010	2014
美国	373.73	345.71	322.34	318.92	306.74
日本	223.57	234.81	229.53	229.70	216.71
德国	211.07	203.15	212.07	197.94	192.96
法国	228.36	223.43	226.37	228.19	225.24
加拿大	593.19	522.83	493.60	457.91	437.33
英国	194.38	181.50	164.98	151.40	132.57
韩国	319.65	409.39	444.64	472.46	475.04
印度	757.22	677.65	622.98	620.04	619.56
俄罗斯	1445.42	1343.15	1083.92	1007.04	1001.69
巴西	380.39	431.26	425.30	423.70	425.78
中国	989.96	885.10	1030.47	1026.00	1014.71
南非	965.58	1006.09	898.67	803.21	785.67
澳大利亚	339.21	331.01	308.08	296.78	286.97
墨西哥	219.06	227.88	241.71	244.54	245.89
马来西亚	455.76	559.56	514.36	656.13	662.14
意大利	168.87	177.42	185.99	184.62	179.29

注：该指标 2015—2016 年数据缺失。

资料来源：世界银行 WDI 数据库。

第二，人均千克石油当量。

根据表 13-17，同样可以从绝对值和变动趋势两个方面分析各国的人均千克石油当量。在绝对值方面：1995—2015 年，美国、日本、德国、法国、加拿大、英国、韩国、俄罗斯、澳大利亚的能源使用量都基本稳定在 3000 千克石油当量以上，表明这些国家的能源使用效率较高；印度、巴西、中国、南非、墨西哥和马来西亚的能源使用量都低于 3000 千克石油当量，表明这些国家的能源使用效率较低。在变动趋势方面，2000年以来可以分为三种类型：下降型，以美国、日本、德国、英国为代表；上升型，以俄罗斯、韩国、马来西亚、中国、巴西和印度为代表；稳定型，代表国家为日本、澳大利亚、墨西哥和意大利。

表 13-17 1995—2015 年 16 个国家人均千克石油当量

（单位：千克石油当量）

国家＼年份	1995	2000	2005	2010	2015
美国	7763.76	8056.86	7846.50	7160.94	6800.65
日本	3935.99	4083.83	4062.98	3893.27	3428.56
德国	4119.69	4094.06	4086.50	3997.08	3817.55
法国	3981.35	4135.48	4287.16	4016.85	3687.82
加拿大	7965.85	8242.52	8404.25	7788.47	7600.32
英国	3728.96	3785.75	3686.36	3230.62	2763.98
韩国	3210.13	4002.67	4364.22	5045.49	5413.35
印度	386.47	418.68	451.14	563.16	637.43
俄罗斯	4290.70	4224.29	4540.92	4819.04	4942.88
巴西	992.59	1069.34	1152.02	1351.03	1484.93
中国	866.83	898.99	1393.69	1954.72	2422.54
南非	2499.43	2428.71	2693.97	2780.99	2715.29
澳大利亚	5129.22	5644.06	5564.09	5793.12	5489.96
墨西哥	1401.23	1474.59	1646.77	1489.64	1488.02
马来西亚	1686.69	2108.60	2561.61	2610.31	2967.54
意大利	2799.38	3012.19	3214.67	2930.59	2481.75

注：该指标 2016 年数据缺失。

资料来源：世界银行 WDI 数据库。

（二）环境污染

第一，单位产出二氧化碳排放量。

从表 13-18 可以看出，各国的单位产出二氧化碳排放量基本上呈下降趋势或保持平稳态势。说明近 20 年来，各国的节能减排工作都做得不错，但各国之间的具体水平仍存在较大差异。印度、俄罗斯、中国的单位产出二氧化碳排放量人均公吨数在 1.5 以上，明显高于其他国家。南非和马来西亚人均公吨数在 1.0—2.0。美国、日本、德国、法国、加拿大、英国、韩国、巴西、澳大利亚、墨西哥和意大利人均公吨数在 1.0 以下。

表 13-18 1995—2014 年 16 个国家单位产出二氧化碳排放量（人均公吨数）

（单位：千克/2010 年不变价美元 GDP）

国家＼年份	1995	2000	2005	2010	2014
美国	0.57	0.51	0.46	0.42	0.39
日本	0.29	0.28	0.27	0.25	0.23
德国	0.35	0.31	0.29	0.25	0.22
法国	0.23	0.19	0.18	0.16	0.14
加拿大	0.56	0.53	0.50	0.41	0.37
英国	0.33	0.27	0.24	0.21	0.18
韩国	0.68	0.66	0.55	0.56	0.52
印度	2.05	1.97	1.69	1.61	1.53
俄罗斯	3.17	2.75	2.11	1.91	1.86
巴西	0.37	0.43	0.39	0.38	0.35
中国	3.54	2.40	2.57	2.16	1.84
南非	1.98	1.80	1.60	1.59	1.55
澳大利亚	0.64	0.56	0.52	0.47	0.40
墨西哥	0.55	0.49	0.51	0.48	0.47
马来西亚	1.34	1.11	1.24	1.22	1.23
意大利	0.28	0.27	0.27	0.23	0.27

注：该指标 2015—2016 年数据缺失。

资料来源：世界银行 WDI 数据库。

第二，PM2.5 指数。

PM2.5 在 2010 年以前每五年公布一次，2011—2015 年每年公布一次。从表 13-19 可以看出，印度、中国、韩国和意大利存在上升趋势。南非、墨西哥、巴西和美国存在下降趋势。中国和印度这两个发展中大国的 PM2.5 指数在 50 以上，明显高于其他国家，表明两国在改善空气质量方面仍然任重道远。韩国、墨西哥和南非的 PM2.5 指数也在 20 以上，同样面临着减少大气污染的艰巨任务。其他国家的 PM2.5 指数在 20 以下，表明空气质量相对良好。

表 13-19　1995—2015 年 16 个国家 PM2.5 指数

（单位：微克每立方米）

国家＼年份	1995	2000	2005	2010	2015
美国	10.87	10.70	10.42	8.61	8.44
日本	12.54	12.45	13.21	12.35	13.33
德国	15.19	14.08	13.39	13.70	14.02
法国	13.29	12.60	12.26	12.23	12.37
加拿大	7.78	7.82	8.11	7.30	7.18
英国	13.79	12.98	12.31	12.09	12.41
韩国	25.68	25.78	25.97	25.18	28.66
印度	60.60	61.50	65.66	64.63	74.33
俄罗斯	16.80	15.33	15.02	16.62	16.63
巴西	15.41	16.16	13.78	10.96	11.37
中国	49.64	51.63	56.90	58.22	58.38
南非	35.92	37.04	35.85	29.75	29.63
澳大利亚	6.74	6.80	6.61	5.93	5.90
墨西哥	26.57	28.91	26.02	20.24	20.24
马来西亚	15.70	15.91	19.81	15.27	15.56
意大利	16.83	15.44	14.23	14.65	19.86

注：该指标 2016 年数据缺失。

资料来源：世界银行 WDI 数据库。

六、国民经济素质

（一）基础素质

第一，安全互联网服务器。

该数据从 2001 年开始公布，从表 13-20 可以看出，随着信息时代的到来，各国的互联网用户比例都是不断上升的。以美国、日本、德国、法国、加拿大、英国、韩国、澳大利亚和意大利为代表的高收入发达国家均出现大幅上涨，其中韩国更是在 2015 年超过其他国家。巴西、南非、墨西哥和马来西亚等国家则在 0—150 个，且没有出现大幅变动。印度则更低，只有不到低于 10 个服务器，中国 2015 年之前低于 10 个，2015 年之后超过 10 个，在 2016 年达到 20. 50 个，这与两个国家是人口大国有关。

表 13-20 2001—2016 年 16 个国家安全互联网服务器

（单位：每百万人）

国家 \ 年份	2001	2005	2010	2015	2016
美国	274. 16	785. 16	1444. 95	1652. 59	1623. 35
日本	40. 53	257. 70	646. 70	969. 62	1070. 68
德国	62. 61	274. 16	872. 03	1756. 84	1644. 03
法国	26. 74	76. 07	296. 41	811. 55	849. 39
加拿大	162. 63	569. 11	1242. 69	1308. 89	1253. 47
英国	109. 39	464. 68	1384. 15	1382. 77	1407. 63
韩国	7. 28	20. 01	1124. 81	2301. 46	2200. 79
印度	0. 11	0. 58	2. 11	6. 83	7. 82
俄罗斯	1. 95	2. 42	20. 19	126. 39	214. 52
巴西	5. 78	14. 11	40. 35	77. 76	79. 17
中国	0. 14	0. 33	1. 92	10. 12	20. 50
南非	11. 50	20. 21	61. 38	129. 84	124. 52
澳大利亚	176. 27	498. 07	1784. 56	1460. 44	1435. 77
墨西哥	2. 51	7. 96	19. 92	39. 51	40. 90
马来西亚	6. 16	14. 69	41. 90	102. 46	106. 45
意大利	18. 27	44. 70	157. 56	288. 88	333. 38

资料来源：世界银行 WDI 数据库。

第二，城市化率。

从表 13-21 可以看出，近二十年来，各国的城市化率是不断上升的。美国、日本、德国、英国、法国、韩国、俄罗斯、加拿大和澳大利亚等发达国家的城市化率都已经在 70%以上。2010 年以来，发展中国家的城市化率则参差不齐：巴西、马来西亚和墨西哥的城市化率都已在 70%以上；南非的城市化率也已经在 60%以上，中国的城市化率在 50%左右，印度的城市化率则只有 30%左右。

表 13-21　1995—2016 年 16 个国家城市化率　（单位:%）

国家＼年份	1995	2000	2005	2010	2015	2016
美国	77. 25	79. 09	80. 73	82. 14	81. 62	81. 79
日本	78. 02	78. 65	85. 98	90. 54	93. 50	93. 93
德国	73. 29	73. 07	73. 36	73. 82	75. 30	75. 51
法国	74. 91	76. 90	81. 56	85. 23	79. 52	79. 75
加拿大	77. 68	79. 48	80. 12	80. 55	81. 83	82. 01
英国	78. 35	78. 65	79. 01	79. 51	82. 59	82. 84
韩国	78. 24	79. 62	81. 35	82. 93	82. 47	82. 59
印度	26. 61	27. 67	29. 24	30. 93	32. 75	33. 14
俄罗斯	73. 37	73. 35	72. 93	73. 65	74. 01	74. 10
巴西	77. 61	81. 19	82. 83	84. 34	85. 69	85. 93
中国	30. 96	35. 88	42. 52	49. 23	55. 61	56. 78
南非	54. 49	56. 89	59. 26	61. 55	64. 80	65. 30
澳大利亚	86. 11	87. 17	88. 18	89. 05	89. 42	89. 55
墨西哥	73. 37	74. 72	76. 31	77. 83	79. 25	79. 52
马来西亚	55. 69	61. 98	67. 58	72. 01	74. 71	75. 37
意大利	66. 92	67. 22	67. 59	68. 22	68. 96	69. 12

资料来源：世界银行 WDI 数据库。

（二）能力素质

第一，居民专利申请数量。

从表 13-22 可以看出，日本的专利申请数量一直遥遥领先于其他国家，其次为美国，2015 年超过日本。近年来，中国的专利申请数量大幅度上升，在 2010 年以来拥有较快增长率，更是超过日本，领先于其他国家。专利申请数量上升速度较快的还有韩国，从 1995 年的 59228 件上升到 2015 年的 167275 件。德国、英国、法国、俄罗斯、印度和意大利的专利申请数量同样可观，其他国家在这方面则显得落后不少。

表 13-22 1995—2015 年 16 个国家居民专利申请数量 （单位：件）

国家＼年份	1995	2000	2005	2010	2015
美国	123962	164795	207867	241977	288335
日本	333770	384201	367960	290081	258839
德国	38103	51736	48367	47047	47384
法国	12419	13870	14327	14748	14306
加拿大	2431	4187	5183	4550	4277
英国	18630	22050	17833	15490	14867
韩国	59228	72831	122188	131805	167275
印度	1545	2206	4721	8853	12579
俄罗斯	17551	23377	23644	28722	29269
巴西	2707	3179	4054	4228	4641
中国	10011	25346	93485	293066	968252
南非	883	895	1003	821	889
澳大利亚	1784	1928	2555	2409	2291
墨西哥	432	431	584	951	1364
马来西亚	141	206	522	1231	1272
意大利	6997	7877	9255	8877	8601

注：该指标 2016 年数据缺失。

资料来源：世界银行 WDI 数据库。

第二，国内上市公司数量。

从表 13-23 可以看出，美国早期的国内上市公司数量高居榜首，但随后不断下降，2010 年开始被上升势头明显的印度超越，退居次席。日本、英国、法国、韩国、中国、马来西亚、加拿大和澳大利亚的国内上市公司数量上升明显，数量可观。德国和意大利的上市公司数量变化不大，俄罗斯则变化比较大，2000 年 21 家，2005 年上升为 414 家，2010 年上升为 556 家，此后开始下降，2015 年、2016 年下降为 251 家和 242 家。巴西、南非和墨西哥的国内上市公司数量甚至出现下降趋势。

表 13-23 1995—2016 年 16 个国家国内上市公司数量 （单位：家）

国家＼年份	1995	2000	2005	2010	2015	2016
美国	7487	6917	5145	4279	4381	4331
日本	1714	2055	2323	2281	3504	3535
德国	678	744	648	690	555	531
法国	710	1185	749	617	490	485
加拿大	1736	1507	3719	3771	3799	3368
英国	1971	2428	2757	2105	1857	1858
韩国	721	1242	1616	1781	1948	2039
印度	5398	5853	4763	5034	5835	5820
俄罗斯	340	21	414	556	251	242
巴西	543	457	342	373	345	338
中国	323	1086	1377	2063	2827	3052
南非	612	604	348	352	316	303
澳大利亚	1129	1333	1643	1913	1989	1969
墨西哥	185	175	150	130	136	137
马来西亚	523	787	1015	948	892	893
意大利	250	297	275	290	285	290

资料来源：世界银行 WDI 数据库。

第三节 国际比较的结论与政策建议

一、国际比较的结论

经济增长的效率方面，发达国家中全要素生产率增长率与国家发展类型有很大关系，发展高端制造业的国家全要素生产率增长率较大，发展服务业的国家增长率较小，而新兴市场国家和“金砖国家”的全要素生产率贡献率普遍大于零。人均产出方面，发达国家的人均产出明显高于新兴市场国家和“金砖国家”。而中国要明显弱于其他国家，其中全要素生产率贡献率小，人均产出很低且增长率不高。

经济增长的结构方面，从产业结构的比较可以看出，发达国家的工业化率和产业结构高级化指数都非常高，工业化率更是接近100%；新兴市场国家和“金砖国家”在这两个指标中都有明显的上升，但数值与发达国家的差距还是较大。投资消费结构中，新兴市场国家和“金砖国家”的资本形成总额占GDP百分比普遍较高且变动较大，而发达国家的资本形成总额占GDP百分比较低且保持稳定；在最终消费支出占GDP百分比方面则相反，发达国家的最终消费支出占GDP百分比较高，“金砖国家”也在不断地上升。金融结构中，发达国家具有明显的优势，“金砖国家”也在不断赶超。从国际收支的比较可以看出，马来西亚等发展中国家凭借发达的进出口贸易位于前列且不断增长，发达国家的国际收支占比较低且保持稳定。中国的工业化率和产业结构高级化指数均为各国最低；投资消费结构中，投资率最高但消费率最低；股票交易占比的上升非常明显，发展较快；凭借进出口贸易使国际收支占比位于前列。

经济增长的稳定性方面，各个国家由于经济状况的刺激都出现过明显的产业波动。在失业率方面，“金砖国家”中南非拥有最高的失业率，发达国家也拥有较高的失业率，而一些发展中国家的失业率较低且稳定。中国的经济增长稳定性较高，产业波动和失业率均较低且稳定。

经济增长的福利变化与成果分配方面，发达国家的福利水平普遍较高，且发展缓慢，新兴市场与“金砖国家”均有较高增速，但与发达国家差距明显。国家议会中妇女席位比例与各国的男女平等程度相关，发达国家与其他国家没有明显的区分。而发达国家公共医疗卫生支出占比明显优于其他国家。中国在福利水平方面明显薄弱，但相对发展迅速，在公共医疗卫生占比上，中国在“金砖国家”中明显较优，国家议会中妇女席位占比适中。

资源利用和生态环境代价方面，无论从每1000美元GDP的耗电量、人均千克石油当量，还是从单位产出二氧化碳排放量和PM2.5都可以看出，发达国家对资源的利用效率比较高，对环境的保护效果明显，环境污染小；而其他国家在资源利用上效率不高，对环境的保护不够，经济发展对环境影响严重。中国单位产出耗电量较高且现阶段呈现上升趋势，对能源的使用效率较低且现阶段呈现下降趋势。因此，中国在对环境的保护上还是任重而道远，二氧化碳排放量大、空气质量差，与其他国家的差距十分明显。

国民经济素质方面，发达国家明显高于其他国家。各国安全互联网服务器数量均处于高速上涨态势；有些发展中国家城市化率也在快速赶超发达国家；在专利申请数量上，发展中国家与其他国家的差距较大。中国在安全互联网服务器数量与城市化率上与发达国家差距大，而其专利申请数量和上市公司数量均有所上升且与发达国家的差距不断缩小。

二、政策建议

总体上看，中国在经济增长的稳定性和国民经济素质方面表现较优，但其他方面与发达国家甚至其他“金砖国家”的差距较大。通过比较发现，中国现阶段属于粗放型经济增长方式，我们需要通过提高经济增长效率、优化增长结构、提升福利水平并加大资源环境保护使经济增长方式向集约型转变，以此实现经济的高质量增长。

第一，完善市场经济体制。完善的市场经济体制是经济集约型增长的必要条件。完善的市场经济体制可以减少法律的不确定性，抑制短期行为，更有利于生产效率的提高；可以促进市场的公平竞争，减少社会不稳定因素，提高市场的生产效率，促进技术进步。对私有产权的保护可以提高企业对长期投资的意愿，而技术进步和技术创新就属于长期投资，因此有利于整个社会的技术进步。市场经济体制的不完善促进政府加大干预力度，而政府的过度干预会造成市场行为的扭曲，企业为获取政治关联，会投入更多的资金，从而削弱了企业的技术成长能力。当市场经济体制不完善时，在制度缺陷的影响下教育、科研的发展相对落后，企业不能雇佣充足的高素质人才，人才储备不足容易导致粗放型经济增长；金融的发展也会相对滞后，不能提供有效率的融资支持，从而阻碍企业转变增长方式。另外，在一个规则不完善的国家，未来的不确定性更高，企业短期行为将会更加严重，技术进步和效率提高的动力也更加微弱。

第二，提高教育科研水平。实现高质量的经济发展，需要相应的人才、研发力量和教育科研体制的支出。集约型经济增长是知识密集型的，没有高端的人才和研发力量，是不可能推动集约型经济增长的。同时，先进的教育科研体制也是必不可少的。没有先进的教育科研体制，将导致人才和研发力量对经济增长的作用不能充分发挥。由世界大学学术排名可知，实现集约型增长方式的国家具有先进的教育水平。德国、日本、韩国这些国家，高等教育水平都处于世界先进水平，而墨西哥、南非、印度这些国家，高等教育水平则比较落后。

第三，建立高效率的融资制度。为提高资本的使用效率，使资金能够配置到效率更高的部门，必须建立高效率的融资制度。由于发展中国家金融体系不完善，资金的配置效率低，因而抑制了传统产业的技术升级，也阻碍了高新科技产业的发展。一方面，低效率的融资制度不利于传统产业的技术升级。传统企业尤其是传统中小企业，其技术升级和设备更新改造需要大量的资金；而不完善的融资制度，使这些企业不能有效地获取技术升级和更新改造的资金。另一方面，低效率的融资制度不利于高新科技产业的发展。由于发展中国家的金融市场欠发达、市场运作不规范、融资效率低，高新技术企业的融资缺口与西方发达国家相比要严重得多，从而大大地抑制了发展中国家高新技术产业的发展。

第四，优化产业结构。通过产业调整，使各产业实现协调发展，满足社会不断增长的需求，在此过程中使产业结构趋向合理化和高级化。主要依据产业技术经济关联的客观比例关系，遵循再生产过程比例性需求，促进国民经济各产业间的协调发展，使各产业发展与整个国民经济发展相适应。遵循产业结构演化规律，通过技术进步，使产业结构整体素质和效率向更高层次不断演进。通过政府的有关产业政策调整，影响产业结构变化的供给结构和需求结构，实现资源优化配置，推进产业结构向合理化和高级化发展。

第五，提高社会福利水平。我国现阶段公共医疗发展相对落后，农村医疗设施有效供给不足，“看病贵，看病难”是公共医疗面临的最大问题，同时医患矛盾也在不断加剧。因此，我国需要大力建设社会公共医疗卫生设施，完善公共医疗体系，解决医患矛盾，建立健全农村医疗保险制度。由于我国正在进入老龄化社会，解决养老问题迫在眉睫。因此，我国现阶段需要尽快推进公共养老制度的建立，设立公共养老机构，健全养老保险体系，鼓励扶持私人养老机构的成立，以此解决养老问题。

第六，加大对资源环境的保护。随着经济的不断发展，我国对资源的浪费和对环境的破坏均在不断加剧，不仅影响人们的生产生活，而且会对经济的可持续性发展产生十分巨大的负面影响。要想改变这种状况，就需要做到以下几点：坚决查处小煤窑，规范煤炭、石油等资源的开采，减少开采中的资源浪费；鼓励企业、科研机构进行技术创新，减少生产使用中的资源浪费和污染物的产生；提高污染排放成本，从根本上减少企业排放意愿；提高政府职能，不断监测环境状况，严格监控环境污染企业，一经发现其污染超标需严肃处理。

第十四章

中国经济增长数量和质量的比较

改革开放40年以来，持之以恒的经济建设，取得了举世瞩目的成绩。据世界银行统计，中国20世纪80年代的经济增长率是10.1%，20世纪90年代的经济增长率是10.7%。但过去中国经济增长表现出明显的增长数量与质量不一致的特征，呈现一种较为严重的高速度、低质量的增长方式（任保平，2010），为未来中国经济的可持续发展带来了隐忧。对于“中国经济增长数量与质量不一致的原因是什么”“经济增长数量与质量一致性的条件有哪些”“如何实现经济增长数量与质量一致性”等的追问，是当前亟待解释和回答的问题。

第一节　中国经济增长数量和质量不一致的态势描述

中国经济增长数量和质量不一致表现在横纵两个方面，纵向不一致是指经济增长的数量与质量在总量方面的不一致，横向不一致则是指省区之间在数量与质量方面排序的显著性差异。

一、总量视角上中国经济增长数量和质量的不一致

经济增长数量与经济增长质量就像一枚硬币的两面，是同一个问题的两个方面，它们一起构成了经济增长的全部内容。经济增长质量是经济的数量增长到一定阶段的产物。没有一定的经济增长数量，不可能谈及经济增长质

量。对于衡量经济增长质量与数量的不一致，首先要分别建立增长质量与数量的衡量指标。在此我们借鉴任保平（2012）的成果，从经济增长的效率、经济增长的结构、经济增长的稳定性、经济增长的福利变化与成果分配、资源利用和生态环境代价以及国民经济素质六个维度来合成经济增长质量指数（QIEG），以此作为中国经济增长质量的衡量指标。对于经济增长数量，我们采用总量 GDP，用以 2000 年为基期的真实 GDP 作为经济增长数量的测度指标。通过比较可得 2000—2016 年中国经济增长质量与经济增长数量的基本状态，参见表 14-1。

表 14-1　中国经济增长质量与经济增长数量的比较（2000—2016 年）

年份	经济增长质量指数	真实 GDP（亿元）	年份	经济增长质量指数	真实 GDP（亿元）
2000	0.966	99066.1	2009	3.080	348828.0425
2001	1.046	107090.4541	2010	3.547	384283.5455
2002	0.996	119766.7152	2011	3.904	448279.068
2003	1.214	133130.842	2012	4.413	526441.9752
2004	1.2975	150916.8115	2013	4.898	577393.7715
2005	1.3692	179009.6786	2014	5.381	639427.4592
2006	1.691	210736.7537	2015	5.786	685412.9393
2007	2.103	251225.6895	2016	7.354	728371.6517
2008	2.606	298199.244			

数据来源：根据任保平（2012）的成果以及 2017 年度《中国统计年鉴》计算而来。

由表 14-1 与图 14-1 我们不难发现，2000—2016 年间中国经济增长数量与质量的变动趋势是不一致的。首先，经济增长数量在 2000—2004 年里增长较为缓慢，而从 2006 年开始，中国真实 GDP 即经济增长数量开始增速显著，在这一段时间里，经济增长质量虽然也呈现增长的基本态势，然而经济增长质量的发展速度显著小于经济增长数量。自 2012 年开始，经济增长数量增速放缓，而经济增长质量开始显著提升，经济增长质量的发展速度超越经济增长数量。在 2000—2005 年间经济增长质量呈现出有升有降的波动状态，经济增长质量指数由最初的 2000 年的 0.966 上升到 2005 年的 1.3692。而在 2006—2016 年表现出了稳步提高的趋势，2006 年经济增长质

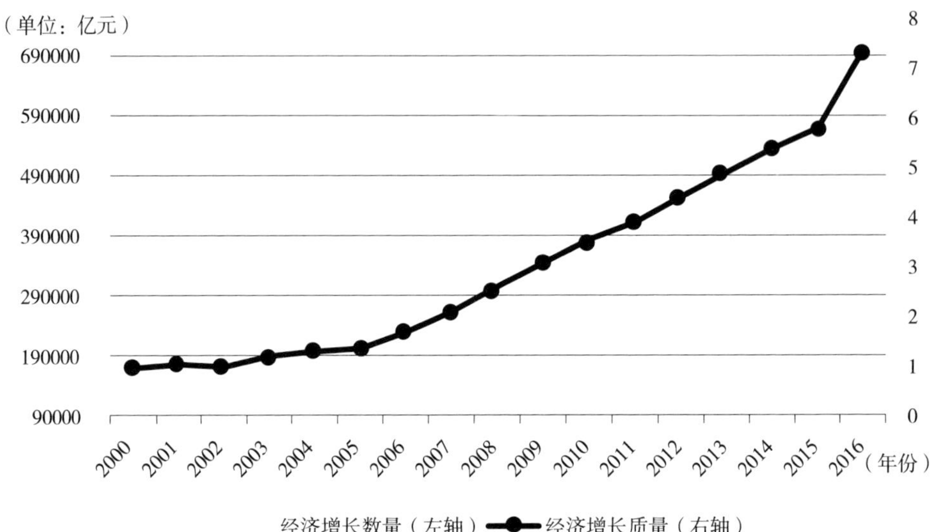

图 14-1　中国经济增长质量与经济增长数量的比较

数据来源：根据任保平（2012）的成果以及 2017 年度《中国统计年鉴》计算而来。

量指数是 1.691，到 2016 年经济增长质量指数则增长到 7.354，增长了 77 个百分点，说明近十年里我国经济增长数量增速逐渐放缓，但是我国经济增长质量却呈现稳步提升的基本状态。

在此，我们借鉴刘海英（2006）的成果，修正其关于反映经济增长质量提高和经济增长数量扩张不同步的系数 ε：

$$\varepsilon = \left| \frac{(b_n - b_{n-1})/b_{n-1}}{(a_n - a_{n-1})/a_{n-1}} \right| - 1 \tag{14.1}$$

其中，b 代表经济增长质量指数（QIEG），a 代表反映经济增长数量的真实 GDP，n 为年份值，$\varepsilon = 0$ 则说明经济增长数量与质量是同步扩张，反之，$\varepsilon \neq 0$ 则说明两者呈现出不一致的态势。

这样我们就可以得到 2001—2016 年间的 ε 值，从图 14-2 可以看出，2000 年以来经济增长质量与经济增长数量不同步是常态，尤其是 2016 年，经济增长数量和经济增长质量两者发展显著背离。总体来说，在总量视角上，中国经济增长数量与质量的不一致是毋庸置疑的。

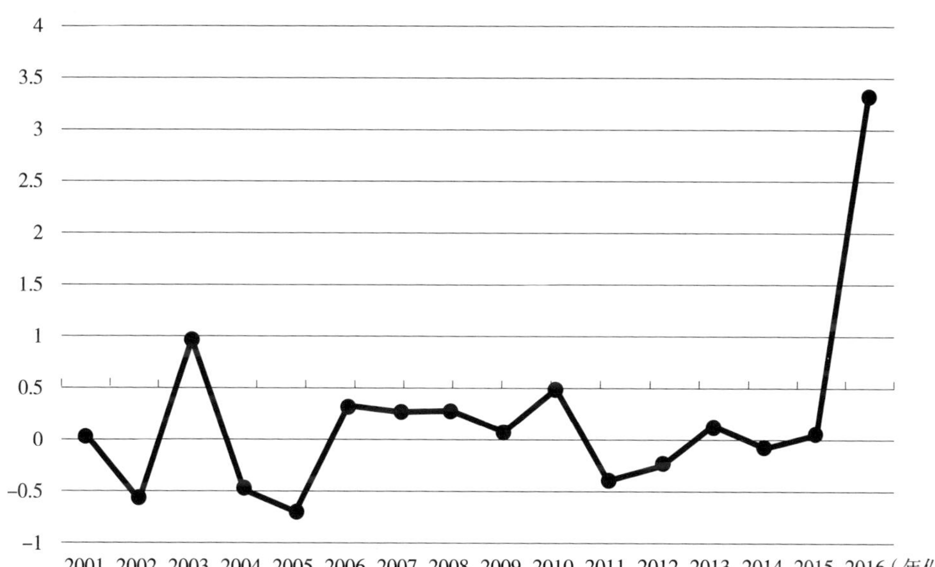

图 14−2 中国经济增长质量与数量不一致的系数

数据来源：根据上文公式计算而来。

二、省区视角上中国经济增长数量和质量的不一致

对于中国经济增长数量与质量的不一致，多数分析集中在总量层面（刘海英，2006），其实除了纵向的不一致，横向的省区增长数量和质量相对排名的不一致也表现得非常明显。通过对 2015 年中国各省、自治区、直辖市经济增长质量状态进行考察，得出各省区的经济增长质量指数（QIEG），以此为依据作为各省区经济增长质量的衡量，并根据该指数的大小对各省区的经济增长质量进行排序。同时，选择各省的总量 GDP 作为经济增长数量的主要衡量指标对其排名。2015 年中国各地区经济增长质量与经济增长数量的排序比较见表 14−2。

表 14−2 2015 年中国各地区经济增长质量与经济增长数量的排序比较

省份	经济增长质量排名	经济增长数量排名	增长数量与质量之差	省份	经济增长质量排名	经济增长数量排名	增长数量与质量之差
北京	1	13	12	四川	16	7	−9

续表

省份	经济增长质量排名	经济增长数量排名	增长数量与质量之差	省份	经济增长质量排名	经济增长数量排名	增长数量与质量之差
上海	2	12	10	安徽	17	14	-3
天津	3	17	14	湖南	18	10	-8
广东	4	1	-3	甘肃	19	27	8
山西	5	24	19	青海	20	30	10
浙江	6	4	-2	吉林	21	22	1
江苏	7	2	-5	江西	22	18	-4
陕西	8	16	8	广西	23	19	-4
湖北	9	8	-1	河南	24	5	-19
海南	10	28	18	内蒙古	25	15	-10
福建	11	11	0	河北	26	6	-20
辽宁	12	9	-3	云南	27	23	-4
重庆	13	21	8	贵州	28	25	-3
黑龙江	14	20	6	宁夏	29	29	0
山东	15	3	-12	新疆	30	26	-4

数据来源：摘自任保平等（2018）① 一书的结果。

从表 14-2 可以看出，2015 年各省区经济增长质量与经济增长数量排序对比中，经济增长质量排序显著高于数量排序的前 6 位分别是：山西（高 19 位）、海南（高 18 位）、天津（高 14 位）、北京（高 12 位）、上海（高 10 位）以及青海（高 10 位），较地区经济增长数量而言，增长质量状况更好的前 6 位省份中，海南、天津、北京以及上海与上年相同，即这四个地区都保持了极高的经济增长质量，持续实现了经济增长质量领跑经济增长数量的优势。经济增长质量排序显著低于数量排序的后 6 位分别是：河北（低 20 位）、河南（低 19 位）、山东（低 12 位）、内蒙古（低 10 位）、四川（低 9 位）以及湖南（低 8 位），这些地区虽然经济增长总量较大，但是经济增长质量状况却不尽如人意，特别是河北、河南地区，连续多年位于经济

① 任保平、钞小静、魏婕：《中国经济增长质量发展报告 2014——创新驱动背景下的中国经济增长质量》，中国经济出版社 2014 年版，第 5 页。

增长质量排序显著低于经济增长数量排序的后5位排名之中。

第二节　中国经济增长数量和质量不一致的解释

世界经济中，以购买力平价计算，具有相同人均收入的国家，其国民的生活质量相差很大；还有一些国家尽管正经历着前所未有的经济增长速度，但同时面临日益繁杂的经济社会问题。而中国就是典型的这样类型的国家。中国经济增长数量和质量不统一的原因主要表现在以下几个方面：

一、经济增长过程中投入与产出的质量差别导致经济增长数量与质量的不一致

在长期的经济增长过程中，人们总是要以最小的成本投入换取最大的收益。所以如果投入与产出保持合理的比例关系，能以较少的投入换取较高的产出，我们便可以认为经济增长的产出质量比较高。中国经济的高速增长，很大程度上是通过大量投入资本、劳动和土地等自然资源实现的。王小鲁（2009）等人的研究认为中国资本形成率在1980—1990年围绕35%上下波动，近年来进一步上升到42%左右，高资本形成率是过去支撑中国经济增长的最主要因素之一。这种高投入支撑了中国经济增长数量上的奇迹。但以投入产出效率来衡量经济增长质量，高投入、低产出、技术含量低的生产方式致使等量的原料、资源投入所创造的价值较少，增长质量必然不高。所以为了实现经济的持续发展，在经济的发展过程中要“提高资源的组合质量和资源的利用效率，降低投入，提高产出”（王积业，2000）。因此，投入与产出的效率、质量方面的差异直接导致经济增长中数量和质量不一致。

二、经济增长的资源环境代价较大导致经济增长数量与质量的不一致

追求质量型经济增长的关键是合理利用自然资源和保护环境。新中国成立以来，GDP十多倍的增长是以矿产资源消耗增长四十多倍的代价实现的。中国长期资本的高投入，是以资源、能源的高消耗为基础的。与国际先进水平相比，中国火电供电煤耗高22.5%，大中型钢铁企业吨钢可比能耗高

21%，水泥综合能耗高45%。而这些高能耗高投入的背后都是资源环境的代价，研究称中国GDP的13.9%是以资源消耗、环境污染、生态退化为代价换取的（石敏俊，2009）。所以即使过去多年中国经济增长在数量上成绩可观，可由于资源环境的代价，直接导致增长质量的不容乐观。另外在中国地区层面上，某些地区产业软化程度较高，服务业所占比重较高，其增长过程对资源环境的破坏也就较少；某些地区产业结构以重化工业为主，如果政府监管不力，产权不清晰，对资源环境的破坏就较明显。这样也会导致地区在增长数量与质量方面相对排名的不一致。

三、经济增长过程的稳定性不足导致经济增长数量与质量的不一致

经济稳定增长应包含两个内容：一是经济增长率的波动幅度小，二是经济增长率的波动次数少（任保平，2010）。经济增长的稳定性是衡量经济增长质量最重要的维度之一，能够总体反映出经济增长在一个较长时期内所表现出来的基本态势和总体状况。虽然改革开放以来中国经济的增长呈现出经济周期波动微波化、稳定化趋势（刘树成，2007），即“大起大落”的状况得到一定的改善，但同时一些地区投资扩张冲动仍然强烈，地区政府之间的竞争仍较为激烈，这使得各地区之间的宏观稳定性有了显著的差异，造成了地区之间增长质量与数量不一致。除此之外，在整个国家层面，由于受金融危机、欧债危机等外部因素的冲击，在国家宏观调控能力有限的情况下，宏观经济的波动不可避免。近些年通货膨胀压力的陡增也说明了整个经济增长的稳定性不高，增长质量相对于数量明显落后。

四、收入分配与福利状态不甚理想导致经济增长数量与质量的不一致

从经济增长结果来看，无论是提高经济增长的数量，还是提高经济增长的质量，其根本出发点和归宿都是为了人的生存与发展，提高人的生活水平。2007年世界银行发布报告称，中国工资收入占GDP比重呈持续下降态势，已从1997年前的53%下降到2006年的41.4%，远远低于美国57%的水平。[①] 同

---

① 房煜、余佼佼：《国家富了，你富了吗?》,《就业时报》2008年第4期，第10页。

样，在收入分配方面，1952 年中国基尼系数为 0.153，到了 2007 年亚洲开发银行的估计值为 0.473，基本已经肯定近些年中国基尼系数超过了“警戒”水平的 0.4。这种差异较大的收入分配直接导致整个社会矛盾尖锐。除此之外，环境恶化、食品质量无法得到保障、公共产品提供不够等等都影响着过去、现在以及未来中国人的福利水平，让绝大多数民众无法从心底感受到幸福。这种只有 GDP 数字意义的增长，而无所有民众共享增长成果之实的发展方式是不可持续的。

以上的偏差意味着经济增长的质量和数量往往是不一致的，单纯注意增长的数量不可能带来经济的长期可持续发展，必须把视角切换到对增长质量的关注、促进低效率部门的改善、资源环境节约和治理、熨平经济剧烈的波动，以及全体民众社会福利的明显改善。

第三节　实现中国经济增长数量和质量一致性的路径

中国过去的经济增长过分强调数量增长，而忽视了质量的提高，导致了经济增长数量与质量不一致，表现出明显的高速度、低质量特征。在经济转型和产业升级的大背景下，中国经济增长将更注重质量，而不是速度。未来中国需要在提高增长质量方面狠下功夫，加快从数量型向质量型的转型，实现数量与质量统一。

一、促进经济发展方式的转变

世界经济危机对中国经济的冲击以及当前中国经济增长中暴露出来的诸多矛盾表明，在规模报酬不变基础上单纯依靠规模扩张追求经济增长速度的数量型经济增长方式已经走到了尽头，经济发展方式转变刻不容缓。要提高经济增长质量就必须促进中国经济发展方式的转变，由数量、速度型增长向质量、效益型增长转变，由资源耗费型和环境污染型增长向资源节约型和环境友好型增长转变，由经济社会失调型增长向经济社会协调型增长转变，由低成本扩张型向高效率创新型增长转变，由要素投入型经济增长转化为内生技术进步型增长，由政府投资推动的增长转化为民间投资驱动的增长，由不可持续性增长向可持续性增长转变，由出口拉动型增长向内需推动型增长转变，由结构失衡型增长向结构优化型增长转变，由高碳经济型增长向低碳经济型增长转变，由技术引进型增长向自主创新型增长转变，由“少数人”先富型增长向“共同富裕”型增长转变（任保平，2011）。

二、加快产业结构升级

产业结构升级能使资源得到有效合理的配置，从而提高增长质量。由于在经济增长的不同阶段，其主导产业是不同的，因此就会形成不同的产业结构。产业结构是否合理，对一国的经济增长质量有重要影响。提高经济质量要以产业结构升级为核心：一是要加大对农业的投入，加大对传统农业的改造力度，提高农业的产业化水平和现代化水平。二是要转变工业经济增长方式，提高工业经济效益，走新型工业化道路。三是要大力发展第三产业，重点发展附加值高的新兴产业，建立现代产业体系。四是要加大用新技术改造和提升传统产业力度，提高研发投入，激励自主创新，加快培育战略性新兴产业。

三、发展创新型经济

数量型经济增长是要素驱动型经济增长，质量型经济增长是创新驱动型经济增长。

要提高我国经济增长的质量就必须发展创新型经济：一是要提高企业自主创新能力，促进科技成果向现实生产力转化，同时应注重企业的人力资本积累，倡导科技、知识和技术在部门产出增长中发挥主导作用（洪银兴，2011）。二是要加快传统部门改造，加大传统部门技术和人力资本投入，同时要促进产业结构升级，促使企业或整个行业从原先的资本驱动型或劳动驱动型增长向知识驱动型转变，以及产业结构从低层次向高层次过渡。三是要促进中国经济增长由要素驱动型向技术提高型转变，由要素投入的增长转向要素效率提高的增长，促进经济增长中规模报酬递增机制的形成。

四、加强资源资产化管理

要实现提高经济增长质量的总体目标，关键在于加强对资源的资产化管理。一是要依据各种要素对增长的贡献大小和我国资源禀赋状态，将产权引入市场机制，改变资源行政划拨、无偿使用的运行机制，从而不断提高经济增长中要素的组合质量和配置质量。二是科学地评价与引导经济发展过程对于资源、环境的正负面影响，确保实现资源、环境、经济、社会等的最佳配置状态，把保护资源放在突出位置，严格执行现有的国土资源规划，强化对资源的管理约束，加强对资源配置的调节，提高资源的利用效率。三是进一步完善资源开发利用的补偿机制和生态环境恢复的补偿机制，使等量的投入能够带来更多的产出，改善要素供给机制。

五、推动制度创新

提高经济增长质量的根本在于改善供给，其中最为重要的环节在于推动制度创新，建立与质量型经济增长要求相适应的制度：一是进行行政管理制度的创新，建立科学的政府决策机制。要鼓励政府行为长期化，“政府行为长期化重在转变经济增长方式”（陈钊等，2007），在此基础上建立科学合理的政府决策机制。二是促进科技和教育制度创新，为改善供给和提高经济增长质量提供知识、技术和人才支持。通过科技制度创新鼓励在经济发展的关键技术领域和前沿核心技术领域进行创新，努力形成一批拥有自主知识产权的关键技术。通过教育体制的创新，培养高素质的人才，优化教育结构，推行素质教育，扩大教育资源，加快创新人才的培养。三是促进收入分配体制的创新，完善各项社会保障制度。加强政府对收入分配的调节职能，调节差距过大的收入；规范分配秩序，合理调节少数垄断性行业的过高收入。扩大中等收入者比重，提高低收入者收入水平，保障城镇贫困阶层和农村贫困人口的基本生活。

第十五章

中国经济增长质量的观察与判断

我国改革开放以来经济的高速增长形成了“中国奇迹”。但是目前买方市场的形成、自然资源的枯竭、环境质量的恶化、经济的频繁波动、灾害不断出现、贫富差距的不断扩大等问题日益严峻，使得我们不得不从经济增长的质量角度来审视中国的经济增长问题。

第一节　中国经济增长质量的不同认识

中国经济40年的高速增长，被人们称为增长的奇迹。国际国内在解释中国经济增长奇迹的同时，也更加关注经济增长的质量，在经济增长的质量方面形成了不同的认识。

第一种认识认为中国经济增长的同时，经济增长的质量在不断提高。瑞士信贷第一波士顿亚太区主席兼首席执行官柯磊洛认为，由于外商直接投资和国内消费已逐渐取代政府投资成为拉动经济增长的主要力量，与过去10年相比，中国经济增长的质量得到了明显改善。[①]《香港亚洲时报》在线发表澳大利亚悉尼西太平洋银行资深国际经济专家麦凯的一篇文章，题为《中国：由追求增长到追求“增长的质素”》，认为中国已从追求经济增长

① 徐兴堂：《世界著名投资银行认为中国经济增长质量提高》，新华网，2002年11月23日。

数量转向追求质量。[①]

第二种认识认为存在着经济增长质量提高与数量扩张的非一致性问题。中国经济增长的数量成绩明显，而质量不高，在未来增长中要通过结构调整重视经济增长质量问题。美国麻省理工学院斯隆管理学院副教授黄亚生认为以中国经济发展的潜力，根本不应该去和印度作比较。[②] 然而今天，中国经济的发展质量是不如印度的。中国经济尽管持续高速增长，但是经济增长的效率并不高。如果从投资效率来看，我们可以进一步发现中国经济增长质量较低的一个重要原因在于投资缺乏效率。根据英国《金融时报》的马丁·沃尔夫分析，中国增量资本产出率的5年移动平均值现已升至5，而日本在20世纪60年代的快速增长时期，其增量资本产出率接近3，20世纪60年代和70年代，韩国和中国台湾的这个指标在2—3之间。[③] 因此，中国式经济增长在今后需要面临增长模式的转变，必须从粗放型增长模式向集约型增长模式转换。摩根士丹利亚洲区主席斯蒂芬·罗奇在2009年12月5日的中国企业领袖年会上指出，中国增长一直是在量化方面比较显眼，但在质量方面没有提高，认为中国正面临着非常重要的战略挑战的转折点，应当抓住机会，更好地改变宏观经济结构。

中国体改研究会副会长杨启先认为中国经济矛盾和问题严峻，经济增长质量不容乐观，并把这些问题和矛盾归集为三种不协调、三个突出矛盾和三大潜在风险。[④] 经济领域存在着三种明显的不协调：供给与需求不协调、速度与效益不协调、经济发展的目标与资源供给和环境条件不协调。社会领域存在着三个突出的矛盾：劳动就业不足的矛盾、城乡二元结构的矛盾、居民收入差距过大的矛盾。在经济社会发展的道路上，面临着三大潜在的巨大风险：财政风险、金融风险、社会道德风险。吴敬琏教授认为中国增长数量成绩非常好，可是增长的质量非常差。[⑤] 旧体制留下的三个因素制约了经济增

---

① 麦凯：《中国：由追求增长到追求“增长的质素”》，《香港亚洲时报》2007年3月20日，第6版。

② 黄亚生：《中国经济增长的南柯一梦》，《华尔街日报》2008年12月23日，第8版。

③ ［英］马丁·沃尔夫：《中印经济模式比较，印度增长质量高于中国》，《东早报》2006年8月17日，第6版。

④ 杨启先：《经济增长质量不容乐观》，《中华工商时报》2004年11月18日，第5版。

⑤ 吴敬琏：《转变经济方式遇到了许多体制性的障碍》，《中国改革》2010年4月12日，第2版。

长质量：一是各级政府保持着对重要资源的配置权力；二是以 GDP 增长作为考核各级政府政绩的主要标志；三是财税体制有了很大进步，但是税收主要来源于增值税，其中一半是生产型的增值税。中央拿 75%，地方拿 25%，这就使得各级政府过分关注产值的增长。厉以宁教授认为，从资源消耗率的降低，从环境破坏程度的减少，从自主知识产权掌握程度来看，我们的经济增长质量需要提高，就是通常所说的增长模式要转换，从粗放型转换成集约型的增长模式。北京大学刘伟教授认为，由于经济增长的高资本投入、技术进步的低贡献率，以及经济增长中所付出的高昂资源和环境代价等方面的原因，我国现阶段还存在着经济增长质量提高与数量扩张的非一致性问题。在我国和谐社会的建设过程中，应采取制度创新和技术进步并行推进的发展战略，以提高我国经济增长的质量，实现经济增长数量和质量的协调统一。[①]

中国未来的经济增长是保增长，还是保质量？中国经济增长处在经济结构调整的“十字路口”。金融危机以来，在政府大规模财政刺激下中国经济增长取得了较好的成绩。然而，单纯依靠政府公共投资支撑的经济增长难以持续。因此，需要对中国经济增长的质量进行反思，在保持经济增长的同时，进行经济增长结构的调整，努力实现速度、质量和效益的结合。

第二节 中国经济增长质量的观察

改革开放 40 年来我们一直采用的是追赶型的经济增长策略，通过结构和制度变迁，形成了中国经济增长的奇迹。通过对中国经济增长中稳定性、福利分配、生产率、经济结构、制度变迁、国民经济素质、经济竞争力等多方面来评价中国模式，我们对中国经济增长质量的状态分析如下：

一、中国经济增长的数量增长与质量增长不一致

1978 年以来，持之以恒的经济建设，取得了举世瞩目的成绩。据世界银行统计，中国 20 世纪 80 年代的经济增长率是 10.1%，20 世纪 90 年代的

① 姚咏梅：《“经济增长的质量比速度更重要”——经济学家厉以宁谈企业、社会的和谐与发展》，《中外企业文化》2005 年第 7 期，第 27 页。

经济增长率是 10.7%；2009 年受金融危机的冲击，经济增长率尽管出现波动，但是总体上仍保持了高速度，形成了世界关注的中国模式。但是，中国经济增长数量与质量不一致，过去中国模式的经济增长表现出明显的高速度、低质量特征，在经济增长过程中也存在着十分突出的问题：一是经济增长的资源环境代价比较高。我国既存在着资源的短缺，也存在着资源的严重浪费。二是地区发展差距日益拉大。中国是目前世界上地区差距最大的国家之一，不同省份之间有差距，同一省份之间也有差距。三是贫富差距日益不断拉大。中国是世界上贫富差距最大的国家之一，2013 年基尼系数是 0.473。四是城乡差距一直在扩大。中国的城乡差距如今已经是全世界最大的了，世界平均是 1.8∶1，而中国的城乡差距从 1978 年的 2.6∶1 曾一度下降到 1984 年的 1.8∶1，但之后就持续扩大了，2013 年达到 3.03∶1。五是经济社会发展不平衡。改革开放之前，经济发展滞后，而社会发展超前；改革开放之后，经济发展超前，而社会发展滞后。经济发展不平衡，生产力水平多层次；社会发展不平衡，存在着严重的二元经济结构。

二、中国经济增长属于典型的资本驱动型和资源驱动型

经济增长的决定性因素有不同的效应。过去中国经济增长主要依靠国家投资，通过计划经济体制的“规模经济效应”带动经济增长，表现出了典型的资本驱动型经济。过去中国经济是通过五大效应来实现增长的：一是横向效应，在技术进步和产业结构不变的情况下，仅靠资本投入所产生的经济增长的短期效应；二是速度效应，通过技术进步和产业结构调整，改变经济体制所产生的长期增长效应；三是结构效应，中国的人口结构、就业结构、产业结构、需求结构、消费结构和贸易结构均发生了重大变化，加速增长可能刺激劳动力流向高水平生产部门，结构变化成为经济增长的重要源泉；四是开放效应，中国从 20 世纪 70 年代末期开始走向开放，由与世界经济完全切断联系的发展模式过渡到部分开放的发展模式；五是体制效应，在改革的过程中，市场机制在资源分配方面开始发挥越来越大的作用，经济发展对市场机制的依赖得到深化和加强。总体来看，过去中国经济增长属于资本驱动型和资源驱动型，结果是经济增长速度高、生产率低，表现出了典型的“高速度、低质量”的特征。

三、中国经济增长率非常高、波动性很大

稳定性是经济增长质量的重要方面。从中国的经济增长来看，存在着明显的政治周期，政府的政治动员作用对经济波动的形成具有重要影响。在任何经济体中总是会出现经济波动，波动的根源来自各种因素对经济系统的扰动或冲击，并进行扩散和传导。但是不同经济体的扰动和冲击因素大为不同，因而形成经济波动的原因不同。中国不同于发达国家，是一个后发国家，又是一个追赶型国家，它的经济增长主要依靠资本驱动而非技术驱动，因而中国经济周期背后的推动力不是技术变革引起的生产率波动，而是政策变动引起的投资波动形成对经济系统的冲击和干扰。

四、中国收入分配不平等制约了经济增长质量

社会福利被视为个人福利的总和，社会福利增长即指社会所有成员个人福利总和的增长。改革开放以来，中国经济一直快速增长，2016 年国内生产总值为 744217 亿元，2017 年国内生产总值为 827122 亿元，比上年增长 11.14%，而与此同时，收入差距也在不断地扩大。2016 年城乡收入差距为 21253 元，城乡人均收入倍差为 2.72。只有当经济增长的成果能够被绝大多数人所分享时，它才能够成为一种长期持续的发展过程。收入差距的持续扩大、收入不平等程度的不断上升通过资本市场、政治体制、社会环境、市场规模等各种渠道对经济增长产生制约作用，已成为世界各国实现经济长期持续增长中面临的重大难题之一。

五、中国经济增长的资源环境代价高

中国的工业化目前正处于重化工业阶段，资源环境构成了对工业化的硬约束。中国是一个 13 亿多人口的大国，所面临的国土、资源、生态、环境等问题的压力不仅高于全球平均水平，也高于与中国经济发展水平相近的发展中国家。中国是一个资源相对短缺、环境相对脆弱的国家，以重化工业为主导的产业结构和粗放的产业发展模式，与资源、能源和环境的矛盾十分尖锐。资源、能源和环境已对产业发展形成长期硬约束的现实，决定了在重化工业阶段，中国不能走发达国家已经走过的重化工业发展道路，而应选择新

型工业化道路和可持续发展的产业政策。

六、中国经济增长存在严重的失衡问题

失衡是过去中国模式中的关键问题之一。一是经济增长与就业的非一致性失衡。近年来，由于经济结构和产业结构的升级、技术进步带来资本有机构成的提高，我国经济增长吸纳劳动力的作用有所减弱，再加上中国劳动力供给长期大于需求，经济增长对资本、技术的弹性更高，而对劳动力的弹性更小。我国经济高速增长并没有对就业产生多大拉动力，反而在一定程度上对就业增长产生了挤出作用，体现出经济增长与就业增长的非一致性。二是资本回报率和生产要素回报率的长期失衡。过去中国模式的资本回报率上升迅速，而劳动力回报率增长缓慢，甚至有下降的趋势。当前我国劳动收入在初次分配中出现“三低现象”：劳动收入在GNI（国民总收入）中所占比例低；工资收入占国民收入的比重低，通过劳动报酬分配的比重过小；劳动要素在企业内部分配中的比重低，初次分配存在资本回报率不断提高、劳动力回报率持续下降的趋势。三是长期要素投入失衡。过去投资是中国经济增长最为直接的驱动方式。从要素投入结构来看，在中国经济的快速增长中，自然资源、资本、劳动力投入贡献高，而全要素生产率的贡献低。

第三节　提高中国经济增长质量需要解决的重点问题

经过改革开放40年的努力，中国经济取得了持续高速增长。但是中国模式多年积累下来的一系列深层次的矛盾和问题，几乎都没有解决，有的甚至没有缓解还在继续发展，中国经济增长质量的形势已相当严峻。中国增长模式中的这些矛盾和问题，如果不能尽快缓解和解决，或者处理不好，不仅将使中国模式的可持续发展难以为继，而且必然导致种种严重的社会政治后果。提高中国经济增长质量需要解决的重点问题有以下几个。

一、着力解决收入分配不平等问题

无论是从长期还是短期来看，收入分配不平等通过有效需求机制阻碍经济增长的作用都非常显著。这说明就整体而言，未来中国居民的收入分配差

距致使有效需求不足，进而对经济增长产生负面影响。同时，从长期来看，劳动力因素、投资和教育变量显著地促进经济增长，且投资和教育对于经济增长的促进作用远超劳动力；从短期来看，投资和教育对经济增长的效果也是非常明显的，而劳动力要素的作用却并不显著，这可能主要是因为我国当前劳动力处于相对过剩的情况。要实现中国经济顺利转型，并促进经济长期持续发展，必须关注收入分配不平等问题，通过缩小收入差距扩大有效需求，进一步促进我国经济增长。同时，收入分配不平等对人力资本积累的制约作用也越来越明显。因此，从长期来看，未来中国模式应该在初次分配与二次分配中都注重收入分配的平等程度，重视由利益冲突向利益和谐的转化，这将有利于传统农业部门的非熟练劳动力进行人力资本投资后向现代生产部门转移，推动中国模式长期持续发展。首先，通过调整经济结构，增加劳动收入，扩大国内消费，使中国经济增长更具持续性。其次，除劳动要素之外，我们应明确土地等要素的私人产权，促进群众财产性收入的提高。再次，财政转移性支出应由支持个别群体政策转变为支持全体居民的普惠制政策，使经济增长的成果能惠及更多的人。最后，中国的不平等更大程度上是群体或地区上的不平等，这将加大群体之间的离心力，不利于社会的和谐稳定。因此，应调整户籍、土地等制度，促进要素在群体和地区之间合理流动，大力推进城市化，使经济增长的成果在各个群体之间平等分配。

二、高度重视宏观经济的稳定性问题

自新中国成立以来，我国宏观经济就一直在不断的起伏波动中发展。其间不乏较为严重的经济过热和经济平行，对经济的健康运行造成了很大冲击，成为困扰我国经济实现长期持续稳定增长的一个重要问题。过去中国的经济增长是投资驱动型的经济增长，以单纯的投资为驱动力，造成了经济的大起大落，影响了资源配置和资源有效利用。然而，中国作为一个劳动力过剩的发展中国家，现阶段仍然要求加强资本积累来吸收农村剩余劳动力，这种结构有其必然性和必要性。但这种结构使得经济更易受到投资方面的冲击，使得在经济上升阶段投资加速上升，经济下降阶段投资加速下降，促使经济的不稳定性愈发明显。而且这种结构会影响社会普遍投资决策的原材料价格、实际利率等，给经济带来的冲击大于消费占总支出大部分的经济体，这种不稳定性是未来宏观政策制定者和决策者所需要高度重视的。因此，在未来中国模式的增长中要以经济增长的短期目标和长期目标之间的统一性和协调性为原则，对我国的宏观经济形势有准确的定位。

三、积极促进自主创新问题

过去我国通过大规模吸引外国投资“以市场换技术”等方式，促进传统产业的技术改造和结构调整，取得了很大成绩。但是进入未来随着国民经济的不断发展，我国在科技发展上的一些问题和矛盾开始凸显，缺乏自己的核心技术，一味依赖国外技术转移，自主创新能力薄弱，特别是在高新技术领域尤为明显。目前我国经济转型已经进入关键时期，提高经济增长质量成为未来经济发展的迫切需要。而技术创新既是企业竞争力的源泉，也是提高经济增长质量的关键。积极促进自主创新，微观层次上要通过技术创新提高企业利润与核心竞争力；中观层次上要通过产业自主创新促进经济结构优化；宏观层次上要通过战略创新转变经济增长方式。为此，在未来的经济增长质量提高中要注意：加强基础研究和应用性研究，为实现工业的跨越式发展提供技术支持；加强政策引导，鼓励科技创新；把科技的产业化放在新型工业化和科技发展的突出地位。

四、高度关注资源环境问题

中国资源环境问题的严重性和我国过去的经济增长方式是密不可分的。过去“粗放式”的经济增长方式造成了资源的极大浪费和过度开采，使资源面临紧张和短缺，造成了环境的持续退化，使环境面临巨大压力，降低了经济增长的质量。在未来的中国经济增长过程中要认真总结过去数量型经济增长所取得的经验，更需要关注经济增长的质量问题，避免未来中国模式落入“增长的极限”。一是制定产业政策与产业规划时要把各种产业、各种产品的资源消耗和环境影响作为重要的考虑因素。严格限制能源消耗高、资源浪费大、污染严重的企业发展。二是推行清洁生产工艺，实现国民经济增长方式的转变。针对中国环境资源贫乏、利用率低的现状，必须将节约放在首位，尽快转变经济增长方式，变粗放型为集约型。三是强化产业结构调整中的环境管理力度。把经济规律与生态规律相结合，在产业结构调整中实现生态经济系统的整合，在技术系统的连接下，将经济系统与生态系统的功能对接起来，在保持生态环境系统容纳能力的基础上，让生态系统提供最合理的环境支持，实现经济系统与生态环境系统的协调。四是制定全面调整产业结构、减少结构性污染的环境经济政策，大力发展环保产业。利用政策倾斜驱动和政府推动来加速消除结构性矛盾。

五、重视经济结构的优化升级

生产率的高低是衡量一个国家经济增长质量的主要指标。世界上经济技术先进的国家，都把提高生产率放在首位，并用生产率指标考核经济增长质量。过去中国的增长较多依靠劳动力和物质资本的投入，而未来中国的持续增长和经济增长质量的提高应该主要来源于劳动生产率的提高。要提高生产率，就必须重视经济结构的优化升级，以实现结构性增长。结构性增长将是未来中国经济增长的新源泉、新理论、新思路、新实践，其本质是从投入型增长转移到效率型增长。未来经济增长质量的提高不仅取决于经济增长的动力有多大，还取决于市场需求和空间的大小。现代经济增长方式本质上是结构主导型增长方式，即以产业结构变动为核心的经济增长。结构变化不仅发生在三次产业之间，而且随着三次产业结构变动，部门内部结构也在发生变化。国际经验和我国的实践都表明，结构优化升级与经济的持续增长具有强相关性。未来我国的动态比较优势主要表现在，以劳动密集型为基础的农业、制造业和服务业，以资本密集型为特征的原材料工业和装备工业，以知识和技术密集型为主的信息、通信、生物等新产业同时并存。因而，产业结构的调整实际上是这些传统产业与新兴产业相互支持和梯次升级的结构深化过程。

六、高度重视国内消费市场的培育问题

市场经济运行中的总需求由消费、投资、对外净出口“三驾马车”组成，其中消费与投资构成内需，而对外净出口则为外需。在内需中，从一般的发展经验分析来看，投资占据30%，而消费占据70%。过去的中国模式在增长中主要通过外部市场来推动，内需中主要是通过投资的单向推动来拉动增长，消费市场始终没有培育起来。“忽视国内消费市场的培育是先改革

时代中国模式的巨大缺陷”。由于国内消费市场没有培育起来，经济发展单纯依赖国际市场。也由于过去忽视国内消费市场的培育，在扩大内需中单纯依赖投资需求，消费的拉动能力发挥不出来。在未来，须重视国内消费市场的培育，把改善民生与拉动内需有机结合起来。一方面，推进收入分配制度改革，提高城乡居民收入，通过收入水平的提高，培育国内市场。另一方面，发展现代商贸流通，商贸流通业是国民经济的重要组成部分，是第三产业的支柱产业。商贸流通业在促进经济增长、协调产销关系、满足人民生活需要、吸纳社会就业等方面发挥着十分重要的作用，在国民经济各产业中，居于越来越重要的地位。商贸流通业在扩大总需求中处在先导性地位，在未来培育国内市场、扩大总需求的过程中要注意发挥这一先导性作用。

七、充分重视国民经济素质的提高

国民经济素质是一个国家国民经济系统各种内在因素有机结合形成的整体功能特性，它表现为一个国家长期有效地开发和利用各种资源创造国民财富的基本条件和能力，是衡量经济增长质量的重要方面。国民经济素质由基本素质和协调素质构成。国民经济的基本素质反映国民经济系统各种要素有机结合所形成的创造国民财富的基本条件和能力的现实水平和状态；协调素质反映国民经济系统自我调节、自我完善功能的水平和状态。基本素质又由基础素质和能力素质构成。基础素质反映一国国民经济运行的基础要素及其结构状态，包括基础要素素质和结构素质；能力素质直接反映国民经济运行的现实功能水平和状态。协调素质主要体现在为系统运行提供动力激励、控制约束的能力水平。国民经济系统的功能直接取决于其能力素质。从一个长过程看，能力素质的强弱，取决于基础素质和协调素质各自的水平及相互作用的状况。未来在中国提高经济增长质量的过程中，要高度关注国民经济素质问题。因此，必须继续深化科技体制改革，加快国家创新体系建设，加强原始创新能力和集成创新能力。进一步确立企业作为技术创新和科技投入的主体地位，不断增加国家和企业对科技研究开发的投入，大力促进科技成果转化和产业化。在基础设施的投资、国民素质中教育和医疗的投资，以及行政效率改进等方面，要坚持适度超前的原则，以免国民经济素质拖累未来经济增长质量的提高。

八、实现城乡二元经济结构的转变

“二元经济”是经济不发达地区经济发展的共同特征。我国二元经济结构形成于新中国成立初期重工业优先发展的赶超战略的背景之下。改革开放以来，我国经济取得了巨大的发展成绩，城乡经济发生了巨大的变化，但是二元经济结构不但没有消除，反而具有日渐强化的趋势。因此，在未来经济增长中，要实现经济可持续发展，就必须从根本上协调好城乡关系，缩小城乡差距，以城市的发展带动农村的发展，实现城乡经济一体化。一是建立和完善城乡统一的大市场，在城乡之间发展多种形式的联合与协作，提高小城镇的积聚效应，使政府力量和市场力量有机结合促进城市化和城镇化的发展，从而促进城乡关系的改善。二是突破城市优先发展倾向，探索城乡互促的激励机制。改变二元经济发展的激励结构，使得农业与非农部门、城市与农村能够在一个自由流动和激励相容的市场体制下平衡发展。三是大力发展农村的各种经济组织。在社会主义城乡发展一体化中大力扶持和促进多种农村经济合作组织的成长，包括农村双层经营合作、股份合作制、各种经济联合体、农工商一体化联合等经济组织的成长，提高农民的组织化程度。

九、高度关注人的生存与发展

中国过去的经济增长是以物为本的经济增长，在未来提高经济增长质量的过程中要建立以人为本的经济增长模式，高度关注人的生存与发展。一是必须坚持以民生为逻辑导向，既要促进经济高速增长，又要使经济增长以提高人民生活质量为最高目标。从至善原则出发，不断地创造出新的社会秩序结构、守法程序、精神文化、生活方式，使未来的经济增长体现出伦理至善的总目标。二是确立经济增长的人文关怀。人文关怀就是对人的生存状况的关怀，对人的尊严与符合人性的生活条件的肯定，对人类的解放与自由的追求。人文关怀就是经济增长要关注人的生存与发展，就是关心人、爱护人、尊重人。人文关怀是社会文明进步的标志，是人类自觉意识提高的反映。经济增长的人文关怀需要着眼于人性，注重人的存在、人的价值、人的意义，尤其是人的心灵、精神和情感。三是经济增长应该有其自身的人文向度。经济增长归根到底就是为了实现个人的全面发展。人的幸福最大化应当是未来经济增长的最高目标，经济增长的最高尺度就是人的幸福最大化。经济增长能够给人们带来快乐和幸福，但人们的快乐与幸福并不完全等同于经济增长。要想在未来经济增长的同时极大地提高人们的快乐和幸福感，就必须关注和提高人们的生活质量。这就需要政府在制定公共政策过程中由追求经济总量的增长转到更加注重建立并维持健康、公平、正义的宏观制度安排。

第 十 六 章

中国经济从数量型增长向质量型增长的转型

从数量型增长向质量型增长的转变是一个巨大的转型过程，在这个过程中，经济增长的战略、经济增长的路径以及经济增长的政策都要发生一系列的转型。本章围绕着中国经济增长从数量向质量的转变来研究这一系列的转型问题。

第一节　从数量型增长向质量型增长转型的路径依赖

路径依赖（Path Dependence）概念来自于自然科学领域中的生物学。1975 年，美国经济史学家、斯坦福大学教授保罗·大卫（Paul David）分析技术变迁时首次将“路径依赖”概念纳入经济学的研究范畴之中，但当时并未引起广泛关注。自道格拉斯·诺斯（Douglass North）在 1990 年将路径依赖理论从技术变迁研究领域引入制度变迁研究领域后，西方学者也随之把路径依赖研究的重心由技术变迁转向了制度变迁，从而形成了制度上的路径依赖理论。路径依赖指一个具有正反馈机制（Positive Feedback System）的体系，一旦在外部性偶然事件的影响下被系统所采纳，便会沿着一定的路径发展演进，而很难为其他潜在的甚至更优的路径所取代。一旦制度变迁具有路径依赖性质，就会出现制度变迁的锁定效应，从而进入所谓死胡同状态。要走出路径依赖所造成的锁定效应，就必须进行制度创新或者战略创新。而在我国经济从数量型增长向质量型增长转变的实践中，由于存在着多重路径依赖，从而将经济增长方式锁定在以高速度和低质量为表现的传统增长路径中。

一、对高投资的路径依赖

中国长期以来的高增长得益于过去“高储蓄、高投资”的模式，这使得投资在国民经济增长中具有举足轻重的地位。在经济景气时，通常会出现过度投资的现象。而在经济不景气时，先前的过度投资就会导致严重的产能过剩，继而引起投资的衰减，此时政府通常会采取投资刺激的政策，这样在政策退出时，便会产生政策衰减效应，导致更严重的结构性产能过剩。这种投资刺激政策的循环往复，就形成了经济增长方式转变对于高投资的路径依赖与锁定效应。从长期增长的角度看，我国的结构调整滞后于经济增长，现在每年新增经济总量中用于投资的比重越来越大，所形成的生产能力却不能由出口和消费充分消化，导致产能闲置和浪费，降低了经济增长效率，并给未来增长带来隐忧。因此，如果再通过扩大固定资产投资带动经济增长，可能形成新的产能浪费。在现行的投资消费结构失衡背景下，为了加快我国经济从数量型增长向质量型增长转变，需要打破这种对于高投资的路径依赖与锁定效应。

二、对外需的路径依赖

改革开放以来，中国确立了出口导向型的外贸政策，大力鼓励出口，积极参与全球分工。尤其是20世纪90年代以来，为了调整进出口结构，充分运用价格、汇率、利率、出口退税、出口信贷等手段调控外贸，使出口额年均增长达到12.4%。这些外贸政策的实施，导致了我国进出口商品在国际市场上的份额不断提高，也导致经济增长对于外需的依赖程度不断提高，从而形成了我国经济从数量型增长向质量型增长转变中的路径依赖与锁定效应。近年来，中国经济发展对外需的依赖程度有所减轻，但仍处于较高水平。高度依赖出口的短期问题在于严重的全球经济衰退对国内经济发展造成了明显的负向影响，其长期问题在于长期的贸易顺差造成了国际收支结构失衡，严重制约了我国经济从数量型增长向质量型增长转变。在现行的国际收支结构失衡背景下，为了加快我国经济从数量型增长向质量型增长转变，需要打破这种对于外需的路径依赖与锁定效应。

三、对廉价劳动力的路径依赖

过去中国持续多年的高增长最重要的原因之一就是工业化进程中的廉价劳动力。在人口转变和计划生育政策背景下，中国生育率下降使社会抚养比不断降低。同时，大量的适龄劳动人口从农村转向城市，能够使城市工业部门以不变价格源源不断地吸收劳动力。一方面，通过压低劳动力价格减少了生产成本，从而保持了较强的供给能力。另一方面，大量的廉价劳动力在一定程度上延缓了资本报酬递减，极大地加速了中国工业化的进程。这就形成了经济发展方式转变中对于廉价劳动力的路径依赖与锁定效应。但劳动力无限供给状况只是人口转变和城乡二元结构转变过程中的一个短暂机遇期，随着中国逐渐步入老龄化社会，中国的人口转变过程将进入新阶段。2011 年中国适龄劳动人口比重十年来首次出现下降，第六次人口普查数据显示，人口老龄率为 8.9%，到 2050 年左右将高达 30%。此外，各地出现的“民工荒”现象也表明“刘易斯拐点”已现，劳动力无限供给的状况基本消失，劳动力成本不断提升，整个经济进入要素成本周期性上升阶段。在现行的人口结构失衡背景下，为了加快我国经济从数量型增长向质量型增长转变，需要打破这种对于廉价劳动力的路径依赖与锁定效应。

四、对房地产的路径依赖

产业结构升级是伴随发展中国家经济增长的一般事实，但在中国的高速增长过程中，房地产业迅速膨胀，其发展速度远远超过制造业发展速度。在过去十几年中，地方政府出于拉动本地 GDP 和获得土地出让金收入的目的，对房地产业的发展起到了较为强烈的刺激作用，这也使得房地产业的发展速度要明显快于其他产业发展速度，房地产业对经济增长的贡献愈发增大。地方政府、开发商和金融信贷机构的合作甚至使得房地产业成为影响经济增长的支柱产业。这就形成了经济发展方式转变对于房地产业的路径依赖与锁定效应。这样的产业结构从根本上说不是由于技术创新和产业升级带来的，存在很大的泡沫成分，也是缺乏竞争力的。在现行的产业结构失衡背景下，为了加快我国经济从数量型增长向质量型增长转变，需要打破这种对于房地产业的路径依赖与锁定效应。

五、对资源环境的路径依赖

多年来，由于计划经济时期实行的赶超战略的影响，作为重要生产要素的自然资源，其价格往往被人为压低，自然资源的低成本使得其在经济发展中出现了过度开发和效益低下的特征，这种过度开发极大地加速了中国的工业化进程。但由于过度开发对自然资源成本和生态环境成本是存在时滞效应的，其破坏性后果往往要隔一段时间才能体现出来，因此地方政府出于短期目标的考量往往仍会选择这种粗放的发展方式，由此就形成了我国经济从数量型增长向质量型增长转变时对资源环境的路径依赖与锁定效应。以不断耗竭资源为代价的经济发展模式必定不可持续。廉价的自然资源价格为中国工业发展提供了强大的自然资源禀赋基础，也导致了经济增长中的高能耗、高污染和低效率现象，从而使中国经济增长中的资源环境状况也出现了新变化：一是由于多数自然资源具有不可再生的特性，目前很多行业已经出现较为明显的资源短缺状况；二是由于资源开采对生态环境的破坏使当前经济增长承担了过度的生态环境代价。因此，在现行的资源环境失衡背景下，为了加快我国经济从数量型增长向质量型增长转变，需要打破这种对于资源环境的路径依赖与锁定效应。

由于上述路径依赖的存在，从而在经济增长中形成了锁定效应：一是产业结构的低端锁定，R&D 和人力资本不能真实发挥作用，经济发展陷于低水平均衡的陷阱；二是经济增长动力的投资锁定，经济增长单纯依赖投资，经济增长的动力锁定在投资行为上，导致消费的作用无法发挥作用；三是微观行为的锁定，企业行为被锁定在规模扩张上，研发活动被锁定在模仿创新上。

第二节　从数量型增长向质量型增长的转型

一、经济增长的战略转型

中国传统的数量型经济增长采取的是追赶型战略，这一战略是基于比较优势原理。按照比较优势原理，在生产可能性边界不变的前提下，通过规模经济的路径形成了传统的数量型增长模式和追赶型发展战略。由于在中国经济增长过程中存在路径依赖和锁定效应，因此在中国经济从数量型增长向质量型增长的转型中，需要进行战略的转型。原因在于：一是经过改革开放40年的发展，2011年中国经济总量跃居世界第二，经济发展进入到了新的阶段：经济增长的目标需要从经济大国转向经济强国，工业化进入由中级阶段向高级阶段的过渡时期，整体经济发展进入到了双重转型期，结构调整成为新阶段经济增长的主题，消费的增长效应逐步增强，资源环境构成了对经济增长的强约束。二是追赶型战略的弊端已经凸显。追赶战略拉大了社会收入差距，使收入分配趋向于不平等。以压低价格的方式动员整个经济体中可以动员的资源，来扶持少数地区的发展，实现追赶目标，不发达地区在不断补贴发达地区。同时，追赶战略导致腐败的滋生和大量的非生产性活动，对收入分配也会产生负面影响。因此，围绕中国经济从数量型增长向质量型增长的转型，经济发展的战略需要从追赶型战略转向质量效益型战略。从经济增长新阶段的基本特征出发，从提高经济增长的质量出发，中国经济增长新阶段战略转型的内容有如下几点：

（一）战略思路由比较优势向竞争优势转型

传统经济增长理论强调经济增长的比较优势。比较优势和资源禀赋有关，强调一个国家和地区在经济增长中所独具的资源与有利条件。而现代经济增长理论则更加强调竞争优势，竞争优势重点强调智力资源、区域创新、区域综合能力与素质。现代经济增长强调通过国家创新体系建设提高国家竞争优势。与比较优势强调资源条件不同，竞争优势强调智力资源和创新系统的建立。从目前世界经济增长的现实来看，通过国家创新体系建设来提高国家竞争力是一个明显的趋势。因此，在经济增长的新阶段，中国经济增长的战略思路要由过去强调比较优势转向强调竞争优势，以科技创新为主导，以制度创新和企业创新为动力，以环境优化为保障，以社会支撑服务体系为基础，以提高创新能力和竞争力为目标，构建国家创新体系。加强自主创新，培育以技术进步为基础的新竞争优势，实现竞争优势的转换。

（二）战略目标由低成本扩张型增长向高效率的创新型增长转型

在经济增长中我们需要低成本，更需要高效率，所以在经济增长的新阶段，我们要“向高效率、创新型的增长来转变”[①]。一方面，要由过去依靠投资和进出口的带动向消费投资和出口协调增长转变，在强调投资需求和进出口需求对经济增长拉动的同时，更加强调消费对经济增长的作用。另一方面，要由过去低成本的规模扩张向提高效率转变，加快产业结构的优化升级。产业结构作为以往经济增长的结果和未来经济增长的基础，体现着经济增长的方向和水平，在加快增长中优化结构，提高效益，降低能耗，走自主创新之路、新型工业化之路、农业现代化之路和城镇化之路，准确把握产业增长定位，实现国民经济又好又快增长。

（三）战略模式由过去的数量型增长向质量效益型增长转型

传统经济增长模式是一种数量型经济增长。20 世纪 90 年代中期以来，知识经济迅猛兴起，知识与技术在提升经济竞争力与稳定增长经济中起到了不容低估的重要作用，“中国经济已经走上了规模报酬递增的阶段”[②]，从数量型经济增长向质量型经济增长进行转化已经成为不可逆转的潮流。发展中国家在发动经济增长的初期一般都追求一个“快”字，实施赶超战略，试图在较短的时期赶上发达国家的现代化水平。单纯追求“快”的增长方式基本上还是传统的、粗放型的。这种增长方式与经济增长初期阶段的环境相适应[③]，如工业化的总体水平低、市场竞争不激烈、环境和资源约束较为宽松。随着经济增长的全面推进，经济增长整体水平的提高，片面追求“快”的粗放型增长方式必然要走到尽头，因此经济增长的战略模式需由过去的数量型增长向质量效益型增长转型。

（四）战略要素依赖由过去的资源耗费型向资源节约型转型

中国经济增长进入新阶段，“在一定程度上也意味着支撑经济增长的因素将发生阶段性变化”。[④] 根据生产函数理论，实现增长需要耗费各种要素。不仅有人力物力财力消耗的代价，还有各种“牺牲”的代价，特别是自然资源的耗费。人和自然的关系在一开始是人类屈服于自然，后来人类征服自

① 张卓元：《深化改革，推进粗放型经济增长方式转变》，《经济研究》2005 年第 11 期，第 4 页。

② 徐瑛、杨开忠：《中国经济增长驱动力转型实证研究》，《江苏社会科学》2007 年第 5 期，第 62 页。

③ 洪银兴：《转型经济学》，高等教育出版社 2008 年版，第 54 页。

④ 余斌：《中国经济发展的阶段性特征与经济增长前景》，《经济研究参考》2003 年第 1 期，第 25 页。

然，与此相应的增长方式是粗放型的，产生一系列不顾资源和环境有限性约束的掠夺和破坏自然的行为。特别是在进入工业时代以后，人类利用工业化的文明成果——先进的技术对大自然加以索取和掠夺，对整个社会和自然都造成了巨大的威胁，造成了人口、资源、环境和经济增长系统的不可持续性。目前，我国以城市为中心的环境污染不断加剧，并向农村蔓延。在一些经济发达、人口稠密地区，环境污染尤为突出。森林减少、沙漠扩大、草原退化、水土流失、物种灭绝等生态破坏问题也日趋严重。新中国成立五十多年来我国 GDP 增长了十多倍，矿产资源消耗增长了四十多倍。中国经济以两位数的增长速度前所未有地发展，但是重工业和城市化的迅速增长需要投入数量更为惊人的能源。更严重的问题在于，当全世界都在为全球变暖问题担忧的时候，中国正在进入其工业革命最迅猛的发展阶段。根据国际能源组织的观察，中国有可能在 2010 年左右，取代美国成为全球温室效应的最大源头。环境恶化目前已经成为制约我国经济增长、危害公众健康的一个重要因素，成为威胁人类生存与发展的重大问题，而经济的高速增长和人口的持续增长又给我国的资源和环境带来了更大的压力。“我们在强调增长速度的同时，要转变经济增长方式，强调经济增长的质量”。[①] 因此，经济增长方式转型的内涵不限于从粗放型转变为集约型，而是要从高投入、高消耗、高排放、低效率的粗放型经济增长方式，转变为低投入、低消耗、低排放、高效率的资源节约型经济增长方式，“把提高自主创新能力和节约资源、保护环境作为重要内容”。[②]

（五）战略重点由经济主导型向经济社会协调型增长转型

从改革开放 40 年的经济增长来看，过去我们强调的是经济增长，而忽视社会增长，使得我们在经济增长中遇到一系列社会性的问题，如失业人口增多，就业压力增大，收入差距扩大，分配关系尚未理顺，城镇弱势群体及相当一部分农民的生活还面临困难，公共服务供给不足等。所以，在我国经济增长进入新阶段的背景下要强调经济和社会的协调增长。经济社会协调增长是一个社会文明进步的标志，它要求在实现经济增长的同时，必须考虑社

① 刘世锦：《关于我国增长模式转型的若干问题》，《管理世界》2006 年第 2 期，第 4 页。

② 刘伟：《经济发展和改革的历史性变化与增长方式的根本转变》，《经济研究》2006 年第 1 期，第 9 页。

会的同步增长。经济增长和社会增长是相互作用的，经济增长是社会增长的基础，社会增长又制约着经济增长。“只有经济和社会协调增长，才能使国家不断迈向文明和进步，使人民共同分享社会增长的成果”。[①]

二、经济增长的路径转型

总结新中国成立以来，特别是改革开放以来的中国经济增长，为了进一步提高经济增长的质量，需要促进经济增长的路径转型。

（一）确立与经济增长新阶段相适应的新发展战略

中国作为发展中大国，在新的经济发展阶段面对经济全球化、市场化、信息化的挑战，必须确立与经济发展新阶段相适应的发展战略。

在战略思路上，以促进国民经济又好又快发展为目标，以知识和技术为动力，以制度创新为基础，实现以新型工业化为核心的经济现代化，以追求效率、秩序、民主为目标的政治现代化，以城市化为社会特征的社会结构现代化，以人的素质提高和生活方式、价值观念变革为主体的人的现代化。

在战略目标上，由过去单一的短期增长目标转向长期综合目标。这种综合目标表现为：“转型、创新、富民、和谐”。转型是指以体制和增长方式为主的发展战略转型，加快市场化进程，完善中国市场经济制度，使经济增长方式由粗放向集约转型，并由投资拉动型经济向消费拉动型经济转型；创新是指建立国家创新体系，发挥科技和教育优势，提高中国经济的竞争力；富民是指提高人民生活水平，使大多数人能够分享经济发展的成果；和谐是指建立和谐社会，实现由利益冲突向利益和谐的转化。

在战略创新方针上，由过去的制度创新转向以建设创新国家为内容的综合创新。中国过去的战略创新方针是单一的制度创新。经过 40 年的经济改革与经济体制转型，制度创新已经取得积极的进展。因此，新时期应该在制度创新的基础上加强以建设创新国家为内容的综合创新。

在战略措施上，由单一的“市场化”路径转向市场化、工业化、城市化和生态化的综合推进，中国经济发展的战略措施过去是单一的“市场化”推进，在中国经济发展的新阶段，需要由单一的“市场化”措施转向市场

① 金碚：《科学发展观与经济增长方式转变》，《中国工业经济》2006 年第 5 期，第 11 页。

化、工业化、城市化和生态化的综合推进。在市场化方面，要由建立市场经济体制转向完善市场经济体制；在工业化方面，要把继续工业化、再工业化和工业化的深化结合起来，在加速工业化的基础上，提高工业化的层次，加快中国工业化由传统型工业向现代新型工业转型；在城市化方面，推进新型城市化战略，加快人口的城镇化，在人口城镇化的基础上，以产业支持实现城镇的城市化，在城镇城市化的基础上实现城市的现代化，并在此基础上实施城市群发展战略，顺应国际性大都市发展的必然规律，整合城市群资源，优化区域经济结构，增强对外开放能力和综合竞争力；在生态化方面，坚持人与自然的和谐共生，坚持绿色发展理念，发展生态产业，实现经济的长期可持续发展。

（二）形成与经济发展新阶段相适应的以自主创新为主体的经济发展新途径

从大多数国家的经济发展历史来看，经济发展的初期总是倾向于高投入、高消耗，追求高增长率和大规模生产。作为一个发展中国家，我国的经济发展历程必然也与其他国家存在着一定的相似性，产出的增长主要是依靠生产要素投入量的增加或依靠扩大再生产规模来实现的。20 世纪 80 年代以来，高新技术特别是信息技术在世界范围的飞速发展和广泛应用，要求我国经济发展在进入新的发展阶段背景下必须走一条不同于西方发达国家的发展道路，由要素投入推动型发展转化为创新推动型发展。

第一，进行技术创新和产业创新实现跨越式发展。建立鼓励科技创新的激励制度，鼓励在经济发展的关键技术领域和前沿核心技术领域进行创新，努力形成一批拥有自主知识产权的关键技术，使自主技术创新与世界科技创新趋势保持同步。在经济发展的新阶段把科技的产业化放在经济发展和科技发展的突出地位，促进科技创新成果产业化，支持企业成为科研开发投入和技术创新的主体。

第二，发挥风险投资的作用，形成促进科技创新和创业的资本运作机制和人才汇集机制。一方面，通过科技制度创新鼓励一批科研机构进入企业或与企业实现多种形式的结合，使大批科研机构整体转变成科技型企业；另一方面，促进教育、科研、生产的不同社会分工在功能与资源优势上的协同发展，使技术创新和产业创新实现对接，形成技术创新和产业创新有效连接的机制，以技术创新和产业创新为主体形成发展中大国以自主创新为主体的经济发展途径。

第三，促进产业结构升级，创造和保护本国的比较优势。在经济发展的新阶段"产业结构调整应当以提高资源配置效率、促进产业升级为重点"。[①]政府可以通过税收、产业政策、法律等手段调节产业结构。进入新的经济发展阶段，在继续发展劳动密集型产业、加强能源原材料等基础产业的同时，必须把发展机械装备制造业、投资类电子产品制造业、精细化学工业、信息技术产业等技术密集型产业放在战略性的地位。这样既可以推进国民经济各个部门物质技术基础的现代化，降低社会生产过程中的能源原材料消耗，提高短缺性资源的利用效率，又能够改善国际贸易条件，降低对国际市场能源原材料的依赖程度。

（三）通过体制的综合创新建立与经济发展新阶段相适应的新发展环境

在经济发展的新阶段，经济发展不仅需要经济体制和行政体制的创新支持，而且需要实现法律体制、科技体制、教育体制、收入分配体制的综合创新，建立与经济发展新阶段相适应的新发展环境。

第一，进行行政体制的创新，建立科学的政府决策机制。在传统经济发展方式向新型经济发展方式的转型中要鼓励政府行为长期化，"政府行为长期化重在转变经济增长方式"[②]，在此基础上建立科学合理的政府决策机制。一方面要完善政府重大经济社会问题的科学化、民主化、规范化的决策程序，处理好市场、政府和中介机构的关系；另一方面要建立适应经济发展方式转变的引导和约束机制，这种引导和约束机制要以取得经济效益、社会效益、生态效益为出发点促进经济发展，为经济社会的全面发展、协调发展和可持续发展服务，适应经济发展新阶段的新任务，更新发展观念，创新体制机制。

第二，进行财税体制创新，提高资源利用效率。制止低水平重复建设，减少资源的浪费，提高资源利用效率。实施有利于发展方式转型的政策。实施资源开发与节约并重，节约优先的政策。使用税收政策调节浪费资源的行

---

① 任保平：《中国21世纪的新型工业化道路》，中国经济出版社2005年版，第125页。

② 陈钊、陆铭：《论作为经济发展阶段之函数的政府功能》，《学术月刊》2007年第10期，第76页。

为。充分发挥资源税的调节作用，达到充分利用矿产资源减少浪费的目的。同时，进一步完善资源开发利用的补偿机制和生态环境恢复的补偿机制。

第三，完善科技创新体制和教育创新体制，为经济发展方式的转型提供知识、技术和人才支持。鼓励在经济发展的关键技术领域和前沿核心技术领域进行创新，努力形成一批拥有自主知识产权的关键技术，使自主技术创新与世界科技创新趋势保持同步。把科技的产业化放在经济发展和科技发展的突出地位，促进科技创新成果产业化，支持企业成为科研开发投入和技术创新的主体。同时，通过教育体制的创新，培养高素质的人才，优化教育结构，推行素质教育，扩大教育资源，加快创新人才的培养，使教育创新与技术创新相结合。

第四，促进收入分配体制的创新，完善各项社会保障制度。在经济发展的新阶段，在收入分配上要坚持效率优先、兼顾公平，既要反对平均主义，又要防止收入悬殊。初次分配和再分配都要注重效率，发挥市场的作用，鼓励一部分人通过诚实劳动、合法经营先富起来，加强政府对收入分配的调节职能，调节差距过大的收入。规范分配秩序，合理调节少数垄断性行业的过高收入，取缔非法收入。以共同富裕为目标，扩大中等收入者比重，提高低收入者收入水平。当前应着重建立合理的分配与再分配体制，强化政府的再分配调节能力。完善住房、医疗和养老保险制度。完善各项社会保障制度，保障城镇贫困阶层和农村贫困人口的基本生活。

（四）以新型工业化推动工业化战略的创新

工业化是经济增长的主题。为了促进经济增长方式的转变和实现经济增长路径的转型，必须推进工业化由传统工业化向新型工业化转型，推动工业化战略的创新。

第一，以信息化带动工业化，促进工业产业结构的优化升级。优先发展信息产业，积极发展高新技术产业，广泛应用信息技术，加快国民经济和社会的信息化。坚持运用高新技术和先进适用技术改造和提升传统产业，大力振兴装备制造业，提高制造业的市场竞争能力。加快发展服务业，特别是现代服务业，大幅度地提高第三产业在国民经济中的比重。并在产业结构调整中，注意处理好高新技术产业和传统产业的关系，资金密集型产业和劳动密集型产业的关系，实体经济和虚拟经济的关系。

第二，加强产业融合与产业配套，促进工业产业结构的升级。一方面，要以高新技术产业与信息产业为主导产业，促进高新技术产业和信息产业的发展，促进工业经济结构的高级化与现代化，提高工业化的国际竞争力；另一方面，要以劳动密集型产业为主体，促进高新技术产业与劳动密集型产业的融合与配套，加快传统产业的改造步伐，提高产业厚度。同时，在产业融合与产业配套的基础上，促进集群产业与集群企业的成长。

第三，适应新的工业经济时代的特征，进行工业经济政策的转型。政策出发点应由追赶型工业化向发挥后发优势实现跨越式发展的工业化转型。政策目标应由要素投入增加型工业化转向技术进步推动型的工业化。政策重心应由传统工业政策向促进信息化发展的政策转型。政策体系要促进新型工业化产业结构政策和产业组织政策的完善。

三、经济增长政策取向的转型

数量型增长方式片面追求数量、产值和速度，致使经济增长质量低、效益差和结构失衡；质量型增长方式则能改变这些弊端，注重经济增长中质量和效益的提高以及产业结构的协调。由数量型增长方式向质量型增长方式的转变具体要求：经济增长的方式由不可持续性向可持续性转变，由粗放型向集约型转变，由出口拉动型向内需拉动型转变，由结构失衡型向结构均衡型转变，由高碳经济型向低碳经济型转变，由投资拉动型向技术进步型转变，由技术引进型向自主创新型转变，由忽略环境型向环境友好型转变，由“少数人”先富型向“共同富裕”转变。为此经济增长政策取向要做好以下转型：

（一）以自主创新为核心，由规模扩张型政策取向向效率提高型政策取向转变

中国在经济转型的推动下实现的 40 年增长的奇迹实际上是追赶战略的结果，从增长方式来看，仍然是一种高投入、高消耗、高排放、低效率的粗放型增长，这种增长模式在一定阶段得以成功得益于发展初期的环境，如工业化的总体水平低，市场竞争不激烈，环境和资源约束较为宽松，因此偏重粗放型的增长方式没有多少限制。随着工业化的全面推进，经济发展整体水平的提高，片面追求“快”的粗放型增长方式必然要走到尽头。我国经济要实现长期持续较快发展，使中国经济增长的奇迹得以长期持续，就必须从

高投入、高消耗、高排放、低效率的粗放型增长政策取向转变为高效率的资源节约型增长政策取向，即从主要依靠资金投入、资源消耗实现经济增长，转变为主要依靠科技进步和劳动力素质提高实现经济增长。这就要求我们必须加强自主创新，从投资政策转向创新改革；推动自主创新，摆脱技术依赖性，提高经济增长的效率和经济增长的质量。

（二）以科学发展为指导，协调经济发展和社会发展的关系

持续40年的中国经济增长奇迹，使中国由低收入国家进入到了中低收入国家的行列。但是在经济增长中，单纯追求GDP，客观上忽视了社会发展和人的发展，出现了城乡差距拉大、区域经济差距严重、经济增长与社会发展脱节等严重的社会问题。经济增长和社会发展是现代化事业的两个最重要的动力机制，它们各自履行的功能不同，一个主要关涉发展的速度，一个主要关涉发展的平稳。因此，为了实现“经济增长奇迹”的可持续性，必须依据科学发展观的要求，实现经济与社会的协调发展：在发展改革取向上，追求经济增长与社会发展之间的相互促进、相互协同，通过社会有序发展为经济持续增长提供保证；在发展机制方面，注重多样性、复杂性、整体性的发展。

（三）以和谐发展为统领，实现经济增长中的利益冲突向利益和谐的转化

改革开放以来，在实现经济增长奇迹的同时，社会利益关系发生了重大的变化，一方面人们如饥似渴地追求利益，另一方面人们的利益差距也在不断扩大。利益冲突源于利益矛盾，而利益矛盾又源于利益差异。由于利益主体和利益格局的多元化以及制度的缺失，形成了一些利益矛盾，在利益矛盾的基础上就有可能引起范围和程度不同的利益冲突，这些利益冲突制约着中国经济增长奇迹的实现。要实现中国经济增长奇迹的长期可持续性，就必须以和谐发展为统领，在经济增长的过程中，完善利益调节机制、利益协调机制和利益补偿机制，在政策取向上，实现经济增长中的利益冲突向利益和谐的转化。

（四）以“富民”为目标，使人民分享经济增长的成果

经济增长是手段不是目的，经济增长的终极目标是实现人的发展。无论是增长，还是改革，都应当要考虑能不能给人民带来利益，在发展的每一个阶段都要使人民群众分享经济增长的成果。这也是实现中国奇迹长期持续性的一个关键因素。谋求人民富裕不仅涉及加快经济增长问题，还涉及经济增长成果如何分配，即使人民群众得到最大的收益、最大的社会福利。“富民”需要扩大中等收入者的比重，要在收入普遍提高的基础上缩小收入差距，突出居民生活质量的提高。也就是要以“富民”为目标，实现国民经济又好又快的发展。

（五）确立新的改革共识，为提高经济增长质量提供导向

2018 年中国改革开放经历了 40 年，中国的经济改革与经济发展进入了新阶段，需要思索未来的改革指向与改革主题。改革开放以来，我们以体制转型为主线，以渐进改革为路径，通过宏观体制、微观体制的改革以及发展环境的改善和对外开放所提供的动力机制促进了中国经济增长，实现了“中国经济增长的奇迹”，但是 2007 年以来的短期经济波动、2009 年的经济危机冲击下中国经济的困境意味着改革进入了新时代。在新时代到来之际我们需要确立新的改革共识，为提高经济增长质量提供导向。

1. 新改革时代要强调共同富裕

前改革时代我们倡导的是“一部分人先富起来”，“先富论”通过引入竞争，取得了经济发展。但“先富”的政策倾斜，一味追求经济高增长，使可持续发展受到挑战，贫富差距拉大，增加了社会不稳定因素。进入新改革时代，要更加强调共同富裕。

2. 新改革时代要更加强调和谐

在前改革时代，在转型发展的推动下，但尽管实现了经济的持续增长，造成了严重的失衡，由此带来了诸多不和谐问题。进入新改革时代，要更加强调和谐，要由利益失衡的时代向和谐时代转变。和谐主要包括几个层面：一是制度和谐，要由制度冲突向制度和谐转化；二是利益和谐，要实现从利益冲突向利益和谐转化；三是社会阶层的和谐；四是思想意识的和谐。

3. 新改革时代要以民生为本位

新改革时代更加突出地显露出教育作为民生之基、就业作为民生之本、收入分配作为民生之源、社会保障作为民生之安全网的重要性。

4. 新改革时代要强调质量增长

在前改革时代，由于重点强调经济增长的数量，而忽视经济增长的质量，造成了经济增长的“高速度和低质量”，进入新改革时代，要更加强调经济增长的质量。一是追求经济增长的稳定性，避免经济增长的大起大落；二是追求经济增长的结构优化，通过新型工业化和城市化来实现经济结构的优化；三是追求人与自然的和谐，减低经济发展的生态环境代价；四是追求福利的增长，使人民能够分享改革的成果和发展的成果。

5. 新改革时代要强调增长成果的共享

前改革时代由于强调“一部分人先富起来”，改革利益和成果没有被大多数人分享，造成了收入分配的严重差距、区域差距和城乡差距。进入新改革时代，在改革目标和价值判断上要强调改革成果的分享性，使大多数人能够分享改革的成果。

第 十 七 章

提高中国经济增长质量的宏观机制

中国经济增长已经进入重大转型期，过去宏观上支持中国经济增长的各项条件发生了新的变化，这些变化要求经济增长方式要从数量速度型增长转向质量效益型增长，从“要素驱动”转向“创新驱动”。经济结构失衡已成为阻碍我国经济增长质量和效益提高的主要因素。能否有效实施需求结构调整、产业结构优化、供给结构改善和要素投入结构的政策成为未来提高中国经济增长质量和效益的关键。因此，本章从创新驱动和结构转化两个方面来研究提高中国经济增长质量。

第一节　提高中国经济增长质量的创新驱动机制

提高经济增长质量和效益是我国未来经济增长的主题，实现经济增长从要素驱动转向创新驱动已经成为我国未来经济增长中的主要任务。

一、我国经济增长新阶段的特点及其增长条件的变化

中国经济增长总体已经进入新的阶段，进入新阶段的主要标志是：经济总量和人均量都得到显著提升，经济增长进入结构调整阶段。2017 年中国国内生产总值为 827122 亿元，稳定居于世界第二大经济体之位，这意味着中国经济开始从加速增长阶段进入了结构调整阶段。从温饱消费阶段进入质量型消费阶段，从以物为本的经济增长模式进入以人为本的经济增长模式，

人的发展地位将得到提高。从数量型经济增长进入质量型经济增长，在数量速度型增长的基础上，需要注意经济增长的质量和效益的提高。经济增长的动力开始转换，推进经济增长的力量正在由政府主导型的政策为主转向政府的政策与市场的活力共同推进。

在进入经济增长新阶段的背景下，宏观上支持中国长期增长的要素禀赋条件发生了新的变化。由于要素禀赋条件的新变化导致微观上企业原先熟悉的投资驱动、规模扩张、出口导向的增长模式也发生了重大转变。

（一）体制条件的新变化

过去 40 年的经济转型，使我国已经实现了从计划经济体制向市场经济体制的转变，市场经济体制的基本框架已经初步建立。经济增长的体制转轨红利，为中国经济 40 年持续的高增长释放了巨大的动力空间。但伴随着中国市场化改革进程的不断深入，经济体制改革已经基本就位：在宏观层面上，通过所有制体制、分配体制、投资体制的改革，市场机制已经取代计划机制成为资源配置的基础机制；在中观层面上，通过金融体制改革、财政体制改革、税收体制改革、投资体制改革，已经基本建立起符合市场经济要求的经济运行机制；在微观层面上，通过国有企业改革、非公有制经济的二次创业，已经建立了多元化的微观体制结构。中国市场经济体制基本框架的基本确立标志着中国市场化改革对于资源配置效率提高的作用已达到顶点，前 40 年以增量改革为特征的体制转轨所带来的增长动力将逐步消退。

（二）劳动力供给条件的新变化

过去 40 年，大量的适龄劳动人口从农村转向城市，为经济增长提供了廉价的劳动力供给。随着中国逐渐步入老龄化社会，中国的人口状况出现了新变化：从劳动力供给的角度来看，2011 年中国适龄劳动人口比重为 74. 4%，十年来首次出现下降，劳动力供给在减少；从劳动力流动的角度来看，各地出现的“民工荒”现象也表明劳动力无限供给时代已经结束，劳动力无限供给的状况基本消失。这表明未来中国经济增长中劳动力成本将会不断提升，整个经济增长进入要素成本周期性上升阶段，劳动力供给条件发生了新的变化。

（三）自然资源条件的新变化

过去 40 年，廉价的自然资源价格为中国制造业的发展提供了强大的比较优势基础，但也导致了经济增长中的高能耗、高污染和低效率现象。目前中国经济增长中的自然资源条件出现了新变化：一是目前很多行业已经出现较为明显的资源短缺现象；二是由于资源开采对生态环境的破坏使经济增长中的生态环境代价不断上升。可见，以自然资源的过度消耗为代价的经济增长模式将不可持续。

（四）需求条件的新变化

需求是经济增长的拉动力，可分为外需和内需。可以说，中国40年高速增长的源泉很大程度上来自于外需，2008年之前中国的外贸依存度高达60%。但是2008年以后，需求结构发生了变化，外需拉动经济增长的动力在下降，由2008年美国次贷危机引发的世界金融和经济危机导致外部需求扩张速度明显放缓，外部经济持续不平衡带来的汇率升值压力迫使中国主动实施贸易平衡战略。在这样的背景下，过度依赖外需的经济增长方式难以为继，在需求结构上要由外需向内需转化。

从一般意义上来讲，经济增长是有阶段性的，在不同的经济增长阶段，经济增长的动力不同。一个国家经济的增长要首先经过要素驱动、投资驱动阶段，然后进入创新驱动、财富驱动阶段。创新驱动是相对于要素驱动和投资驱动而言的。党的十八大报告提出创新驱动发展的战略，意味着我们在新的发展时期要提高经济增长质量和效益，就要努力实现增长动力的转换，努力从“要素驱动”、“投资驱动”转向“创新驱动”。从中国经济增长的实践来看，1978年以来的“中国增长奇迹”的取得，一是靠体制改革，成功实现了由计划经济体制向市场经济体制的转变，资源配置效率大幅提高；二是靠对外开放，积极承接全球产业转移和技术扩散，迅速发展出口产业，积极参与国际产业分工，以大规模使用劳动力资源、矿产资源、水土资源为主的低要素成本优势得到充分发挥。但是目前资源环境对经济增长的约束增强，要素驱动模式难以为继。从世界经济发展的趋势来看，第三次工业革命正在兴起，它以“人脑+电脑”为主要特征、以互联网和信息技术为基础平台、以“商业模式创新+技术集成创新”为支撑，经济增长创新驱动的作用在逐步增强。从国内实践和国际背景来看，未来中国经济增长中提高质量和效益是关键，而要提高经济增长的质量和效益就要从依靠要素驱动向依靠创新驱动转变。

二、提高经济增长质量和效益的创新驱动路径

数量速度型经济增长依靠投资驱动和要素驱动，而提高经济增长的质量和效益依赖于创新驱动。提高经济增长质量和效益的创新驱动不是单一方面的创新，而是一种协同创新，即科技创新、产业创新、制度创新、战略创新、管理创新所发生的协同作用。提高经济增长质量和效益的创新驱动路径包括以下几方面：

（一）以科技创新为提高经济增长质量和效益形成技术创新支持体系

现代创新型经济的重点已经从技术创新转向了科技创新。从我国情况来看，虽然科技发展取得了一定成果，但自主创新能力还不强，经济增长技术含量不高，缺乏关键技术和核心技术，先导性战略高技术领域科技力量薄弱，重要产业对外技术依赖程度仍然较高，实现创新驱动的技术创新支持体系没有完全建立。在提高经济增长的质量和效益的过程中，要以科技创新形成技术创新支持体系。通过建立完善技术创新体系，促进企业发展新产品、新材料，扩大新品种、新花色，以及加速老产品的更新换代。这样企业才能不断适应市场的需要，扩大原有市场，开辟新的市场，不断提高管理水平和技术含量，从而推动经济增长质量和效益的提高。因此，提高经济增长质量和效益中科技创新的目标是：大力推动自主创新，实现从模仿创新到自主创新的转型，形成完备的技术创新体系。

（二）以产业创新为提高经济增长质量和效益形成新型产业支持体系

提高经济增长质量和效益需要形成新的产业体系来支撑，需要在产业结构多元化的基础上来实现产业结构的高级化。目前全球面临着第三次产业革命的挑战，以“智能制造”为核心的第三次工业革命，可能使全球技术要素与市场要素的配置方式发生革命性变化。中国若不能取得先导性技术突破并将其产业化，不仅无法占据此次超级产业革命制高点，更有可能在全球新一轮的产业分工中被边缘化。在提高经济增长的质量和效益的过程中，要依据全球第三次产业革命的发展趋势加快产业创新，构建现代产业体系。创新是产业技术创新、管理创新和市场创新的集成，通常用产业转换的能力来衡量，由此在现代产业体系的构建过程中还要提高产业转换能力。因此，提高经济增长质量和效益中产业创新的目标是提高产业转换能力，构建以高端制

造和低碳发展为特征的新型现代产业体系。

（三）以制度创新为提高经济增长质量和效益提供激励导向

制度的功能在于激励和约束。提高经济增长质量和效益，要以制度创新来提供激励导向。当前我国部分生产要素和资源价格形成机制仍不健全，要素市场的行政性垄断和区域、行业部门的市场分割仍然存在，市场竞争机制尚未充分发挥作用，阻碍了企业的自主创新热情。要素市场价格机制不完全，使得要素价格扭曲，不能充分反映市场供求关系，客观上保护了落后的企业和生产结构，也导致企业倾向于高消耗的增长方式。因此，制度创新的目标是：通过进一步完善社会主义市场经济体制，不断进行制度创新，建立质量效益型激励，为提高经济增长质量和效益提供有利的激励导向。

（四）以战略创新为提高经济增长质量和效益形成战略支持体系

过去对于创新的认识中，往往重视技术创新、制度创新与产业创新，而对战略创新认识不足。从宏观上来看，战略创新实质上是通过发展战略的调整来统筹各方面资源，进而达到协同创新的目的。从微观上来看，现代企业发展受到环境影响的程度越来越大，企业间的竞争越来越激烈，企业运作的风险越来越大，因此需要加强战略创新。战略是方向，战略是力量的有效整合，推行战略创新是提高经济增长质量和效益的必然要求。提高经济增长质量和效益的战略创新就是要通过引进国外高新技术并在此基础上进行进一步创新，同时加大对高新技术人才的培养与引进，对技术方面的投入，最终形成具有自主知识产权的创新体系，在此基础上发展具有比较优势的产业链，带动我国经济的快速增长。因此，战略创新的目标是：提高国家创新能力，根据比较优势形成自己的产业链以增强国际竞争力，进而提高经济增长的质量和效益。

（五）以管理创新为提高经济增长质量和效益形成环境支持体系

管理创新是指形成一种创造性思想并将其转换为有用的产品、服务或工作方法的过程。管理创新包括：宏观经济管理创新和微观企业管理创新。从宏观经济管理创新来看，一方面，要转变政府职能，按照服务型政府的战略目标，转变政府职能，改善公共决策系统，提高公共政策质量，实现由全能型政府向服务型政府的转变；另一方面，在宏观经济管理的手段方面要考虑经济信息因素，将信息因素融合到宏观经济管理体制的建立中来，加强经济信息服务机构的建设，建立宏观经济管理信息系统。从微观企业管理创新来看，企业要依据劳动力成本升高、产品降价、运营资金短缺及环保治理压力等等经济环境的变化，通过商业模式创新、战略创新、产品创新、技术创新、管理创新、体制创新、机制创新和市场创新，提高企业的核心竞争力，提高企业的竞争优势。

三、提高经济增长质量和效益的创新驱动对策

要实现中国经济增长从数量速度型转向质量效益型，就应该从生产率提高和要素配置优化的角度出发，建立提高经济增长质量和效益的创新驱动机制。依据创新驱动的路径，提高经济增长质量和效益的创新驱动应该采取以下对策：

（一）培育创新型企业，构建创新驱动的主体

创新型企业指那些以不断创新的观念和文化为指导，以组织创新活动为支撑，以自主研发为手段，以创新成果的转化利用为目标的新型企业。从世界经济发展的趋势来看，创新型企业在推动地区经济发展、引领产业变革、推进产学研合作、参与国际竞争中，发挥着越来越重要的作用。创新型企业是现代经济增长中最有活力的企业，是创新驱动的主力军。因此，在提高中国经济增长的质量和效益的过程中，要积极培育创新型企业，构建创新驱动的主体：一是围绕重点支柱产业转型升级、战略性新兴产业培育与发展、传统产业向现代产业的转变，以增强企业自主创新能力为核心，以引导创新要素向企业集聚为主线，培育创新型企业。二是引导企业建立技术创新体系。完善的企业技术创新体系是提高企业自主创新能力的平台与载体。企业要加快建立健全以市场需求为导向，以产品开发为核心，研发设计、生产营销、售后服务一条龙的技术创新体系。三是引导企业进行技术创新战略的转型。引导企业选择以基于自主研发的自主创新战略，充分发挥企业科技人员在新产品开发、新技术引进、新工艺运用方面的作用，激励科技研发人员投身技术创新的积极性，以提高企业在市场竞争中的核心竞争力为目标提高企业技术创新水平。

（二）发展新兴产业，构建现代产业体系

在提高经济增长质量和效益的过程中，应把创新驱动和完善产业体系结合起来。首先，积极培育新兴产业，大力推动产业创新。产业创新就是在产

业层次和产业能力上有所突破，在产业结构多元化的基础上实现产业结构的优化升级，这是提高经济增长质量和效益的基本要求。实施创新驱动战略，就是在要素禀赋结构不断升级的基础上，通过产业层次和产业能力的不断提升，不断地发展适合本国比较优势的产业，实现从传统产业向高新技术产业、从低附加值产业向高附加值产业、从低加工度产业向高加工度产业的迈进。因此，实施提高经济增长质量和效益的创新驱动战略，要把握世界新技术革命的方向和全球产业分工格局，积极发展新一轮经济增长的朝阳产业，以此来适应本国不断发展的要素禀赋结构和比较优势，使本国的产业发展具有最大的竞争力。其次，构建现代产业体系，全面推动结构升级。经济发展本身就是经济结构不断优化升级的过程。把结构优化与构建现代产业体系结合起来，促进产业创新，加快构建高新技术产业为主导、服务经济为主体、先进制造业为支撑、现代农业为基础的现代产业体系。结构创新就是通过构建现代产业体系来形成以知识产品、技术产品为主的产业结构。结构创新的关键是提升扩张现代新兴产业，集聚拓展现代高效农业，大力发展高新技术产业，其中扩张现代服务业是结构创新的重点。扩张现代服务业包括两个层次，一个是生活性服务业的发展，即加快金融、资本、旅游、咨询等现代服务业的发展，强化服务业对于生活的提升作用；另一个就是生产性服务业的发展，通过加快分离制造业里的服务业，包括采购、销售、开发、设计、策划，以及后勤服务、现场管理等，以形成高度的专业化和社会化生产经营。最后，加强产学研合作体系建设，积极推动体制创新。实施提高经济增长质量和效益的创新驱动的重点在于加强产学研体系建设，但加强产学研体系建设要求全面的制度保障。制度保障对于提高经济增长质量和效益是具有根本性、全局性和长期性意义的，是推动经济社会发展的决定性力量，因此构建产学研合作创新体系必须积极推动体制创新。体制创新的内容包括：一是高校和科研机构的创新激励机制，以保证其不断提供创新成果和科学突破。二是科研成果转化机制，以保证带动新产业的繁育、新产品的生产和新技术的运用。三是新产品创新的融资机制，金融支持推动创新活动的开展。四是人才吸引和培育机制，可以吸引众多的创新人才。五是严格的知识产权保护制度，以保证创新活动的持续性。

（三）发展创新型经济，构建创新体系

数量型经济增长是投资驱动型和要素驱动型经济增长，质量效益型经济增长是创新驱动型经济增长。要实施创新驱动就必须发展创新型经济，改善技术供给。创新型经济是以知识和人才为依托，以创新为主要驱动力，以发展拥有自主知识产权的新技术和新产品为着力点，以创新产业作为标志的经济形态。国际金融危机对我国经济的冲击及当前我国经济增长中暴露出来的诸多矛盾表明，单纯依靠规模扩张追求经济增长速度的经济增长方式已经走到尽头，经济增长方式要转向提高质量和效益方面来。要保持我国经济长期持续增长以及促进经济增长方式转变，必须以提高经济增长质量和效益为目标，大力发展创新型经济。这就要求：一是提高企业自主创新能力，促进科技成果向现实生产力的转化，同时注重企业人力资本积累，发挥科技、知识和技术在提高经济增长质量和效益中的主导作用；二是加快改造传统产业，加大传统产业技术创新和人力资本投入，促进产业结构升级，促使整个行业从原先的资本驱动型或劳动驱动型增长向知识驱动型增长转变，使产业结构从低层次向高层次转化，从低附加值向高附加值转化；三是实现我国经济增长由要素驱动型向技术提高型转变，由依靠要素投入的增长转向依靠要素效率提高的增长。

（四）推动制度创新，改善制度环境

实施创新驱动，需要改善制度供给，推动制度创新，使中国经济增长的要素驱动型的制度安排转向创新驱动型的制度安排，为提高经济增长质量和效益提供制度安排与制度环境。一是建立科学的政府决策机制。减少政府行为和决策的短期倾向，促进政府规划和行为的长期化。深化科技管理体制改革，营造平等竞争的创新环境。转变政府科技管理和服务职能，强化政府为科技创新活动提供服务的能力，把政府的科技管理工作重点放在研究科技创新战略、制定科技创新规划、创造科技创新保障条件、优化科技创新政策环境、提高科技创新服务水平上，引导、激励企业自主开展研究与开发活动。二是深化企业创新体制改革，增强企业自主创新的动力和能力。建立健全技术创新机制和现代知识产权制度，进一步推动企业成为技术创新投入主体、研究开发主体和科技成果应用主体。鼓励企业大幅度增加技术开发经费的投入。加强产业技术创新战略联盟建设，促进政府、企业和高校、科研院所的深度合作。引导和支持有条件的大型企业联合高校、科研院所组建产学研联合体，从事核心技术、关键技术和共性技术研究和应用开发。构建以创新链为基础的产学研协同创新模式，促进科学技术的研发、创业孵化、金融服务、产业发展等创新链各环节的协同发展。三是促进科技和教育制度创新，为提高经济增长质量和效益提供知识、技术和人才支持。应创新教育体制，优化教育结构，加大教育投入，使教育与经济发展结合起来，加快创新型人才的培养。完善科技制度创新，鼓励在经济发展的关键技术领域和前沿技术领域进行研发和创新。四是创新收入分配体制，完善各项社会保障制度。建立有利于激励自主创新的人才评价和奖励制度，保证合法劳动所得，逐步缩小收入差距。打破行业垄断，调节因行业垄断形成的高收入，规范收入分配秩序。同时，不断提高中低收入者的收入水平，保障城镇贫困人口和农村贫困人口的基本生活。

（五）推动政策转型，建立创新政策导向

从政策转型的角度来说，在提高我国经济增长质量和效益的过程中，要实现从要素驱动和投资规模驱动向创新驱动转变，必须实现政策导向的转变。一方面，要实现从“投资激励”向“创新激励”的转变，从规模激励转向效率激励，全面提高企业创新动力。在提高经济增长质量和效益的过程中，企业发展从规模扩张导向转至竞争力提升导向，有赖于政策激励机制从投资激励转向创新激励。为了实现创新激励，当前要进行政策转型，建立创新政策导向，把政策重点放在鼓励企业通过创新来提高竞争力和全要素生产率上来。另一方面，建立现代创新政策体系，实现从“科技政策”向“创新政策”的转变。实施提高经济增长质量和效益的创新驱动，就是要在政策内容上有所突破。全面推动和建成创新体系，以加强政策的协调性，把创新政策融入科技政策、产业政策、财税金融政策、贸易和教育政策等各项政策中去，使之形成全面有效的创新政策体系；促进创新政策体系中各方面政策的协调，通过加强各环节投入的协调性和连续性以实现全方位的协同创新。构建以创新链为基础的产学研协同创新模式，促进科学技术的研发、创业孵化、金融服务、产业发展等创新链各环节的协同发展。加强产业技术创新战略联盟建设，促进政府、企业和高校、科研院所的深度合作。

第二节 提高中国经济增长质量的结构转化机制

如何才能通过调整经济结构，实现经济增长质量的提高呢？这就需要对过去40年改革开放过程中经济结构的演变作出基本的判断，分析经济结构存在的问题，并厘清其对我国经济增长质量和效益的影响，从而为提高经济增长的质量和效益相关政策的制定提供依据。

一、改革开放以来我国经济增长质量和效益的态势分析

改革开放以来我国政府实施的“赶超战略”使得中国经济维持了40年的高速增长，平均增长速度超过8%，被称为“中国奇迹”。特别是2011年中国国内生产总值（GDP）达到47.3万亿元，经济总量超过日本排名世界第二。2016年国内生产总值已经达到了74.4万亿元，意味着我国经济增长数量成果显著。但是在过度追求速度和数量的经济增长过程中，经济体系的结构性因素逐渐成为制约我国经济进一步平稳发展的瓶颈，特别是在数量型经济增长奇迹的背后，经济各部门、经济与生态环境以及城乡发展之间的利益冲突日益激烈，造成产业结构、城乡结构等多方面的长期失衡，而这些非均衡因素又导致中国经济增长出现了高速度、低质量和低效益的状态。

（一）经济增长中严重的经济结构失衡降低了经济增长质量

按照结构主义的观点，发展中国家必须通过结构转变实现经济的持续增长。西蒙·库兹涅茨（Simon Kuznets）（1966）指出如果没有结构转变，那么持续的经济增长就不可能实现。[①] 正是沿着这一思路，我国自改革开放之初就制定了相应的工业化和城市化发展思路，试图通过经济结构转变实现经济社会的全面发展，但是，现实经济增长并未按照预期目标发展。影响经济结构失衡的主要因素之一就是消费结构和产业结构之间的不平衡。根据2017年《中国统计年鉴》数据显示，国内消费率明显高于第三产业比重，在45%—50%左右波动，而在比较成熟的市场经济国家，消费率和

① ［美］西蒙·库兹涅茨：《各国的经济增长》，常勋等译，商务印书馆1999年版，第230页。

第三产业比重基本持平，均在60%以上，我国消费率已从改革开放之初的62.10%下降到2016年的不足45.30%，消费结构的失衡导致我国依靠消费拉动经济增长的难度加大。另外，我国城乡二元结构失衡也加剧了整体经济结构的失衡。一般情况下，城乡二元对比系数越接近于1表示城乡之间生产率差异越小，城乡二元对比系数越接近于零表示城乡之间资源配置越有效。依据任保平（2010）的分析结果，二元对比系数已从改革开放初期平均水平的0.25下降到2008年的0.19，而城乡二元对比系数始终保持在0.30左右。[①] 两项指标说明，随着经济总量上的快速增长，城乡之间的差距并没有缩小，尤其是城乡之间生产率差异不仅没有缩小，反而在逐渐扩大；同时城乡之间资源配置效率仍处在较低水平。我国城乡二元经济结构并没有得到根本上的改善，既加剧了经济结构转化的难度，又降低了经济增长的质量和效益。

（二）经济增长的低效率水平降低了经济增长质量和经济效益

经济增长的效率主要体现在两个方面：一是要素生产率，二是全要素生产率（TFP）。过去40年推动中国经济高速增长的主要因素是资本，资本投入对经济增长的贡献大约为4个百分点。但是从表17-1的统计结果可知，产出投资比的比值从1981年改革开放之初的5.090下降至2016年的2.257，说明资本的生产效率在逐年下降。这意味着要维持当前平均7%的经济增长率，就必须在原有基础上进一步加大资本投入，否则受资本生产效率持续下降的影响，经济增长的不可持续性就会更加凸显。从全要素生产率的变化趋势来看，TFP的增长率并不高，而且对经济增长的贡献程度也较低。王小鲁等（2009）的测算结果表明，TFP对经济增长的贡献平均在3个百分点，但是如果考虑环境资源的约束，TFP的增长率仅有0.93%，而且对经济增长的贡献在1个百分点。[②] 除此之外，中国经济增长过程中能源利用效率相对较低，结果导致对能源投入的过度依赖，降低了经济增长质量和经济效益。可见，要在未来经济增长过程中提高经济增长的质量与效益，就必须改变传统

---

① 任保平：《以质量看待增长：对新中国经济增长质量的评价与反思》，中国经济出版社2010年版，第98页。

② 王小鲁、樊纲、刘鹏：《中国经济增长方式转换和增长可持续性》，《经济研究》2009年第1期，第35页。

的经济增长方式，把经济增长方式从依靠要素投入的粗放型转变为依靠技术进步的质量效益型。

表 17-1　1979—2016 年收入差距与投资效率变化情况

年份	城乡收入比	产出投资比	年份	城乡收入比	产出投资比	年份	城乡收入比	产出投资比
1979	2. 529	—	1992	2. 585	3. 332	2005	3. 224	2. 083
1980	2. 496	—	1993	2. 797	2. 703	2006	3. 278	1. 967
1981	2. 240	5. 090	1994	2. 863	2. 828	2007	3. 330	1. 936
1982	1. 982	4. 327	1995	2. 715	3. 037	2008	3. 315	1. 817
1983	1. 823	4. 169	1996	2. 512	3. 106	2009	3. 333	1. 518
1984	1. 835	3. 933	1997	2. 469	3. 166	2010	3. 228	1. 595
1985	1. 859	3. 545	1998	2. 509	2. 971	2011	3. 126	1. 518
1986	2. 126	3. 293	1999	2. 649	3. 004	2012	3. 103	2. 112
1987	2. 166	3. 180	2000	2. 787	3. 014	2013	2. 807	2. 093
1988	2. 166	3. 164	2001	2. 899	2. 947	2014	2. 750	2. 130
1989	2. 284	3. 853	2002	3. 111	2. 766	2015	2. 731	2. 182
1990	2. 200	4. 133	2003	3. 231	2. 444	2016	2. 719	2. 257
1991	2. 400	3. 893	2004	3. 209	2. 269			

（三）经济增长中福利分配差距的扩大降低了经济增长的社会效益

随着经济体制转型和市场化的发展，中国经济整体运行效率有了显著提升，全体居民分享经济增长的福利成果也有了较大改变。例如，人均寿命从改革开放初期的 65 岁增加至目前的 75 岁，受教育水平也从改革开放初期的平均 4 年提高至目前的 9 年，而且人均住房条件也得到了很大改善。然而由于市场收入分配体制的不完善，导致了经济增长的成果不能被居民公平地分享，地区之间、行业之间以及城乡之间收入分配差距随着经济增长在逐渐扩大，持续降低经济增长的社会效益。其中城乡收入差距扩大更是收入分配问题的集中体现。表 17-1 反映了历年城市人均可支配收入与农村人均纯收入的比值变化趋势，可以看出改革开放初期城乡收入差距还出现了缩小趋势，在最低水平上城市人均可支配收入不足农村人均纯收入的 2 倍，但是自 2002 年之后，城市人均可支配收入超过了农村人均纯收入的 3 倍，但是 2013 年以后虽有所下滑，但截至目前城市人均可支配收入依然高出了农村人均纯收入的 2.5 倍以上。田新民等（2009）研究发现，过高的城乡收入差距使农村劳动力的转移不能与城市化的发展相适应，导致了整体经济生产效率的下降。[①] 而陈春良和易君健（2009）则认为随着城乡收入差距的扩大，我国刑事犯罪率呈现明显上升趋势，在控制其他因素之后，城乡收入差距扩大 1%，刑事犯罪率上升 0.38%。[②] 城乡收入差距的扩大加剧了经济运行的社会成本，降低了市场运行效率。另外，彭代彦和吴宝新（2008）指出收入差距的变化也会影响居民生活满意水平。[③] 而且学者们普遍认为城乡收入差距的扩大也是导致消费需求不足的重要因素。在我国农村人口仍占总人口大多数的条件下，缩小城乡收入差距，提高农村居民的收入水平，是扩大内需、拉动经济增长的重要措施。可见，对福利分配差距的有效调整已经成为影响未来经济增长质量和效益的重要因素。

（四）经济增长中的资源环境代价过高降低了经济增长的生态效益

由于我国过去 40 年的发展是一个加速工业化和城市化的过程，这就需要依靠资源、能源以及环境要素的大量投入，特别是在粗放式的发展道路上，需要比其他国家更多的投入来维持高速的经济增长，结果导致经济增长的质量和效益与同期发达国家水平相比存在显著的差距。从能源消耗情况来看，根据《中国能源统计年鉴 2011》可以估算出中国单位产出能耗几乎是主要发达国家的 1.5 倍。而且由于中国地区经济发展差异显著，导致地区间能源利用效率也存在很大差距。史丹等（2008）研究发现能源利用效率较高的地区是较低地区的 5 倍。[④] 这种高能耗的增长方式产生的结果就是大量资源的浪费以

---

① 田新民、王少国、杨永恒：《城乡收入差距变动及其对经济效率的影响》，《经济研究》2009 年第 7 期，第 113 页。

② 陈春良、易君健：《收入差距与刑事犯罪：基于中国省级面板数据的经验研究》，《世界经济》2009 年第 1 期，第 13 页。

③ 彭代彦、吴宝新：《农村内部的收入差距与农民的生活满意度》，《世界经济》2008 年第 4 期，第 79 页。

④ 史丹、吴利学、傅晓霞、吴滨：《中国能源效率地区差异及其成因研究——基于随机前沿生产函数的方差分解》，《管理世界》2008 年第 2 期，第 37 页。

及严重的环境污染。根据李娟伟和任保平（2011）的测算方法[①]，我们估算了1990年至2016年因经济增长产生的环境退化成本（见表17-2），发现环境退化成本几乎在26年内增加了3倍。虽然我国在节能减排方面的管制取得了一定的成效，使单位产出所引起的环境退化成本在逐年下降，但是环境退化成本的总量却在近几年随着总产出的增长而加速增长，进一步降低了经济增长的生态效益。因此，我国在未来谋求经济持续增长的过程中，必须把提高资源和能源利用效率、改善生态环境作为提高经济增长质量和效益的有效途径。

表17-2　1990—2016年中国经济增长的环境退化成本

年份	环境退化成本（亿元）	增长率（%）	占GDP比重（%）	年份	环境退化成本（亿元）	增长率（%）	占GDP比重（%）
1990	1728.318	—	8.264	2004	4380.080	8.120	2.740
1991	1768.850	2.286	8.121	2005	5008.289	14.342	2.708
1992	1995.242	12.799	7.411	2006	5135.252	2.535	2.374
1993	2517.146	26.157	7.124	2007	5214.748	1.548	1.962
1994	3041.052	20.813	6.310	2008	5453.393	4.576	1.736
1995	3400.825	11.831	5.594	2009	5128.669	-5.955	1.504
1996	3208.544	-5.625	4.509	2010	5341.750	4.155	1.330
1997	2993.107	-6.744	3.790	2011	6088.586	14.000	1.288
1998	3135.794	4.767	3.715	2012	5646.302	-7.264	1.047
1999	3683.836	17.477	4.108	2013	5634.814	-0.203	0.954
2000	3878.263	5.278	3.909	2014	5634.814	0	0.874
2001	3794.523	-2.159	3.460	2015	5445.264	-3.364	0.798
2002	3678.656	-3.054	3.057	2016	5663.534	4.008	0.761
2003	4014.016	8.116	2.955				

二、我国经济增长质量和效益的结构性约束

在经济增长中，经济结构的局部失衡可能会在一定程度上促进经济的快

① 李娟伟、任保平：《协调中国环境污染与经济增长冲突的路径研究——基于环境退化成本的分析》,《中国人口·资源与环境》2011年第5期，第134页。

速增长。但是随着经济增长的持续，经济发展阶段的提升，经济结构的失衡会逐步成为限制经济增长的约束条件，不仅影响经济在数量上的增长，而且也会影响经济增长质量和效益的提高。在当前中国经济增长中，影响经济增长质量和效益的主要结构性约束有如下几类：

（一）供给结构约束

在总供给结构方面，由于中国经济体制的特殊表现形式，尤其受财政分权的影响，导致各地区之间形成了“为增长而竞争”的局面。各地政府为了追求产出的扩大，不断刺激投资需求，试图在短期通过资本供给的扩张实现经济总量的快速增长，这种投资驱动的发展模式一定程度上结合了我国劳动力丰裕的实际，对经济总量的快速增长起到了积极促进作用。但是，由于过度关注地区竞争而忽略了对人力资本和公共服务方面的投资，导致技术进步增长缓慢，公共服务投资不足，使整个供给结构偏离了稳态均衡水平，进一步限制了经济的长期平稳增长。而且，在这种追求数量型增长模式的影响下，各地区纷纷加大对投入产出效应较高行业的投资，尤其是对一些战略性新兴产业的投资，导致了重复建设，不仅加剧了供给结构失衡的程度，也浪费了大量的资源和能源，造成了这些行业产能相对过剩，严重阻碍了产业结构升级的进程，也极大地制约着增长方式的转变和增长质量的提高。

（二）需求结构约束

自改革开放以来，我国总需求结构发生了重大变化。消费占总产出的比重大幅度下降，从 1978 年的 62. 1%下降至 2016 年的 45. 3%。投资占比大幅度上升，从 1978 年的 38. 2%上升至 2016 年的 54. 9%（见表 17-3）。而且根据历年《中国统计年鉴》数据计算，我国出口占总产出的比重在迅速上升，从 1980 年的 5. 91%上升至 2007 年的 34. 73%，虽然受 2008 年国际金融危机的影响，外贸需求有所下降，但出口仍占总产出的25%以上。近年来，出口总额占总产出的份额逐渐降低，至 2016 年，出口占总产出份额降低到 20%左右。从投资、消费以及出口在总需求中的结构变化可以看出，改革开放 40 年的发展，投资和外贸始终是拉动经济增长的主要动力，消费动力明显不足，这也构成了我国目前需求结构失衡的主要特征。而且由于过度依赖于投资和出口的增长，导致投资和出口在总需求结构之中形成了一个相互强化的联动机制，特别是地方政府为了扩大出口规模而不断追加对贸易部门的投资，这就进一步压缩了内需扩大的空间，当外需面临冲击的情况下，不同程度上加剧了国内投资和经济增长的波动性。

（三）产业结构约束

随着改革开放 40 年的快速发展，我国三次产业的结构比例也经历了不断调整的过程。从表 17-3 可知，农业产业在国民经济中的比重从 20 世纪 80 年代初的大约 30%下降到目前的大约 10%，而整个非农产业从改革开放初期的 70%上升至目前大约 90%的水平，特别是第三产业比重在过去 40 年经济发展过程中比重上升了近乎一倍。产业结构升级为中国经济的持续增长提供了动力。但是，我国产业结构失衡的状况并没有得到根本改善，其主要表现在：第一，农业发展方式比较落后，农业产值在国民经济中的比重虽然下降了，但农业部门的就业比重却占到近乎一半，传统农业生产方式没有得到根本改善；第二，第二产业比重过高，通过第二产业发展带动经济增长的格局并没有变，而且由于消费需求低迷的影响，这一格局仍有强化趋势，但工业竞争力提升较慢，而且高耗能、高污染的企业和行业所占比重过高，加重了资源环境的压力；第三，作为现代服务部门的第三产业发展相对缓慢，由于第二产业比重过高，第三产业发展受到严重限制，和发达国家 70%的份额相比，我国第三产业比重目前仅占国内产出的 51.6%，仍然存在 20%的上升空间，说明我国产业结构转换存在很大空间，反映出我国目前三次产业结构的失衡状况仍然较为突出。

表 17-3　1978—2016 年中国产业结构与总需求结构变化情况

（单位：%）

年份	第一产业比重	第二产业比重	第三产业比重	消费率	投资率	年份	第一产业比重	第二产业比重	第三产业比重	消费率	投资率
1978	28.2	47.9	23.9	62.1	38.2	1998	17.6	46.2	36.2	58.6	36.2
1979	31.3	47.1	21.6	64.4	36.1	1999	16.5	45.8	37.8	61.1	36.2
1980	30.2	48.2	21.6	65.5	34.8	2000	15.1	45.9	38.0	62.3	35.3
1981	31.9	46.1	22.0	67.1	32.6	2001	14.4	45.2	40.5	61.4	36.5
1982	33.4	44.8	21.9	66.5	31.9	2002	13.7	44.8	41.5	58.6	37.8
1983	33.2	44.4	22.4	66.4	32.8	2003	12.8	46.0	41.2	56.9	40.0

续表

年份	第一产业比重	第二产业比重	第三产业比重	消费率	投资率	年份	第一产业比重	第二产业比重	第三产业比重	消费率	投资率
1984	32.1	43.1	24.8	65.8	34.2	2004	13.4	46.2	40.4	54.4	43.0
1985	28.4	42.9	28.7	66.0	38.1	2005	12.1	47.4	40.5	53.0	41.5
1986	27.1	43.7	28.1	64.9	37.5	2006	11.1	48.0	40.9	50.8	41.7
1987	26.8	43.6	28.6	63.6	36.3	2007	10.8	47.3	41.9	48.6	41.6
1988	25.7	43.8	30.5	63.9	37.0	2008	10.7	47.5	41.8	48.6	43.8
1989	25.1	42.8	32.1	64.5	36.6	2009	10.3	46.2	43.4	48.5	47.2
1990	27.1	41.3	31.5	62.5	34.9	2010	10.1	46.7	43.2	48.2	48.1
1991	24.5	41.8	33.7	62.4	34.9	2011	10.0	46.6	43.4	48.1	48.3
1992	21.8	43.5	34.8	62.4	36.6	2012	9.4	45.3	45.3	48.5	51.5
1993	18.7	46.6	33.7	58.3	42.6	2013	9.3	44.0	46.7	48.8	52.0
1994	18.9	46.6	33.6	58.2	40.5	2014	9.1	43.1	47.8	47.3	51.3
1995	19.0	47.2	32.9	58.1	40.3	2015	8.8	40.9	50.2	45.6	52.9
1996	18.7	47.5	32.8	58.2	38.8	2016	8.6	39.8	51.6	45.3	54.9
1997	18.3	47.5	34.2	59.0	36.7						

三、经济结构失衡对我国经济增长质量和效益的影响

经济增长的最优目标是数量、质量和效益相统一。经济增长的数量并不等同于经济增长的质量，经济增长质量和效益的提高是以经济增长的数量为前提的，但是如果片面追求经济增长数量会制约经济增长质量和效益的提高。对经济增长质量的评价不仅要看 GDP 的数量，而且要看 GDP 的结构和内容以及经济增长成果的分享，包括产品种类和质量的升级、产业结构和产品结构的优化、人民的消费水平和福利水平提高等等。而经济增长的效益主要包括经济效益、社会效益和生态效益三个方面。其中经济增长的经济效益取决于投入和产出的比较，取决于以最少的投入获得最大的产出，取决于经济增长的代价和持续性；经济增长的社会效益取决于经济增长的目的，是为了数量增长而增长还是为了人民生活和福利水平的提高而增长；经济增长的生态效益取决于经济增长过程中是否实现了资源环境代价的最小化。结构性

失衡是影响经济增长质量和效益提高的主要因素，结构性失衡造成了经济增长的数量、质量和效益的不一致性，制约了经济增长的质量和效益的提高。主要表现在以下几方面：

（一）供给结构失衡对中国经济增长质量和效益的影响

为了追求经济数量上的增长，需要政府通过相关政策影响价格和利率信号将有限的资源配置在增长效应较高的行业，价格信号的扭曲不仅导致了产品市场上供给结构失衡，也使得要素市场结构失衡。产品市场供给结构失衡使得部分行业的产能过剩，加剧了能源的浪费。尤其是政府为应对 2008 年国际金融危机所推出的 4 万亿元投资政策，在推动国内房地产市场快速发展的过程中，使钢铁、水泥等行业产能过剩的矛盾日益突出，而这些行业都属于能源密集型行业，产能过剩既影响了经济的稳定增长，也消耗了大量的能源，污染了环境。国家统计局同期数据显示，2015 年、2016 年电力消费的增长率竟然超过了 GDP 增长率的 49.4%和 33.1%。在要素供给结构方面，也存在着严重的结构性偏差，特别是对提高经济增长质量起关键作用的人力资本和技术研发投入存在着结构性偏差，造成了这些关键资源的错配，使提高经济增长质量最为关键的人力资本和 R&D 并未发挥应有的作用。如前文所述，过去 40 年的经济增长结果表明 TFP 对经济增长的贡献平均在 3 个百分点，但是如果考虑环境资源的约束，TFP 对经济增长的贡献在 1 个百分点。在我国目前工业化进程中，由于主要以劳动密集型和资本密集型制造业为主，企业更多需要技术劳动者。但中国教育面向市场和企业的需求很少，导致了人力资本供给与市场需求之间存在着失衡。同样的问题在 R&D 创新市场也同时存在。这种人力资本投资和 R&D 市场的失衡既不利于经济的持续性增长，也降低了经济增长的效益。

（二）需求结构失衡对中国经济增长质量和效益的影响

在投资需求旺盛的条件下，结构失衡一方面加剧了资本产出效率的下降，另一方面限制了经济增长就业效应的提高。表 17-1 中产出投资比的变化趋势表明，过度追求资本投入的增长模式导致了单位资本产出效率的快速下降。同时，在投资驱动的增长模式下，由于资本密集度较高，使资本收益高于资本成本。当劳动力价格普遍上升时，用工企业普遍采用资本替代劳动，导致经济增长的就业创造效应进一步下降，尤其是限制了农业劳动力在生产部门之间的转移。在当前中国，农业产业的就业人数仍占总就业人数的50%的情况下，严重制约着城乡收入差距的缩小，既影响了经济增长成果的分享性，也限制了居民生活水平的改善和提高。而在出口需求过旺的条件下，我国经济增长的稳定性受出口波动影响较大。首先，出口需求比重的增加，通过乘数效应带动国内产出的增长，但是随着国际收支失衡的加剧，国内经济增长的稳定性也会受到影响；其次，随着出口需求的扩张，国家外汇储备随之增长，中央银行为了对冲外币必须增加本币供应量，进而导致国内通货膨胀压力加大；最后，通过价格体系的波动影响产品和要素的配置，降低经济增长的质量和效益。另外，在需求结构失衡的状态下，国内消费增长缓慢，造成内需不足，使得消费对经济增长的拉动作用无法充分体现，在未来经济增长存在下滑趋势下，也在一定程度上加大了提高经济增长质量和效益的难度。

（三）产业结构失衡对中国经济增长质量和效益的影响

一方面，从产业之间的结构比例来看，由于第二产业比重长期保持在40%以上，使得第三产业比重始终无法突破55%，产业结构比例和发达国家仍存在巨大差距。由于经济结构优化进程受阻，加大了经济增长质量提高的难度。另一方面，由于过去过度依赖粗放式的经济增长模式，导致高耗能、高污染、高投入的重化工业在第二产业中的比重相对较高，轻重工业比例不合理，不仅限制了战略性新兴产业的发展，也加剧了温室气体的排放，导致生态环境恶化。依据《中国统计年鉴》的统计数据显示，改革开放初期工业部门二氧化碳排放量占到全国的84%，而2008年工业部门二氧化碳排放量比重上升至96%。同时，为了追求经济数量上的快速增长，政府部门往往加剧了产业的发展与消费结构、要素禀赋之间的冲突，最终降低了要素配置的效率，制约了经济可持续增长，造成经济增长质量和效益的下降。

四、提高我国经济增长质量和效益的结构转化路径

提高经济增长质量和效益是未来中国经济增长的主题，而结构性问题是制约中国经济增长质量和效益提高的关键。因此，需要积极推进结构优化和转型升级，促进未来中国经济增长质量和效益的提高。

（一）以调整需求结构的方式提高经济增长质量和效益

作为长期拉动中国经济增长的“三驾马车”，消费、投资与出口的结构比例严重失衡影响了我国经济增长质量和效益的提高。因此，要通过需求结构的优化提高经济增长质量和效益：一是逐步改变投资方式和渠道。通过改善投资方式和渠道提高投资效率，尤其是要转变传统粗放式的投资方式，通过规模效应提高投资需求对经济增长质量和效益的促进作用，有效降低投资需求在总需求结构中的比例。二是调整出口结构。在保障出口平稳增长的过程中，使出口商品结构与国内消费结构相协调，保障出口需求在面临国际外部冲击时对国内经济增长稳定性的负面影响降到最低，为提高经济增长的质量和效益提供空间。三是提高国内居民的消费需求。一方面扩大居民的收入来源，尤其是缩小农村居民与城市居民之间的收入差距，使仍占全国人口比例几乎一半的农村居民成为消费需求重要组成部分；另一方面优化分配结构和社会保障制度，在保障分配效率与公平的过程中，逐步完善住房、医疗、失业和养老等社会保障体系，通过提高居民对未来生活的乐观预期，激发大多数居民的消费潜能，最终使内需的扩大成为提高经济增长质量和效益的源动力。

（二）以改善供给结构的方式提高经济增长质量和效益

在以数量增长为目标的增长模式下，地方政府普遍增加对短期增长效应较高的行业或产业进行投资和建设，而忽视了对长期经济增长质量和效益的投入，形成了产能过剩、技术和人力资本错配的情况。因此，要通过转换供给结构提高经济增长质量和效益：一是要调整最终产品供给结构，尤其是保障产能过剩行业的平稳发展，使其能够和当前需求结构相协调；二是要强调政府在公共品供给方面的责任和职能，使政府在有限财政支出的约束下，调整支出方向，保障人力资本供给，使研发创新能够和市场需求相适应，提高生产要素的配置效率。

（三）以优化产业结构的方式提高经济增长质量和效益

在产业结构层面，第二产业比重过高限制了第三产业的发展，同时传统耗能产业仍占主导，战略性新兴产业发展缓慢，产业结构得不到有效调整，从而制约着经济增长质量和效益的提高。因此，要继续发挥产业结构对经济增长质量和效益的主导作用：一是要发展现代农业，转变农业发展方式，发挥技术进步在提高农业生产效率中的作用，为农村劳动力的转移提供空间；二是要在第二产业的发展过程中走新型工业化道路，发展创新型经济，逐步改善我国产业结构不合理现状，规范产能过剩行业的发展，降低对投资和出口的依赖，不断提高我国自主创新能力；三是要推动第一、二产业生产效率的上升，控制能源消耗与环境污染，走资源节约型和环境友好型道路；四是要积极发展现代服务业，提高服务业的发展层次，优化第三产业的内部结构，进一步提高第三产业在总产值中的比重和就业比重。

（四）以调整要素投入结构的方式提高经济增长的质量和效益

我国过去的经济增长主要依靠劳动要素和资本要素的投入来实现，技术要素的作用发挥不够。劳动要素和资本要素投入的扩大带来的是数量速度型经济增长，要提高经济增长的质量和效益，必须调整要素投入结构，重视发挥技术要素的作用，实现从资本、劳动要素投入的驱动转向技术创新驱动。随着经济增长质量和效益的提高，原来依赖传统生产要素的投入应该向依赖技术进步和技术创新的投入转化。一是要实现从模仿性创新向自主创新的转变，通过科技制度创新鼓励在经济增长的关键技术领域和前沿核心技术领域进行创新，努力形成一批拥有自主知识产权的关键技术，形成完备的技术创新体系，从而发挥技术创新在经济增长中的作用。二是要加快技术的自主创新，确立企业技术创新的主体地位，鼓励和扶持创新型企业的发展和创新型人才的培育，加强产学研体系建设。三是要完善技术创新的制度保障，制定与技术创新需要相匹配的政策和制度来保障科技创新，创造公平竞争的市场环境对创新行为作出相应的保护，鼓励和引导科技创新活动。

第三节　提高中国经济增长质量和效益的利益协调机制

提高经济增长的质量和效益表面是经济问题，但实质是利益格局问题。不同的经济增长方式有不同的受益人群。提高经济增长的质量和效益必然引起社会利益格局的变化。因此，要注意研究提高经济增长的质量和效益过程中会涉及的利益群体、对社会所产生的影响，促进全社会形成提高经济增长的质量和效益的共识。

一、利益格局的调整是中国经济增长从数量型向质量型转变的关键

经济增长从数量型向质量型转变必然会引起社会矛盾的变化，也必然会改变资源的配置方式和分配方式，这些变化必然涉及利益格局的调整，这种利益格局的调整是影响中国经济从数量增长向质量增长转变的关键。

（一）从数量型向质量型增长转变中社会矛盾变化引起的利益格局调整

从数量型向质量型增长转变使得中国社会的主要矛盾发生了变化，在追求经济增长质量背景下公共服务的供求矛盾成为社会的主要矛盾。社会主要矛盾的变化说明从数量型向质量型增长转变具有的社会动力基础发生了变化，这一矛盾的变化制约着经济增长方式的转变。原因在于从数量型向质量型增长转变涉及既有利益格局的变化，会遭到既得利益者的阻碍，形成了提高经济增长质量的利益格局锁定陷阱。由于利益博弈的能力决定了其利益所得的大小，因而不同的利益关系调整涉及微观利益主体博弈能力的塑造，决定了经济增长从数量型向质量型增长转变的社会微观基础。“当前阻碍经济发展方式的利益博弈关系主要有四大利益主体的博弈：央地政府利益关系博弈、地区利益主体的关系博弈、城乡利益主体的利益关系博弈和劳资利益主体的关系博弈，这四对利益主体的利益博弈导致了地方投资驱动、产业结构趋同、农村消费不振和要素投入驱动，这些与经济发展方式转变的结构变化是背离的”。[①]

（二）从数量型向质量型增长转变中资源配置方式变化引起的利益格局调整

在数量型增长背景下，资源配置权主要掌握在政府手中，由于晋升激励效应的存在，地方政府习惯和热衷于通过投资实现经济数量的增长。从资源配置的投入角度来看，主要依靠要素投入数量驱动，表现为大量资金、劳动力投入以及原材料和能源消耗；从资源配置的经济运行角度来看，不重视经济运行过程中的结构变化和经济稳定性；从资源配置的产出角度来看，重视经济规模的数量型扩张，表现为通过追求高经济增长来拉动增长。这种增长的资源配置方式造成了以 GDP 为核心指标的经济数量上的增长和经济规模的扩张。从数量型向质量型增长转变需要对这种资源配置方式进行调整，在

---

① 胡志平：《转变经济发展方式的多维解构》,《社会科学》2012 年第 4 期，第 36 页。

资源配置的投入方面，主要依靠创新驱动，表现为提高经济增长中技术等先进要素的贡献，提高经济增长的全要素贡献率；在资源配置的经济运行方面，不断进行经济结构变化，提高经济结构的高级化和合理化，同时维护经济的稳定性，熨平经济短期波动；在资源配置的产出方面，重视经济增长效率的提高，表现为追求经济增长的速度和效益的统一。这些资源配置方式变化的实质是调整利益关系，形成适应提高经济增长质量和效益的激励结构。

（三）从数量型向质量型增长转变中分配关系变化引起的利益格局调整

经济增长从数量型向质量型的转变，必然会引起分配关系的变化，这一变化也会引起利益格局的变化。一方面，在国民收入初次分配中，从数量型向质量型增长转变需要调整资本与劳动基本利益关系的格局。中国在过去40年的经济增长中，在投资驱动的增长方式下，财富主要向资本集中，向企业集中，造成了资本收益过高而劳动收益过低的局面，资本收益和劳动收益失衡。另一方面，在国民收入再分配中，从数量型向质量型增长转变需要调整社会、民众和政府的利益关系。数量型增长背景下社会居民的收入不断下降，政府的收入不断上升。同时，从数量型向质量型增长转变需要调整垄断和特殊集团的利益。在数量型增长中垄断行业依靠行政垄断掌握着资源，行业的平均收入水平过高。在提高经济增长质量的过程中，为了提高经济增长成果的分享性必然要对这些基本利益关系格局进行调整，必然会受到既得利益集团的阻挠和干扰。

二、经济增长从数量型向质量型转变中利益格局的变化

从数量型增长向质量型增长的转变，难免要在各个利益归属间作出相应的调整，这种调整必然会导致利益格局发生变化。

（一）经济增长终极关怀的变化

经济增长的根本出发点和落脚点都是为了提高人的生活水平。[①] 而人的生活水平的提高则要包括两个方面：从数量方面来看，经济增长要提供丰富的物质产品，满足人民的物质文化生活的需要。从质量方面来看，经济增长

① 任保平：《经济增长质量：理论阐释、基本命题与伦理原则》,《学术月刊》2012 年第 2 期，第 70 页。

要提高人的生活的舒适程度与便利程度。数量型经济增长终极关怀是“以物为本”，它把物质财富的增长作为经济发展的终极关怀，认为发展中国家要改变落后的局面，就必须致力于以物质增长为核心的经济增长。质量型经济增长的终极关怀是“以人为本”，它把人的全面发展作为经济发展的最终目的和最强大的动力，重视健全公共服务，提高教育、医疗水平等等与人的全面发展密切相关的问题，把提高人的生活福利、拓宽人的发展空间、维护人的发展权利作为经济发展的终极关怀。“以物为本”的经济发展模式是通过高投入和扩大规模的路径来实现，主要依靠增加物质生产要素如劳动和资本要素的投入，具有较大的波动性且建立在对资源的过度开采和过度利用、对环境的过度破坏和污染的基础上，破坏了自然生态平衡，从而损害了人类赖以生存的自然环境基础，危及了人类的长期生存和发展。而“以人为本”的经济发展模式是通过技术进步和知识创新提高要素效率来实现的，强调宏观经济的平衡与经济结构的稳定性，强调人的全面发展。因此，为了实现经济增长质量的提高，在数量型增长向质量型增长转变的过程中，经济增长终极关怀要实现由“以物为本”向“以人为本”转型。

（二）增长成果分配格局的变化

从经济增长的后果来看，经济增长质量强调各个经济利益主体矛盾的缓解，城乡差距、地区差距以及群体差距的缩小与和谐相处。“效率”与“公平”之间并不是绝对对立的，收入分配不平等程度的持续上升，不仅不利于全民分享经济发展的成果，而且也通过各种机制抑制了经济的增长。缩小收入差距并不仅仅是为了实现道德层面的公平，如果任由收入差距扩大，那么经济增长本身将会受到损害，这对每一个社会成员都是不利的。从反映收入分配整体变动情况的基尼系数来看，根据程永宏（2007）研究中的计算结果，我国总体基尼系数的演变大体上可分为三个阶段，1981—1984 年，总体基尼系数较低，在 0.27—0.30 之间；1985—1992 年，总体基尼系数较高，在 0.3—0.4 之间；1993—2004 年，总体基尼系数超过警戒水平，基本上都在 0.4 以上，其中 1993 年、1997 年仅略低于 0.4，2003 年达到最高值 0.4430，2004 年为 0.4419。从反映收入分配主要变动情况的城乡泰尔指数来看，通过计算我们发现我国 1978—2007 年间泰尔指数的变动趋势与基尼系数的状态基本是一致的。1978—1984 年间泰尔指数由 0.091 缓慢下降到 0.04，而在此之后呈现出波动中上升的态势，到2007年我国泰尔指数已经达到0.163。[①] 经济增长质量最重要的内容之一就是所有社会成员的参与和共享，其根本目的就是让人民公平合理地分享经济增长的成果，实现经济的均衡、协调、可持续发展。提高经济增长质量要求在初次分配与二次分配中都注重收入分配的平等程度，重视由利益冲突向利益和谐的转化，实现由少数人分享型的增长向全体人民分享型的增长模式转变。所以，从数量型增长向质量型增长转变的过程就意味着收入分配格局的调整，在经济增长的同时，收入分配向低收入地区、低收入人群倾斜，使所有人都从增长中获益。

（三）利益分享机制的变化

质量型增长的核心是以人为本，更加注重所有人的成长。实现数量型增长向质量型增长的转变就是要以尊重每一个个体为前提，给予每一个个体足够的发展机会，从宏观层面来看就是要使社会增长的福利向各个阶层平等地流动，使得全体社会成员都充分共享经济发展的成果。基本公共服务是建立在一定社会共识基础上，由政府根据经济社会发展阶段和总体水平来提供，旨在保障个人生存权和发展权所需要的最基本社会条件的公共服务。它的范围和标准是随着经济发展水平和政府保障能力的提高不断调整的。基本公共服务直接或者间接地促进人类发展。基本公共服务的改善将在促进经济增长质量提高中发挥核心作用：一是健康和教育等基本公共服务有助于促进人力资本积累，替代物质资源的投入，提高劳动生产率和资源利用效率，降低经济增长对物质投入的依赖。二是基本公共服务的供给中基本社会保障水平的提高，有助于减少居民的预防性储蓄，促进消费，扩大内需，实现经济发展方式的转变和经济结构的优化。三是基本公共服务水平的提高，将改善劳动力市场运行效率，合理配置劳动资源。因此，加快基本公共服务的均等化，不仅对于调整国民收入分配格局意义重大，而且更是实现质量型增长不可或缺的内容。但是，改革开放40年以来我国基本公共服务的分布状况却不容乐观，广大社会成员的公共需求全面、快速增长同公共产品短缺、基本公共服务不到位成为日益突出的阶段性矛盾。要实现质量型增长，就必须实现基

① 程永宏：《改革以来全国总体基尼系数的演变及其城乡分解》，《中国社会科学》2007年第4期，第55页。

本公共服务的均等化，在城乡之间逐渐实现机会平等，大幅提升义务教育、基本医疗卫生、社会保障、保障性住房、公共就业服务的供给和均等化水平。由此可见，从数量型增长向质量型增长的转变，就意味着基本公共服务重点的调整，在经济增长的同时，基本公共服务向低收入人群倾斜、向农村地区倾斜，使所有人都从增长中获益。

三、中国经济增长从数量型向质量型转变中利益机制构建的路径转型

中国经济从数量型增长向质量型增长转变必然涉及各个方面的切身利益，需要处理好长远利益和眼前利益，局部利益和整体利益，个人利益与社会、国家利益。只有处理好这些利益关系，经济增长的数量、质量和效益的统一才能实现。要处理好这些利益关系，构建新的利益机制，就必须实现一系列的路径转型。

（一）增长目标的转型

在中国经济从数量型增长向质量型增长转变过程中，为了建立新的利益机制，经济增长的目标要从“国富优先”转型为“民富优先”，由经济总量导向向国民收入导向转变。过去 40 年的经济增长是以国富为导向，国富优先的优点在于集中力量办大事、扩展经济总量。但是国富优先使财富集中于国家，强化政府主导的投资扩张，扭曲市场，形成了经济发展方式转变的路径依赖，延缓了经济结构调整，加剧了产能过剩的矛盾。中国经济要从数量型增长向质量型增长转变，在经济增长目标上就必须实现从“国富优先”到“民富优先”的转型：第一，经济增长的最终目标定位于人的全面发展，经济增长的最终目的不是简单地追求物质的增长，而是要实现人的全面发展，大力发展民生事业，实现公共服务的均等化。第二，经济增长成果分配的导向要由“让一部分人先富起来”转向共同富裕。经济增长不是简单地追求一部分人的富裕，而是要把提高大多数人的幸福作为经济增长的终极目标。缩小收入分配差距，使增长成果惠及所有社会成员。第三，经济增长的原则要实现数量、质量和效益的统一。应改变过去单纯追求经济增长数量的做法，在经济增长中既追求数量增长，又从结构优化、稳定性提高、代价最小化、福利分配共享化几方面追求经济增长的质量，同时要把经济效益、社会效益和生态效益结合起来追求经济增长的效益。

（二）增长动力结构的转型

在中国经济从数量型增长向质量型增长转变过程中，为了建立新的利益机制，经济增长的动力结构要实现从单一的投资驱动转型为多元动力结构。第一，从投资主导走向消费主导，提高公共消费比重。数量型增长是以投资为主导的，以投资为主导的经济增长以扩大规模为主，需求结构单一，不仅造成了环境压力，而且经济增长的波动比较大。从数量型增长向质量型增长的转型要求经济增长的动力向消费主导转变，改变投资与消费失衡的状况，使消费潜力得到有效释放，改变我国消费率持续下降的局面，进一步提高消费率。第二，从工业化主导走向城市化主导。经济结构调整是经济发展的主题，而经济结构的转变表现为两个方面：工业化和城市化。在中国过去的数量经济增长中，实现的是以工业化为主导的经济增长，城市化发展滞后，工业化与城市化不协调。在提高经济增长质量的过程中，要实现经济结构的优化，就必须实现工业化和城市化的协调发展。在推进新型工业化的过程中，大力发展城市化，实现工业化、城镇化、信息化和农业现代化的同步协调发展。第三，从城乡二元走向城乡一体化。中国存在严重的城乡二元经济结构。在过去数量型增长背景下，城乡二元经济结构的差距日益拉大。在未来从数量型增长向质量型增长的转变过程中，要努力消除城乡二元经济结构及其孪生效应，实现中国经济从城乡二元走向城乡一体化。

（三）政府的转型

在中国经济从数量型增长向质量型增长转变过程中，为了建立新的利益机制，就必须处理好政府和市场的关系，实现政府的转型。第一，从全能型政府向有限政府转型，从无所不为转变为有所为、有所不为，做好政府职能的定位，把提供公共服务作为政府的基本职责，为各种市场主体提供良好的发展环境与平等竞争的条件，为社会提供安全和公共产品，为劳动者提供就业机会和社会保障服务。第二，从增长主义政府向公共服务政府转型。在数量型增长背景下，政府实施的是增长主义原则，经济增长是政府的核心任务；在从数量型增长向质量型增长转变的过程中，要实现政府从增长主义原则向服务性原则的转变。以实现基本公共服务均等化为目标，以服务社会、服务公众为基本职能，协调处理好公共服务的覆盖面、保障和供给水平，创新公共服务体制，改进政府公共服务方式，形成公共服务供给的新机制。第三，从管理型政府转变为治理型政府。传统的政府是一种管理型政府，干预了市场机制，损害了经济效率。治理型政府尊重市场经济规律，依靠法律治理经济和社会，把法治作为基础和制度保障，把政府的诚信和责任作为伦理基础。以法律约束政府，控制政府权力，以法治整合公平与效率，实现公平与效率的统一。

（四）改革的转型

在中国经济从数量型增长向质量型增长转变过程中，为了建立新的利益机制，就必须深化改革，从单一改革转向综合配套改革。综合配套改革包括：第一，以完善社会主义市场经济为目标进行经济体制改革。在过去40年通过建立社会主义市场经济体制，发挥市场机制在资源配置中的职能，实现了中国经济的数量型增长，形成了经济增长的“中国奇迹”。在未来从数量型增长向质量型增长转变的过程中，要以完善社会主义市场经济体制为动力，建设统一、开放、竞争、有序的现代化市场体系，健全收入再分配体制，减少由于收入分配差距过大而导致的社会不稳定。理顺政府、企业、消费者、中介组织等市场经济相关主体的基本关系。适应经济发展、科技革命和对外开放的变化而积极推进体制创新。第二，以公共服务为主线推进社会体制改革。随着经济数量的增长，私人需求已经基本得到了满足，而社会需求不足进一步凸显，表现为城乡公共设施建设、教育、科技、文化、卫生、体育等公共事业发展不足。在中国经济增长从数量型增长向质量型增长转变的过程中，要以公共服务为主线推进社会体制改革。社会体制的改革是继经济体制改革以后一项影响深远的社会变革，将为经济增长质量的提高提供新的动力。未来社会体制的改革包括：民生体制保障方面的改革、公共产品和公共服务供给的体制改革、社会分配体制的改革。第三，以政府转型为主线推进行政体制改革。政府转型是行政体制改革的核心。在中国经济增长从数量型向质量型转变的过程中，要形成政府、市场和社会互相制衡、互相服务的新格局。推进政企分开、政资分开、政事分开、政社分开，建设职能科学、结构优化的服务型政府。推动政府职能向创造良好发展环境、提供优质公共服务、维护社会公平正义转变。在完善和健全市场机制、有效配置资源、减少政府行政干预的同时，对各种社会利益群体之间的利益关系进行有效调节，调节各种社会利益的冲突。

第十八章

提高中国经济增长质量的微观机制

转变经济发展的方式，变要素驱动、投资驱动和出口驱动为创新驱动、内需驱动，促进产业升级、融合和重组，最终提升经济增长质量，已经成为我国经济发展的重要目标和战略举措。目前，学术界对这一问题的研究大多是从要素投入效率、经济结构调整等宏观层面进行分析的。现有经济增长质量的研究大都集中于测度与评价方面，经济增长质量作为宏观经济学的研究领域之一，还没有建立起坚实的微观基础以支撑有效的经济发展质量政策。本章将从企业创新、商业模式创新和人力资本作用发挥三方面系统地分析宏观经济增长质量的微观理论基础，以及微观产品质量存在的问题，以期在大数据时代下构建出提高经济增长质量的微观机制，并提出提高我国经济增长质量的政策建议。

第一节　提高中国经济增长质量微观机制的理论分析

面对当今转变经济发展方式、提高经济增长质量的新常态背景，推动产业结构优化升级、提高全要素生产率的关键在于使经济发展方式由数量型向质量型，由要素驱动型向创新驱动型，由投资拉动型向内需驱动型转变。同时，我们应该清晰地认识到，实现这一目标需要从改善供给和扩大需求两个方面入手，更加注重通过改善供给使经济发展模式从低质量的投资依赖型，转向高质量的需求拉动型这一路径。这就要求企业通过产品供给的创新，生产出更高质量的服务和产品，用较低的投入获得更多的产出，以产品的高质量和差异化促进消费带动内需，从而推动产业优化升级，提升经济增长的质量水平。所以，“经济增长质量表现为构成国民经济的产品和服务品质的总和能够更好地满足社会需要的能力”①，相应地，经济增长的质量自然而然地最终会表现在产品和服务的质量上，而一个国家和地区的经济增长质量的提高表现为向社会提供的产品和服务数量的增加和质量的提升。

能够决定产品和服务质量的单位是企业。企业通过内部的分工与协作，使分散的生产要素集聚整合为社会化的生产要素，形成专用性的生产要素资本与人力资本，产生了大于个别生产要素总和的系统生产力，强化了社会分工与交换的体系。同时，通过工艺研发、产品与技术革新等创新活动，提高自身的产出水平和产品质量，生产出异质性产品，与其他企业竞争来获得期望的收益。因此，宏观经济增长质量的基础是微观产品和服务的质量，而提高产品质量的关键在于企业如何通过提高自主创新能力、改善商业经营模式和进行人力资本积累三条途径来实现组织的有效运行，使经济发展模式从低质量的投资依赖型，向高质量的需求拉动型转变，从而带动整个宏观经济稳定、持续、健康发展。

一、企业创新促进经济增长质量提高的机理分析

“企业创新是指企业为制造新产品、提供新技术和提高现有产品质量与生产效率的新工艺所进行的研发活动”②，企业创新的投入即企业的研发投入，包括进行研究与试验的经费以及对研发人员的投入。生产的产品和服务数量的增加、质量的提高，以及生产工艺或技术的革新是创新活动的直接产出；企业生产和经营的效益增加是创新活动的绩效。“通过创新，一个行动集团能够看到一些新的组织形式，不仅使得因创新组织形式所花费的成本得到补偿，而且还有益于组织降低信息成本、分散风险、实现潜在规模经济以

① 程虹、李丹丹：《一个关于宏观经济增长质量的一般理论——基于微观产品质量的解释》，《武汉大学学报（哲学社会科学版）》2014 年第 3 期，第 79—86 页。

② 周亚虹、贺小丹、沈瑶：《中国工业企业自主创新的影响因素和产出绩效研究》，《经济研究》2012 年第 5 期，第 107—119 页。

及把外部效应内部化。"[①] 企业创新不仅是保持企业活力的一个重要手段，也是通过技术创新提高规模效益、扩大生产可能性边界、提高经济潜在增长率的有效途径。

企业创新通过一定的传导机制在提高经济效率、稳定性和改善生态环境方面作用于整体经济质量的提高。一是企业通过创新，在生产体系中引入生产要素、生产技术以及生产条件的新组合，控制原材料的新供应来源，通过引进新技术生产出新产品，开辟新的销售市场，实现企业的新组织。同时，形成合理有效的激励机制，提升企业有特色的自主创新文化，实现企业整个系统有效率地进行生产活动，实现要素边际生产率的提高，从而带动整个社会平均劳动生产率的提高，带动生产要素在部门和产业之间的有序流动和合理配置，促进落后低效产能的淘汰和新兴产业的形成，促进经济增长。二是不断协调各生产要素之间的分配，改善市场中信息不对称的状况，使市场在要素配置中起决定性作用。一方面，带动资源从生产率较低的部门向生产率较高的部门转移，提高资源在部门间的配置效率，减少生产过程的中间能耗与浪费，实现结构优化，从而促进整个经济增长质量的提高。另一方面，创新活动使资源配置更加有效率，改善了供求失衡的状况，引起经济波动的不稳定因素得到抑制，增强了经济增长的稳定性，从而使经济增长质量获得提高。三是通过市场的有效作用促使行业按照提高经济增长质量的规范建立起有效的监督与激励机制，从而形成新制度、新约束，限制了经济主体为追求自身利益最大化可能发生的浪费资源、污染环境等不经济行为，避免企业发展过程中的搭便车等机会主义倾向，使企业更加注重资源的节约和生态环境的改善，从而提高经济增长的质量。

二、商业模式创新促进经济增长质量提高的传导机制

商业模式创新是"企业在对顾客价值主张识别或再识别的基础上，对企业资源、结构、流程以及整个价值网络的重新设计与构造"。商业模式创新就是指企业为获取更多利益而实施的更为有效的管理方式，它涉及技术、

① 陈佳美：《组织创新对中国经济增长质量提高的影响分析》,《经济学家》2013 年第 12 期，第 36—41 页。

产品和组织的创新等多个要素协同变化，伴随着较大的组织战略调整。技术创新通常是开发出新产品或者新的生产工艺，是对有形实物产品的生产来说的，而商业模式创新是一种在组织形态、服务内容及方式等方面进行创新变化的服务创新。即使我国科学技术方面取得了巨大的进步，但能不能将技术进步的成果转化为生产力，为企业高效地生产出质量水平更高的产品，提高企业的利润和预期收益，从而带动整个社会的潜在增长率水平，这就需要创新商业模式为新技术转化为合适的产品和服务提供条件。

在我国服务业日益发展与进步、信息化不断渗透生活方方面面的今天，众多企业通过商业模式创新在激烈的竞争中不仅没有被淘汰反而站稳了脚跟。一方面，商业模式创新注重从客户的角度出发，从客户需求的角度思考如何为客户创造更多的价值，激励企业围绕效率或客户所期望的产品特征展开竞争，使企业以更低的生产和管理成本生产出客户满意的产品。通过为客户提供高价值的产品或服务不仅创造出企业财务绩效，而且提高了社会劳动生产率和生产要素的边际生产率，进一步促进整个社会的资源从生产率低、资源浪费严重的行业向生产率高、绿色环保的行业流动，优化产业结构，减少社会资源的浪费，带动产业结构从第一、二产业向第三产业的转移，推动现代化产业体系的发展，促进经济增长。另一方面，企业进行商业模式创新提供全新的产品或服务，从而开创了一个全新的、难以模仿的产业领域和盈利模式，给企业带来战略性的竞争优势和持久的盈利能力，从而保护企业进行创新的知识产权，大大增加企业进行技术创新和商业模式创新的动力，形成有效的监督和激励机制，带动整个行业和产业积极寻求比较竞争优势，推进经济发展方式以进行技术创新、提高生产效率为手段从投资驱动逐步转向创新驱动。

三、人力资本作用的发挥促进经济增长质量的提高

人力资本是一国经济增长的核心要素，新增长理论强调了人力资本和知识资本对经济发展的重要性，认为现代经济的持续发展很大意义上依靠人力资本素质的提高和结构的优化。舒尔茨认为："人力资本是通过投资形成的体现在劳动者身上的一种资本类型，它以劳动者的数量和质量，即劳动者的知识程度、技术水平、工作能力以及健康状况来表示，是这些方面价值的总和。"人力资本不仅有利于促进生产水平专业化和分工的深化，还能加长生产

迂回链条，提高产品附加值，实现规模经济，从而促进经济长期可持续增长。

人力资本对经济增长的促进作用分为直接的和间接的两部分：一是将人力资本视为最终产品的直接投入要素，通过内部效应和外部效应作用的发挥，通过影响资本、劳动力和技术进步这三种资源整合配置直接作用于经济增长。一方面，内部效应表现为人力资本投资增加了经济主体自身的收益。人们受教育水平的提升提高了人们处理不均衡状态的能力，及其处理问题的效率，从而合理分配自己的各种资源，带来分配效益，提高了人们的生产能力和个人收入，使个人工资结构发生变化，缩小了收入差距，而且缓和了社会收入不公平的矛盾，增强了社会的稳定性。同时，个人收入的增加刺激公众进行消费，促进了消费市场的扩大，进而为企业进行投资带来更多机会。另一方面，外部效应表现为人力资本在各个生产要素之间发挥着相互替代和补充的作用。在生产过程中，教育水平的提升提高了劳动者的智力水平，增加脑力劳动者的成分，代替原有的机器、厂房、土地等部分其他生产要素。劳动者通过分工更集中于生产过程中的规范化劳动，提高了劳动者的平均劳动熟练程度与工作效率，降低了单位产品的生产成本。二是将人力资本视为技术生产的重要投入品，通过提高全要素生产率间接促进经济增长。通过技术创新和先进技术的吸收、扩散，劳动者可以较快地接受新工艺、新方法，掌握新机器的操作流程，将自主创新和引进的新技术尽快与生产过程相结合，转化为生产力，促进全要素生产率和规模效益的提高，加速产业升级，带动经济更好更快发展。

人力资本是经济增长的主要源泉，内生增长模型认为，人力资本是解释经济持续增长的重要因素。中国在前 40 年的发展中依靠人口红利优势，利用充足的劳动力供给和较低的社会抚养比，带动了经济持续高速增长，在未来的经济发展中，也要利用人力资本在经济增长中的重要作用，提高人力资本的素质和创新能力，持续为经济的增长提供动力。

第二节　提高中国经济增长质量微观机制的制约因素

微观产品质量是宏观经济增长质量的基础，提高产品质量是促进宏观经济增长质量的根本手段。目前，我国产品总量发展迅速，“中国制造”的产品不仅能满足国内的需求，而且已成为国际市场的重要来源。但是我国产品质量总体发展不均衡，新产品的开发和创新力度不够，并且各区域产品质量呈现较大差异。提高企业产品质量、促进经济质量提高要从企业创新、商业模式创新和人力资本作用发挥三方面分析我国企业现存的问题。

一、企业自主创新能力薄弱

在企业创新方面，中国企业的创新能力与经济发展相对不一致，呈现出严重滞后于经济发展的趋势。虽然我国在科学技术方面取得了一定成就，但将技术进步转化为自主创新的能力不足，科技因素在经济增长中的含量并不高，国内一些重要产业的发展依然依赖于引进国外先进技术，缺乏关键技术和核心技术。即使企业进行创新也是低端技术的“模仿创新”，少有高新技术的自主创新，实现创新驱动的技术创新支持体系没有完全建立。2014 年，规模以上工业企业技术改造经费支出 3797.98 亿元，引进国外技术经费支出 387.51 亿元，引进技术消化吸收经费支出 143.18 亿元，而企业购买国内技术经费支出 213.53 亿元。中国消化吸收经费支出和购买国内技术经费支出远不及技术改造经费支出与引进国外技术经费支出，说明中国现阶段科技方面主要依赖引进国外先进技术，缺乏自主创新能力，技术要素对经济增长的重要贡献没有凸显出来。

在要素市场方面，要素市场扭曲是导致企业创新能力不足的主要原因。当前，我国社会主义市场经济体制基本建立，但市场竞争机制尚不完善，“部分生产要素和资源的价格形成机制仍然不健全，存在要素市场的行政性垄断和区域以及行业部门的市场分割”①。一方面，由于行政性垄断的存在，企业获得资源的机会成本增大，促使企业通过寻租活动来获得需要的生产要素，降低了企业自主创新的积极性和能力。另一方面，生产要素的市场价格机制不健全导致要素价格扭曲，企业不能依据要素和产品市场的供求关系判断消费者与生产者的偏好，也不能通过市场释放的价格信号来决定产品生产的种类和数量，使采用高消耗、低效率等落后生产方式的企业存活下来，在

① 张杰、周晓艳、郑文平、芦哲：《要素市场扭曲是否激发了中国企业出口》,《世界经济》2011 年第 8 期，第 134—160 页。

破坏环境的同时，增大了经济增长的成本。

与企业创新市场相配套的资本市场、劳动力市场以及产品需求市场发展迟缓。企业创新需要充裕的资金、高素质的人力资本与强大的消费市场的支持。首先，由于我国资本市场相对于国际金融市场的发展严重滞后，证券市场不完善，进行投资的风险大，企业利用资本市场融资进行创新的成本更高。其次，我国人力资本投资不足，教育投资收益率低，劳动力市场不健全，导致企业创新需要的高素质创新人才缺失。最后，国内产品市场供给过剩、有效需求不足，不能及时消费企业进行创新生产出的高质量的产品和服务，激励企业进行创新的动力不足。

因此，要素市场的扭曲和配套市场的不完善严重削弱了企业进行自主创新的动力，限制了企业生产高质量产品和服务的热情，阻碍了经济增长质量和潜在增长率的提高。垄断力量的存在使企业交易成本和机会成本增大，要素价格机制的不健全使要素和产品市场供求关系扭曲，导致资源不能自发地流到生产率高的领域，造成严重的效率损失，制约了企业创新的积极性。

二、商业模式创新的阻力分析

“为了适应动态的、不连续的、激进变革的商业环境，企业必须进行商业模式创新。从长远来看，持续不断的商业模式创新对每一个企业来说是一种重要能力。”① 在进行商业模式创新过程中会遇到各种阻力，影响商业模式创新。一是固有认知阻力。企业管理者基于以往根深蒂固的思维方式会反对与其思维相悖的创新行为，使突破性技术的商业模式创新得不到相应的支持，创新的实施趋于破产。二是组织结构阻力。企业为了实现组织的既定目标，设计企业内部各个部门、各个层次之间固定的排列组合方式，形成企业的组织结构。但是由于企业组织结构的不完善，企业管理者不能固定在一个位置而不变动，导致商业模式创新不能完整、连续地进行。分散的组织结构、内部权力结构使一些管理者在进行创新时受到来自其他成员和团体的压力，不利于商业模式创新的实施。三是商业环境阻力。为了保证获得最优化

① 李志强、赵卫军：《企业技术创新与商业模式创新的协同研究》,《中国软科学》2012 年第 10 期，第 117—124 页。

竞争策略，提高生产和服务效率，迎合消费者的消费需求，面对不确定的、不可预测的、快速变化的市场，各经济因素处在不断的变化之中，企业必须进行商业模式的创新。但企业管理者考虑到潜在不稳定因素带来的风险，不敢尝试新事物，从而阻碍了商业模式创新的进程。

三、人力资本结构失衡

在经济发展的早期阶段，由于资本相对匮乏而劳动力相对丰富，所以经济的增长主要依靠扩大资本等要素投入、提高要素禀赋结构中资本的占比来实现。中国在过去的 40 年间依靠要素的大量投入和人口红利优势，保持了高速的经济增长。但是随着技术的进步和自然资源的匮乏，要素禀赋结构发生了巨大的变化，人口增速减缓，人口老龄化形势严峻。资本在要素禀赋结构中的占比大幅提高且变得相对便宜，劳动力供给日益短缺且变得相对昂贵，人力资本将成为转变经济增长方式、提高经济增长质量的根本动力。

从劳动力数量来看，人口禀赋条件正在逐步发生变化，中国面临着劳动力成本增加、人口红利消失的局面，并且逐渐步入老龄化社会。长期实行计划生育的人口政策导致出生率的下降，从而导致中国适龄劳动人口在总人口中的比重不断下降，劳动力的配置效率停滞不前，潜在劳动力数量增长缓慢。劳动力的短缺使“民工荒”现象严重，各地区出现劳动力要素方面的恶性竞争，制约了微观企业的长期发展和宏观经济发展方式的转变。

从劳动力素质来看，由于我国人力资本的形成机制不健全，使教育资源的分布不均衡以及人才培养结构不完善，导致中国劳动力的素质不能适应经济持续健康发展的需求。一是人力资本投资不足。由于地方政府的政绩考核是以经济增长数量作为主要衡量标准，短期行政行为问题严重，地方政府更愿意将财政资金投资到经济发展方面而非教育方面，导致我国的教育投资占 GDP 的比重一直较低。同时，我国公共教育财政体制不健全，教育经费投入缺乏制度保障，加上中国社会保障制度不完善，特别是教育与养老保险方面，导致“养儿防老”观念依旧存在，增加了家庭的抚养和教育成本，限制了人力资本的投资。二是人力资本教育投资低收益率。我国劳动力市场不完善、人力资本产权制度不健全，导致劳动这一生产要素不能在市场上实现完全流通，从而加大了人力资本寻找和转让时的交易费用，降低了人力资本流动和转让的回报率。同时，我国的福利化教育投资方式使得专业设置及规模与经济发展的需求不相匹配，造成教育资源在某些地区和行业的过剩或浪费。三是人力资本投资结构不平衡。由于各地方经济发展水平存在差异，非政府投资占总教育投资的比重也是不同的，呈现出各地方教育投资不平衡与受教育机会不均等的局面。由于我国财政性教育经费大部分用于高等教育，受益群体是少量的，而用于人数众多的初中等教育和专业技术教育的投资较少，造成教育经费的错置和使用效率低下。

第三节　提高中国经济增长质量微观机制的构建

在新的背景下，以往支持中国经济增长的要素禀赋条件已经不再充满活力。依靠扩大投资和要素投入实现总产出的增加和总需求的扩大，这种短期增长方式已经不再适用，需要从要素供给数量的增加、结构的优化以及技术的进步方面寻找经济的长期增长点。作为促进经济质量增长的微观主体，企业是创新的载体，面临着劳动力无限供给局面的转变、劳动力成本提高、自然资源供不应求以及内外需不足等问题，微观企业以往依靠要素驱动、投资驱动的发展模式也发生了重大转变。抓住大数据时代的机遇，充分利用互联网和科学技术带来的智能化、信息化生产生活方式，进行企业创新、商业模式创新和人力资本创新是企业提高竞争力的有效途径。

一、以企业创新形成完备的技术创新体系

由于全球化、信息化、市场化的各自发展和相互促进，市场竞争越来越激烈，传统产业边界越来越模糊，顾客需求变化越来越快，对产品质量要求越来越高，产品生命周期越来越短，社会进步和文明程度的提高使企业社会责任变得越来越大，企业运行管理方式越来越复杂。从中国的现实情况来看，企业将技术进步转化为自主创新的能力还不强，科技因素在经济增长中所占据的地位并不高，国内一些重要产业的发展依然依赖于引进国外先进技术；但短期内引进吸收先进成熟的技术，使经济得到高速增长的方式已经不再适用，后发优势后劲不足，内生动力机制无法支撑经济长期增长。为了实现经济增长质量的提高，要以企业创新形成技术创新支持体系，这就需要企

业通过科技创新、战略创新、管理创新，对产品、生产工艺进行创新与变革，对生产管理方法进行重组，在提高自身竞争力的同时，带动产业结构优化与重组，推动经济持续健康发展。

提高经济增长质量和效益的过程中，通过科技创新、战略创新、管理创新，企业创新形成技术创新支持体系。一是科技创新。由大数据引起的创新将在知识经济和网络经济的作用下被不断放大，使行业创新变为全社会创新。由数据引领的智能化和信息化将给企业自主创新提供巨大的动力。数据作为一种新的生产要素将对社会中的各个行业和产业产生影响，从而促进企业发展新产品、开辟新材料，提高管理水平、产品性能和质量，发展多种多样、满足顾客需求的新产品，从而扩大顾客群体和市场营销范围，这样企业才能不断适应市场的需要，从而推动经济增长质量和效益的提高。二是管理创新。在大数据时代，数字化技术将成为创新的原动力，以数据分析和计算为基础的新兴产业不以资源为依托，而重点强调新的管理思想和新信息对经济增长的影响。企业要充分考虑到现今要素供给方面的变化，依据大数据分析的可靠技术，引进新的管理方式，通过技术创新、管理创新、体制创新、机制创新，提高企业的核心竞争力。三是战略创新。战略是企业发展的方向，战略创新是促进产业升级、提高经济增长质量的必然要求。战略创新要以自主创新为先导，以培育高素质人力资本为途径，以形成具有自主知识产权的创新体系为目的，通过发展战略的调整来统筹各方面资源，通过协同创新提高企业竞争力，在更大范围内合理有效地配置资源要素，形成具有比较优势的产业链，促进产业重组、产业交叉和产业融合，带动中国经济的快速增长。

二、以商业模式创新形成协同创新体系

大数据使现代企业的商业运营管理模式发生了巨大变化，不仅激励企业以商业模式创新整合产业和部门资源，形成协同创新体系，而且能够“重塑企业与员工、供应商、客户、合作伙伴之间的关系，进行企业管理创新，最终创新协同价值链，提供新的产品与服务，打造新的商业模式”①。

① 冯芷艳、郭迅华、曾大军、陈煜波、陈国青：《大数据背景下商务管理研究若干前沿课题》，《管理科学学报》2013 年第 1 期，第 1—9 页。

大数据时代对数据的深度挖掘促使企业管理模式的精细化、市场营销手段的精准化和决策的科学化。一是管理模式的精细化。管理人员利用大数据，通过收集整理大量的数据找到彼此之间的关联性，帮助其更好地分析各要素之间的关系和规律，对未来管理作出有效、科学的管理决策。依靠这种精细化的管理模式，企业管理者协调各组成要素和资源，提高企业运行效率，节约运营成本，促使有限的社会资源得到充分利用。二是市场营销手段的精准化。在大数据的背景下，公众可以参与到产品的生产过程和价值的创造中去。企业通过网络与广大消费者密切互动，主动引导公众参与其生产经营管理与决策中的设计、生产、市场推广、销售服务和客户关系管理等关键环节，并根据从公众方面得到的信息进一步优化产品，实现企业与消费者的协同发展和互利共赢。大数据能够帮助企业对消费者进行精准定位，制订有针对性的市场营销策略，大大减少中间交易费用的支出，缩短产品生产到销售的时间，提高企业利润的同时也提高了经济发展的效益。三是决策的科学化。在大数据时代，企业几乎可以准确地预测潜在消费者的生活习惯、行为习惯、消费习惯以及偏好，及时捕捉客户需求的变化趋势，以实际需求为导向，为消费者提供满意的产品和服务，其管理决策行为必将走向科学化。依靠数据的分析可以正确指导企业的投资与生产等行为，从盲目的粗放型投资转变为精准和创新的精确型投资，投资效率将大大提高，因此经济增长的效率也将得到提高。

三、以人力资本创新寻找新的经济增长点

在“劳动力无限供给时代”，依靠人口红利对资本形成和劳动力供给的支持作用促进经济的持续增长。一方面，在劳动力充裕时期适龄劳动人口在总人口中的比重较大，并且以较快的增长率增长，使得社会抚养处于比较低的水平，带动储蓄率及其增长率也随之增加，这样能够为经济的发展提供更多的资本要素，促进人均物质资本增长率提高。同时，劳动力数量的增加使得资本报酬递减作用减弱，所以在“劳动力无限供给时代”，依靠粗放的要素投入增长方式就能够促进经济高速发展。另一方面，适龄人口不断增加将导致劳动力在行业和地区之间的转移，使更多的农村剩余劳动力向第二、三产业和城市转移，提高劳动力资源重新配置效率及潜在产出增长率。

随着我国人口红利的逐渐消失，必须要转变经济增长方式，通过提高劳动力配置效率促进经济长期增长。随着人们生活观念的变化和生活质量的提高，人们的生育欲望逐渐减低，使得人口增加缓慢，适龄劳动人口在总人口中的比重变小，使储蓄率发生变化，低于标准人口结构下的储蓄率，资本形成遇到阻碍，不能为经济发展提供充裕的资本从而不利于经济增长。同时，当到达人口红利拐点时，劳动力供给将逐渐变为有限，产业和地区之间的生产率差距缩小，剩余劳动力在产业和地区间的转移逐渐减弱，农村和落后产业的剩余劳动力基本都转移到了城市和高级产业，劳动力配置效率达到较高水平。这时依靠要素投入的增长方式已经不再适用，只有通过加大教育投资，提高劳动力素质，加快人力资本积累，才能最终实现经济长期持续健康增长。

大数据作为信息管理领域内的一种新理念、新技术，它为经济、科技、医疗、教育等社会的其他各个领域带来了新的发展契机，但同时也将对我国劳动力市场带来冲击。一方面，我国劳动力已由“无限供给”进入“有限供给”，在未来中国经济增长中劳动力成本将会不断提升，劳动力供给结构将呈现出新的格局。同时，机器智能化的发展将很大程度地代替劳动力，为企业节省较多的劳动力成本；另一方面，在大数据时代，数据的规模越大，处理的难度也越大，对劳动者的科技知识技能就会提出更高的要求。这就需要我国培养大量高素质创新人才，使其不仅能够创造出大数据技术与产品，而且可以对大数据技术与产品进行熟练操作与控制。大数据时代呼唤创新型人才，一方面，我国必须大力发展专业教育，培育更多发明与创造大数据技术的劳动力资源；另一方面，应推广普及教育，提高全民素质和创新能力，鼓励公众学习与使用网络工具，更好地掌握利用现代化手段获取知识的能力。

第四节　提高中国经济增长质量微观机制构建的政策

中国正处在经济转型的重要节点，促进经济发展的各项要素已经发生了深刻变化，主要表现为自然资源和劳动力资源的短缺，人力资本结构的失衡和自主创新能力的缺失，依靠要素投资驱动增长方式和需求管理政策已经不能适应发展的需要。新常态背景下，中国要遵循经济发展的规律，把握大数据时代带来的机会，从完善和扩大供给管理出发，提高供给要素的配置效率，改善供给产品的质量，通过培育和发展创新型企业构建技术创新体系，通过优化教育环境促进人力资本的积累，通过改善制度供给推动制度创新，从微观层面分析和开发经济增长的动力。

一、培育和发展创新型企业，发挥微观主体在经济中的作用

创新型企业作为经济发展方式由要素驱动型向创新驱动型、由投资拉动型向内需驱动型转变的主力军，主要以知识和创新型人才为依托，以技术创新、商业模式创新、战略创新和管理创新为主要驱动力，以创新成果转化为生产力为手段，以发展拥有自主知识产权的新技术和竞争优势的新产品为目标，实现自身核心竞争力的提升和产业的优化升级。在微观层面上，创新是企业竞争优势的源泉；在中观层面上，发展创新型企业能够促进产业能力的提升，实现从传统产业向高新技术产业转移，引领产业变革和现代产业体系的建设；在宏观层面上，企业进行创新能够推动地区经济发展和产学研合作体系的建设。因此，培育和发展创新型微观企业是转变经济发展方式、提高经济增长质量的关键：一是引导企业建立以市场需求为导向，以产品创新与研发为核心，以完备有效的制度机制为基础，集实时决策、研发设计、生产销售、售后服务各项活动为一体的技术创新体系，企业要加大研发投入力度，完善研发投资体制，激励企业提升自主创新能力，通过产品创新、商业模式创新、管理创新、战略创新等方式，提高自身核心竞争力。二是引入竞争激励机制为企业研发人员进行科技创新提供便利，充分发挥科研人员在提高生产效益、发展创新型企业方面的作用。同时，加强研发人员的专业素质，注重人力资本积累，大力培育高素质、高技能的劳动力队伍，为宏观经济增长质量提高打下坚实的微观人力资源基础。三是企业必须抓住大数据信息技术带来的机遇，大力发展信息化制造，加快农业集约化和精细化进程，促进制造业生产方式和商业模式向智能化和个体化转变。加速推进信息化、智能化与农业、工业和服务业的融合创新，通过改造企业整合传统产业资源，积极发展新兴产业，从而开创全新的可盈利产业领域，实现盈利模式的创新和转型。

二、发挥供给侧管理在促进经济增长质量提高方面的作用

从理论上说，制度创新和科技创新带来了微观企业生产成本和宏观经济结构的变化，从而导致伴随着效率提高的供给变化。通过合理的供给管理，从改善要素供给和产品供给出发，逐步完善产业结构和产品结构的配置，达到提高经济的最大潜在产出水平、不断扩大生产可能性边界，最终实现供给和需求平衡的目的。

在要素供给方面，一是改善技术要素供给，建立合理有效的激励机制，提高企业技术创新的投入和能力，保护企业进行自主创新的产权利益，提高生产要素的边际生产率。二是改善人力资本要素供给，优化企业的人力资本在各部门的配置结构，合理化人力资本与职位职责的匹配程度，发挥人力资本积累在总产出增长中的作用。三是改善资金要素供给，投资方向要从国企转向提供主要就业渠道的中小企业，投资主体要从政府转向民间，从而涌现出大量的中高收入阶层，改变社会的收入分配结构，促进民间投资的长期增长。

在产品供给方面，一是放松市场准入和壁垒限制，放松政府对市场乃至供给要素的管制，以市场机制决定供求关系，建立合理公平的竞争环境，降低企业进入市场和获得要素禀赋的机会成本，通过竞争激励机制提高要素利用效率、淘汰落后产业、发展先进产能。二是转变政府职能，缩小政府在经济活动中的干预程度，建设服务型政府，增加政府在教育、医疗、养老等公共产品方面的供给，完善基础设施建设，建立健全社会保障体系，弥补市场在提供公共产品中的缺陷。

三、改善制度供给，推动制度创新

建立经济增长的微观机制，优化要素供给和产品供给，提高微观产品及服务质量，必须通过完善制度供给，提供与经济增长质量的提高相匹配的制度基础与制度环境。一是完善各经济主体本身和相互之间的作用与联系，减少政府对市场资源的直接配置，强调通过市场配置资源要素，注重发挥公共部门在提供公共产品方面的服务型作用，降低垄断导致的效率损失，提高各生产要素的使用和配置效率。在建立和完善社会主义市场经济体制的基础

上，需要尊重市场的内在规律，深化产品价格机制和竞争机制改革，为企业自主创新和产品质量发展提供可持续的动力。二是建立与改善企业创新体制，加强企业进行自主创新、将科技进步转化为生产力的能力。为进一步推动企业成为技术创新的主体，一方面，应完善现代知识产权制度，保护企业和人力资本进行创新的产权利益，为企业创新营造良好的制度环境；另一方面，建设好产业在科技创新方面的战略联盟，鼓励大型企业联合高等院校、研究所组建产学研联合体，为开发和研究关键技术提供支持。三是促进科技和教育制度创新，通过加大教育投入，扩大教育投资总量和投资范围，在普遍提高劳动力素质的同时，优化教育资源分配结构，使人才培养机制适应就业形势、产业升级和经济发展的需要，使教育制度、劳动力结构不仅与技术创新、战略创新和管理创新相协同，还要与经济发展的需求相结合。注重人力资本积累在经济发展中的核心地位，充分利用“人才红利”和“知识红利”，推动中国经济持续增长。同时，要完善科技制度创新，鼓励科研机构和科研人员重点进行关键技术领域和前沿技术领域的研发和创新活动，为提高经济增长质量提供源动力。

第十九章

实现中国经济增长数量、质量和效益的统一

经济增长的最优目标是经济增长的数量、质量和效益的统一。经济增长数量解决的是速度问题，以要素积累来实现，通过 GDP 增长率来体现。经济增长质量解决的是效率问题，以结构优化来实现，通过全要素生产率来体现。经济增长效益解决的是产出最大化问题，以投入产出的比较来实现，通过边际量的增长来体现。中国经济在数量快速增长的同时，存在着严重的高速度、低质量和低效益的状态，出现了经济增长的数量与质量、效益不一致的情况。在未来，中国经济增长要努力实现经济增长数量、质量和效益的统一。

第一节　经济增长数量、质量和效益的关系

经济增长的最优目标是数量、质量和效益相统一。经济增长的数量通常用 GDP 的增长来衡量。经济增长的数量并不等同于经济增长的质量。经济增长质量的提高以经济增长的数量为前提，但是如果片面追求经济增长数量会制约经济增长质量的提高。对经济增长质量的评价不仅要看 GDP 的数量，而且要看 GDP 的结构和内容以及经济增长成果的分享，包括产品种类和质量的升级、产业结构和产品结构的优化、人民消费水平和福利水平的提高等等。而经济增长的效益主要包括经济效益、社会效益和生态效益三个方面。经济增长的经济效益取决于投入和产出的比较，取决于以最少的投入获得最大的产出，

取决于经济增长的代价和持续性；经济增长的社会效益取决于经济增长的目的，是为了数量增长而增长还是为了人民生活和福利水平的提高而增长；经济增长的生态效益取决于经济增长过程中是否实现了资源环境代价的最小化。然而经济增长数量、质量以及效益三者之间的关系则主要表现在以下三个方面：

一、经济增长数量和质量的关系

世界上的任何事物都是数量和质量的统一，经济增长既是国民财富数量的扩张过程，也是国民财富质量不断提升的过程，是数量扩张和质量提升的统一。经济增长数量与经济增长质量是同一个问题的两个方面，一起构成了经济增长过程的全部内容，鲁迪格·多恩布什（Rduiger Dornbusch）与斯坦利·费希尔（Stanley Fischer）在《宏观经济学》一书中认为，经济增长过程“是生产要素积累和资源利用的改进或要素生产率增加的结果”①。其中，生产要素积累强调生产投入规模的扩大、产出数量的增长，而资源利用的改进或要素生产率增加则是经济增长质量提高的具体体现。经济的数量增长主要解决增长速度问题，即通过总量增长或者人均产量的增长速度来体现，数量上的增长取决于要素投入规模的扩大。经济增长质量是经济的数量增长达到一定阶段的产物，解决的是资源利用效率以及要素生产率提高，主要通过全要素生产率来体现，经济增长质量取决于经济结构的优化升级。经济增长质量以经济增长数量提高为基础，是在数量提高基础上的结构优化、稳定性提高、福利分配合理化和资源环境代价最小化的总体体现。经济增长质量和数量一致性的关键在于，要素积累与经济结构优化之间相互协调发展，由于经济结构的优化能够节约要素在生产部门之间的配置成本，提高要素积累的效率，所以在生产要素积累的过程中，经济结构将随着科学技术进步和市场需求结构的变化而不断调整，推动经济增长方式、经济动力结构不断地转变，从而在经济规模扩张的过程中实现经济结构的优化，最终在经济数量增长的基础上实现质量的提高。

① ［美］鲁迪格·多恩布什、斯坦利·费希尔：《宏观经济学》，中国人民大学出版社 1997 年版，第239 页。

二、经济增长数量和效益的关系

经济增长的数量关注的是产出总量的增长，当经济增长中要素投入规模不断扩大时，产出会增加。经济增长的效益解决的是产出最大化问题，通过经济增长中投入和产出的比较，关注的是投入要素边际产量的增长。如果在既定边际产量的情况下，要素投入逐渐增加，则生产过程存在生产要素的过度投入，表明经济增长的效益在逐渐下降，反之则是经济增长效益提高的表现。经济增长过程中，经济增长的效益要求以最小的成本投入换取最大的收益。如果在投入要素结构保持合理比例关系的条件下，以较少的投入就会带来较高的产出，使各种要素的边际产量得到增长，则实现了有效益的经济增长。因此，要素投入与产出之比变大是提高效益的条件，投入要素的边际产量是衡量经济增长效益的重要指标。要实现经济增长的数量和效益两者的一致性，关键是要将数量增长和边际产量的增长统一起来，也就是要么在要素投入成本一定的条件下实现经济数量增长的最大化，要么在经济数量增长目标一定的条件下实现要素投入成本的最小化，尤其是要实现经济增长过程中经济系统内部运行成本、社会系统的成本、自然系统的成本三者的最小化。在实现经济的数量增长过程中，不仅要考虑物质资本、人力资本的投入，而且要考虑自然环境资本、社会资本的投入，通过对投入与产出的关系以及相关要素的边际产量进行分析，从而对经济增长的效益作出判断。然而，经济的数量增长本身具有衍生效应，不仅会导致经济系统内部发生变化，而且会对自然系统和社会系统产生影响。当经济系统、自然环境系统和社会系统处于耦合状态时就会对经济增长成本的降低起到积极的促进作用，从而推动经济增长效益的提高；反之，经济的数量增长越快，经济增长的效益就会越低，两者的不一致性将会进一步拉大。

三、经济增长质量和效益的关系

经济增长质量反映的是经济增长效率的优劣判断，经济增长的效益反映的是经济增长的投入产出比，投入产出比的合理性是通过经济增长的成本和边际增量表现出来的。一方面，经济增长效益的提高，既节约了要素投入，增强了经济增长的可持续性，又是要素生产率提高的体现；另一方面，经济结构的优化为要素投入的合理配置提供了空间，福利分配的改善为要素质量的提高提供了条件，宏观经济的稳定性是要素市场健康发展的保障。可见，经济增长质量是提高经济效益的基础，经济效益是经济增长质量的表现，高质量的经济增长一定会有好的增长效益，经济增长的质量与效益具有正相关性。因此，经济增长质量和效益具有一致性。当经济增长的经济结构优化、效率提高、福利分配合理、稳定性提高、资源环境代价小的情况下，经济增长过程中各要素生产率也会较高；同时，经济增长过程中的经济成本、社会成本和资源环境成本也会处在最低水平，实现最优的边际量增长。这样，经济增长不仅实现了经济效率提升，而且实现了成本最小化、产出最大化的目标，经济增长中的质量和效益达到了有机的统一。

从经济增长的数量、质量和效益三者的关系来看，三者一致性的条件是：第一，经济增长战略具有质量效益导向。经济增长战略要从追赶型战略转向质量效益型增长战略。第二，经济结构的优化。经济结构应该随着科学技术进步和社会需求的变化而得到优化升级。第三，保持合理的要素投入结构。在现有生产条件的约束下，合理安排各种要素投入，实现既定经济增长目标条件下各种投入成本的最小化。第四，经济增长能直接服务于人民生活水平的提高，使大多数人能分享经济增长的成果。第五，经济增长的社会成本和环境成本能控制在合理的范围内，不断通过“帕累托改进”的方式降低经济增长过程的负外部性、增加其正外部性。

第二节 中国经济增长中数量、质量和效益的不一致性及其影响

一、中国经济增长中数量、质量和效益的不一致性

经过改革开放40年的发展，中国经济实现了年均8%的高速增长。但是在数量快速增长的同时，存在着严重的高速度、低质量和低效益的状态，整个经济增长过程出现了数量与质量、效益不一致的情况。

（一）经济增长的数量和质量不一致

由于过去40年间，为了追求数量上的快速增长，各地区均采取了粗放

式的增长模式，资本投入的快速增长成为经济增长的主要动力。这种投资驱动的增长模式使中国国内生产总值在30年里增长了20倍，人均国内生产总值同期增长了16倍（以1978年不变价格计算）①。经济总量高速增长的同时国内经济结构出现全面失衡，形成了高速度、低质量的矛盾：一方面，中国经济结构失衡的程度在不断加剧，其中一个表现就是投资与消费结构的失衡。我国消费率从改革开放初期的62.1%下降至2011年的48.1%，而投资率从改革开放初期的38.2%上升至48.3%。由于投资收益率的下降，使得投资驱动的增长模式不具有长期性，而消费率过低导致依靠消费拉动的增长方式难以实现。另一方面，在经济数量增长的过程中，由于忽视了结构性因素，导致个别部门投资过热，经济增长的波动幅度加大②，特别是自2005年之后，房地产行业的快速发展导致资产价格飞速上涨，宏观经济的稳定性受到严峻挑战，政府调节经济增长的成本不断上升，限制了这一时期经济增长质量的快速提高。另外，由于受到粗放型增长模式的限制，创新和研发的作用往往被忽视，导致经济增长的动力不足，经济增长的质量水平明显下降。以中国新能源行业的发展为例，由于研发和消费环节都在国外，不仅出现了严重的产能过剩，而且竞争力水平也不高。当2011年欧美等国纷纷对我国光伏产业提出反倾销调查时，我国新能源产业的平稳发展就面临着严峻挑战，这也使得经济结构转型升级的步伐受到严重影响。

（二）经济增长的数量和效益不一致

经济增长数量的快速增长，本应为经济增长效益的提高提供条件，但是中国40年经济的发展表明经济增长的效益是逐渐下降的。主要表现在：第一，经济增长的经济效益逐渐下降。以资本要素为例，改革开放之初产出投资比在4.0以上，而自2006年开始，这一比值却始终低于2.0，说明经过40年的经济发展我国资本要素生产率下降了近乎一半。而且由于粗放式的长期增长模式，导致过去经济增长主要依靠资本和劳动力的投入，而技术进步和人力资本对经济增长的贡献相对较低，在边际收益递减规律约束条件

① 王小鲁、樊纲、刘鹏：《中国经济增长方式转换和增长可持续性》，《经济研究》2009年第1期，第5—17页。

② 杨天宇、刘韵婷：《中国经济结构调整对宏观经济波动的“熨平效应”分析》，《经济理论与经济管理》2011年第7期，第49—57页。

下，中国经济增长过程中以投入产出比为指标的经济效益从长期来看同样呈现下降趋势。第二，经济增长的社会效益相对较低。无论是在总量还是在人均水平上，经济增长在数量上取得的成绩尤为突出，但是全国居民并没有公平地享受长期经济增长所创造的巨大成果，特别是在当前收入分配体制不完善的条件下，收入差距的不断扩大成为制约社会效益提升的主要障碍。根据《中国统计年鉴2011》的相关数据可以发现，在改革开放初期城市居民的人均可支配收入不足农村居民平均纯收入的2倍，但是进入21世纪以来，城市居民人均收入水平已经超过农村居民同期水平的3倍以上。而且如果继续沿用传统的经济增长模式，除了城乡收入差距[①]，社会贫富差距也将进一步扩大。[②] 由于收入分配不平等而导致的经济增长成果分享性水平在逐年降低，最终导致经济增长的社会效益在经济总量增长的过程中无法充分体现。第三，经济增长的生态效益改善速度缓慢。经济增长生态效益的改善一方面表现为资源以及能源利用效率的提高，另一方面表现为单位产出环境成本的降低。在粗放式数量型经济增长模式下，高投入、高耗能、高污染成为经济发展的主要特征。虽然在政府各项环境规制条件下，中国能源利用效率在逐步提高。[③] 测算结果显示，1995—2006年间，能源利用效率大约上升了20%，与之相对应，单位产出引起的环境成本也在逐渐下降，下降幅度年均达到9%。[④] 但是生态效益的改善仍无法与经济增长的速度相适应，能源与资源的过度使用以及生态环境的恶化依然是经济增长生态效益改善面临的主要问题。

二、中国经济增长中数量、质量和效益不一致性的影响

上述经济增长过程中数量、质量和效益的不一致，给整个经济系统造成

① 田新民、王少国、杨永恒：《城乡收入差距变动及其对经济效率的影响》，《经济研究》2009年第7期，第108—119页。

② 周云波：《城市化、城乡差距以及全国居民总体收入差距的变动——收入差距倒U形假说的实证检验》，《经济学（季刊）》2009年第3期，第48—65页。

③ 袁晓玲、张宝山、杨万平：《基于环境污染的中国全要素能源效率研究》，《中国工业经济》2009年第2期，第78—88页。

④ 李娟伟、任保平：《协调中国环境污染与经济增长冲突的路径研究——基于环境退化成本的分析》，《中国人口·资源与环境》2011年第5期，第132—139页。

了诸多矛盾和问题，严重影响了国民经济的平稳健康发展，也使可持续经济发展战略的落实难度进一步加大。当前这些矛盾和问题主要表现在以下几个方面：

（一）产能过剩与能源浪费

在由投资拉动经济总量扩张的数量型经济增长方式下，企业习惯于采用规模扩张的方法，倾向于开发城市市场，政府则热衷于扩大投资、审批项目，导致部分行业产能过剩。产能过剩的结果既影响了经济的稳定增长，也消耗了大量的能源。国家统计局数据显示，2010 年、2011 年电力消费的增长率竟然超过了 GDP 增长率的 30%，而且经济增长速度与电力消费增长速度之间的差距仍处在扩大的趋势。这说明电能浪费的情况在日益加重。而且，2001 年至 2011 年能源生产总量从 13.38 亿吨标准煤增加到 31.79 亿吨标准煤。能源的过量供给也为能源浪费提供了客观条件，最终加速了经济增长过程中经济效益的恶化。

（二）结构失衡与要素错配

经过改革开放 40 年的发展，我国经济结构在数量型经济增长模式的影响下，失衡程度从 1992 年的 2.42 增加到 2007 年的 4.08。[①] 尤其是产业结构调整的步伐，在第二产业比重过高的限制条件下，出现了减缓趋势。一方面，从第二产业内部结构来看，“由于失衡问题严重，轻重工业比重不合理，出现了较为明显的带有资源密集性特征的重化工业发展趋势，而战略性高新技术产业发展相对缓慢”[②]；另一方面，从产业之间的结构比例来看，由于第二产业比例长期保持在 45%以上，使得体现现代服务部门的第三产业比重始终无法突破 50%，产业结构比例和国际发达国家仍存在巨大差距。由于经济结构优化进程受阻，加大了经济增长质量提高的难度。同时，为了追求经济数量上的快速增长，常常通过扶植新兴产业推动经济长期增长，但结果往往导致这些要素在部门之间错配程度加剧，降低了要素配置的效率，造成了经济增长的数量与质量的不一致，制约了经济长期可持续增长。

---

① 项俊波：《中国经济结构失衡的测度与分析》，《管理世界》2008 年第 9 期，第 1—10 页。

② 卫兴华、黄桂田：《提高经济增长质量和效益的若干理论与实践问题研究》，《学术月刊》1997 年第 1 期，第 48—55 页。

（三）环境污染与增长的不可持续性

在传统经济增长模型中，环境因素并未作为投入要素纳入生产函数之中，致使以数量增长为特征的经济增长模式，在通过扩大投入要素规模推动经济增长的过程中，忽视了环境因素对经济增长的约束，结果导致严重的环境污染，使经济增长的数量和效益不一致，最终表现为“无未来的增长”。中国数量型的增长方式使得因环境污染而形成的环境退化成本从 1990 年的 1728. 3 亿元上升至 2011 年的 6088. 6 亿元，环境退化成本年均增长率约为 6. 5%。而且统计结果显示我国目前 46. 5%的河水受到污染，90%以上的城市水域污染严重，而且 3 亿多中国人饮水不符合卫生标准。[①] 另外，受能源消费结构和最终消费结构（消费、投资、净出口）失衡的影响，中国温室气体排放强度，仍居于世界的较高水平。过度的温室气体排放对气候变化、环境恶化都存在重要影响。这些现象表明我国资源环境问题的严重性与过去经济数量型增长模式是密不可分的。过去高耗能、高投入、高污染的经济增长方式造成了资源的极大浪费和过度开采，使资源面临紧张和短缺，造成了环境的持续退化，经济增长的可持续性面临巨大压力，最终导致经济增长过程中经济增长效益水平的下降。

（四）分配不平等与社会成本上升

收入分配不平等是经济增长社会效益下降的重要影响因素。仅仅注重数量扩张而忽视分配环节的粗放式增长，使中国居民收入差距的扩大不仅表现在城乡收入之间，而且表现在整体居民之间。全社会总体基尼系数已从 1981 年的 0. 29 增长至 2004 年的 0. 44[②]，2007 年更是超过 0. 48，严重超过 0. 4 的国际警戒线[③]。加之地区之间收入差距也在不断扩大，2011 年人均收入最高地区竟然是同期最低地区的 5 倍。可见 40 年经济高速增长的成果并没被广大居民充分享受。随着收入差距的进一步扩大，其对我国政治体制和社会环境的影响不断加深。尤其是随着城乡收入差距的扩大，我国刑事犯罪

---

① 苏梽芳、廖迎、李颖：《是什么导致了“污染天堂”：贸易还是 FDI? ——来自中国省级面板数据的证据》,《经济评论》2011 年第 3 期，第 97—104 页。

② 程永宏：《改革以来全国总体基尼系数的演变及其城乡分解》,《中国社会科学》2007 年第 4 期，第 46—61 页。

③ 何其春：《税收、收入不平等和内生经济增长》,《经济研究》2012 年第 2 期，第 5—15 页。

率呈现明显上升趋势。在控制其他因素之后，城乡收入差距扩大1%，刑事犯罪率上升0.38%[①]，反映出收入差距的扩大正在成为影响社会成本的重要因素。不仅如此，收入差距的持续扩大、收入不平等程度的不断上升也正在通过资本市场、政治体制、社会环境、市场规模等各种渠道对经济增长产生制约作用，已成为我国实现经济长期持续增长面临的重大难题。

第三节 实现中国经济增长的数量、质量和效益统一的路径转型

由于我国经济增长方式尚未发生根本改变，在经济保持持续快速增长的同时，由于经济结构的失衡、稳定性差、收入分配不平等，造成了高增长、低质量和低效益的状态；同时由于经济增长依赖于生产规模的过度扩张，资源投入的快速增长，导致过去40年经济增长的成本居高不下，阻碍了经济增长效益的提高。这种高增长、低质量和低效益的经济特征，构成了当前我国经济增长中数量、质量和效益的不一致性。要在经济增长中实现数量、质量和效益的统一，就必须在经济增长战略、发展模式、结构和驱动力转换以及政策体系等多个方面作出调整和转型，结合上述对经济增长数量、质量和效益的不一致分析，具体来看主要的路径转型包括以下几项：

一、经济增长模式从成本外生型向成本内生化转变

中国未来的经济增长要追求经济增长的质量，实现经济增长的数量、质量和效益的统一。但是，要在原有的经济增长模式条件下实现经济增长的数量、质量和效益的统一是非常困难的。因为在原有的经济增长模式条件下，通过治理方式仅仅能缓解成本升高的趋势，而不能从根本上降低经济增长代价。所以，要实现提高中国经济增长的数量、质量和效益的统一，首先必须实现经济增长模式的转变，建立成本内生化的经济增长模式。

成本内生化的经济增长模式是与传统经济增长模式相区别的。传统经济

① 陈春良、易君健：《收入差距与刑事犯罪：基于中国省级面板数据的经验研究》，《世界经济》2009年第1期，第15—27页。

增长模式在经济增长中仅仅把生态、环境与资源看成是经济增长的外生变量，没有充分考虑资源短缺、环境污染和生态破坏问题，更没有把由于资源浪费、环境污染与生态破坏所带来的经济增长成本与收益进行对比。而成本内生化的经济增长模式，则把资源、环境、生态内化为经济增长的内部要素，在人与自然生态相协调的前提下，以追求经济增长的质量为目标，降低经济增长的代价。这一模式的内容有以下几点：

（一）在发展观上，以人的全面发展为最终目标，以人与自然的协调发展为核心，彻底改变把自然视为征服对象的发展观，使经济增长由对物的终极关怀转向对人的终极关怀

在经济增长过程中，把经济过程与自然过程相结合，把经济增长的数量、质量和效益相结合。以环境保护来促进经济进步，以降低发展成本来提高经济增长的质量，提高经济增长的净收益。

（二）在生产方式上，建立低耗能、轻污染的生产方式

在生产中，资源浪费、环境破坏由传统经济增长模式条件下的末端控制转变为全过程管理，推行清洁生产和柔性化的工业生产方式。大力推行循环经济，它以物质和能量的积累与闭路循环为特征，在环境方面表现为污染低排放。把清洁生产、资源综合利用、生态设计融为一体。

（三）在消费方面，倡导文明健康的消费方式

把生活质量的提高建立在资源的低消费和生态环境优化的基础上，提倡文明消费与适度消费，改进消费结构。建立资源环境低负荷的社会消费体系。加强消费过程中对破坏环境行为的抑制。

（四）在技术选择上，围绕环境保护和降低资源消耗建立新的技术创新体系

一方面，研究、开发和推广无污染的新技术和治理环境污染的新技术；另一方面，研究和开发提高资源利用效率的新技术，降低资源浪费，拓宽人类资源利用空间。

（五）在经济增长的评价方面，建立经济效益、社会效益、生态效益相结合的综合评价体系

以国民生产总值和国内生产总值来衡量经济增长的速度、数量，以经济增长成本和经济增长的净收益来衡量经济增长的质量和生态效益。

二、经济增长的动力从要素驱动型转向创新驱动型

我国传统的数量型增长是一种要素驱动型经济增长，这种经济增长的形成机制是通过投入规模扩大，从而实现产出的增长。要实现经济增长的数量、质量和效益的统一，必须实现由要素投入驱动向创新驱动的转型。创新驱动的机制是提高效率，降低增长成本。实现经济增长动力从要素驱动型转向创新驱动型的路径表现为以下四点：

（一）以产业创新形成新型产业体系

20世纪60年代初，世界主要发达国家的经济重心就开始转向服务业，产业结构呈现出“工业型经济”向“服务型经济”转型的总趋势。有数据显示，目前经济发达国家服务业占GDP的比重平均为72%，世界平均为68%，而我国目前仅为43.4%，滞后二十多个百分点。[①] 要通过创新驱动来实现经济增长数量、质量和效益的统一首先要进行产业创新。产业创新的目标是：构建以高端制造、创新驱动、品牌引领、低碳发展为特征的新型产业体系。

（二）以科技创新形成完备的技术创新体系

我国经济发展技术含量不高，很多关键技术和核心技术受制于人，先导性战略高技术领域科技力量薄弱，重要产业对外技术依赖程度仍然较高，影响自主创新的诸多体制机制障碍依然存在。要通过创新驱动来实现经济增长数量、质量和效益的统一必须要进行科技创新。科技创新的目标是：大力推动自主创新，实现从模仿创新到自主创新的转型，形成完备的技术创新体系。

（三）以制度创新提供保障体系

制度创新是建立全面创新体系的基本前提和根本保证。我国制度创新的滞后导致要素价格扭曲，不能充分反映市场供求关系，客观上保护了落后的企业和生产结构，也导致企业倾向于高消耗的增长方式。因此，实现经济增长数量、质量和效益的统一的制度创新目标是：通过进一步深化改革，不断进行制度创新，为经济发展方式的转变提供有利的制度环境。

---

① 辜胜阻：《加快发展服务业是经济转型的重要抓手》，《经济日报》2014年1月4日，第7版。

（四）以战略创新形成具有自主知识产权的协同创新体系

以往对于创新的认识中，往往关注技术创新、制度创新与产业创新，而对战略创新认识不足。战略创新实质上是通过发展战略的调整来统筹各方面资源，进而达到协同创新。也就是通过引进国外高新技术并在此基础上进行进一步创新，同时加大对高新技术人才的培养与引进，对技术方面的投入，最终形成具有自主知识产权的协同创新体系，在此基础上发展具有比较优势的产业链，带动我国经济的快速增长。实现经济增长数量、质量和效益的统一的战略创新目标是：提高创新能力，根据比较优势形成自己的产业链以增强国际竞争力。

三、经济增长的结构从多元化转向高级化

我国过去的数量型经济增长主要依赖于二元经济结构的转化，在二元经济结构转化中劳动力从农业向工业的大规模持续转移，形成了快速的二元工业化，即农村工业化和城市工业化的共同推进。但是在农村工业化中，中国这种劳动力的转移不是像发展经济学家所设计的那样由农村向城市转移，而是发明和独创了乡镇企业，通过乡镇企业促进了一批劳动密集型产业的发展，推进了农村工业化。同时城市工业化通过深化分工，促进产业结构多元化，扩大部门规模，形成传统与现代并存的多元化产业体系。在这种产业体系和结构政策背景下，经济增长数量快，而质量和效益低。在未来中国经济增长要实现数量、质量和效益的统一，就必须使经济结构从多元化转向高级化。

（一）提高企业自主创新能力

促进科技成果向现实生产力的转化，同时应注重企业的人力资本积累，引导人力资本、知识和技术在部门产出增长中发挥真实作用。

（二）加快传统部门改造

加大传统部门技术和人力资本投入，同时要促进产业结构升级，促使企业或整个行业从原先的资本驱动型或劳动驱动型增长向知识驱动型转变，实现产业结构从传统规模报酬不变或者递减转化为规模报酬递增。

（三）积极推动中国产业结构向合理化和高级化演进

加快现代产业体系的形成，增强产业结构的转换能力，使中国未来经济

增长的主要方向从以结构多元化求增长速度转向以结构高级化求增长质量。

（四）培育更多的新的经济增长点

坚持以市场为导向，形成以高新技术产业为先导、基础产业和制造业为支撑、服务业全面发展的产业新格局。

四、经济增长的政策从短期需求管理型转向长期供给调节型

我国传统的经济增长，主要依靠短期需求政策来调整。短期政策虽然带动了数量增长，但是却掩盖或忽视了长期问题，造成数量、质量和效益的不一致。为此，在经济增长中要实现数量、质量和效益的统一，在政策导向上就必须实现由短期需求型转向长期供给调节型。

（一）在政策激励方面，要实现从“投资激励”向“创新激励”的转变，全面提高企业创新动力

企业发展从规模扩张导向转至竞争力提升导向，有赖于政策激励机制从投资激励转向创新激励。企业是否愿意创新，其拉力在于创新给企业带来的经济效益，而其推力来自于市场竞争的压力。要对企业的创新活动给予适当补贴，把政策重点放在鼓励企业通过创新来提高竞争力和全要素生产率上来。

（二）在政策内容方面，要实现从“科技政策”向“创新政策”的转变，建立现代创新政策体系

创新政策的概念要大于科技政策，科技政策只是创新政策的一部分。要在政策内容上全面推动和建成创新体系，以加强政策的协调性，需把创新政策融入科技政策、产业政策、财税金融政策、贸易和教育政策等各项政策中去，使之形成全面有效的创新政策体系；促进创新政策体系中各方面政策的协调，通过加强各环节投入的协调性和连续性以实现全方位的协同创新。在创新人才培育方面，要优化教育结构，改进教育模式，培育创新体系各方面所需要的多层次创新人才，充分调动各种创新人才的积极性，形成尊重人才、用好人才的制度和机制保障，为构建全面创新体系构筑坚实的人力资本基础。

五、经济增长的体制由速度数量型转向质量效益型

造成经济增长方式难以转变，以及经济增长的数量、质量和效益不一致

的深层次原因在于经济体制。各级政府和企业热衷于铺摊子、偏好数量和产值增长的行为和方式是速度数量型体制的正常反应。因此，要实现经济增长的数量、质量和效益的一致性，就必须实现由速度数量型经济体制转向质量效益型经济体制。

（一）行政管理体制改革

一方面要改变单纯以数量增长和产值为核心的官员考核标准以及由该标准而引起的晋升激励，把质量和效益指标纳入考核体系中，形成质量激励和效益激励。另一方面要正确处理政府和市场的关系。追求有质量和效益的增长，就是要通过深化改革，正确处理政府和市场的关系，最大限度上消除扭曲的体制性因素对经济增长的影响，在经济健康平稳增长的基础上实现数量、质量和效益的统一。

（二）投融资体制改革

解决投融资的行业部门化和地方行政化体制，改变现有行业部门和政府管投资的体制，建立投融资的市场化机制，实现投融资主体行为的市场化，使经济主体按照市场需求和效益原则进行投融资。

（三）社会主义市场经济体制完善

使经济主体的决策和行为面向市场需求，通过市场的外在压力促使企业进行技术创新、管理创新，建立起实现经济增长中数量、质量和效益相统一的体制机制，发挥市场的作用。彻底打破行业、地区和部门垄断，改变市场行为的扭曲，发挥竞争机制在资源配置中的作用，促进资源的合理流动与有效配置，以解决产业趋同以及由此而引起的产能过剩。

（四）科技体制改革

充分发挥市场机制在科技资源配置中的决定性作用、企业在技术创新中的主体作用、大学的基础和生力军作用，形成科技创新的整体合力。努力形成以企业为主体、市场为导向、产学研相结合的技术创新体系，建立科学研究与高等教育有机结合的知识创新体系。

第 二 十 章

新增长红利时代提高中国经济增长质量的路径转型

改革开放 40 年来，中国经济建设取得的成就世界瞩目。随着 2011 年中国成为世界第二大经济体，在经济增长步入新阶段以及传统红利空间消退的背景下，中国的经济增长需要从经济大国转向经济强国。从经济强国的转变和经济长期可持续发展出发，需要创造新的增长红利空间。

第一节 中国经济增长红利的变化

近年来，随着全球经济关系的调整和国内经济状况的变动，中国经济发展的内部特征和外部特征发生了深刻变化。主要体现为：在体制改革方面，从前改革时代转向新改革时代；在要素供给方面，从劳动无限供给时代转向劳动有限供给时代。伴随着中国经济发展新阶段的特征，过去 40 年高速增长所依赖的传统红利也发生了新的变化。①

一、体制转轨红利的变化

过去 40 年，中国成功实现了从计划经济体制到社会主义市场经济体制

① 任保平、郭晗：《红利变化背景下中国经济发展方式转变的路径转型》,《西北大学学报（哲学社会科学版）》2012 年第 4 期，第 5 页。

的伟大转折，由此带来的就是经济增长的体制转轨红利。在过去的计划经济体制下，人们的交易行为和市场活动受到压抑和制约，经济增长缺乏动力。而市场化改革带来的体制转轨红利，则为中国经济40年持续的高增长释放了巨大的动力空间。近期研究认为，改革开放以来，市场化改革对中国全要素生产率的贡献高达39.2%。但伴随着中国从前改革时代步入新改革时代，体制改革已经基本就位：在宏观层面上，通过所有制体制、分配体制、调节体制的改革，市场已经取代计划成为资源配置的主体，多层次的市场体系已经形成；在中观层面上，通过金融体制改革、财政体制改革、税收体制改革、投资体制改革，已经基本建立起符合市场经济要求的经济运行机制；在微观层面上，通过国有企业改革、非公有制经济的二次创业，已经建立了多元化的微观体制结构。中国市场经济体制的基本确立和前改革时代的结束标志着中国市场化改革对于中国资源配置效率提高的作用已达到顶点，前一波以增量改革为特征的体制转轨红利将逐步消退。

二、人口红利的变化

过去40年，在人口转变和计划生育政策背景下，中国生育率下降、社会抚养比不断降低，大量的适龄劳动人口从农村转向城市，由此带来的就是经济增长的人口红利。从1982年到2010年，中国适龄劳动人口比重从61.5%上升至74.5%，总抚养比从62.6%下降至34.2%[①]，充足的劳动力供给和低抚养比形成的高储蓄率极大地加速了中国工业化的进程。但人口红利只存在于人口变化过程中的一个短暂机遇期。从第六次人口普查的结果来看，随着中国逐渐步入老龄化社会，中国的人口红利出现了新变化：从劳动力供给角度看，2011年中国适龄劳动人口比重为74.4%，十年来首次出现下降；社会抚养比在2010年达到顶点；而中国第六次人口普查数据显示人口老龄率为8.9%，到2050年左右将高达30%。从劳动力迁移角度看，各地出现的“民工荒”现象也表明“刘易斯拐点”已现，劳动力无限供给的状况基本消失。这表明2010年以后，适龄劳动人口比重将持续下降，劳动力成本不断提升，整个经济进入要素成本周期性上升阶段，人口红利正在逐

① 蔡昉：《人口转变、人口红利与刘易斯转折点》,《经济研究》2010年第4期，第28页。

步消退。

三、投资红利的变化

过去40年，由于相对低廉的要素成本和分权带来的政府间竞争效应，中国经济发展呈现出高储蓄、高投资的结构性特征，由此带来的就是中国经济增长的投资红利。1978年中国的投资率仅为38.2%，2010年中国的投资率高达48.6%，投资率的不断上升表明过去的经济增长主要得益于低劳动力成本、高储蓄、高投资、高资本形成。但随着全球经济危机和供给冲击的影响，中国的投资红利出现了新变化：一是依靠较低的劳动力成本、融资成本和土地成本形成的“投资成本洼地”效应正在逐步减弱，高投资所依赖的低要素价格将得到扭转；二是政府间竞争带来的高投资出现了政绩工程、重复建设等低效率问题，这种状况必将在进一步的改革中得到改变。因此，以高投资为特征的增长模式已经变得不可持续，中国经济增长的投资红利正在逐步消退。

四、资源红利的变化

过去40年，自然资源大量开发加速了中国的工业化进程，由此带来的就是中国经济增长的资源红利。廉价的自然资源价格为中国制造业的发展提供了强大的比较优势基础，但也导致了经济增长中的高能耗、高污染和低效率现象，从而使中国经济增长中的资源红利也出现了新变化：一是由于多数自然资源具有不可再生的特性，很多行业已经出现较为明显的资源短缺状况；二是由于资源开采对生态环境的破坏使当前经济增长承担了过度的生态环境代价。由此可见，以不断耗竭资源为代价的经济发展模式必将不可持续，不能实现中国经济的长期持续增长。因此，伴随着中国自然资源的逐渐稀缺和经济增长方式从粗放型向集约型的转变，中国的资源红利正在逐步消退。

五、外资和外贸红利的变化

过去40年，中国利用自身的资源优势、成本优势、市场优势全面融入全球产业与贸易分工体系重组的浪潮中，由此带来的就是中国经济增长的外资与外贸红利。中国经济增长的源泉一定程度上来自于外资与出口，特别是2008年之前中国的外贸依存度已高达60%。然而从长期来看，外资与出口作为中国经济增长的核心动力难以为继，其对增长的贡献将步入递减区域。未来中国发展将很难像加入世界贸易组织头十年一样享有全球化对中国经济增长的拉动作用，主要原因在于全球经济和中国经济都在发生着调整和变化：一是由2008年美国次贷危机引发世界金融和经济危机的复苏进程艰难曲折，外部需求扩张速度明显放缓；二是外部经济持续不平衡带来的汇率升值压力迫使中国主动实施贸易平衡战略。在这样的背景下，传统过度依赖外资与出口的经济发展方式难以为继，过去推动中国经济发展的外资红利和外贸红利将逐步消退。

第二节　新增长红利时代的中国经济增长红利的创造

经济增长的红利空间是指潜在增长水平与实际增长水平之间存在的差值，即宏观经济中由于体制、制度、人口、资源等等其他要素的充分利用而能够达到的、高出原有水平的一部分产出。因此，新增长红利空间的创造实质上就是生产可能性边界的扩大。生产可能性边界线（Production Possibility Frontier，PPF），即在给定的数量的资源下，所能够生产的最大数量的产品，在数学上表示为一道边界。生产可能性边界表明在既定的经济资源和生产技术条件下所能达到的两种产品最大产量的组合。社会生产处在生产可能性边界上，表示社会经济处于充分就业状态；社会生产处在生产可能性边界以内，表示社会未能充分利用资源，即存在闲置资源，其原因是存在失业或经济缺少效率；社会生产处在生产可能性边界以外，必然以今后的生产萎缩为代价。

按照宏观经济学的总供给理论，在经济运行的短期内，总供给曲线是向右上方倾斜的。凯恩斯主义经济学认为，在短期中，货币工资具有黏性，工资和物价的调整速度是极其缓慢的。这时，只要需求增加，产品价格就将会上升，厂商的利润也就会随之增加。在实际产出水平没有达到潜在产出水平之前，厂商会一直增加产量，于是，伴随着价格水平的上升，产出便会相应增加。因此，产出水平与价格水平呈正相关的关系，这种正相关的关系就表现为一条向右上方倾斜的斜率为正的短期总供给曲线。因此，短期的经济增长很大程度上是由需求拉动的，并且能够通过人口、资本、自然资源及外资与外贸等要素红利来提升实际产出水平。但在长期中，无论是工资还是其他投入品的价格都具有完全弹性。价格水平的上升不再能刺激企业部门增加产量，总需求的变动进而也并不会再引起价格水平和产出水平的同方向变动，所以长期总供给曲线是垂直的。即长期中，经济产出并不受物价水平的影响，而是取决于整个经济体的资本、劳动和自然资源的供给，以及用来把资本与劳动变为物品与劳务的生产技术。并且，这些要素的供给变动将会直接影响垂直总供给曲线的移动，这也就解释了长期中的经济增长问题。

中国经济发展要实现从赶超型战略向质量效益型战略的转变，其约束已经从短期因素转变为长期因素，从需求因素转变为供给因素。长期经济增长必须由供给管理而不是单一的需求管理政策来拉动。在新的发展阶段，必须寻求新的红利空间来克服传统红利消散为经济发展带来的制度、要素、资源环境等内外部约束，这对于经济发展方式的转变是十分必要且迫切的。从我国的实际情况来看，在红利变化背景下更多的是要依靠结构转化、制度革新，特别是创新驱动等新的红利要素来创造支持长期发展的新增长红利空间，为经济质量的增长寻求新的动力。

人口红利、资源红利、市场化改革红利和对外开放红利的逐渐消退，表明传统增长红利时代的终结与新增长红利时代的到来。传统的增长红利是通过需求管理来实现的，这一阶段由于资源的稀缺性尚未完全显示，劳动力充裕，通过总需求中的投资、消费和出口等需求因素的作用，通过要素投入的扩大，从而来形成经济增长。随着传统增长红利时代的终结，资源稀缺性的显现，劳动力成本的上升，以需求管理为推动力的传统增长红利在消失。新增长红利时代增长红利的创造需要从需求管理向供给管理转变，从短期目标向长期目标转变，需要以扩大生产可能性边界为核心创造新增长红利空间，以保持中国经济长期持续的增长。扩大生产可能性边界，需要进行技术创新、制度创新和结构转变。因此，新增长红利时代经济增长的红利空间表现为：

一、结构红利

西方经济学家西蒙·库兹涅茨在其名著《各国的经济增长》中指出

“如果不去理解和衡量生产结构的变化，经济增长是难以理解的”[①]，这表明一国的经济增长与结构变动密切相关。传统增长红利时代的终结与新增长红利时代的到来表明，制约中国未来经济增长的核心因素将从过去的“制度约束”转向“结构约束”。按照经济学的一般原理，一国的经济增长与结构变动密切相关。在传统增长红利空间背景下，加快了经济结构的多元化。在经济结构多元化背景下，要素投资的驱动造就了规模扩张的增长模式。但是这种特殊的增长模式，尽管解决了结构的多元化，但是并未解决结构的高级化。在整个产业体系中，以传统产业为主导，产业体系的高级化程度低，形成了产业结构的低端锁定。因此，“结构转型升级”将是中国未来经济增长的关键，未来中国经济增长需要通过结构调整来创造新的红利空间。结构调整的重点在于：一是产业结构的升级。一方面传统产业要向高科技产业、高附加值产业、低碳和低能源消耗产业升级，促进传统制造业进入新产业的产业链，促进传统产业采用新产业的技术；另一方面要大力发展战略性新兴产业，形成具有自主创新能力的现代产业体系，带动整个产业结构的升级。二是城乡二元经济结构的转化。城乡二元经济结构的转化是未来新的经济增长点，城乡二元体制改革是继国有经济改革之后又一次伟大的改革。在二元经济结构转化中，要实现新型城镇化，扩大经济增长的空间，释放新的消费带动力。在传统增长红利时代，城乡二元经济结构转化主要是通过以乡镇企业为代表的农村工业化来推动的。在新增长红利时代，城乡二元经济结构的转化需要通过新型城镇化来实现，通过新型城镇化改善资源在部门之间、地区之间和阶层之间的配置效率，释放国内需求，改善消费结构，从而形成新的增长空间。三是国民收入分配结构的优化。一方面扩大居民的收入来源，缩小农村居民与城市居民之间的收入差距，使仍占全国人口比例几乎一半的农村居民成为消费需求的重要组成部分；另一方面优化分配结构和社会保障制度，在保障分配效率与公平的过程中，逐步完善住房、医疗、失业和养老等社会保障体系，通过提高居民对未来生活的乐观预期，激发大多数居民的消费潜能，最终使内需的扩大成为提高经济增长质量和效益的源动力。四是区域经济结构的优化。经济可持续增长来源于经济体内各地区之间平衡协调发

① ［美］西蒙·库兹涅茨：《各国的经济增长》，常勋等译，商务印书馆 1999 年版，第 230 页。

展，过大的区域经济差距最终将影响经济的长远发展。在通过优化区域结构形成新增长红利的过程中，需要在继续发挥东部地区优势和作用的基础上，进一步加大中西部地区的发展，统筹区域经济协调发展，逐步缩小区域间经济差异。同时，推动城镇化的发展，提高要素的集聚度，在整体上促进资源、要素、企业、经济部门在空间区域上的相对均衡。通过产业结构的升级、城乡二元经济结构的转化、国民收入分配结构的优化和区域经济结构的优化引领中国的消费结构升级，并最终推动中国整体的经济结构升级，从而形成未来中国经济增长的新结构红利。

二、创新红利

传统的经济增长红利空间中，人口红利、资源红利都是要素红利，这种要素红利造就了要素投资驱动的增长模式。要素红利的逐渐消退，意味着要素投资驱动的经济增长模式走到了尽头，需要从要素红利转型为创新红利，培育内生增长动力。但是需要注意的是这种创新红利不仅仅是过去讲的技术创新，而是一系列创新活动的协同创新。通过协同创新，体现资源节约和环境友好的要求，以知识、技术和人才为依托，以创新为主要驱动力，以发展高新技术、新产品、新市场、新商业模式为重点，以新产业为标志，发展创新型经济。在宏观经济中，国家需要从战略高度上重视自主创新的重大意义，进一步加大对教育和科研领域的投入，实现由技术引进驱动向自主创新驱动转变。在技术创新方面，要从技术创新转向科技创新，实现从模仿创新到自主创新的转型，从分离型创新向协同型创新的转变，形成完备的技术创新体系，消除资源红利消退对经济增长的制约。在产业创新方面，要依据全球第三次产业革命的发展趋势加快产业发展，构建现代产业体系，提高产业转换能力，为研发和人力资本作用的真实发挥创造条件，遏制资源红利和人口红利消退对中国经济增长的约束。在微观领域的企业创新方面，通过企业的商业模式创新、技术创新、产品创新、管理创新、战略创新、体制创新、机制创新和市场创新，提高企业的核心竞争力，提高企业的竞争优势。

三、人力资本红利

在人口红利逐渐消退的情况下，中国长期经济增长要依靠人力资本红利，要实现从人口红利向人力资本红利的转变。重点要解决当前经济增长中人力资本的错配现象，使经济结构与人力资本结构在质量上相互适应，在数量上成比例关系。一方面，与产业升级相配套，针对人力资本、研究开发等知识资本的需求日渐增大的现实要求加大人力资本投入，优化教育结构，加大教育投入，使教育与经济发展结合起来，加快创新型人才的培养。另一方面，为实现劳动力供给结构的升级，以适应中国产业结构转型升级与经济结构调整的需要，需要进行大规模的劳动力培训和素质提高工作。同时，要完善集聚创新人才的制度。新兴产业的发展和创新型经济的形成，需要高端创新人才的支持。在人力资本红利的形成过程中，要完善创新人才的引进、选拔和使用制度，为人力资本红利的形成创造制度条件。

四、综合配套改革红利

传统增长红利是通过市场化改革释放增长红利空间的，随着市场化改革任务的完成，市场化改革的红利逐渐消退了，这就需要从单一的市场化改革向综合配套改革转型，通过综合配套改革创造新的红利空间。积极推进综合配套改革：一是要完善社会主义市场经济体制。建设统一、开放、竞争有序的现代化市场体系，解决当前市场经济发展过程中由于市场机制扭曲而造成的资源错配问题。二是要深化政府行政体制改革。处理好政府和市场的关系，从全能型政府向有限型政府转型，从增长主义政府向公共服务政府转型，从管理型政府向治理型政府转型。在减少政府行政干预的同时，对各种社会利益群体之间的利益关系进行有效调节，调节各种社会利益冲突。三是要加强收入分配体制的改革，健全收入再分配体制，减少由于收入分配差距过大而导致的消费需求不足以及社会不稳定。理顺政府、企业、消费者、中介组织等市场经济相关主体的基本关系。四是要以公共需求为主线推进社会体制改革。社会体制改革的内容包括：民生体制保障方面的改革、公共产品和公共服务供给的体制改革、社会分配体制改革。通过这些领域的改革增加私人部门的发展空间，在改善需求结构的同时，优化供给结构，从而对未来新增长红利空间的创造奠定基础。

第三节 新增长红利时代提高中国经济增长质量的路径转型

传统增长红利的消退和新增长红利时代的到来意味着我国传统的经济增长模式面临挑战，作为一个处于工业化中后期的发展中大国，经济增长新阶段的要素约束和机制约束意味着我国的发展战略必须作出转变，要从赶超型战略转向质量效益型战略①，这就要求在增长机制、增长管理方式和增长政策方面进行转变，以实现经济增长质量的提高。

一、从规模报酬不变的增长机制向规模报酬递增的增长机制转变

在传统增长红利背景下，我国经济增长主要是依托要素投入扩张来实现的，即市场化改革红利释放农村的剩余劳动力，对外开放红利提供国际市场和资源，在劳动力无限供给条件下，通过产业规模的扩张来实现增长，这从本质上说是一种规模报酬不变的增长机制。在新增长红利时代，要破除传统增长红利消退带来的增长约束，就要推动经济增长动力从要素扩张向全要素生产率提升转变，使经济增长机制从规模报酬不变向规模报酬递增转变，打造中国经济“升级版”。经济增长机制从规模报酬不变向规模报酬递增转变主要包括以下方面：一是依靠深化改革，破除制约经济增长机制转变的体制机制约束，包括要素定价机制、市场运行机制、政策考核机制和财税激励机制，消除传统增长红利背景下经济发展对要素的路径依赖，从而形成新的“改革红利”来提高全要素生产率，进而实现规模报酬递增。二是依靠效率提升，消除资源配置中的结构性扭曲，改善产业结构、城乡结构和区域结构中存在的结构失衡，提高资源配置效率，从而形成新的“结构红利”来提高全要素生产率，进而实现规模报酬递增。三是依靠科技进步提升经济增长的禀赋结构，创造出内生比较优势，从而形成新的“创新红利”来提高全要素生产率，进而实现规模报酬递增。四是依靠公共服务均等化，特别是依

① 任保平、郭晗：《新增长红利时代我国大国发展战略的转型》,《人文杂志》2013 年第 9 期，第 34 页。

靠教育和医疗等来实现人力资本结构升级，从而形成新的“人力资本红利”来提高全要素生产率，进而实现规模报酬递增。

二、从需求管理向供给管理转变

在传统增长红利背景下，由于没有面临要素约束，我国经济增长主要依靠投资需求扩张和出口拉动来形成，经济增长方式主要采取的是需求管理。在供给无约束的情况下，需求管理是有效的。但在新增长红利时代，增长红利空间必须依靠生产可能性边界的外移，即通过供给面推动，因此经济增长方式必须从需求管理转向供给管理。在新增长红利时代，传统要素红利的消退意味着我们已经达到生产可能性边界，因此要保持长期持续增长必须依靠生产可能性边界外移来实现，而要推动生产可能性边界外移，就必须从需求管理转向供给管理。从需求管理转向供给管理包括如下方面：一是改善要素供给。过去的经济发展中我们主要是依靠劳动力和资本要素的扩张，在未来的经济发展中更要注重人力资本要素和技术要素的投入，从而对传统要素进行替代，以应对新增长红利时代所面临的要素约束。二是改善产品供给。过去的经济发展在很大程度上受地方政府“投资饥渴症”的影响，在很多行业的产业布局和产品供给上存在着产能过剩和重复建设问题。即在未来经济发展中要进一步优化产业结构和产品结构，以提高经济增长的质量和效益。三是改善技术供给。过去的经济发展中我国的技术供给主要是以技术引进和技术吸收为主，缺乏自主创新，特别是缺乏基础科学层面的原始创新。在新增长红利时代，我国技术发展在很大程度上已经逼近技术前沿，这就要求我们通过加强自主创新来改善技术供给，实现经济内涵式增长。四是改善制度供给。过去的体制转轨为经济发展释放了大量的红利空间，但前一波改革的红利空间已经基本释放完毕。未来要改善制度供给，就必须进一步深化改革，加快完善社会主义市场经济体制建设，加快实现经济发展方式转变，从而在新增长红利时代释放更多的红利空间。

三、从短期政策向长期政策转变

在传统增长红利背景下，中国经济增长中的波动主要表现为产出缺口的变动，表现形式为实际增长率围绕潜在增长率波动，这实际上是经济增长的周期性问题，因此我国在进行宏观调控时主要采取的是短期政策。在新增长红利时代，中国经济增长的波动主要表现为潜在增长率的变化，此时的波动是经济增长的长期性问题，因此从政策取向上来讲要从短期政策转向长期政策。从短期政策向长期政策的转变主要包括如下方面：一是城乡发展一体化的政策。破除传统经济发展过程中户籍制度对于劳动力流动的限制，使价格机制能够在劳动力市场充分发挥作用，改善劳动力配置中的结构性扭曲，从而实现“人的城镇化”，进一步为经济发展释放出更多的红利空间，以实现长期增长。二是自主创新政策。通过加快构建以企业为主体、市场为导向、产学研相结合的全面创新体系，实现经济增长由投资驱动、要素驱动转向创新驱动，从而实现长期增长。三是人力资本政策。加大基础教育和基础医疗投入，特别是改善农村地区和落后地区的教育条件和医疗条件，通过人力资本增量的扩张实现长期增长。四是基础设施投入政策。基础设施包括软性基础设施和硬性基础设施。基础设施的改善能够提升一国的禀赋结构，从而加速产业升级和技术进步，实现长期经济增长。因此在未来经济增长中，要进一步加大基础设施投入，通过基础设施的改善提高经济潜在增长率，从而实现长期持续增长。

四、经济增长的动力由模仿创新向自主创新和协同创新转变

创新包含着产业创新、科技创新、制度创新等一系列创新行为所发生的综合协同作用，从多层次直接影响着创新驱动红利、结构转化红利和改革深化红利的形成。而我国目前的技术创新大多以引进和模仿国外先进技术为主，并没有掌握核心科技。这样的创新并不能使国内产业、管理技术迈进国际前沿的行列，进而就不能保证我国经济有质量的高增长。创造新增长红利空间以促进新阶段我国经济的持续稳定增长的根本就在于创新驱动的实现，而创新驱动的实现更多要依赖创新路径由模仿创新向自主创新和协同创新的转变。

首先，要促进技术创新由外生向内生转变。构建新增长红利空间，实现创新驱动红利就要改变原有的创新模式，立足于自主创新，培养高素质的创新人才，在引进技术的基础上不断形成具有自主产权的核心技术。政府和企业都应当加大对于创新活动的投入，特别是初期研发环节。在创新驱动红利

的实现前期，确实需要比启动物质资源红利更大的资金和人力资本资源投入；但在资源用于创新驱动之后，就将会获得更高的效益。同时，政府应当注重科技政策的制定和实施，为自主创新营造良好的环境和氛围，为实行自主创新的本土企业提供支持和激励，致力于实行强有力的知识产权保护制度。政府和企业还应合力将自主创新成果推向全社会，最大化创新驱动红利的扩散效应。

其次，必须注重协同效用的发挥。创新涵盖了多角度多方面的内容，其中各类创新都应该有机协同并且发挥作用，相互促进，提升其创新能力。作为创新驱动红利中最核心的制度创新、技术创新和产业创新，其协同增长效应更是不可小觑。在经济增长过程中，技术创新和制度创新存在互动关系，可以说是制度的不断更新和进步在很大的程度上激励了技术创新和产品、管理创新等其他一系列具体经济运作中的创新活动。

要真正实现创新协同作用的最大发挥，就应该从创新的根本即创新主体的协同整合做起。从我国目前创新主体的发展现状来看，国家创新体系中的创新主体构成与世界其他国家基本相似，但主体间的合作方式较为单一，层次也较低，并不能最大限度上发挥主体间的协同作用。因此，要真正实现以创新驱动红利促进国家经济增长质量，就应当建立包括企业、高校、科研院所、政府和金融机构等相关中介机构在内的全新的多元创新主体体系。在建立并完善的过程中，要以市场为导向，增强多元创新主体体系内部各创新主体自主创新能力；以企业为主导，搭建企业、高校、科研院所、政府和中介机构等共同参与、协同合作的创新平台，在多元创新主体体系内部建立高水准的官产学研协同新模式，彻底改变现今各主体间信息滞后、松散合作的局面。

五、经济增长的产业选择从多元化向高级化转型

对于中国未来经济增长而言——“差距就是潜力”，产业结构的转换红利是重中之重。传统增长红利时代通过要素驱动，实现了产业结构从单一向多元化的转变；在新增长红利时代要实现结构红利对经济增长的拉动，就必须实现产业结构由多元化向高级化的转型，实现产业升级，突破产业结构的低端锁定。

产业结构从多元化向高级化的转型首先应该做到依照国内经济的实际发展状况进行有效的产业结构调整。一方面，传统产业要向高科技含量、高附加值产业、低碳和低能耗产业转型，使传统产业真正融入新型产业链之中；另一方面要发展战略性新型产业，带动产业结构体系升级。

其次，应从制度层面保证产业结构转换过程中的合理性，立足于全球产业转移和升级来提升产业层次和技术水平，特别是第二、三产业的发展应互相支持促进，在加快淘汰落后产能的同时积极开发尖端技术、发展高科技产业，提升自身的专业化和高级化程度，维持经济增长的可持续性。

最后，不仅要实现各产业部门的多元化协调发展，更要在每个产业内部实现高级化。加大对于第一产业的科技和资本投入力度，提高农业的产业化和现代化水平。对第二产业和第三产业应在围绕优势支柱产业大力发展生产型服务业的同时，利用现代管理和经营理念发展生活型服务业，着力消除经济制度和固有体制的限制与障碍。

第二十一章

新时代中国经济从高速增长向高质量发展的转变

党的十九大报告作出中国特色社会主义进入了新时代的重大判断，深刻揭示了我国发展处于新的历史方位。党的十九大报告同时指出，“我国经济已由高速增长阶段转向高质量发展阶段，正处在转变发展方式、优化经济结构、转换增长动力的攻关期”。这既是新时代我国经济发展的鲜明特征，也是未来我国经济发展的战略指向。2018 年中央经济工作会议提出：“推动高质量发展是当前和今后一个时期确定发展思路、制定经济政策、实施宏观调控的根本要求，必须加快形成推动高质量发展的指标体系、政策体系、标准体系、统计体系、绩效评价、政绩考核，创建和完善制度环境，推动我国经济在实现高质量发展上不断取得新进展。”因此，新时代我国经济发展必须按照新阶段新特征的变化，围绕高质量发展的要求，进行经济发展理论导向和实践取向的变革，推动经济发展从经济速度向经济质量转变。

第一节　新时代中国经济发展阶段性新变化的理论分析

中国特色社会主义进入新时代，我国经济发展呈现出速度变化、结构优化、动力转换等诸多新的特征。出现以下阶段性变化。

一、由低收入阶段转向中等收入发展阶段

经济发展是有阶段的，在不同的发展阶段，经济发展依赖的资源禀赋条件不同、目标不同、任务不同，进而呈现出不同的发展特征。2016 年我国 GDP 达到 744127 亿元，排名世界第二位，人均 GDP 达 49351 元（合 8280 美元），已经超过了中等收入国家人均 5000 美元的标准，人均收入进入中等收入国家行列。在这个新的发展阶段，我国部分发达省市的经济总量和人均 GDP 已经超过世界上中等发达国家的水平。进入新时代，我国经济发展面临着一些新的问题和新的发展任务。从 2011 年开始，我国成为世界第二大经济体，但是人均收入偏低、整体经济素质不高、科技创新能力不足、产业结构层次低、城市化发展滞后、金融体系不发达，还不是经济强国。步入中等收入国家行列之后，同样面临着“中等收入陷阱”的风险。过去较长时间经济快速发展过程中所积累的矛盾集中暴露出来，过去的增长路径、增长机制和增长模式已经无法持续，这个阶段经济增长容易出现波动或陷入停滞状态，面临着跨越关口的考验。

因此，进入中等收入发展阶段以后，我们需要从追求经济增长的数量向追求经济发展的质量转变。一方面要加强自主创新，加大教育和研发投入，提高国民受教育程度和劳动力素质，提高自主创新能力，进而大幅提高全要素生产率。另一方面要深化改革，消除资源有效配置的障碍。通过体制改革和制度创新，消除市场分割的体制障碍，推动生产要素从效率较低的部门向效率较高的部门转变，打破经济结构的低端锁定，促进经济结构升级，实现从要素驱动向创新驱动的转型。通过经济升级和创新驱动促进中高级生产要素开发和利用，全面提升人力资本质量，从而促进我国经济由数量追赶向质量追赶转型。

二、人口、资源和环境条件的约束

经济增长的实质是财富的增长，而财富需要用资源生产出来。因此经济增长过程中，资源环境代价越高表明增长的质量就越低。持续多年的追赶战略，使得促进经济发展的人口、资源和环境条件发生了巨大的变化。

从人口增长来看，改革开放以来的 40 年中，独生子女的计划生育政策

和工业化、城市化促进大量农村剩余劳动力从农村流入城市，形成了经济增长的人口红利，人口红利的释放促进了经济增长，也促进了我国工业化和城市化进程的快速发展。按照经济学的基本原理，人口红利是经济发展的短期红利，随着我国人口结构的新变化，劳动力成本不断提升，人口红利逐渐消退，经济发展过程中的人力成本不断上升，造成了对长期经济增长的约束。

从自然资源供给来看，在我国经济增长的起飞初期，丰裕并且廉价的自然资源为工业化和城市化的发展提供了自然优势基础，但是资源的大量消耗在促进经济快速增长的同时，也出现了严重的高投入、高能耗、高产出、高污染、低收入和低效率状况。新时代我国经济发展进入新的发展阶段，资源约束成为经济进一步增长的硬约束。同时生态环境的破坏，使得资源和要素驱动型经济增长已经变得不可持续。

我国正处于工业化中期，高耗能、高污染、高投入的重化工业在第二产业中的比例相对较高，轻重工业比例不合理，不仅限制了战略性新兴产业的发展，也加剧了温室气体的排放，导致生态环境恶化。经济增长过程中出现的严重环境污染和生态破坏，表明以不断耗竭资源为代价的经济增长模式必将不可持续，人口、资源和环境的变化所造成的经济增长的极限已显现出来。

人口、资源和环境变化所造成的经济增长极限说明，我国现有的资源环境条件已经对经济持续增长产生制约，依靠物质要素投入的经济增长已经变得不可持续增长。进入新时代要实现高质量的经济发展，必须要培育经济增长的新动能。从高质量的经济发展要求出发，需要控制环境污染，减少碳排放，以及进行生态整治，需要依靠科技创新开发绿色技术和清洁技术，发展绿色经济，走生态经济道路，发展体现绿色发展理念的环保产业和生态产业。人口、资源和环境的变化倒逼我们的经济发展要从数量型增长转向质量型增长，实施创新驱动战略，创新经济发展方式。以知识创新和技术创新来提升和改造物质资本，通过技术创新、产业创新、管理创新来提高全要素生产率，运用新技术节省和替代物质资源，实现资源的可持续利用。

三、向质量效益型增长转型

长期以来，我国经济增长主要依靠外需和投资拉动，不仅造成资源的极大浪费和环境的严重污染，而且极易受到国际市场波动的影响。这就要求我们必须由数量型高速增长转向质量效益型高质量发展。

世界银行2000年发展报告认为，经济增长的质量和速度同样重要，经济增长的来源和模式影响着发展的效果。该报告指出，经济增长质量要求将促进经济增长的政策与普及教育、加强环保、增加公民自由、强化反腐败措施结合起来，使人民生活水平得到显著提高。

党的十九大报告在作出我国进入中国特色社会主义新时代的重大判断的基础上，指出新时代我国经济已经开始由高速增长阶段转向高质量发展阶段。新时代背景下的经济发展与过去发展模式的最大区别就是要以质量效益为基础。新的发展模式要实现经济结构在诸多领域的全面升级，同时经济发展方式逐步由粗放型发展模式向集约型发展模式转变，最终提高经济发展的质量和效益。在这一转变过程中，经济结构将逐步改善，消费的贡献率逐步上升，环境规制强度会逐步增强，发展将从单纯的速度提升变为速度、质量和效益的同步提升。新时代下经济增长不能单纯以GDP的增长为标准，而是要特别重视提高居民的生活质量，调节收入分配结构，让全体人民共享经济发展的成果，努力缩小贫富差距、地区差距和城乡差距。

转变发展方式的着力点在于摒弃单纯以数量指标衡量增长，而是要更加强调质量指标，从经济高速增长向高质量发展转变。一是促进我国经济结构的转型升级。通过信息化以及技术进步等方式来实现我国经济结构的高级化和合理化。促进资本、劳动力、土地和技术等生产要素从低附加值、低效率和高消耗的生产部门或产业链环节进入到高附加值、高效率和低消耗的生产部门或产业链环节。大力推动制造业朝信息化、智能化、绿色化和服务化方向升级。二是注重经济的稳定性。经济稳定是一个国家乃至全球经济社会发展的必要前提，也是经济增长质量高的表现。没有稳定，发展就不会稳固，也不会持久。熨平经济周期，避免经济增长的大起大落。保持经济社会发展在合理区间内运行，更要将政策重点落在调整结构和促进改革上。三是追求经济可持续发展。积极进行技术创新，促进人与自然的和谐共生。实现绿色发展，降低能耗，保护生态环境，提高资源利用效率，降低经济发展的生态成本、资源成本和环境成本。提高各种经济资源的使用效率，建立资源节约型和环境友好型的国民经济体系，减轻经济增长对资源和环境的压力。

四、转向实现现代化

处于低收入发展阶段时，经济发展的主要任务是摆脱贫困。因此，经济发展过程中把全部的资源集中配置到经济建设上来，以追赶战略为导向，以经济的数量型增长为目标，努力摆脱贫困。进入中等收入国家行列以后，经济发展的目标就要由摆脱贫困转向基本实现现代化。①

基本实现现代化的内容包括以下 5 个方面。一是人民幸福。基本实现现代化突出满足人民的幸福感，强调人民的生活质量，涉及提高营养水平、健康水平和受教育程度。人民的幸福感不仅仅要看收入，还有文化、精神、健康等多方面需求的满足，包括人民收入水平的提高，居民家庭财富明显增加，居民的财产性收入随之增加，公民享有的公共财富明显增加，城乡公共服务均等化。二是高科技化。现代化不是简单的数据，而是要有现代化的企业和产业。形成现代化新科技企业、形成现代化的产业体系。三是人的现代化。现代化的核心是人的现代化，如果没有人的现代化就不可能实现真正意义上的现代化。人的现代化内涵丰富，核心内容包括人的思想意识、知识素质、综合能力、行为方式、经济关系和社会关系等方面的现代化。一方面，要推进思想解放、促进人的观念意识现代化，以思想意识的现代化为全面深化改革提供新的精神动力。另一方面，要坚持把人的全面发展摆在首要地位，在全面推进人的思想意识、知识素质、综合能力等方面的现代化的基础上，进一步促进人的全面发展。四是经济结构现代化。经济结构现代化是指要克服我国经济发展过程中出现的二元结构现象，包括区域二元经济结构、城乡二元结构、市场经济二元结构、工农业二元结构。解决二元结构的起步阶段路径是工业化和城市化，降低农业和农民比重；进一步推进城市现代化，即城市在发展现代服务业的基础上，提升城市功能；在此基础上推进城乡一体化，促进城市发展要素进入农村，实现城市现代化。五是社会发展水平现代化。包括生态现代化、文化、教育和医疗卫生发展水平的现代化等。在生态现代化方面，现代化社会形态是资源节约型、环境友好型社会。环境和生态的国际标准就成为率先基本实现现代化的主要评价指标。文化、教育

① 洪银兴、任保平：《经济新常态下发展理论创新》，经济科学出版社 2017 年版，第 187 页。

和医疗卫生发展水平的现代化，反映了一个国家的软实力，是人民幸福的主要标志，也是现代化的重要领域。

第二节 新时代中国经济转向高质量经济发展理论导向

从一般意义上来看，衡量经济发展质量的标准应当包含经济发展的有效性、充分性、协调性、创新性、持续性、分享性和稳定性。[①] 进入新时代意味着我们必须摒弃过去数量型的经济发展模式，探索高质量经济发展路径。新时代下质量型的经济发展路径必须以高质量经济发展为核心，把质量当成基础性和关键性的变量。把转方式、调结构、创新发展放到更加重要的位置，把中国经济发展引入提高经济发展质量的轨道之中。经济发展质量与经济增长质量是不同的，经济发展质量是对一国经济发展优劣状态的综合评价，其内涵要比经济增长质量宽泛得多，不仅包括经济因素，而且包括社会、环境等方面的因素。[②] 因此，新时代高质量发展的理论导向体现在以下几点。

一、提高供给的有效性

供给是否有效是相对需求而言的。满足人民群众不断增长的物质和文化需求是社会主义条件下对供给有效性的基本要求。在低收入阶段，满足需求主要是数量问题；而进入中等收入阶段后，需求是否得到满足主要看供给的结构和质量。现实中存在的供给问题突出表现在有效供给不足和无效产能过剩。

有效供给不足，是供给侧的结构性问题，结构性问题是发展中国家的通病。进入中等收入阶段后，解决了温饱问题的居民需求更为多元化、个性化，需求层次更高。而供给仍然采取低收入阶段的方式，只是追求数量，不追求质量，不注重技术进步，为生产而生产，势必造成有效供给不足和无效产能过剩。显然，提高经济增长质量的关键是解决供给的有效性问题。中国

① 任保平、魏婕、郭晗等：《超越数量：质量经济学的范式与标准研究》，人民出版社 2017 年版，第 227 页。

② 任保平：《经济增长质量的逻辑》，人民出版社 2015 年版，第 220 页。

经济增长要通过供给的改善来追求更加有质量的经济增长。主要有以下几条路径。

（一）加快产业和产品结构调整，改善产品供给

从社会供求角度来看，当经济发展到一定程度，社会需求结构就会随着收入的提高而升级，与此相适应就需要供给结构与需求结构相适应，来提高供给的有效性，促进供给结构升级。而供给结构的升级就需要对产业结构进行有效调整，实现社会资源在生产各部门、各行业之间的重新配置，从而提高经济增长的质量和效益。除了产业结构调整外，特别要重视产品结构的调整。实践中适应需求多元化和个性化而创造的定制生产、体验性服务就能很好地解决供给的有效性问题。当然，供给结构不是被动的适应消费结构，供给也能创造消费者、引领消费结构的升级。

（二）推进科技和产业创新，改善技术供给

有效供给不足的一个重要原因是供给侧由于技术水平的限制不能适应进入中等收入阶段以后消费需求的新变化：解决了温饱问题后居民的消费需求开始转型升级，更为关注供给的产品和服务的档次、质量、健康、安全、卫生等。要满足这些方面转型升级的消费需求，就需要推进科技和产业创新。科技和产业的创新要求：首先要提高企业自主创新能力，完善企业的创新机制，加强企业研发投入，形成产学研相结合的自主创新体系，在企业创新体系建设中重视企业人力资本积累，发挥知识、技术和人力资本等高端要素在经济增长中的主导作用，提高全要素生产率。其次要加快推进传统产业部门的现代化转型，通过企业技术创新和人力资本要素作用的发挥促进传统产业结构的转型升级，实现经济增长驱动力从要素驱动型向创新驱动型转变，产业结构从低端向高端升级。最后要促进科技和教育制度创新，为科技和产业的创新提供高端要素支持，为高质量的发展提供知识、技术和人才支持。通过科技制度创新，促进从增长激励向创新激励转变，在关键技术和前沿核心技术领域实现创新突破，努力形成具有自主知识产权的创新型技术。通过教育制度创新，优化教育结构，推行素质教育，扩大教育资源，培养高素质的人才，加快新时代创新人才的培养。

（三）发挥民间投资的作用，改善供给主体结构

民间投资是重要的供给主体结构，民间投资的发展可以促进供给主体结构的优化，增强民间投资对经济增长的拉动力。民间投资的进一步发展需要重点解决以下问题：首先要进一步向民间投资开放更多的投资领域。按照产业结构升级的需要，通过制度激励和政策引导，释放民间投资的活力，放宽对民间投资的限制，破解制约民间投资的体制障碍，为民间投资创造更多的转型空间和发展机遇，改善供给主体结构。其次要优化对民间投资的服务。优化民间投资的环境，加强对民间投资的政策引导，引导和支持社会中介组织，包括信息服务中心、技术创新中心、投资咨询中心等为民间投资提供服务。最后要为民间投资创造良好的环境。加强优质、高效、良好的投资环境建设，降低民间投资的成本，在人才培养、劳动、保险等方面为民间投资提供服务，优化民间投资的运行环境。

二、实现公平的发展

发展在本质上是一个效率不断提高、社会公平程度不断提高的过程。在低收入阶段强调效率优先，进入中等收入阶段后，发展的首要问题是促进公平正义。按照公平发展的要求，我国新阶段的经济发展尤其需要推进公平发展和共享发展。改善收入分配，加强对收入分配的调节，防止收入差距过大；进一步规范收入分配秩序，有效调节垄断性行业的过高收入。在扩大中等收入者比重的基础上，不断提高低收入者收入能力和水平，保障贫困人口的基本生活，使人民共享经济发展的成果。具体涉及以下三个方面。

（一）在初次分配领域建立提高劳动报酬比重的机制

收入分配不能够只任由市场调节，也需要多种调节方式的配合，包括国家的宏观税收调节、维护劳动权益的法律调节、企业内部工资集体协商机制调节等等。收入分配的调节需要在初次分配领域建立提高劳动报酬比重的机制：首先要坚持劳动者报酬增长与劳动生产率提高同步的分配原则。与劳动生产率的提高相适应，逐步提高劳动者的报酬。在经济发展过程中，如果没有劳动生产率的提高，劳动报酬的增长就没有来源；而劳动报酬如果不能与劳动生产率同步增长，会影响劳动者的积极性，最终也会影响企业创新能力和竞争能力。劳动者报酬增长与劳动生产率提高两者之间并非自然而然地保持同步，需要以政府为主导，坚持和落实劳动者报酬增长与劳动生产率提高同步的原则。其次要健全扩大就业，增加劳动收入的发展环境和制度条件，特别要注意提高一线劳动者的报酬。完善劳动者报酬的调节机制，推动工资集体协商，形成劳动者工资正常增长机制，建立和谐的劳资关系。

（二）在再分配领域强化公平分配的机制，建立先富带动后富的机制

共同富裕是我国社会主义的根本原则。因此，国家鼓励一部分人、一部分地区通过诚实合法劳动先富起来的同时，还要通过先富者带动后富者，逐步实现共同富裕。为此，要加强政府再分配调节。政府要通过税收调节收入分配，完善社会保障制度，提高基本公共服务均等化，逐步缩小社会成员之间的收入水平差异。一方面，积极推进东西部扶贫协作。不仅贫困地区要加大投入，东部地区也要加大对西部地区的投入。另一方面，积极落实精准扶贫。精准扶贫思想是我国扶贫攻坚阶段实现脱贫的指导性思想，精准扶贫的理论基础是共同富裕原则，现实基础是全面建成小康社会目标，是落实公平发展的重要方面。精准扶贫包括精准识别、精准帮扶、精准管理和精准考核，其核心要义就是精准化理念，要求将精准化理念作为扶贫工作的基本理念，贯穿于扶贫工作的全过程。在精准扶贫中，要坚持开发式扶贫方针，在发展中实现扶贫，把发展作为解决贫困的基本实现路径，通过调动扶贫对象的积极性、主动性和创造性，提高扶贫对象的自我发展能力。

（三）解决好财富公平的问题

目前我国收入分配不公平主要表现在财富占有的不公平，进入新时代的改革承认财产性收入，这是我国体制改革的进步。新时代的收入分配改革要重视财富公平。首先要在体制上提供增加居民财产收入，从而增加居民财产性收入的途径。在城市要积极鼓励私人创业，保护知识产权及其收入，在完善企业股权结构的基础上，允许员工持股、企业家持股和科技入股。在振兴乡村战略的实施中，可以允许农民通过土地流转来获取收入，在此基础上扩大中等收入群体的数量。其次要加快完善生产要素市场，包括资本市场、信息市场、技术市场、土地市场、房产市场和人力资本市场等，并保障这类市场的规范化。最后要多渠道增加居民财产性收入，依法加强对公民财产权的保护，确保公民财产权和财富增值权不受侵犯。

三、走生态文明道路

生产力不仅包括人及其创造力、生产工具，而且包括生态环境。生态文明和绿色发展意味着财富观的创新，现代财富观明确生态环境也是财富，“绿水青山”也是“金山银山”。这就是习近平总书记指出的：“我们既要绿水青山，也要金山银山。宁要绿水青山，不要金山银山，而且绿水青山就是金山银山。”① 因此，生态环境也是生产力，坚持绿色发展也能提高生产力水平。生态环境也是财富，提高经济发展质量，必须进行生态文明建设，构建生态经济发展新模式，走出一条经济发展与生态文明建设相协调的发展道路。具体包括以下内容。

（一）优化国土空间开发格局

按照人与自然和谐共生的原则，实现经济效益、社会效益和生态效益的协调，统筹人与自然协调发展，实现各类自然资源的有效利用，通过资源合理利用、生态环境有效保护，以生态文明指导生产空间、生活空间、生态空间的合理布局，在以人与自然的和谐共生的基础上，通过绿色发展达到优化国土空间开发格局的目标。

（二）积极推进主体功能区战略

按照党的十九大报告提出的在生态文明建设中要加快完善主体功能区政策体系，以全国主体功能区规划为依据，按照绿色发展的原则，在环境功能区划的基础上分区整治，形成符合绿色发展要求的经济发展新格局，强化生态服务功能，推动各类主体功能区环境质量监测与评估考核体系建设，加强对各类主体功能区环境质量的监测预警。

（三）积极推进绿色发展

以绿色发展观和循环利用的资源观为指导，完善绿色发展的经济体系、产业体系、制度体系和政策体系，积极推动经济发展方式和资源利用方式的转变，加强技术创新，提高资源利用效率，加强不可再生资源的科学有效利用，推进资源的资产化管理，努力提高资源综合利用的效率。

（四）建立科学的绿色发展制度体系

以效率、和谐、持续为发展目标，构建产权清晰、制度约束、激励导向、系统完整的绿色经济体系。同时构建绿色发展的制度体系来为绿色发展

---

① 中共中央文献研究室编：《习近平关于全面建成小康社会论述摘编》，中央文献出版社 2016 年版。

的经济体系提供制度支撑。建立科学的生态环境保护制度，把绿色发展纳入制度化轨道。

（五）深度参与全球气候治理

在推进国内绿色发展的基础上，要深度参与全球气候治理，积极参与应对全球气候变化的谈判。从全球视野出发加快推进绿色发展，把绿色发展转化为我国新时代经济发展新的竞争优势，不仅实现我国自身的绿色发展，而且为推动世界绿色发展、维护全球生态安全作出积极贡献。

四、强调人的现代化

提高发展质量不仅表现为经济发展水平的进一步提升和人民生活水平的进一步提高，还更加强调经济社会的协调发展，体现以人为本及人的现代化。人的现代化是促进国家发展的精神动力，高质量的发展也突出强调人的现代化，把促进人的全面发展作为高质量发展的主要内容。

关于人的现代化有一系列衡量指数，联合国开发计划署在《1990 年人类发展报告》中提出了人类发展指数（HDI）。此后，联合国开发计划署每年都发布世界各国的人类发展指数，并在《人类发展报告》中使用它来衡量各个国家人类发展水平。

在提高经济发展质量的过程中，人的现代化包括：其一，思想观念的现代化。思想观念的现代化是指人的思想观念从传统向现代的转化，其内容包括人的价值观念、思想意识、思维方式以及精神状态等方面的现代化。要通过树立科学的世界观、人生观、价值观，培育改革创新精神，培育人的竞争意识、责任意识、法治意识等来实现人的思想观念的现代化转型，为新时代中国特色社会主义经济发展提供精神动力和精神源泉。其二，素质能力的现代化。经济社会发展的终极目标是人的全面发展，促进人的全面发展也是马克思主义的重要思想和目标追求。人的素质能力主要包括品质、体质、智能和潜能。通过发展各类教育、提高受教育年限、加强人力资源开发等多种方式提高人的素质，努力使我国由传统的人口大国转化为人才资源强国，把人口压力转化为人才优势，从人口红利向人力资本红利转变，实现人的素质能力的现代化。其三，以制度创新为实现人的现代化提供保证。人的观念更新、能力提高，只有在现代制度条件下和制度创新过程中才能真正实现。只有制度创新才能有效消解旧的传统制度的强大惯性对人发展的阻碍，才能规范人在新的经济、政治、文化生活领域的发展行为。以制度创新为人的现代化提供保证，以人的发展为中心的系统，外接社会的经济、政治、文化制度，内连人的发展的各种行为构建促进人的发展制度体系。

第三节　新时代中国经济从高速增长转向高质量发展的实践取向

从理论上来说，经济发展的质量取决于经济发展的实践取向。随着我国的经济发展由数量速度型转向质量效益型，经济发展的实践取向也需要进行相应的改变。改革开放以来，我国按照提高经济发展质量的思路，先后经历了从经济增长方式转变到经济发展方式转变再到创新经济发展方式的思路。在这些思路的转变过程中，通过创新发展来提高经济发展质量的思路凸显。高质量发展的实践取向主要体现在以下几点。

一、创新成为第一动力

改革开放以来，我国试图通过经济体制改革来解决经济发展的质量，并取得了明显的效果，但这并不能完全解决质量问题。1995 年党的十四届五中全会提出提高经济发展质量建立在两个转变的基础上，一是经济体制的转变，二是经济增长方式的转变。2007 年党的十七大明确把转变经济增长方式改为转变经济发展方式，从转变发展方式的主要目标来看，转变经济发展方式强调经济增长的长期性、生态性和可持续性，加快实现经济、社会、人、自然的和谐共生。2012 年召开的党的十八大在坚持经济发展方式转变的同时，进一步提出了创新驱动战略。2013 年召开的党的十八届三中全会把“加快转变经济发展方式”扩展到创新驱动战略，把创新驱动战略作为加快转变经济发展方式的途径。

现代经济增长理论认为，内生性经济增长的决定性因素是知识资本和人力资本。现在创新作为第一动力已经成为世界性趋势，创新已经成为新时代下我国提高经济发展质量的第一动力。这是马克思主义政治经济学中国化的最新成果，对中国的发展具有重大而深远的指导意义。习近平总书记指出：

从世界范围内来看，第三次科技革命带来的新兴科学技术已经成为推动世界经济发展的主要驱动力，进入新时代从要素驱动转向创新驱动是高质量发展的必然要求。习近平总书记强调："科技创新是提高社会生产力和综合国力的战略支撑，必须把科技创新摆在国家发展全局的核心位置，坚持走中国特色自主创新道路，敢于走别人没有走过的路，不断在攻坚克难中追求卓越，加快向创新驱动发展转变。"[①] 我国过去的经济增长主要依靠物质资源的投入，现在物质资源供给不足成为经济增长的瓶颈。在此背景下，经济发展需要由要素和投资驱动转向创新驱动，创新就成为高质量发展的第一动力。

二、实现遵循规律的科学发展

习近平总书记指出："发展必须是遵循经济规律的科学发展，必须是遵循自然规律的可持续发展，必须是遵循社会规律的包容性发展。"[②] 这是对中国特色社会主义新时代背景下推动高质量发展的理论指导，是新时代高质量发展的实践取向。

（一）遵循经济规律，实现科学发展

习近平总书记指出："我们不再简单以国内生产总值增长率论英雄，而是强调以提高经济增长质量和效益为立足点。"[③] 随着我国经济发展水平的提高，在新时代背景下要实现高质量的经济发展，就要强调培育经济发展的新动能，提高经济发展的质量和效益。一方面，经济增长要由过去的投资带动向消费带动转变，更加强调消费对经济发展的带动作用。另一方面，通过技术创新、产业创新、管理创新等方面的协同作用，使经济发展方式由过去规模扩张向提高效率的方式转变，以产业结构的优化升级提高发展的质量和效益。遵循经济规律，走创新驱动之路，实现创新发展和科学发展。

（二）遵循自然规律，实现可持续发展

传统发展方式中，人类征服自然和改造自然的发展观，造成了人与自然的冲突，带来了一系列掠夺和破坏自然的行为。特别是在进入工业化时代以

---

① 《习近平会见嫦娥三号任务参研参试人员代表》,《人民日报》2014 年 1 月 7 日。

② 《引领中国经济巨轮扬帆远航——以习近平同志为总书记的党中央推动经济社会持续健康发展述评》，人民出版社 2014 年版，第 7 页。

③ 习近平：《不简单以 GDP 论英雄》,《北京晚报》2013 年 10 月 8 日。

后，科学技术的进步提高了人类利用自然资源的效率，但同时加速了人类对大自然的索取和掠夺，产生了严重的生态环境问题，制约了经济的长期可持续发展。在新时代背景下，我国的现代化更加重视生态环境和自然资源的保护。新时代是绿色发展和生态文明建设的新时代，在现代化建设中要求实现人与自然和谐共生。

（三）遵循社会规律，实现包容性发展

过去强调经济发展，而社会发展相对滞后，经济发展与社会发展不协调。实现高质量的发展是新发展理念的体现，经济、社会协调发展既是高质量发展的内在要求，也是社会文明进步的标志。经济发展和社会发展是发展这枚“硬币”的两面，经济发展和社会发展具有相互促进、相互制约的关系，经济发展是社会发展的基础，社会发展反过来又进一步影响经济发展。和谐的社会能够调动劳动者积极性，从而促进经济发展，反之社会矛盾的尖锐就会制约经济发展。

三、转向中高速增长

进入新的发展阶段，过去支撑中国经济发展的红利正在逐渐消退，资源禀赋结构发生了变化。由于这些原因，我国经济增长速度放缓是不可避免的，但是保持中高速增长依然是可能的。中高速增长是新时代经济发展目标的新变化，中高速增长是高质量经济发展的要求，长期可持续的中高速增长需要培育经济发展的新动能。而且中高速增长不是降低发展的要求，而是要求增长的速度不是建立在规模扩大的基础上，而是建立在提高质量和效益的基础上。中高速增长必须是可持续的，不仅要求增长速度在长期中稳定，防止大起大落，还要求与人口、资源、环境相协调，实现可持续发展，所有这些都涉及经济发展方式的转变。在高质量发展阶段转向中高速增长以后，着重要做好三个方面的工作：一是按照高质量发展的要求，坚持以供给侧结构性改革为主线，推动中国制造向中国创造转变，增长速度向增长质量转变，制造大国向制造强国转变，进一步提高供给体系的质量，开启质量效益提高、稳定性和可持续性增强的经济发展新局面。二是培育经济发展的新动能。通过质量变革、效率变革、动力变革三大变革提高全要素生产率，加强科技创新，加快传统产业转型升级，培育起新时代经济发展的新动能。三是

激发市场活力。充满活力的市场主体是实现高质量发展的根基，进入中高速增长阶段，在正确处理政府与市场关系的基础上，破除歧视性限制和各种隐性障碍，充分激发国有企业和民营企业的活力。

四、迈向中高端结构

中国制造业处于全球价值链低端，由此产生高产值、高成本、高消耗、低附加值等问题。而且在我们的产业结构中，高消耗、高污染的传统产业偏多，产业绿色化和生态化程度低。我国在进入中等收入阶段后，产业水准必须实现中高端。除了要提高服务业尤其是现代服务业比重外，在制造业领域的中高端方向突出在以下三个方面。

（一）前瞻性地培育战略性新兴产业

发展战略性新兴产业实际上是要培育国际竞争中的产业优势。战略性新兴产业一要体现新兴，二要体现战略性，它代表着科技创新的新趋势，同样也代表着产业发展的新方向，战略性新兴产业是科技创新和产业创新的深度融合。在第三次科技革命的推动下，世界范围内以互联网、新材料、新能源相结合为特征的新产业革命正在逐步兴起。自国际金融危机爆发以来，许多国家纷纷着手进行规划，把新能源、新材料、信息技术等作为未来发展的重点，积极培育新兴产业，力争在第三次产业革命中获得优势。依据世界产业发展的趋势，在新时代背景下我们要前瞻性地培育战略性新兴产业。战略性新兴产业的一般特征是：以重大技术突破和重大发展需求为基础，对经济社会发展具有重大引领作用。同时，从战略性新兴产业的投入要素结构来看，主要表现为知识技术密集、物质资源消耗少。因此，基于战略性新兴产业的特征，立足于我国现有的科技基础和产业基础，新时代的高质量发展应当以信息技术、生物技术、新能源、新材料等领域的战略性新兴产业作为支柱产业，并坚持科技创新与实现产业化相结合。切实完善体制机制，大幅度提升自主创新能力，着力推进原始创新，大力增强集成创新和联合攻关，促进战略性新兴产业快速成长。

（二）有效推进传统制造业的改造

改造的方向是促进传统制造业向新兴产业转型。传统产业向创新产业的转型是最为有效的，一方面技术转型方便；另一方面市场转型的阻力小。因此，传统制造业向新兴产业转型的总体成本小，市场风险低，在新时代下我们要重视传统制造业向新兴产业转型。要积极引导传统产业，就要采用现代最新技术如“互联网+”“智能化+”、绿色化等进入中高端，改变高消耗、高污染、高产值、低收益的窘境。

（三）全球价值链分工进入中高端

经济全球化背景下，国际竞争是全球价值链的竞争。目前，我国参与全球价值链分工现状是：中国制造的许多产品处于国际价值链低端，产品缺乏核心技术和关键技术。进入新时代我们必须依靠创新驱动使高科技产品进入全球价值链中高端，向“微笑曲线”的两端攀升。一方面，在已有的全球价值链上攀登价值链中高端，通过低端转移，转向高端制造。另一方面，建立以中国为主导的价值链。原创性的有自主知识产权的核心技术和关键技术在中国，品牌也是中国的，生产环节走出去。

五、走文明发展道路

高质量的经济发展要求走文明发展道路，实现速度和结构、质量、效益相统一，自然系统、社会系统和经济系统有机协调，通过生态文明建设满足人民群众对美好生态环境的需求，建设美好中国，遵循生态规律，实现经济社会长期可持续发展。因此，文明发展的道路需要把生产、生活和生态联系起来，这是人类社会发展规律的要求，也是人类文明进步的要求。具体地说，文明发展道路包括如下内容。

（一）走物质文明道路

物质文明是指人类物质生活的进步状况，在经济领域中创造的财富和成果。物质文明的实现途径包括：社会生产力的发展，技术进步、生产能力改进，生产规模的扩大，人的物质生活水平的改善，生活方式的变化等。其中，生产力因素是关键因素，生态文明与社会生产力发展水平相适应，并受一定时期内社会生产关系、自然条件、制度条件和人口因素的影响，在这些诸多因素中科学技术的发展对物质文明的发展起决定作用。

（二）走精神文明道路

精神文明是人类发展过程中表现出来的人类智慧、道德的进步状态。精神文明主要表现为两个方面：科学文化方面的精神文明和思想道德方面的精神文明，这两者是新时代中国特色社会主义现代化的重要内容。新时代的精神文明作为物质文明的发展提供思想源泉、精神动力和智力支持。因此，新时代要走精神文明之路，通过高层次的精神文明建设为新时代中国特色社会主义现代化强国建设提供思想动力和精神源泉。

（三）走政治文明道路

政治文明是指政治制度和政治生活的进步水平和状态。政治制度层面的文明道路，表现为国家治理能力、国家治理水平、国家管理形式、结构形式的演化发展。政治观念层面的文明道路，表现为政治价值观、政治信念和政治情感的进步状态和水平。

（四）走生态文明道路

生态文明是协调人与自然关系的文明，生态文明是新时代经济社会发展的新指向，体现了我国进入新时代以后社会主要矛盾的变化，体现了人们对美好生态环境的迫切需求。生态文明建设是物质文明建设的自然基础，生态文明建设的高度发展会转变人们对生态环境的态度，让其承认自然界的权利与价值，提高人们对环境保护和建设的认识。

（五）走社会文明发展道路

走社会文明发展道路是我国新时代社会主义现代化发展的客观要求，是实现以人民为中心发展的现实需要，社会文明发展目标是人民安居乐业、社会安定有序、国家长治久安。一方面，完善政府主导、社会协同、公众参与、法治保障的社会治理体制，运用法治思维构建社会行为有预期、管理过程公开、责任界定明晰的社会治理制度体系，推进国家治理体系和治理能力现代化。另一方面，健全利益表达、协调和保护机制，正确处理好当前利益和长远利益、局部利益和整体利益、个体利益和集体利益的关系。

参 考 文 献

［1］曹建云：《二十世纪世界人口、经济增长及其对生态环境的影响》，《人口与计划生育》2003 年第 11 期。

［2］钞小静、惠康：《中国经济增长质量的测度》，《数量经济技术经济研究》2009 年第 6 期。

［3］钞小静、任保平：《中国经济增长质量的时序变化与地区差异分析》，《经济研究》2011 年第 4 期。

［4］陈春良、易君健：《收入差距与刑事犯罪：基于中国省级面板数据的经验研究》，《世界经济》2009 年第 1 期。

［5］陈佳美：《组织创新对中国经济增长质量提高的影响分析》，《经济学家》2013 年第 12 期。

［6］陈钊、陆铭：《论作为经济发展阶段之函数的政府功能》，《学术月刊》2007 年第 10 期。

［7］程虹、李丹丹：《一个关于宏观经济增长质量的一般理论——基于微观产品质量的解释》，《武汉大学学报（哲学社会科学版）》2014 年第 3 期。

［8］程永宏：《改革以来全国总体基尼系数的演变及其城乡分解》，《中国社会科学》2007 年第 4 期。

［9］樊纲、苏铭、曹静：《最终消费与碳减排责任的经济学分析》，《经济研究》2010 年第 1 期。

［10］冯芷艳、郭迅华、曾大军、陈煜波、陈国青：《大数据背景下商务管理研究若干前沿课题》，《管理科学学报》2013 年第 1 期。

［11］郭晗、任保平：《人口红利变化与中国经济发展方式转变》,《当代财经》2014 年第 3 期。

［12］郭晗、任保平：《中国经济增长质量：增长成果分享性视角的评价》,《海派经济学》2011 年第 1 期。

［13］郭熙保：《论发展观的演变》,《学术月刊》2001 年第 9 期。

［14］何其春：《税收、收入不平等和内生经济增长》,《经济研究》2012 年第 2 期。

［15］洪银兴：《关于创新驱动和创新型经济的几个重要概念》,《群众》2011 年第 8 期。

［16］洪银兴：《转型经济学》，高等教育出版社 2007 年版。

［17］金碚：《科学发展观与经济增长方式转变》,《中国工业经济》2006 年第 5 期。

［18］李变花：《中国经济增长质量研究》，中国财政经济出版社 2008 年版。

［19］李娟伟、任保平、刚翠翠：《提高中国经济增长质量与效益的结构转化路径研究》,《经济问题探索》2014 年第 4 期。

［20］李娟伟、任保平：《协调中国环境污染与经济增长冲突的路径研究——基于环境退化成本的分析》,《中国人口 · 资源与环境》2011 年第 5 期。

［21］李文莲、夏健明：《基于“大数据”的商业模式创新》,《中国工业经济》2013 年第 5 期。

［22］李志强、赵卫军：《企业技术创新与商业模式创新的协同研究》,《中国软科学》2012 年第 10 期。

［23］厉以宁：《经济学的伦理问题》，生活 · 读书 · 新知三联书店 1995 年版。

［24］林毅夫、庄巨忠、汤敏、林暾：《以共享式增长促进社会和谐》,中国计划出版社 2008 年版。

［25］刘刚、顾培亮：《经济增长的系统理论分析》,《西北农林科技大学学报（社会科学版）》2003 年第 2 期。

［26］刘刚：《经济增长不确定性的自组织机制分析》,《商业经济与管

理》2007 年第 1 期。

［27］刘海英、张纯洪：《中国经济增长质量提高和规模扩张的非一致性实证研究》,《经济科学》2006 年第 2 期。

［28］刘霞辉、张平、张晓晶：《改革年代的经济增长与结构变迁》，上海人民出版社 2008 年版。

［29］刘世锦：《关于我国增长模式转型的若干问题》,《管理世界》2006 年第 2 期。

［30］刘树成：《论又好又快发展》,《经济研究》2007 年第 6 期。

［31］刘树成、张连城、张平：《中国经济增长与经济周期（2007）》，中国经济出版社 2007 年版。

［32］刘伟：《经济发展和改革的历史性变化与增长方式的根本转变》,《经济研究》2006 年第 1 期。

［33］彭德芬：《经济增长质量研究》，华中师范大学出版社 2002 年版。

［34］钱伯海：《国民经济统计学》，高等教育出版社 2000 年版。

［35］邱东、宋旭光：《可持续发展层次论》,《经济研究》1999 年第 2 期。

［36］任保平、钞小静：《从数量型增长向质量型增长转变的政治经济学分析》,《经济学家》2012 年第 11 期。

［37］任保平、刚翠翠：《社会转型促进经济增长质量提高的机理及路径》,《陕西师范大学学报（哲学社会科学版）》2014 年第 1 期。

［38］任保平、韩璐：《中国经济增长新红利空间的创造：机制、源泉与路径选择》,《当代经济研究》2014 年第 3 期。

［39］任保平、李娟伟：《实现中国经济增长数量、质量和效益的统一》,《西北大学学报（哲学社会科学版）》2013 年第 1 期。

［40］任保平、宋文月：《我国经济增长从数量型向质量型转变的利益协调机制调整》,《经济纵横》2014 年第 4 期。

［41］任保平、宋文月：《新常态下中国经济增长潜力开发的制约因素》,《学术月刊》2015 年第 2 期。

［42］任保平、宋文月：《中国经济增速放缓与稳增长的路径选择》,《社会科学研究》2014 年第 3 期。

[43] 任保平、王蓉:《经济增长质量道德基础构建》,《当代经济研究》2013 年第 1 期。

[44] 任保平、王蓉:《经济增长质量价值判断体系的逻辑探究及其构建》,《学术月刊》2013 年第 3 期。

[45] 任保平、王新建:《论包容性发展理念的生成》,《马克思主义研究》2012 年第 11 期。

[46] 任保平、魏婕:《经济增长质量:一种全新增长命题的理论阐释》,《福建论坛(人文社会科学版)》2012 年第 9 期。

[47] 任保平、魏婕:《提高我国经济增长质量的对策》,《经济研究参考》2012 年第 42 期。

[48] 任保平、魏婕:《中国经济增长中数量和质量的不一致性及其理论解释》,《社会科学研究》2012 年第 3 期。

[49] 任保平、魏婕:《追求质量是未来中国经济增长的主题》,《经济纵横》2012 年第 4 期。

[50] 任保平:《经济增长质量:经济增长理论框架的扩展》,《经济学动态》2013 年第 11 期。

[51] 任保平:《经济增长质量:理论阐释、基本命题与伦理原则》,《学术月刊》2012 年第 2 期。

[52] 任保平:《经济增长质量的内涵、特征及其度量》,《黑龙江社会科学》2012 年第 3 期。

[53] 任保平:《新常态要素禀赋结构变化背景下中国经济增长潜力开发的动力转换》,《经济学家》2015 年第 5 期。

[54] 任保平:《以创新驱动提高中国经济增长的质量和效益》,《黑龙江社会科学》2013 年第 4 期。

[55] 任保平:《以质量看待增长:对新中国经济增长质量的评价与反思》,中国经济出版社 2010 年版。

[56] 任保平、高煜:《中国经济增长质量报告 2010》,中国经济出版社 2010 年版。

[57] 任保平:《中国经济增长质量报告 2011——中国经济增长包容性》,中国经济出版社 2011 年版。

[58] 任保平:《中国经济增长质量的观察与思考》,《社会科学辑刊》2012 年第 2 期。

[59] 茹少峰、任保平:《先进文化何以能够提高经济增长的质量》,《光明日报》2013 年 1 月 3 日。

[60] 石敏俊、马国霞:《中国经济增长的资源环境代价:关于绿色国民储蓄的实证分析》,科学出版社 2009 年版。

[61] 苏梽芳、廖迎、李颖:《是什么导致了“污染天堂”:贸易还是 FDI?——来自中国省级面板数据的证据》,《经济评论》2011 年第 3 期。

[62] 孙立平:《失衡——断裂社会的运作逻辑》,社会科学文献出版社 2004 年版。

[63] 谭崇台:《发展经济学》,上海人民出版社 2000 年版。

[64] 田新民、王少国、杨永恒:《城乡收入差距变动及其对经济效率的影响》,《经济研究》2009 年第 7 期。

[65] 王积业:《关于提高经济增长质量的宏观思考》,《宏观经济研究》2000 年第 1 期。

[66] 王检贵:《劳动与资本双重过剩下的经济发展》,上海人民出版社 2002 年版。

[67] 王薇、任保平:《数量型经济增长与质量型经济增长的比较及转型路径》,《人文杂志》2014 年第 4 期。

[68] 王小鲁、樊纲、刘鹏:《中国经济增长方式转换和增长可持续性》,《经济研究》2009 年第 1 期。

[69] 卫兴华、黄桂田:《提高经济增长质量和效益的若干理论与实践问题研究》,《学术月刊》1997 年第 1 期。

[70] 魏礼群:《重在经济增长数量、质量和效益相统一》,《求是》2009 年第 8 期。

[71] 吴敬琏:《中国增长模式抉择》,上海远东出版社 2006 年版。

[72] 项俊波:《中国经济结构失衡的测度与分析》,《管理世界》2008 年第 9 期。

[73] 肖红叶、罗建朋、李腊生:《经济增长质量的显示性判断》,《南开经济研究》1998 年第 3 期。

［74］徐瑛、杨开忠：《中国经济增长驱动力转型实证研究》,《江苏社会科学》2007 年第 5 期。

［75］杨天宇、刘韵婷：《中国经济结构调整对宏观经济波动的“熨平效应”分析》,《经济理论与经济管理》2011 年第 7 期。

［76］余斌：《中国经济发展的阶段性特征与经济增长前景》,《经济研究参考》2003 年第 1 期。

［77］袁晓玲、张宝山、杨万平：《基于环境污染的中国全要素能源效率研究》,《中国工业经济》2009 年第 2 期。

［78］张杰、周晓艳、郑文平、芦哲：《要素市场扭曲是否激发了中国企业出口》,《世界经济》2011 年第 8 期。

［79］张军、周黎安：《为增长而竞争：中国增长的政治经济学》，上海人民出版社 2008 年版。

［80］张卓元：《深化改革，推进粗放型经济增长方式转变》,《经济研究》2005 年第 11 期。

［81］郑玉歆：《全要素生产率的再认识——用 TFP 分析经济增长质量存在的若干局限》,《数量经济技术经济研究》2007 年第 9 期。

［82］钟学义：《增长方式转变与增长质量提高》，经济管理出版社 2001 年版。

［83］周亚虹、贺小丹、沈瑶：《中国工业企业自主创新的影响因素和产出绩效研究》,《经济研究》2012 年第 5 期。

［84］周云波：《城市化、城乡差距以及全国居民总体收入差距的变动——收入差距倒 U 形假说的实证检验》,《经济学（季刊）》2009 年第 3 期。

［85］朱东华、张嶷、汪雪锋、李兵、黄颖、马晶、许幸荣、杨超、朱福进：《大数据环境下技术创新管理方法研究》,《科学学与科学技术管理》2013 年第 4 期。

［86］［法］弗朗索瓦·佩鲁：《新发展观》，张宁、丰子义译，华夏出版社 1987 年版。

［87］［美］罗伯特·J. 巴罗：《经济增长的决定因素：跨国经验研究》，李剑译，中国人民大学出版社 2004 年版。

［88］［美］鲁迪格·多恩布什、斯坦利·费希尔：《宏观经济学》，张帆等译，中国人民大学出版社 1997 年版。

［89］［美］赫尔普曼：《经济增长的秘密》，王世华译，中国人民大学出版社 2007 年版。

［90］［美］西蒙·库兹涅茨：《各国的经济增长》，常勋等译，商务印书馆 1999 年版。

［91］［美］罗伯特·M. 索洛：《经济增长因素分析》，史清琪等译，商务印书馆 2003 年版。

［92］［日］速水佑次郎：《发展经济学——从贫困到富裕》，李周译，社会科学文献出版社 2003 年版。

［93］［苏］卡马耶夫：《经济增长的速度和质量》，陈华山等译，湖北人民出版社 1983 年版。

［94］［匈］亚诺什·科尔奈：《突进与和谐的增长》，张晓光等译，经济科学出版社 1988 年版。

［95］［印］托马斯等：《增长的质量》，张绘等译，中国财政经济出版社 2001 年版。

［96］［英］约翰·穆勒：《政治经济学原理及其在社会哲学上的若干应用》，赵荣潜等译，商务印书馆 1991 年版。

［97］Holz，C.，"The Quantity and Quality of Labor in China 1978-2000-2025"，Working Paper，2005.

［98］Kuznets，S.，*Modern Economics Growth*，New Haven，CT：Yale University Press，1966.

［99］Robert J. Barro，"Quantity and Quality of Economic Growth"，*Working Papers of Central Bank of Chile*，2002.

索　引

A

B

C

D

E

F

G

H

J

K

L

M

N

O

P

T

W

X

Y

Z

后　记

《经济增长质量的逻辑》一书，是我研究经济增长质量十多年以来的一个总结，也是理论上面的一个提升。2003 年到 2005 年在南京大学博士后流动站期间，在洪银兴老师指导下，我开始发表文章研究经济增长质量，但是那时的研究是分散的，主要研究了中国经济增长质量的具体问题。2006 年我以《转型时期的经济增长质量与和谐发展》为题，获得了教育部“新世纪优秀人才支持计划”的资助，从那时起开始比较系统地研究这一问题。2009 年教育部“新世纪优秀人才支持计划”结题时，我完成了一本书，即《以质量看待增长：对新中国经济增长质量的评价与反思》，在学术界已有研究的基础上，建立了初步的理论分析框架，对新中国 60 年来的经济增长质量进行了系统的评价，发表了一系列的文章。并从 2010 年开始每年出版一本《中国经济增长质量报告》。这些研究主要是对中国经济增长质量实践问题的研究，而经济增长质量问题更需要对其基础理论问题进行研究。

在经济增长理论发展的几百年历史中，主要是探讨数量增长问题，也有一些经济学家探讨质量问题，但是都没有形成系统的经济增长质量理论。2009 年教育部“新世纪优秀人才支持计划”结题答辩时，专家们在对研究成果进行肯定的同时，他们建议我能够深入研究经济增长质量的基础理论问题。我的博士后导师、著名经济学家洪银兴教授也建议我加强经济增长质量的基础理论研究，希望能够把经济增长质量的界定、特征、形成机制等这些基本的理论原理加以提炼，形成一个理论体系。所以从那时起我开始写文章来研究经济增长质量的逻辑，在《经济学动态》《经济学家》《学术月刊》

《当代经济研究》《经济纵横》等刊物发表了一系列的论文。通过对数量型增长与质量型增长的比较研究了经济增长质量的内涵与特征、经济增长数量和质量的一致性、经济增长质量对经济增长理论框架的扩展、质量型经济增长模型的构建、质量型经济增长度量指数的构建、质量型经济增长的价值判断体系的构建、质量型经济增长中的主体行为、质量型经济增长的道德基础与文化基础，试图建立质量型经济增长的理论体系，并依据这个理论体系对中国经济增长的实践逻辑进行研究。这些研究经过系统的整理和扩展之后，2013 年初步形成书稿的基本框架。2013 年 10 月在《中国经济增长质量报告2013——结构失衡背景下的中国经济增长质量》发布会上，我把书稿打印成册，在发布会上对书稿进行了讨论，与会专家陕西省社会科学院院长任宗哲教授，陕西省教育厅郭立宏教授，陕西行政学院曹刚教授，陕西师范大学郭剑雄教授，西安邮电大学张鸿教授，西北大学白永秀教授、何爱平教授、茹少峰教授、宋宇教授都提出了非常好的建议。2014 年 8 月在《中国经济增长质量发展报告 2014——创新驱动背景下的中国经济增长质量》发布会上，西安财经学院校长胡健教授，西安电子科技大学杜跃平教授也提出了相应的改进意见。西北大学校长方光华教授是历史学家和思想史方面的专家，他建议从哲学和人类文明史的角度加以研究。充分吸收了各位专家的意见之后，我又对书稿进行了扩展，并于 2014 年申报了国家社会科学基金成果文库，获得批准通过。2014 年 10 月，按照评审专家提出的修改意见又进行了一次完善。目前呈现在大家面前的这本《经济增长质量的逻辑》是经过近四年不断完善、修改而形成的一部专著，也是我十多年来研究经济增长质量问题的一个系统总结。

在这本书稿形成过程中，我的老师们给予了多方面的指导，我的博士后导师南京大学洪银兴教授，我的博士生导师原西北大学校长、中国社会保障理事会副理事长王忠民教授，硕士生导师西北大学白永秀教授都给我提出了非常好的建议，为本书的完善指明了方向。在此问题的研究中，我院的茹少峰教授、何爱平教授、宋宇教授、高煜教授、师博副教授都和我进行过多次的讨论，他们给予了我许多无私的帮助。研究团队中我指导的博士生、硕士生每周四晚上不间断地讨论，也为我的这本著作提供了许多思想的火花。在此向参与每周四讨论、帮我收集数据并和我一起合作写作一些文章的钞小静副教授、魏婕博士、郭晗博士、汤向俊博士、李娟伟博士、刚翠翠博士、韩璐硕士、王蓉硕士、王竹君硕士、陈佳美硕士、宋文月硕士、周志龙硕士表示感谢。书稿即将交付出版社之际，魏婕、郭晗又组织大家帮我对书稿进行了全面的校对和注释的核实。同时感谢西北大学社科处刘丰处长、李丰庆博士在社会科学成果文库申报方面的建议。人民出版社的郑海燕女士在成果文库申报书的填写、书稿修改方面也给予了指点和支持，在此也向他们表示衷心感谢。

经济增长质量是一个急需研究的问题，也是一个比较深刻的问题。在书稿即将付梓之际，我还是觉得有一系列的基本理论问题需要深入研究，例如经济增长质量的微观机制；也有一些问题需要进一步完善，例如质量型经济增长的模型构建，尽管本书建立了一个模型，但是这个模型还是太初步。同时也还有一些新的角度需要进一步探讨，例如从系统论角度研究经济增长质量、从经济史角度研究经济增长质量。在本书出版之后，我将继续沿着这些方向，进行进一步深入的研究。

任保平

西北大学经济管理学院院长、教授

2014 年 10 月于西北大学新村

策划编辑：郑海燕
封面设计：肖　辉　胡欣欣
责任校对：苏小昭

图书在版编目（CIP）数据

经济增长质量的逻辑/任保平 著. —修订本. —北京：人民出版社，2018.7
（国家哲学社会科学成果文库）
ISBN 978－7－01－019420－2

Ⅰ. ①经…　Ⅱ. ①任…　Ⅲ. ①中国经济－经济增长－研究　Ⅳ. ①F124.1

中国版本图书馆 CIP 数据核字（2018）第 117007 号

经济增长质量的逻辑
JINGJI ZENGZHANG ZHILIANG DE LUOJI
（修订本）

任保平　著

人民出版社 出版发行
（100706　北京市东城区隆福寺街 99 号）

北京中科印刷有限公司印刷　新华书店经销

2018 年 7 月第 1 版　2018 年 7 月北京第 1 次印刷
开本：710 毫米×1000 毫米 1/16　印张：24
字数：367 千字

ISBN 978－7－01－019420－2　定价：100.00 元

邮购地址 100706　北京市东城区隆福寺街 99 号
人民东方图书销售中心　电话（010）65250042　65289539